Tribunal Constitucional Federal Alemão

Volume 4

Leonardo Martins

Tribunal Constitucional Federal Alemão

Decisões anotadas sobre direitos fundamentais

Volume 4:

Liberdade de reunião, sigilo da comunicação, liberdade de locomoção, inviolabilidade do domicílio

Marcial Pons

MADRI | BARCELONA | BUENOS AIRES | SÃO PAULO

KONRAD ADENAUER STIFTUNG

Programa Estado de Derecho para Latinoamérica

Tribunal Constitucional Federal Alemão: decisões anotadas sobre direitos fundamentais
Volume 4: Liberdade de reunião, sigilo da comunicação, liberdade de locomoção, inviolabilidade do domicílio
Leonardo Martins

Editoração eletrônica
Leonardo Martins

Impressão e acabamento
VOX Gráfica

Dados internacionais de Catalogação na Publicação (CIP)
(Câmara Brasileira do Livro, SP, Brasil)

Martins, Leonardo.
Tribunal Constitucional Federal Alemão : decisões anotadas sobre direitos fundamentais. Volume 4: Liberdade de reunião, sigilo da comunicação, liberdade de locomoção, inviolabilidade do domicílio / Leonardo Martins. – – São Paulo : Marcial Pons e Konrad-Adenauer Stiftung – KAS, 2020.

Bibliografia
ISBN 9786599008405

1. Direito constitucional 2. Direitos fundamentais 3. Tribunal Constitucional Federal I. Título

CDU-342.7

Índices para catálogo sistemático: 1. Tribunal Constitucional Federal : Direitos Fundamentais : Direito constitucional 342.7

Depósito legal na Biblioteca Nacional conforme Lei nº 10.994, de 14 de dezembro de 2004.

Programa Estado de Derecho para Latinoamérica
Calle 93b, n. 18-12, piso 7; Bogotá, Colômbia
Tel.: +57 1 7430947
https://www.kas.de/es/web/rspla/
@KASiusLa

www.marcialpons.com.br

Impresso no Brasil

A minha esposa,
parceira constante e
minha maior alegria:
Magnae Latitia.

Panorama do Conjunto da Obra

A obra estruturada em cinco volumes cobre praticamente todo o catálogo dos direitos fundamentais, que foram outorgados, em sua maioria, a toda pessoa humana, e alguns apenas a cidadãos alemães.[1]

Assim, a distribuição dos capítulos enfocando os direitos fundamentais em espécie pelos cinco volumes é a seguinte:

Volume 1 (Art. 1 – 3 GG)

Capítulo 1. Dignidade humana (Art. 1 I GG)
Capítulo 2. Livre desenvolvimento da personalidade (Art. 2 I GG)
Capítulo 3. Direito fundamental à vida (Art. 2 II, 1ª variante GG)
Capítulo 4. Direito fundamental à integridade física (Art. 2 II, 2ª variante GG)
Capítulo 5. Igualdade (Art. 3 GG)

Volume 2 (Art. 4 I, 5 I e 5 III GG)

Capítulo 6. Liberdade de consciência e crença (Art. 4 I GG)
Capítulo 7. Liberdade de expressão da opinião (Art. 5 I 1, 1º subperíodo GG)
Capítulo 8. Liberdade de informação (Art. 5 I 1, 2º subperíodo GG)
Capítulo 9. Liberdade de imprensa (Art. 5 I 2, 1ª variante GG)
Capítulo 10. Liberdade de radiodifusão (Art. 5 I 2, 2ª variante GG)
Capítulo 11. Liberdade artística (Art. 5 III GG)
Capítulo 12. Liberdade científica (Art. 5 III GG)

Volume 3 (Art. 6, 9, 19 IV, 101 I 2 e 103 GG)

Capítulo 13. Direitos fundamentais ao casamento e à família (Art. 6 I GG)
Capítulo 14. Liberdade de associação (Art. 9 GG)
Capítulo 15. Direito à tutela judicial (Art. 19 IV GG)
Capítulo 16. Direito ao juiz natural (Art. 101 I 2 GG)
Capítulo 17. Direito à "audiência judicial" – ampla defesa e contraditório (Art. 103 I GG)
Capítulo 18. *Nulla poena sine lege* (Art. 103 II GG)
Capítulo 19. *Ne bis in idem* (Art. 103 III GG)

Volume 4 (Art. 8, 10, 11 e 13 GG)

Capítulo 20. Liberdade de reunião (Art. 8 GG)
Capítulo 21. Sigilo da correspondência e das comunicações postais e telefônicas (Art. 10 GG)

---

[1] "Praticamente todo", porque foram excluídos direitos fundamentais desinteressantes para uma análise comparativa de direito constitucional em sentido estrito ou relativos a instituições especificamente alemãs, tais como o direito fundamental ao asilo político para estrangeiros ou à organização da educação fundamental e média.

Volume 5 (Art. 12, 14 – 16 GG)

Apresentação

Neste quarto volume com as mais importantes decisões do Tribunal Constitucional Federal (TCF) em português, o Prof. Dr. Leonardo Martins analisa a jurisprudência do tribunal sobre a liberdade de reunião[2], os sigilos postal, das correspondências e telecomunicações;[3] a liberdade de locomoção[4] e a inviolabilidade do domicílio[5]. Particularmente a liberdade de reunião é indispensável à luz da ordem fundamental democrático-liberal da Alemanha. Merece, portanto, especial atenção. O direito dos cidadãos de reunirem-se publicamente para formar opiniões políticas, juntamente com o direito fundamental da liberdade de opinião,[6] que foi tratado em detalhe no segundo volume desta série, é a garantia de um discurso político pluralista.

* * *

Devido à importância fundamental da liberdade de reunião, o TCF já a declarou como um "elemento essencial da transparência democrática"[7] e "elemento funcional indispensável"[8] da política democrática em uma decisão de 14 de maio de 1985. Em sua histórica Decisão *Brokdorf*, a liberdade de reunião é caracterizada como direito à expressão coletiva de opinião, que não exige necessariamente um momento de argumentação, mas apenas a apresentação pacífica das convicções.[9] A fim de se garantir máxima proteção possível pelo Art. 8 GG, o TCF determinou que as leis que restringem a liberdade de reunião devem ser sempre aplicadas com extrema cautela, mediante estrita observância do princípio da proporcionalidade.

O TCF também decidiu que a proteção da liberdade de reunião dos participantes pacíficos deve ser mantida mesmo em caso de distúrbios provenientes de minoria ou indivíduos.[10] No mais, a liberdade de reunião garante aos cidadãos um fórum público para sua realização. Em princípio, o organizador é livre para escolher local, hora e forma do anúncio. Em decisão mais recente,[11] o tribunal tratou pormenorizadamente o alcance do direito de liberdade e, favoravelmente aos titulares, alargou em princípio

[2] Art. 8 I GG.
[3] Art. 10 I GG.
[4] Art. 11 I GG.
[5] Art. 13 I GG.
[6] Art. 5 I 1 GG.
[7] BVerfGE 69, 315 ss., n. à margem 66.
[8] *Ibid*.
[9] BVerfGE 69, 315 ss., n. à margem 63.
[10] BVerfGE 69, 315 ss., n. à margem 93.
[11] BVerfGE 128, 226–278.

a liberdade de escolha do local, sob determinadas condições, até à propriedade privada.

* * *

Os acontecimentos políticos dos últimos anos, na Alemanha, mas, sobretudo, na América Latina, mostraram que o direito fundamental à liberdade de reunião é ainda hoje muito atual e de grande importância para uma democracia funcional. Na República Federal da Alemanha, a realização da cúpula do G20 em Hamburg, em 2017, pôs à prova esse direito, como restou demonstrado, notadamente, pela batalha judicial sobre um planejado camping de protesto. No mesmo ano, o Tribunal Administrativo Federal decidiu que o sobrevoo de um campo de protesto na cúpula do G8 em *Heiligendamm* por aviões de combate das Forças Armadas constituiu uma intervenção fática na liberdade de reunião dos manifestantes, uma vez que ela protege também atividades prévias à reunião propriamente dita.[12]

Por outro lado, na América Latina, inclusive no Brasil, muitos Estados enfrentam o desafio de garantir a liberdade de reunião de modo mais pleno possível, ao mesmo tempo em que se busca garantir a segurança dos cidadãos diante dos protestos e manifestações que, motivados pela desigualdade social, ocorrem há meses. No Brasil, desde a eleição de Jair Bolsonaro como presidente em 2018, cidadãos protestam contra sua política educacional e ambiental. O que começou como um protesto estudantil contra cortes na educação rapidamente se transformou em manifestações nacionais em todas as grandes cidades brasileiras, nas quais a população expressa sua insatisfação com a reforma previdenciária, a destruição da floresta tropical ou o aumento do preço do transporte público. Ao mesmo tempo, repetidamente ocorreram contramanifestações promovidas por apoiadores de Bolsonaro em muitas cidades brasileiras.

Desde outubro de 2019, no Chile milhares de pessoas têm se manifestado entre outros contra o aumento do custo de vida – os protestos mais abrangentes desde o fim da ditadura Pinochet. Acontecimentos individuais no Equador e na Colômbia também levaram a repetidos motins e manifestações. Essa multiplicidade de eventos recentemente levou a Comissão Interamericana de Direitos Humanos a publicar um relatório sobre "Protestos e Direitos Humanos".[13] Nele sublinhou-se a importância do diálogo com atores da sociedade civil e apelou-se aos Estados para que formulem normas transparentes para o uso da força estatal como último recurso. Assim como o

---

[12] BVerwG 6 C 45.16 – Decisão de 25 de outubro de 2017.

[13] Veja COMISSÃO INTERAMERICANA DE DIREITOS HUMANOS. *Protesta y Derechos Humanos*, 2019; disponível em: http://www.oas.org/es/cidh/expresion/publicaciones/ProtestayDerechosHumanos.pdf.

TCF, a Comissão enfatiza o direito de se reunir sem autorização prévia e de escolher livremente o conteúdo, o tempo, o local e a forma de expressão.[14]

No contexto desses eventos, tendo em vista a influência da jurisprudência do TCF no discurso político-legislativo internacional, especialmente na América Latina, suas decisões sobre a liberdade de reunião são agora mais importantes do que nunca. Por isso, apreciamos muito o fato de o Prof. Dr. Leonardo Martins ter dado uma ambiciosa e necessária contribuição ao desenvolvimento dos direitos humanos na América Latina, ao traduzir para português as decisões judiciais mais importantes do mais alto tribunal alemão e produzir o quarto volume da presente coletânea em cinco volumes. A publicação desta coletânea, enriquecida com extensas e aprofundadas análises, as quais refletem o estágio atual da doutrina jurídico-constitucional que acompanha a jurisprudência do TCF, somente foi possível graças aos seus esforços. Gostaríamos, portanto, de lhe agradecer muito sinceramente por seu trabalho ímpar. Temos o prazer de continuar promovendo o discurso mundial sobre questões constitucionais com esta edição das coletâneas.

Bogotá, 25 de fevereiro de 2020 **Dr. Marie-Christine Fuchs**

---

[14] COMISSÃO INTERAMERICANA DE DIREITOS HUMANOS. *Protesta y Derechos Humanos*, 2019; *idem*, p. 27 ss.

Prefácio ao Volume 4[15]

Com grande satisfação e sensação de ter dado mais um passo rumo ao cumprimento de meu dever autodeterminado, apresento o resultado de mais um ano de intenso trabalho investido na realização do projeto de obra em cinco volumes que visa a disponibilizar ao seu leitor, no vernáculo, um acesso tão panorâmico quanto criterioso da jurisprudência do Tribunal Constitucional Federal alemão (TCF) em matéria de direitos fundamentais positivados na Constituição alemã (*Grundgesetz*).

Como tenho frisado em diversas oportunidades e publicações, a comunidade jurídica e a comunidade política da República Federal da Alemanha devem, em grande parte, à jurisprudência do TCF o alcance do escopo máximo de um Estado Democrático de Direito que é a efetiva garantia da "força normativa da Constituição" no sentido propugnado pelo Professor *Konrad Hesse,* que foi membro da Corte entre 1975 e 1987.

Continua válido o diagnóstico apresentado no prefácio ao Volume 3: apesar dos percalços decorrentes de uma imprudente tendência a subestimar desafios, há descobertas relevantes que apenas foram viabilizadas graças à provocação do intelecto implícita nas dificuldades enfrentadas. O subtítulo da obra pensado por ocasião dos primeiros esboços em 2013 e 2014, "Decisões *anotadas* sobre direitos fundamentais" (grifo nosso), tornou-se, em razão do uso do singelo adjetivo "anotado", já por ocasião da conclusão do Volume 1 – característica intensificada no Volume 2 e mais ainda no Volume 3 –, um tanto quanto inidôneo a refletir fidedignamente seu conteúdo. Contudo, suposto que, por intermédio do subtítulo em tela, desperte-se no leitor uma expectativa condizente com o adjetivo, qual seja, a de encontrar na obra *apenas* excertos de textos ou passagens originais de decisões do TCF criteriosamente escolhidas que reflitam a jurisprudência atual e histórica, o autor e os editores não incorrem no risco de fazer publicidade enganosa.

De fato, a expectativa possivelmente despertada no leitor provavelmente ficará aquém do que poderá apreciar com a leitura de todo o Volume. Isso porque o projeto paulatinamente evoluiu – do primeiro ao terceiro e desse ao presente Volume 4 – de uma cuidadosa coletânea dos excertos de decisões da jurisprudência do TCF, acompanhadas de anotações ou comentários elucidativos de conceitos e princípios constitucionais gerais, para uma obra de consulta bem mais ampla e aprofundada. A partir do estado da arte dos debates jurídico-dogmáticos em torno das normas

[15] Como não poderia deixar de ser, há intersecções com algumas partes dos prefácios dos três primeiros volumes, especialmente com o prefácio do Volume 3. Cf. Martins (2019-b: xiii-xv.).

definidoras de direitos fundamentais positivadas na *Grundgesetz*, a obra busca propiciar ao leitor uma "vista privilegiada" sobre seu objeto.

Assim, por exemplo, sob a epígrafe das chamadas "notas introdutórias" aos capítulos temáticos, distribuídos pelos parâmetros normativos (direitos fundamentais) interpretados e aplicados na jurisprudência contemplada, apresentam-se sistematizações das chamadas "dogmáticas especiais" dos direitos fundamentais. O leitor atento deparar-se-á com uma reveladora visão de dentro da discussão jurídica especializada germânica, que é frequentemente mais reativa à jurisprudência do TCF do que original e propositiva.

Este Volume 4 traz uma perspectiva panorâmica sobre todos os pontos jurídico-dogmáticos relevantes à interpretação dos direitos fundamentais nele detalhadamente analisados: Art. 8, 10, 11 e 13 GG. A escolha dos direitos fundamentais que desde o Volume 3 não segue a ordem numérica do catálogo dos direitos fundamentais da *Grundgesetz* é explicada adiante, na introdução ao presente volume.

Ao lado da definição do respectivo alcance de cada direito, a dogmática dos direitos fundamentais cunhada pela jurisprudência do TCF e literatura especializada igualmente dedica bastante tempo e energia na elucidação dos seus limites e modo constitucionalmente justificado de impô-los. É especialmente o caso dos quatro direitos fundamentais tratados nesse volume, pois foram todos garantidos com limites expressos nas chamadas "reservas legais": Art. 8 II; 10 II; 11 II e 13 II – VII GG (em face da respectiva outorga nos primeiros parágrafos de cada artigo, por exemplo no Art. 8 I GG). Isso será mais bem detalhado já na Introdução ao Volume a seguir, sob o tópico III e, depois, exaustivamente analisado nas quatro notas introdutórias aos Capítulos 20 ao 23.

No presente Volume, os próprios textos do autor acrescentados aos excertos de decisões do TCF avançaram ainda mais na comparação com os volumes anteriores. Após a introdução, foram desenvolvidas as antes referidas quatro "notas introdutórias" para seus quatro capítulos. Todas as 14 decisões contempladas foram respectivamente introduzidas com uma síntese da "matéria" (direito e fatos). Como fontes privilegiadas, foram utilizadas as últimas edições das mais relevantes obras acadêmicas germânicas sobre direitos fundamentais dedicadas não apenas ao seu ensino, mas especialmente à sua pesquisa.

Por fim, vale também para este o que restou consignado no prefácio ao Volume 2 (p. 12): "o conceito da obra [...] foi mantido [...]. Manteve-se, principalmente, nas traduções, a preocupação em ser fiel ao texto original, informar os leitores sobre a total extensão de cada decisão, enfatizando sempre suas complexas, mas sempre bem articuladas estruturas".

* * *

Sabidamente, autores de obras acadêmico-científicas não prescindem do apoio e da colaboração de parceiros. Alguns colegas acadêmicos colaboraram indiretamente à conclusão desta etapa do projeto de obra em cinco volumes com sua generosa abertura ao diálogo e à crítica, elixir da pesquisa científica. Para não enfadar os leitores com um rol muito extenso, restrinjo-me a elencar apenas as pessoas e instituições que colaboraram diretamente:

Meus agradecimentos à mestre em direito, MSc *Carmen Vasconcelos*, por seu muito competente trabalho de revisão do manuscrito. Ao doutorando em direito constitucional *Rafael Giorgio Dalla Barba* (*Albert-Ludwigs-Universität Freiburg*, cátedra Prof. Dr. *Ralf Poscher*) tributo meus mais sinceros agradecimentos pelo envio de cópias digitalizadas de dezenas de artigos efetivamente utilizados como fontes de pesquisa no presente volume. Mais uma vez, reitero aqui meus agradecimentos à Fundação Konrad Adenauer (KAS), em especial à diretora do Programa Estado del Derecho para Latinoamérica, Dr. *Marie-Christine Fuchs*, pelo generoso fomento a toda a obra. Finalmente, agradeço à Editora Marcel Pons, especialmente ao seu editor-chefe jurídico, Dr. *Marcelo Porciúncula*, por prosseguir na parceria editorial iniciada no Volume 3. O selo daquela ínclita instituição editorial, de consolidada envergadura técnico editorial e excelência internacionais, aliado ao já muito honroso selo da KAS, fez crescer ainda mais minha motivação.

Natal-RN, 19 de fevereiro de 2020. **Prof. Dr. Leonardo Martins**

Sumário

Capítulo 22.

Liberdade de locomoção (Art. 11 GG)

Capítulo 23.

Inviolabilidade do domicílio (Art. 13 GG)

Siglas e Abreviações

a.F. .... *alte Fassung* – redação anterior (revogada ou derrogada)
AEUV .... *Vertrag über die Arbeitsweise der Europäischen Union* – Tratado sobre o Funcionamento da União Europeia
AG .... *Aktiengesellschaft* – sociedade anônima / *Amtsgericht* (juízo de primeira instância)
AK-GG................. *Alternatives Kommentar zum Grundgesetz* – Comentário Alternativo da *Grundgesetz* (Série Comentários Alternativos, 3 volumes).
AktG .... *Aktiengesetz* – Lei das Sociedades Anônimas
ALR .... *Allgemeines Landrecht für die preußischen Staaten – Código do Direito Nacional Geral para os Estados Prussianos*
AnwBl. .... Anwaltsblatt – Jornal do/a Advogado/a (periódico técnico-jurídico)
Art. .... artigo
AsylVfG .... *Gesetz über das Asylverfahren (Asylverfahrensgesetz)* – Lei do Processo de Asilo Político
Bad.-Württ. VGH . *Baden-Württembergischer Verfassungsgerichtshof* – Corte Constitucional [do Estado-membro] de *Baden-Württemberg*
BayGVBl.............. *Bayerisches Gesetz- und Verordnungsblatt* – Diário [Oficial] das Leis e Decretos [do Estado-membro] de Bayern
BayLTDrucks. .... *Bayerische Landtag-Drucksachen* – Registro das Discussões Parlamentares da Assembleia Legislativa de Bayern
BayObLG .... *Bayerisches Oberstes Landesgericht* – Supremo Tribunal Estadual de *Bayern*
BayPAG .... *Bayerisches Polizeiaufgabengesetz* – Lei de Missões Policiais Bávara (de *Bayern*)
BayRS .... *Bayerische Rechtssammlung* – Coletânea da Legislação Estadual de *Bayern*
BayVBl. .... *Bayerische Verwaltungsblätter: Zeitschrift für öffentliches Recht und öffentliche Verwaltung* – Jornal Administrativo Bávaro: Revista de Direito Público e Administração Pública
BayVersG .... *Bayerisches Versammlungsgesetz* – Lei de Reuniões Bávara
BBergG .... *Bundesberggesetz* – Lei Federal de Mineração
BbgVerfG .... *Brandenburgisches Verfassungsgericht* – Tribunal Constitucional de *Brandenburg*
BerlVerfGH .... *Berliner Verfassungsgerichtshof* – Corte Constitucional Berlinense
BGB .... *Bürgerliches Gesetzbuch* – Código Civil
BGBl. .... *Bundesgesetzblätter* – Diário (Oficial) das Leis Federais
BGE..................... *Bundesgerichtsentscheidungen (Schweiz)* – Decisões do Tribunal Federal da Suíça (Coletânea Oficial)
BGH .... *Bundesgerichtshof* – Tribunal Federal (equivalente ao STJ brasileiro, tendo em vista não haver juízos ou tribunais federais regionais, apenas única via jurisdicional comum)
BGHSt. .... *Entscheidungen des Bundesgerichtshofs in Strafsachen* – Decisões do Tribunal Federal em Matéria Criminal
BGHZ .... *Entscheidungen des Bundesgerichtshofs in Zivilsachen* – Decisões do Tribunal Federal em Matéria Civil
BKA..................... *Bundeskriminalamt* – Secretaria Criminal Federal
BND .... *Bundesnachrichtendienst* – Serviço Federal de Notícias [Inteligência]
BNDG.................. *Gesetz über den Bundesnachrichtendienst* – Lei sobre o Serviço Federal de Notícias

BnotO .... *Bundesnotarordnung* – Código Notarial Federal
BSHG .... *Bundessozialhilfegesetz* – Lei Federal de Ajuda Social
BTDrucks. .... *Bundestagesdrucksachen* – Registro das Discussões Parlamentares / Anais dos Trabalhos Legislativos da Câmara Federal
BtPrax................. *Betreuungsrechtliche Praxis* – Práxis da Curatela Jurídica (periódico técnico-jurídico)
BVerfG................ *Bundesverfassungsgericht* – Tribunal Constitucional Federal
BVerfGE.............. *Entscheidungen des Bundesverfassungsgerichts, amtliche Sammlung* – Decisões do Tribunal Constitucional Federal, coletânea oficial
BVerfGG .... *Gesetz über das Bundesverfassungsgericht (Bundesverfassungsgerichtsgesetz)* – Lei do Tribunal Constitucional Federal
BVerfG-K .... *Kammerentscheidungen des Bundesverfassungsgerichts* – Decisões de Câmera do Tribunal Constitucional Federal (composta por três juízes)
BVerfSchG .... *Bundesverfassungsschutzgesetz* – Lei Federal de Proteção da Constituição (Serviço de Informações em Âmbito Nacional, interno)
BVersG .... *Bundesversammlungsgesetz* – Lei Federal de Reuniões
BVerwG .... *Bundesverwaltungsgericht* – Corte Federal Administrativa
BVerwGE .... *Entscheidungen des Bundesverwaltungsgerichts, amtliche Sammlung* – Decisões da Corte Federal Administrativa, coletânea oficial
BVFG .... *Gesetz über die Angelegenheiten der Vertriebenen und Flüchtlinge (Bundesvertriebenengesetz)* – Lei de Questões de Desterrados e Refugiados
BvQ..................... *Verfahren über einstweilige Anordnungen nach § 32 BVerfGG* – Processo (Cautelar) das Ordens Liminares nos termos do § 32 BVerfGG [número 1 ou 2 que antecedem a sigla referem-se ao Primeiro ou ao Segundo responsável pela decisão]
BvR .... *Verfahren über Verfassungsbeschwerden nach Art. 93 I, Nr. 4a sowie über Kommunalverfassungsbeschwerden nach Art. 93 I, Nr. 4b GG* – Processo das Reclamações Constitucionais segundo o Art. 93 I, n. 4a bem como das Reclamações Constitucionais Municipais segundo Art. 93 I, n. 4b GG [número 1 ou 2 que antecedem a sigla referem-se ao Primeiro ou ao Segundo responsável pela decisão]
c.c. .... combinado com
Cap. .... Capítulo
CDU .... *Christlich Demokratische Union* – União Democrático-Cristã (Partido Político)
CEEP .... *European Centre of Employers and Enterprises*
CF .... Constituição Federal da República Federativa do Brasil (cf. CFB)
cf. .... confira
CFB .... Constituição Federal da República Federativa do Brasil (cf. CF)
CR .... *Computerrecht* – Direito de Informática (periódico técnico-jurídico)
CSU .... *Christlich Soziale Union* – União Social-Cristã (partido político)
DJT....................... *Deutscher Juristentag* – Congresso (Anual) dos Juristas Alemães
DÖV .... *Die Öffentliche Verwaltung* – A Administração Pública (periódico técnico-jurídico)
DRiZ..................... *Deutsche Richterzeitung* – Jornal dos Juízes Alemães (periódico técnico-jurídico)
DVBl. .... *Deutsches Verwaltungsblatt* – Jornal da Administração Alemã (periódico técnico-jurídico)
e.V. .... *eingetragener Verein* – Associação Registrada (associação sem fins lucrativos)
ed. .... edição

EGMR .... *Europäischer Gerichtshof für Menschenrechte* – Tribunal Europeu de Direitos Humanos
EKD .... *Evangelische Kirche in Deutschland* – Igreja Protestante na Alemanha
et al. .... *et alia*
etc. .... *et cetera*
EUA .... Estados Unidos da América
ex. .... exemplo
FAZ .... *Frankfurter Allgemeine Zeitung* (jornal de circulação nacional)
FDP .... *Freie Demokratische Partei* – Partido Democrático Liberal
FTG .... *Feiertagsgesetz* – Lei de Feriados
G10 .... *Gesetz zur Beschränkung des Brief-, Post- und Fernmeldegeheimnisses (Gesetz zu Art. 10 Grundgesetz)* – Lei de Limitação do Sigilo de Correspondência, Postal e Telefônico (Lei para o Art. 10 GG)
GG .... *Grundgesetz* – Lei Fundamental (Constituição da República da Alemanha)
GVBl. .... *Gesetz- und Verordnungsblatt* – Diário (Oficial) de Leis e Decretos
GVG .... *Gerichtsverfassungsgesetz* – Lei de Organização Judiciária
Hrsg. .... *Herausgeber* – organizador / editor
HStR V .... *Handbuch des Staatsrechts [Band V]* – Manual do Direito Público [vol. V]
HwO .... *Handwerksordnung* – Código Trabalhista de Ofícios
Ibid. .... *ibidem*
i.e. .... isto é
IP .... *Internet protocol*
iSv .... *im Sinne von* – no sentido de
JA .... *Juristische Arbeitsblätter* – Cadernos de Trabalho Jurídico (periódico para o ensino do Direito)
JbÖffR .... *Jahrbuch des Öffentlichen Rechts der Gegenwart* – Anuário do Direito Público Contemporâneo
JR .... *Juristische Rundschau* – Panorama Jurídico (periódico técnico-jurídico)
JuS .... *Juristische Schulung* – Treinamento Jurídico (periódico para o ensino do Direito)
JZ .... *Juristenzeitung* – Jornal dos Juristas (periódico técnico-jurídico quinzenal)
KJ .... *Kritische Justiz* – Justiça Crítica (periódico técnico-jurídico)
KPD .... *Kommunistische Partei Deutschlands* – Partido Comunista da Alemanha
KVR .... *Kreisverwaltungsreferat* – Seção Administrativa Distrital (em *München*)
LG .... *Landesgericht* – Tribunal Estadual de Justiça
lit. .... literalmente
LKV .... *Landes- und Kommunalverwaltung* – Administração Estadual e Municipal (periódico técnico jurídico)
LTDrucks. .... *Landestagesdrucksachen* – Anais do Trabalhos Legislativos de Parlamento Estadual
LTO .... *Legal Tribune Online* (Blog jurídico)
LVerfGE .... *Entscheidungen des Landesverfassungsgerichts* – Decisões do Tribunal Constitucional Estadual
MAD .... *Militärischen Abschirmdienst* – Serviço de Contrainteligência Militar
MADG .... *Gesetz über den militärischen Abschirmdienst ("MAD-Gesetz")* – Lei sobre o Serviço de Contrainteligência Militar ("Lei MAD")
MDR .... *Monatsschrift für Deutsches Recht* – Revista Mensal de Direito Alemão

ME VersG .... *Musterentwurf eines Versammlungsgesetzes* – Modelo de Lei de Reuniões (cf. PLM-LR)
MMR .... *Multimedia und Recht* – Multimídia e Direito (periódico técnico-jurídico)
MRRG .... *Melderechtsrahmengesetz* – Lei Geral de Registro de Domicílios
n./N. .... nota(s) / número(s)
NetzDG .... *Netzwerkdurchsetzungsgesetz: Gesetz zur Verbesserung der Rechtsdurchsetzung in sozialen Netzwerken* – Lei para Melhoria da Execução do Direito nas Redes Sociais
NJW .... *Neue Juristische Wochenschrift* – Nova Revista Semanal Jurídica (periódico técnico-jurídico semanal)
NPD .... *Nationaldemokratische Partei Deutschlands – Partido Nacional-democrático da Alemanha*
NRW .... *Nordrhein-Westfalen (Bundesland)* – Estado-membro da federação da RFA
NStZ .... *Neue Zeitschrift für Strafrecht* – Nova Revista para o Direito Penal (periódico técnico-jurídico)
NVersG .... *Niedersächsisches Versammlungsgesetz* – Lei de Reuniões [do Estado-membro] de *Niedersachen*
NVwZ .... *Neue Zeitschrift für Verwaltungsrecht* – Nova Revista para o Direito Administrativo (periódico técnico-jurídico)
NVwZ-RR .... *Neue Zeitschrift für Verwaltungsrecht: Rechtsprechungsrundschau* – Nova Revista para o Direito Administrativo: Panorama Jurisprudencial (periódico técnico-jurídico)
NW .... *Nordrhein-Westfalen (Bundesland)* – Estado-membro da federação alemã
OLG .... *Oberlandesgericht* – Tribunal Superior de Justiça Estadual
op. cit. .... *opere citato*
org. .... organizador(es)
OVG .... *Oberverwaltungsgericht* – Superior Tribunal Administrativo Estadual
OWi .... *Ordnungswidrigkeit* – violação da ordem: ilício administrativo
p. .... página
p.ex. .... por exemplo
PIN .... *personal identification number*
PKV .... *Paulskirchenverfassung / Frankfurter Reichsverfassung* von 1849 *(FRV)* – Constituição da Igreja de Paulo / Constituição Imperial de *Frankfurt*
PLM-LR .... Projeto de Lei-Modelo para uma Lei de Reuniões (cf. ME VersG)
PrOVG .... *Preußische Oberverwaltungsgericht* – Tribunal Superior da Prússia
PrVerfUrk .... *Die Verfassungsurkunde für den Preußischen Staat von 1850* – Carta Constitucional para o Estado Prussiano de 1850
PrVerwBl. .... *Preußisches Verwaltungsblatt* – Jornal Administrativo da Prússia (periódico técnico jurídico)
PUK .... *personal unblocking key*
RFA .... República Federal da Alemanha
RGSt. .... *Entscheidungen des Reichsgerichts in Strafsachen (Entscheidungssammlung)* – Decisões do Tribunal do *Reich* em Matéria Penal (repositório jurisprudencial)
rod. .... (nota) de rodapé.
s. .... (página) e seguinte
S. .... *Seite(n); Satz* – página(s); período (unidade de dispositivo normativo)

SächsVersG.......... *Sächsisches Versammlungsgesetz* – Lei de Reuniões [do Estado-membro] de *Sachen*
sec. .... século
SG .... *Soldatengesetz* – Leis de Soldados
ss. .... (página) e seguintes
StGB .... *Strafgesetzbuch* – Código Penal
StPO .... *Strafprozessordnung* – Código de Processo Penal
StV .... *Strafverteidiger (Zeitschrift)* – Defensor Penal (periódico técnico-jurídico)
StVG .... *Straßenverkehrsgesetz* – Lei de Trânsito Viário
StVO .... *Straßenverkehrsordnung* – Código Viário e de Trânsito
SZ.......................... *Süddeutsche Zeitung* – jornal de circulação nacional
taz. .... *Die Tageszeitung* – jornal de circulação nacional
TCF .... Tribunal Constitucional Federal
TI .... tecnologia da informação
TKG....................... *Telekommunikationsgesetz* – Lei das Telecomunicações
TKÜ....................... *Telekommunikationsüberwachung* – vigilância das telecomunicações
V. .... ver
VerfSch .... *Verfassungsschutz* – Proteção da Constituição (Serviço Doméstico de Inteligência)
VersammlG LSA *Versammlungsgesetz für das Land Sachsen-Anhalt* – Lei de Reuniões [do Estado-membro de *Sachsen-Anhalt*]
VersG LSA .... *idem*
VersFG SH............ *Versammlungsfreiheitsgesetz für das Land Schleswig-Holstein* – Lei da Liberdade de Reunião para o Estado de *Schleswig-Holstein*
VersG.................... *Versammlungsgesetz* – Lei de Reunião
VfGBbg .... *Entscheidungen des Verfassungsgerichts des Landes Brandenburg* – Decisões do Tribunal Constitucional do Estado de *Brandenburg* (Coletânea Oficial)
VGH .... *Verwaltungsgerichtshof* – Corte Administrativa (juízo administrativo, primeira instância)
Vol. .... volume
VwGO .... *Verwaltungsgerichtsordnung* – Código da Organização Judiciária Administrativa
WaffG .... *Waffengesetz* – Lei de Armas
WLAN .... *Wireless Local Area Network*
WoZuG .... *Wohnortzuweisungsgesetz: Gesetz über die Festlegung eines vorläufigen Wohnortes für Aussiedler und Übersiedler* – Lei de Determinação de Residência Temporária para Repatriados Tardios
WRV .... *Weimarer Reichsverfassung* – Constituição [Real] da República de Weimar
ZR .... *Zivilrecht* – direito civil
ZRP .... *Zeitschrift für Rechtspolitik* – Revista para Política Jurídica (ou Legislativa)
ZStW..................... *Zeitschrift für die gesamte Strafrechtswissenschaft (Fachzeitschrift)* – Revista para toda a Ciência Jurídico-Penal (periódico técnico-jurídico)
ZUM .... *Zeitschrift für Urheber und Medienrecht* – Revista de Direito Autoral e da Comunicação Social (periódico técnico-jurídico)

Introdução ao Volume 4:

Da ampla proteção do núcleo espacial da personalidade individual à comunicação interindividual e coletiva

Os direitos fundamentais garantidos na *Grundgesetz* à liberdade de reunião (Art. 8 I); às liberdades de correspondência, postal e de telecomunicações (Art. 10 I); à liberdade de locomoção (Art. 11 I) e à inviolabilidade do domicílio (Art. 13 I) têm como liame que justifica seu tratamento conjunto no presente Volume a *proteção da personalidade em seu aspecto comunicativo* (interindividual e coletivamente). Como os direitos fundamentais de personalidade já foram tratados no **Volume 1**, no quadro da jurisprudência do TCF ao subsidiário Art. 2 I GG, e alguns direitos de comunicação foram tratados no **Volume 2**, quando do estudo especialmente do Art. 5 I GG, devem-se questionar suas relações e o sentido de uma precisa delimitação que não dispensa, todavia, algumas pontes sistemáticas.[16]

I.

A ampla proteção do núcleo *espacial* da personalidade individual aludida na epígrafe é garantida especialmente pelo último direito fundamental tratado neste Volume: o direito fundamental à inviolabilidade do domicílio (**Capítulo 23**). A proteção do núcleo da personalidade individual é objeto do direito fundamental protegido pelo Art. 2 I GG (**Volume 1, Capítulo 2**).[17] Seu caráter de *lex generalis* foi lá devidamente explicado. O elemento específico do Art. 13 I GG na relação com o genérico Art. 2 I GG deriva-se do adjetivo retro destacado: a espacialidade.

Nesse aspecto espacial do núcleo da personalidade, como se discutirá em detalhes no Capítulo 23, está especificamente compreendida a faculdade de o titular definir, de modo autodeterminado, o local de seu domicílio, dentro do qual possa se preservar ("privacidade e intimidade espaciais"). Paralelamente, encontra-se o direito fundamental à livre escolha da *região geográfica* dentro do território federal na qual

---

16 Com mais referências a algumas delimitações temático-sistemáticas mais abrangentes que ajudam o leitor a vislumbrar o quadro holístico-sistêmico dos temas tratados nos cinco volumes da obra, cf. Martins (2019-b: 2–3): **Introdução** ao **Vol. 3**.

17 No âmbito daquele deve ser distinguido, ainda, entre o direito geral de personalidade e a liberdade geral de ação. Para sintetizá-lo em uma conhecida fórmula: enquanto o primeiro protege a pessoa em seu *status* de liberdade (autonomia e conexão à dignidade humana do Art. 1 I 1 GG), o segundo protege, do modo mais subsidiário possível, comportamentos individuais decorrentes do livre arbítrio individual. Cf. a sucinta explicação nas notas introdutórias ao Art. 2 I GG trazidas no **Vol. 1**: Martins (2016: 49–51) e, mais detidamente, com amplas referências à discussão germânica, Martins (2012: 48–54). Em obras jurídicas sobre direitos fundamentais voltadas ao ensino da disciplina jurídica, alguns autores separam em campos absolutamente diversos o tratamento de ambos que se encontram lastreados na singela sentença do Art. 2 I GG, segundo a qual "todos têm o direito ao livre desenvolvimento da personalidade". Cf. por todos: Ipsen (2019: 87–93 e 217–225).

o titular deseja fixar seu domicílio. Essa segunda faculdade de escolha é o bem jurídico-constitucional protegido pelo Art. 11 I GG (**Capítulo 22**), a despeito de a denominação liberdade de "locomoção" não revelar, de plano, quais as escolhas autodeterminadas e condutas que são efetivamente protegidas.

Assim, *prima vista* poder-se-ia pensar em um direito fundamental genérico à liberdade "de ir e vir". Contudo, tal faculdade individual já se encontra contemplada no rol de direitos fundamentais da *Grungesetz* bem antes, pelo direito à "liberdade da pessoa", alocado no Art. 2 II 2 GG. Chama a atenção do pesquisador que essa "liberdade da pessoa" aparece ao final do artigo da *Grundgesetz* no qual se positivaram ao menos cinco direitos individuais personalíssimos. Ela é lastreada na matriz genética britânica da garantia do *habeas corpus*. Há uma diferença sutil em relação ao direito fundamental tutelado pelo Art. 11 I GG a ser analisada nas "notas introdutórias" ao Capítulo 22.

A delimitação entre os Art. 13 I e 11 I GG (entre as chamadas "áreas de regulamentação"[18] de cada um) já se encontra, porém, suficientemente consolidada na dogmática. Em síntese, como retro aludido, enquanto o primeiro protege o núcleo e o entorno da personalidade no contexto da salvaguarda da privacidade e intimidade espaciais a serem asseguradas em princípio dentro do domicílio, a liberdade de locomoção garante a escolha do local geográfico onde se deseja fundar o próprio domicílio. Em prol dessa essência da tutela, todos os comportamentos e situações com ela condizentes, especialmente a faculdade de permanecer domiciliado em determinada localidade são *prima facie* protegidos. São inclusive, em tese, imponíveis em face de planos governamentais de construção de instalações e usinas energéticas as quais, na prática, implicam expulsão de moradores de dada região. Como se apresentará na **Decisão # 90**, embora o TCF tenha permanecido aquém de algumas expectativas – rendendo-lhe críticas ao negar, em sede de conclusão, uma violação do Art. 11 I GG e espancar do exame técnico-jurídico constitucional o *pathos* de um assim denominado "direito ao lar", no sentido da garantia da manutenção do entorno sociocultural dos titulares do direito fundamental –, ele ao menos cogitou seriamente a possibilidade e examinou a violação afirmada pelos Reclamantes, *amici curiae* e parte da opinião jurídico-científica especializada.

II.

Esse primeiro complexo temático de áreas da vida social que encontram seu denominador comum na característica espacial/regional de definir o núcleo geográfico da personalidade e, indiretamente, na consecução de alguns dos mais importantes pressupostos da formação de laços familiares e sociais (Art. 13 GG) e/ou

[18] Sobre a figura, com amplas referências da literatura jurídica alemã, cf. Dimoulis e Martins (2020: 169–172).

étnico-culturais (Art. 11 GG) é completado com as garantias de comunicação respectivamente coletiva e interindividual dos Art. 8 e 10 GG. Essas foram analisadas nos dois primeiros capítulos do presente Volume.

Em primeiro lugar, a comunicação interindividual e a garantia de seu sigilo prescrita no Art. 10 I GG são essenciais ao desenvolvimento da personalidade de cada titular do direito fundamental (**Capítulo 21**). Em segundo lugar (mas, absolutamente, não em ordem de importância), o direito fundamental à liberdade de reunião representa, como quase unanimemente admitido, um direito fundamental de comunicação que se exerce coletivamente por excelência (**Capítulo 20**).[19]

Se a delimitação do primeiro complexo temático (**Capítulos 23** e **22**) em relação às genéricas e subsidiárias posições jusfundamentais do Art. 2 I GG tratadas no Volume 1 é relativamente mais simples de ser traçada, a delimitação desse segundo complexo temático (**Capítulos 21** e **20**) em relação aos direitos fundamentais de comunicação individual e social do Art. 5 I GG (**Volume 2, Capítulos 7 ao 10**) apresenta dificuldades ao intérprete.

Especialmente entre as telecomunicações e demais comunicações interindividuais à distância (sigilo da correspondência e postal) e a liberdade de expressão da opinião do Art. 5 I 1, 1. subperíodo GG (**Volume 2, Capítulo 7**) podem surgir em tese concorrências *ideais* ou *aparentes*, como também *pseudoconcorrências*[20] cuja prevenção (da última) merece aqui especial destaque.

Em que pese não ser possível excluir de plano uma concorrência entre a liberdade de expressão da opinião e os direitos fundamentais de comunicação interindividual à distância, uma vez que faz parte da área de proteção do Art. 5 I 1, 1. subperíodo GG a livre escolha do meio e do veículo utilizados para que a opinião e seu eventual suporte fático cheguem aos interlocutores, as duas liberdades clássicas incidem sobre aspectos bem distintos da comunicação.

---

[19] Por todos, cf. a explanação desse tipo de sistematização nas observações preliminares à seção "direitos fundamentais de comunicação" de Hufen (2018: 411), ainda que reconheça no Art. 5 I 1, 1. Subperíodo GG um "direito fundamental matriz". Lembre-se que apenas o Art. 5 GG abrange sete direitos fundamentais (liberdades de opinião, informação, imprensa, filme, arte e ciência) distribuídos pelos parágrafos 1 e 3 (Art. 5 I e III GG), todos abordados no **Vol. 2**, **Capítulos 7** ao **12**).

[20] A verificação de uma concorrência entre direitos fundamentais, que estará presente quando mais de um parâmetro normativo definidor de direito fundamental vier à pauta para a avaliação da constitucionalidade de ato estatal (não deve ser confundida com a colisão de direitos fundamentais), representa a primeira e imprescindível etapa do exame de constitucionalidade no sentido da avaliação de hipóteses de violação da Constituição. Classificam-se, na literatura especializada alemã – v. referências em Dimoulis e Martins (2020: 212–217) – as concorrências em "ideal" e "aparente". O termo "pseudoconcorrência" é aqui utilizado no sentido de uma assunção equivocada da presença de uma concorrência entre direitos fundamentais.

Antes de tudo, certo é que o titular do Art. 5 I 1, 1. subperíodo GG pode pretender – e tal escolha é igualmente abrangida por aquele direito fundamental – que sua opinião chegue a um número estritamente delimitado de destinatários. Em todo caso, poderia ter um legítimo interesse no sigilo a respeito da opinião expressada a destinatários de sua confiança. Não obstante, na grande maioria dos casos, quem expressa um juízo de valor geralmente quer convencer um público indeterminado de pessoas. Por isso, justamente não tem nenhum interesse no sigilo. Apesar dos riscos à liberdade de uma teoria funcional-democrática,[21] faz parte de um dos elementos essenciais dessa liberdade a possibilidade de se contribuir para a formação da opinião pública. Logo, em vez de reconhecer uma concorrência (que, no caso, seria uma concorrência "ideal"), faz mais sentido dogmático entender que opiniões que forem expressas exclusivamente a um público determinado devam ser absorvidas pelo direito fundamental ao sigilo das comunicações interindividuais à distância. No caso do Art. 10 I GG é do interesse no sigilo da comunicação – presumível quando os titulares se comunicam com interlocutores de sua confiança – que se trata. Se tal interesse não estiver presente de modo reconhecível, então pode-se pensar pontualmente no parâmetro do Art. 5 I 1, 1. subperíodo GG.

A relação entre os direitos fundamentais protegidos no Art. 10 I GG e aquele à liberdade (individual, não "difusa") de informação (**Volume 2**, **Capítulo 8**) é menos problemática porque o último protege o indivíduo apenas contra intervenções estatais que cerceiem o acesso a fontes de informação de todo modo *já acessíveis*. O aspecto da confiança – típico da garantia do sigilo – não está presente aqui. As intervenções estatais geralmente são percebidas e conhecidas pelos titulares do direito, ao contrário do que tipicamente ocorre quando há "quebra do sigilo".[22]

No que tange à delimitação entre as garantias (do sigilo) das (três) comunicações interindividuais à distância protegidas pelo Art. 10 I GG e tratadas no Capítulo 21 e os direitos fundamentais de comunicação social protegidos pelas três variantes[23] do Art.

---

[21] Cf. em detalhes a partir da muito conhecida classificação das teorias de direitos fundamentais por Böckenförde: Martins (2012: 25–27).

[22] Como exemplo do modo de exercício negativo da liberdade de informação [v. a respeito com amplas referências à dogmática jusfundamental alemã: Dimoulis e Martins (2020: 175–178)] e sua eficácia indireta também em face de particulares, mencione-se o recebimento inoportuno e indesejado de chamadas telefônicas. Falta aqui o elemento do interesse pelo titular no sigilo do processo comunicativo. Hufen (2018: 294) enxergou-o bem, mas aplica ao caso o Art. 2 I c.c. Art. 1 I GG (direito geral de personalidade: **Vol. 1**, **Cap. 2**) como parâmetro de avaliação de potenciais violações jusfundamentais. Em tese, porém, caberia a incidência do Art. 5 I 1, 2. subperíodo GG como parâmetro concorrente, eventualmente até específico em relação ao Art. 2 I c.c. Art. 1 I GG.

[23] Das três variantes, a chamada liberdade de filme, praticamente obsoleta, não recebeu um capítulo à parte. Ao lado da liberdade de noticiar por radiodifusão, a liberdade de noticiar por cinematografia – apresentação de imagens em movimento em uma determinada localidade fixa – é, de fato, uma reminiscência histórica. Como, porém, essa liberdade de noticiar é interpretada em sentido amplo em

5 I 2 GG (**Volume 2**, **Capítulos 9** e **10**), o fator de distinção recai especificamente sobre o adjetivo "social" em oposição à comunicação interindividual. Com ele – que também poderia ser substituído pela locução analítica "(comunicação) em massa" –, protegem-se não apenas as condutas dos titulares, tais como, por exemplo, as atividades de jornalistas atuantes em órgãos de comunicação social, mas todos seus pressupostos e prerrogativas institucionais imprescindíveis às atividades da imprensa e radiodifusão. Por essa razão, a ênfase não recai sobre a comunicação de pessoas e sua respectiva contribuição ao desenvolvimento das personalidades individuais, mas sobre as organizações e órgãos de comunicação. Com efeito, nesse caso, o direito fundamental pode ser exercido especialmente por pessoas jurídicas de direito privado.

III.

Em face do presente declarado escopo de fundamentar uma espécie de subsistema jusfundamental com delimitação entre seus elementos e, assim, justificar o tratamento conjunto dos Art. 8, 10, 11 e 13 GG, cabe uma última observação devidamente acompanhada de sua própria fundamentação:

Tão importante quanto o estudo dos "suportes fáticos jusfundamentais" (*Grundrechtstatbestände*), a partir do fio condutor da jurisprudência do TCF em profícuo constante diálogo com a literatura jurídica germânica especializada, é o estudo de seus complexos *limites constitucionais*. Esses foram previstos, respectivamente, nos segundos parágrafos de cada artigo (à exceção do ultra complexo Art. 13 GG). Também os Art. 8 II, 10 II, 11 II e 13 II – VII GG formam um sistema. Porém, trata-se de um sistema estritamente interligado por seus respectivos suportes fáticos. Consequentemente, são absolutamente vedadas transposições de limites entre si porque são despidas de método jurídico e potencialmente motiváveis por resultados hermenêuticos "desejados", porquanto são correspondentes a determinada agenda política.

Não obstante, desta vez, ao contrário, com preocupação e esforços metodológicos, tornou-se comum na dogmática explorar o conteúdo e alcance de um direito fundamental (seu suporte fático) a partir da análise de cada limite e suas relações sistemáticas. A função jurídico-dogmática dos limites constitucionais aos direitos fundamentais, especialmente os expressos no texto constitucional na forma de reservas legais, visa a, paradoxalmente, reforçar o vínculo aos direitos fundamentais das funções estatais executiva e jurisdicional, mas também da função legislativa.

---

ambos os casos (Art. 5 I 2, 2. variante e Art. 5 I 2, 3. variante GG), até filmes de entretenimento são protegidos. Ademais, há concorrência ideal com a liberdade artística, que é a liberdade normalmente aplicada. Cf. por muitos: Münch e Mager (2018: 243).

Em termos de política constitucional, pode-se dizer que o constituinte da *Grundgesetz* buscou, de modo realista, assegurar, no máximo grau possível, o exercício de liberdades individuais ínsitas à personalidade tão vulneráveis como o são as que foram tuteladas nos referidos quatro artigos. Em prol de tal efeito, foi imprescindível ter se adiantado a conflitos mediante previsão de limites específicos. Como a violação da ordem jurídica, em geral, especialmente o comprometimento de bens jurídicos individuais e coletivos, que podem ser sintetizados sob a epígrafe da segurança pública, ocorrem também mediante exercício de liberdades individuais, deve haver um programa normativo-constitucional e um aparato jurídico-dogmático rigoroso o bastante para se responder os problemas decorrentes do que seria uma liberdade "sem rédeas" de modo compatível com a ordem constitucional democrático-liberal idealizada pelo constituinte originário.

O embate paulatinamente mais intenso entre segurança e liberdade, decidido cada vez mais aqui e alhures em detrimento desta e em prol daquela, recebeu também na Alemanha contornos notáveis, principalmente desde fins da década de 1990. Uma das decisões tratadas [**# 93**] confirmou a constitucionalidade de inserção no Art. 13 GG de limites à inviolabilidade do domicílio [Art. 13 III-VI]. Outras duas [**# 89** e **90**] sedimentam-se em uma linha iniciada pela confirmação da constitucionalidade de limites inseridos pelo constituinte derivado às comunicações interindividuais do Art. 10 GG.[24] Em um contexto de vigilância estatal, algumas intervenções "informacionais" viabilizadas pelo avanço exponencial da tecnologia tiveram sua constitucionalidade confirmada, incluindo-se até restrições ao acesso à via jurisdicional garantida pelo Art. 19 IV GG, apesar das muitas e igualmente complexas salvaguardas estabelecidas nas decisões do TCF. "Escalada do Estado policial e de vigilância", acusariam alguns. Sem embargo, conhecer em detalhes os limites da liberdade e os respectivos – mas, pontuais e bem localizados – "preços" a serem pagos para não deixar desprotegida a segurança (na forma da justificação constitucional de intervenções estatais a partir dos limites expressos ou imanentes à Constituição) e ter a certeza e segurança do respaldo de uma jurisprudência constitucional e de uma cultura jurídica que, de fato, partem da prevalência da liberdade sobre os interesses de Estado representam um grande trunfo do jurisdicionado alemão. A alternativa que mais se apresenta no debate é o voluntarismo jurídico e judicial fundado em sopesamentos de "princípios", axiológicos ou equivalentes que golpeia os pressupostos do Estado de direito com riscos de

---

[24] Cf. BVerfGE 30, 1 (*Abhörurteil*), de 15.12.1970. Foi uma decisão não unânime. Referências à opinião divergente conjuntamente redigida e *publicada* por *decisão* de três dos oito juízes que então compunham o Segundo Senado do TCF e ao seu significado (inclusive dos destaques em itálico retro) encontram-se nas **Notas Introdutórias ao Cap. 21**, sob o tópico **III.2, *in fine***.

fatalidade, especialmente por causa de sua maleabilidade e complacência com autoritarismos governamentais de plantão.

Apesar das sempre cabíveis – mais ainda, esperáveis[25] – críticas, também no caso da sua intrinsecamente coerente jurisprudência sobre os parâmetros constitucionais discutidos neste Volume 4, incluindo-se necessariamente os limites aos direitos fundamentais neles definidos, o TCF cumpre, uma vez mais, sua missão constitucional.

[25] Por se constituírem em resultados do mais comezinho *ethos* profissional do cientista do direito.

Capítulo 20.

Liberdade de reunião (Art. 8 I GG)

Grundgesetz

Artigo 8 (Liberdade de reunião)

(1) Todos os alemães têm o direito de se reunir, pacificamente e sem armas, sem aviso prévio ou autorização.

(2) Em se tratando de reuniões ao ar livre, esse direito pode ser limitado por lei ou com base em uma lei.

A. Notas Introdutórias

I. Introdução

O direito fundamental à liberdade de reunião protegido pelo Art. 8 I GG pertence ao rol dos direitos fundamentais de comunicação, ao lado daqueles estudados nos **Capítulos 6 ao 12** (**Vol. 2**) e **14** (**Vol. 3**) da presente obra.[26] Segundo uma opinião ainda minoritária,[27] é considerado também um direito fundamental ao livre desenvolvimento da personalidade em seu aspecto da sociabilidade do indivíduo. Em

---

[26] Martins (2018-d) e Martins (2019-b: 113–174). V. a classificação dos direitos fundamentais de comunicação de Hufen (2018: 411–525).

[27] Representada, sobretudo, por Michael e Morlok (2016: 159 ss., 161–164). No mesmo sentido, cf. os comentários ao Art. 8 GG de Höfling (2018: 436). A opinião majoritária reconhece na liberdade de reunião um pressuposto do livre desenvolvimento da personalidade. O bem jurídico implícito na primeira pode ser visto em uma dualidade. Em uma dimensão jurídico-subjetiva é a comunicação; em uma dimensão jurídico-objetiva, haveria alguns "componentes político-democráticos". Cf. entre muitos, os comentários ao Art. 8 GG de Schulze-Fielitz (2013: 1031–1033). A essa bidimensionalidade implícita no bem jurídico protegido se refere também Kloepfer (2015: 977 s., 982–987).

um ou outro caso, trata-se de um direito a ser exercido, necessariamente, de modo coletivo.[28]

Sistemicamente falando, protege-se, com diferentes pressupostos e limites constitucionais, a comunicação ou o desenvolvimento da personalidade coletivos, ocorridos em reuniões públicas ou não públicas, em ambientes abertos ("ao ar livre") ou fechados ao público.[29] Como nenhum outro direito fundamental, a liberdade de reunião tem um paralelo jurídico-objetivo ao nível infraconstitucional, o direito (objetivo) de reunião, positivado especialmente na Lei (Federal) de Reuniões e, após a reforma constitucional do federalismo alemão de 2006, também por leis estaduais. Esse aparato normativo infraconstitucional configura a área de proteção do Art. 8 I GG, mas, ao mesmo tempo, sobretudo, limita-a a partir da autorização para intervenções constantes da reserva legal do Art. 8 II GG e no direito constitucional colidente no caso das reuniões realizadas em ambientes fechados ao público.[30]

Apesar da aludida reforma constitucional que, mediante emenda ao Art. 74 I, n. 3 GG, transferiu a competência legislativa de regulamentação de reuniões da União aos Estados-membros, a Lei de Reuniões (*Versammlungsgesetz – BVersG*) continua valendo em conformidade com o Art. 125a I 1 GG naqueles Estados que não promulgaram suas próprias leis. Trata-se de lei promulgada em 1953, que conta com uma tradição legislativa e jurisprudencial a qual remonta ao direito policial ou de segurança pública germânicos do sec. XIX, até mesmo anteriores à unificação por *Otto von Bismarck*, em 1871. São duas suas precípuas tarefas. A primeira é configurar a área de proteção, especialmente em face da demarcação dos elementos excluídos *a priori* da proteção, que são o caráter não pacífico e a presença de armas, no contexto do reconhecimento e "entendimento do mandato legislativo no sentido da garantia e da proteção da liberdade de reunião, que garante uma forma de auto-organização civil essencial à ordem democrática".[31] A segunda tarefa é fazer uso das autorizações legislativas expressa (reserva legal do Art. 8 II GG) em face de reuniões "ao ar livre" ou implícitas (derivadas do direito constitucional colidente) para o caso das reuniões fechadas ao público geral cuja liberdade foi outorgada, em princípio, sem reservas legais. O cumprimento de ambas as tarefas pelo legislador marcou a composição de

[28] Cf. Schmidt (2019: 337) muito instrutivo, com referência a uma decisão do TCF (NJW 1987, 3245): "vigília por único homem".

[29] Essa categorização combinatória (local aberto/fechado; pública/não pública), a ser mais bem explicitada adiante, encontra respaldo na legislação regulamentadora e passa por controle de constitucionalidade diferenciado, tendo em vista a reserva legal do Art. 8 II GG. Um quadro panorâmico – bem distribuído pelos níveis do tipo de reunião, de reserva legal no Art. 8 GG e de suas possíveis respectivas configurações legislativas – pode ser encontrado na exposição de Schmidt (2013: 261 e 271).

[30] Cf. especialmente o Projeto-Lei-Modelo (a seguir: PLM-LR) para os legisladores estaduais elaborado por um grupo de experts ("Grupo de Trabalho Direito de Reunião"), com detalhada exposição da fundamentação de cada dispositivo: Enders *et al.* (2011).

[31] Enders *et al.* (2011: 2).

um sub-ramo do direito administrativo especial, qual seja, do direito de reunião. Por sua vez, este pode ser entendido como sub-ramo do direito administrativo especial da segurança pública ou policial ou, pelo menos, como *lex specialis* em relação àquele.[32]

II. Suporte fático diferenciado do Art. 8 I GG: da área de regulamentação à área de proteção

Os direitos fundamentais outorgados na *Grundgesetz* compõem um sistema de proteção de liberdades que tem a pretensão de não ter lacunas.[33] Não obstante, é imprescindível determinar qual é o parâmetro ou quais são os parâmetros aplicáveis no exame de constitucionalidade de um ato estatal, seja ele proveniente de órgão de quaisquer das três funções fundamentais do Estado. De tal determinação dependerão as condições para o cumprimento do ônus de justificação quando da aplicação dos específicos limites dos direitos fundamentais que vêm à pauta.

Ao lado da verificação e possível solução apriorística de uma concorrência entre direitos fundamentais, a delimitação dogmática da "área de regulamentação" em face da "área de proteção" é o primeiro passo no sentido do cumprimento de tal ônus estatal. Nesse contexto, o caso da liberdade de reunião é paradigmático. Isso porque a diferença entre as duas áreas, que nem sempre está presente,[34] é muito nítida no caso da liberdade de reunião por conta da expressa exclusão *ab initio* de certos modos de exercício do direito (porte de armas e caráter não pacífico).[35] No caso da primeira – da área de regulamentação –, trata-se do âmbito da vida social sobre o qual incide a norma. Já no caso da área de proteção, tem-se as condutas e situações protegidas e, com isso, subtraídas da livre discricionariedade estatal.[36]

---

[32] Como "capítulo", por assim dizer, ou como *lex specialis*, o direito objetivo de reunião, quando aplicável, torna inaplicável o direito geral policial, o que foi consolidado como "princípio da impenetrabilidade do direito policial". Cf. por todos, apenas: Schmidt (2019: 349) e, adiante, no texto. Propugna por sua importação no sistema jurídico brasileiro: Martins (2017).

[33] O Art. 2 I GG, ao lado da outorga do direito geral de personalidade, entendido como "liberdade geral de ação", desempenha a função, como tutela subsidiária que é, de fechar lacunas de proteção jusfundamental. Isso tem especial relevância no caso do direito fundamental em tela por conta da restrição de sua titularidade a cidadão alemão. Cf. Kingreen e Poscher (2019: 61–62, 120 s.) e Martins (2016: 49).

[34] Cf. Kingreen e Poscher (2019: 80 s. e 82) e, na recepção pátria, discutindo as consequências jurídico-dogmáticas em detalhes: Dimoulis e Martins (2020: 169–172).

[35] Tendo em vista o aludido papel do Art. 2 I GG como liberdade geral de ação, boa parte da literatura defende – cf., nesse sentido, por todos: Kingreen e Poscher (2019: 108) com referência (e citação de fonte) à opinião contrária – que titulares (o mesmo valendo para estrangeiros que não são titulares) do direito fundamental outorgado no Art. 8 I GG e reuniões que não observem esse pré-requisito são protegidos pelo subsidiário direito fundamental do Art. 2 I GG. Por sua vez, os divergentes propugnam aqui por um efeito de bloqueio à tutela do Art. 2 I GG.

[36] Cf. Dimoulis e Martins (2020: 169–174).

Define-se o suporte fático da norma jusfundamental negativa e positivamente. A primeira aproximação do intérprete corresponde à exclusão de condutas que fazem parte da área da vida ou de regulamentação que o constituinte consciente e expressamente *não* protegeu. No segundo caso, da definição positiva, verifica-se o alcance do recorte protegido, ou seja, quais as condutas e situações que devem restar, em princípio, livres de intervenções estatais.[37]

1. Área da vida social: conceito de reunião[38]

Em geral, descrever e definir o âmbito da vida social contemplado pela norma definidora de direito fundamental faz-se a partir de um conceito correspondente a um ou a um complexo de bens jurídicos.

No caso da interpretação do Art. 8 I GG, trata-se do fenômeno das reuniões de pessoas naturais,[39] que estará presente toda vez que pelo menos três pessoas (colégio mínimo) – logicamente, porém, também duas pessoas – encontrarem-se em determinado local, compartilhando entre si um propósito comum.[40] A presença de apenas duas pessoas bastaria porque os adeptos dessa interpretação partem[41] do aspecto comunicativo e de desenvolvimento coletivo da personalidade, ínsitos à liberdade de reunião: segundo esse entendimento, a liberdade de reunião protegeria o indivíduo contra seu isolamento.[42]

No mais, a reunião constitucionalmente protegida pelo dispositivo em pauta deve se realizar em um *determinado local*. Entenda-se como tal um local físico, não um *local virtual*. Encontros virtuais são protegidos por outros direitos fundamentais de

---

[37] Schmidt (2019: 343) expressou-o com precisão: "O conceito da reunião pacífica não é definido pela *Grundgesetz*. Pela jurisprudência e literatura ela é definida [...] negativamente."

[38] Em relação a partes desse texto, cf. uma versão anterior publicada em Martins (2017: 452–454).

[39] Admite-se, todavia, a titularidade por pessoas jurídicas de direito privado, na qualidade de organizadoras do evento. Sequer a capacidade jurídica é sempre imprescindível: podem ser titulares meras associações de pessoas que tenham uma rígida organização interna e não sejam momentâneas. Cf., por todos: Hufen (2018: 500). Cf. **Decisão # 86**.

[40] Cf., entre muitos: Michael e Morlok (2016: 160 s.) e, mediante referência à dicção do TCF, "várias pessoas" (BVerfGE 104, 92 [104]), cf. Jarass (2011-a: 277): "mais provável [que o TCF] refira-se a [pelo menos] três pessoas".

[41] Da vasta literatura, cf. Hermanns (2001: 79); Kniesel (2000: 2857); Kahl (2000: 1090); Höfling (2018: 437); Klopfer (2015: 989 s.) e, novamente, Michael e Morlok (2016: 159–160).

[42] Não apenas no sentido político, o que aproximaria muito a interpretação do direito a uma perspectiva funcionalista, mas para o próprio desenvolvimento da personalidade. Sobre os riscos da interpretação funcionalista, típica da chamada teoria funcional-democrática dos direitos fundamentais, veja-se o debate com o bastante citado ensaio de Böckenförde (1976) por Martins (2012: 25–27) e Böckenförde, *ibid.*, p. 235–237. Cf. também, com descrição do potencial de impacto para a coletividade e sistema político do regime democrático: von Münch e Mager (2018: 257): a liberdade em tela abrangeria "...da necessidade de desenvolvimento da personalidade em comunhão com outras pessoas, passando pela manifestação coletiva de opinião e protesto político até chegar ao desenvolvimento do poder da rua com grave potencial de intimidação e ameaça".

comunicação social. Com efeito, é a partir do estudo da demanda específica de proteção que se define essa característica.[43] Pelo direito fundamental à liberdade de reunião, opõe-se um obstáculo àquela que é, em princípio, possível e potencialmente legítima competência estatal de impedir que pessoas se juntem, com emprego de seus corpos,[44] em prol de algo que desejem comunicar, em determinado local físico.

O alcance do conceito de propósito "comum", imprescindível à elucidação do fenômeno social sobre o qual incide a norma jusfundamental em apreço, divide as opiniões. Não obstante, há alguns aspectos que são unânimes. Entre eles, primeiro, por definição negativa, exclui-se o chamado "mesmo propósito de todos", que também responde por sua conjugação plural como "propósitos paralelos".[45] Algumas pessoas (ou até uma multidão) podem estar juntas em um determinado local, mas sem comungarem um propósito comum, embora tenham todas o mesmo propósito conectado ao local. Pessoas que estejam em meros aglomerados que tenham o mesmo propósito de, por exemplo, esperar a passagem de um ônibus em uma parada para tanto construída ou de assistir a um evento musical ou quaisquer outras formas de entretenimento já protegidas por outros direitos fundamentais, não se encontram "reunidas" no sentido do Art. 8 I GG, mas tão somente "juntas". Falta-lhes o elemento central da (possibilidade) de comunicação.

No que se refere aos eventos de entretenimento que ocorram em praças, vias e demais logradouros públicos, o conceito de reunião será relevante, inclusive, para a determinação do ramo de direito administrativo aplicável: se o direito de reunião ou o direito de uso (extraordinário) das vias públicas e direito geral de segurança pública,

---

43 Razão pela qual as reuniões agendadas para espaços virtuais não são incluídas na proteção. Com efeito, falta-lhes a vulnerabilidade específica diante do poder regulamentar e normativo do Estado. Cf. Kingreen e Poscher (2019: 233–234): "De um lado, é justamente a presença corporal dos partícipes da reunião que a faz especialmente ameaçadora porque ela sempre tem o potencial dificilmente calculável de se tornar ações políticas mais amplas. Por essa razão, as reuniões sempre foram objetos preferidos de repressão estatal. Por outro lado, defender a causa com o próprio corpo também cria uma vulnerabilidade especial e imediata, que suscita a necessidade de proteção especial diante de [faticamente possíveis] ataques estatais. Essa situação especial de dupla ameaça, que reside justamente na presença corporal dos partícipes, não existe no caso de 'reuniões' virtuais em chats ou fóruns da internet". No mesmo sentido: Kniesel (2000: 2860) e Kloepfer (2015: 982). Em sentido contrário, cf. Pötters e Werkmeister (2013: 9 s.) e Kersten (2017: 198).

44 Cf. Kniesel e Poscher (2007: 1009 ss.).

45 Cf. Sachs (2017: 474 s.). Em que pese o central papel que partidos políticos desempenham no sistema constitucional dos direitos fundamentais de comunicação e constitutivo da opinião e vontade públicas, esse pressuposto da comunhão de propósitos não está presente em uma ação de publicidade de partido político promovida em via pública mediante instalação de um quiosque de informação e distribuição de materiais gráficos a transeuntes. O mesmo critério vale para um quiosque de informação de uma organização religiosa. Cf. Beaucamp (2017: 126). O problema é, entretanto, conhecido há muito na jurisprudência e literatura. Cf. Kniesel (1996: 2611); BVerfG, NJW 1977, 671; BVerwGE 56, 63 (67-69) e BVerwG, NVwZ 2007, 1434.

com repercussões práticas para efeitos de concessão de autorização especial e obrigação de ressarcimento de custos da limpeza dos locais, por exemplo.[46] Após a reforma constitucional federativa que transferiu a competência de regulamentar reuniões do legislador federal aos estaduais, três (das cinco) leis estaduais já promulgadas estatuíram o princípio da gratuidade de ações oficiais previstas na respectiva lei. O Projeto de Lei-Modelo (PLM-LR) trouxe uma sugestão redacional em seu § 30, segundo o qual "ações oficiais previstas nesta lei são gratuitas".[47] Por sua vez, com fulcro em outras leis sobre a ocupação do espaço público, tais quais o Código Viário e de Trânsito (StVO), podem incidir sobre as mesmas medidas administrativas taxas a serem quitadas pelo uso extraordinário dos espaços públicos.

Na definição positiva é que começam as divergências. Muito se discutiu se, para a verificação de uma reunião no sentido em apreço, haveria a necessidade de ser manifestada uma opinião como contribuição para o – ou participação no – processo de formação da opinião pública ou se qualquer opinião bastaria ou, ainda, se se poderia desistir completamente desse critério. Distinguiram-se, na sistematização das posições, três conceitos de reunião: de um conceito estrito, segundo o qual haveria a necessidade de se manifestar, na reunião, uma opinião como participação no processo de formação da opinião e vontade públicas (i.), passando pela exigência de ocorrência de uma manifestação de qualquer opinião, ainda que pertinente a

[46] Cf., em geral, Enders *et al.* (2011: 81–83). Muito polêmicas quanto à classificação como reunião ou não foram eventos musicais de rua no início dos anos 2000, especialmente motivados pela – assim, a crítica – mera celebração de um "estilo de vida", no caso motivado pela audiência da música "techno" e suas variantes. Os organizadores da *Love-Parade* tentavam conseguir o reconhecimento como reunião. Contudo, os slogans superficiais comerciais por eles adotados não permitiam concluir que o propósito da festa fosse a manifestação coletiva de opinião, qualquer que fosse. Por sua vez, a *Fuckparade* foi concebida, entre outros, justamente para denunciar o caráter meramente comercial e de "pseudoprotesto" da Loveparade, razão pela qual boa parte da literatura especializada em sentido contrário ao que fez o TCF, em uma Decisão de Câmara em Processo Cautelar [cf. BVerfG-K, NJW 2001, 2459 (2460) – *"Fuckparade/Love Parade"* e os comentários anuentes de Krempl (2001)], diferencia entre os eventos com a consequência de reconhecer o caráter de reunião apenas à *Fuckparade*. Por sua vez, seis anos após a referida Decisão de Câmara do TCF, o Tribunal Federal Administrativo seguiu a crítica àquela ao não enxergar nos elementos da música e dança utilizados na *Fuckparade* algo que destituísse seu caráter de reunião, cf. BVerwG 2007, 1431, 1432 s. e, por último, Petersen (2019-b). Igualmente muito problemático é o reconhecimento do caráter de reunião constituída por manifestantes "alugados", ou seja, que recebem honorários ou alguma espécie de vantagem econômica para emprestar seu próprio ao corpo coletivo da reunião. Para ambos os casos, cf. Bredt (2007). Um último caso é a delimitação entre os chamados *"flashmobs"* e *"smartmobs"*. Para Neumann (2011), o segundo seria, ao contrário, uma reunião. Cf. também Mann e Fontana (2013: 740) e Höfling e Khrone (2012: 736–737).

[47] Cf. com comentários: Enders *et al.* (2011: 81–83) e sua repercussão nas referidas leis estaduais: Art. 26 BayVersG, § 25 NVersG e § 26 VersFG SH. Da extensa literatura germânica, nesse sentido: Münch e Mager (2018: 257 s.) e Tschentscher (2001: 1235 s.).

interesses particulares – "conceito ampliado" (ii.), chegando a um conceito amplo, segundo o qual nenhuma opinião precisaria ser manifestada (iii.).[48]

Assim, positivamente, trata-se, especialmente, de passeatas, marchas ou aglomerações de pessoas em determinado lugar (fixo ou transitório a depender do tipo de reunião)[49] que tenham por escopo chamar a atenção para qualquer questão política, social ou cultural. Além da recorrente dicotomia "locais abertos versus locais fechados", apresenta-se, como aludido, uma segunda dicotomia muito relevante para a aplicação da Lei de Reuniões – BVersG (*lex specialis*) e das leis estaduais gerais de segurança pública (*legi generali*), qual seja: "reunião pública versus reunião não pública". Combinando as duas dicotomias, identificam-se quatro tipos de reunião: públicas em locais abertos; públicas em locais fechados; não públicas em locais abertos; e não públicas em locais fechados. A caracterização como pública ou não dependerá das escolhas dos organizadores, as quais predeterminam ou não um público-alvo, especificamente convidado/convocado para a reunião, caso em que a reunião será não pública. Tais predeterminações fazem também parte da área de proteção do direito fundamental; na dúvida, também o fazem em face do teor e contexto normativo do Art. 8 I GG. A relevância reside na determinação da incidência de quais tipos de leis interventoras: apenas as reuniões públicas – ao ar livre ou em locais fechados – são regulamentadas pelas leis de reunião, sendo que a reserva legal do Art. 8 II GG cobre apenas as reuniões ao ar livre. Os dispositivos das leis de reunião realizadas em locais fechados ou são configurações da área de proteção, ou seja, não se trata de leis intervenientes, ou devem se amparar em direito constitucional colidente.[50]

No que concerne à verificação de um propósito comum dos reunidos, titulares do direito fundamental à liberdade de reunião, pressupõe-se a presença de um vínculo

---

48 Cf., por muitos: Möllers (2015: 186 ss.) e Schildheuer (2015: 207 ss. e 232). Na primeira categoria, há ainda poucos adeptos de um conceito ainda mais restrito – poder-se-ia dizer: restritíssimo – à formação conjunta de opinião pública atinente a *questões políticas atuais*. Decididamente críticos em relação à tendência do TCF de aderir ao conceito restrito, cf. Kingreen e Poscher (2019: 232 s.). Nesse contexto, Sachs (2017: 475) critica a redução à uma interpretação funcional-democrática da liberdade de reunião. Cf. também crítico Höfling (2018: 436). Por fim, Kloepfer (2015: 395–406) revisitou criticamente os conceitos de opinião pública e sua relação com a composição da vontade pública que não hão de ser confundidos com a vontade estatal, razão que per se advoga pela recusa de um conceito restrito de reunião.

49 Na literatura especializada germânica, cf., por todos, as "formas de reunião" descritas por Pieroth *et al.* (2016: 358s. e 359–362).

50 Sobre tais consequências regulamentares que serão mais bem analisadas adiante, cf. a exposição bastante detalhada de Schmidt (2019: 350–357). Reuniões não públicas podem sofrer intervenções previstas em leis estaduais de segurança e ordem públicas ou policiais. Cf. Schmidt, *ibid.*, p. 321. A titularidade do imóvel no qual se realiza uma reunião (estatal ou privada) é irrelevante para a diferenciação. Especialmente as reuniões públicas podem ser realizadas em propriedades privadas. Cf. Jahn (2001: 175), Heckmann (2001: 675, 681); Führing (2001: 159 s.) e Hermanns (2001: 81 s.).

interno,[51] uma interdependência entre os reunidos que comungam do mesmo propósito, em princípio, com vistas à apresentação de uma opinião. Essa "comunhão do mesmo propósito" não obsta que haja concepções individuais divergentes. Em seu aspecto de contribuição para a formação da opinião pública, é justamente do livre debate entre posições convergentes ou divergentes que se trata.[52]

2. Excurso: concorrências com outros direitos fundamentais

Quando estiver presente uma concorrência entre direitos fundamentais, há duas possíveis consequências para o exame, a depender da classificação da concorrência como aparente ou ideal.[53] No primeiro caso, pode ser resolvida preliminarmente com a aplicação da regra específica em detrimento da genérica. No segundo caso, o exame tem de ocorrer separadamente, ou seja, em face de cada direito concorrente.[54]

No caso em tela, autores e o TCF identificam as seguintes concorrências de outros direitos fundamentais com a liberdade de reunião.

2.1 Direito fundamental à liberdade de opinião (Art. 5 I 1 GG)

A mais importante e recorrente das concorrências é, sem dúvidas, a concorrência entre a liberdade de reunião e a liberdade de opinião do Art. 5 I 1 GG. Primeiro, porque ambos são direitos fundamentais de comunicação. Como forma coletiva da expressão da opinião "segundo a sistemática dos direitos fundamentais de comunicação" seria, de acordo com uma opinião, "em si totalmente claro que o Art. 8 GG prevalece [*sic*] sobre a liberdade geral de opinião (Art. 5 I GG)".[55] O verbo prevalecer aqui, ao contrário do que ocorre na dogmática da colisão de direitos fundamentais, não carrega uma conotação hierárquica, pela qual a liberdade de reunião afastaria a liberdade de opinião por lhe ser abstrata ou concretamente superior. Os direitos não colidem, mas são avocáveis pelos mesmos titulares do

---

[51] Os autores germânicos enfatizam essa característica. Com especial ênfase logo na abertura da discussão sobre o conceito de reunião, cf. Kingreen e Poscher (2019: 232). Cf., com vastas referências, também os comentários ao Art. 8 GG de Höfling (2018: 437).

[52] Um aspecto que em si faz parte do caráter jurídico-objetivo do direito fundamental, mas que, de modo teleológico, ajuda a precisar o alcance do conceito de reunião. Esse reconhecimento tem repercussões na avaliação pela jurisprudência constitucional de contramanifestações caracterizadas por serem reuniões em locais abertos, convocadas para demonstrar protesto contra uma primeira reunião de grupo sociopolítico geralmente antagônico. Essa experiência até ensejou que o legislador proibisse o estorvo nos § 2 II BVersG, sancionado pelo § 21 s. BVersG, dispositivo trazido ao PLM-LR, em seu § 7. Cf. Enders *et al.* (2011: 27–28). Porém, o estorvo deve ser interpretado em sentido bem estrito. Cf. Enders *et al.* (2011: 27 s.), com referência a BVerfGE 84, 203 (209) e 92, 191 (202 s.). Muito claro, nesse sentido, também é Hufen (2018: 498). Cf. o extenso estudo de caso reconstruído em estilo de parecer com vastas referências por Martins (2017: 462–483).

[53] Conceito, classificações e discussão em Dimoulis e Martins (2020: 212–217).

[54] Cf. em geral Martins (2020): "caso das baianas evangélicas do acarajé", aplicação subsequente da liberdade profissional e da liberdade de crença.

[55] Hufen (2018: 500).

direito em prol da conduta que se pretende livre de intromissões estatais. Trata-se, ao contrário, da possível não aplicabilidade da regra supostamente genérica (liberdade de opinião) diante da presença de hipótese da regra supostamente específica (liberdade de reunião), ou, sinteticamente falando, da admissão da presença de uma concorrência meramente aparente com a aplicação da máxima *lex specialis derrogat legi generali*.

Essa opinião defendida na literatura jurídica germânica especializada é hoje minoritariamente defendida. O TCF, seguido pela ciência jurídico-constitucional, pelo menos pela chamada "opinião dominante",[56] considera tratar-se de uma concorrência ideal. Ou seja, TCF e literatura dominante propugnam pela aplicação paralela, melhor: subsequente, do Art. 5 e do Art. 8 GG.[57] Contudo, ambos os parâmetros servem para avaliar diferentes aspectos das intervenções estatais. Intervenções que recaiam apenas sobre o conteúdo da reunião devem ser julgadas a partir do Art. 5 I 1 GG. Já os aspectos específicos da reunião – desde sua preparação com todas as decisões dos organizadores e partícipes em geral, tais como a escolha do momento e local até seu efetivo transcurso – são protegidos especificamente pela liberdade de reunião. Após o encerramento (segundo planejamento ou voluntário pelos próprios manifestantes) ou a dissolução coercitiva da reunião por forças de segurança pública, as eventuais medidas estatais que recaiam sobre o conteúdo dos juízos de valor externados durante a reunião, mas não eventuais sanções decorrentes da suposta inobservância de regras do direito objetivo de reunião,[58] especialmente da Lei Federal de Reuniões (BVersG), devem ser medidas com base na liberdade de opinião do Art. 5 I 1 GG.

---

[56] Cf. a apresentação sistemática de Schmidt (2019: 357 s.).

[57] Embora se façam leituras não muito claras de uma passagem da **Decisão # 84** do TCF. Naquela decisão, tratava-se de uma proibição motivada pelo propósito da reunião ser a manifestação de uma opinião pertinente ao espectro ideológico de extrema direita. Falou-se (p.ex. Schmidt, *ibid.*) que nesse caso, segundo o próprio TCF, o conteúdo de uma expressão "que, no quadro do Art. 5 II, não pode ser proibido, por isso também não poderia ser trazido para a justificação de medidas que limitassem o direito fundamental do Art. 8 I GG". Sem dúvida, a proibição não poderia ser superada pela aplicação do segundo parâmetro concorrente do Art. 8 I GG, pois basta a violação de um direito fundamental para ter de se descartar uma norma ou sua interpretação e aplicação como nulas ou, ao menos, declará-las incompatíveis com a *Grundgesetz*.

[58] A dissolução da reunião pode decorrer de decisão autônoma dos manifestantes, especialmente quando considerarem cumprido seu propósito, ou pode ser imposta pela autoridade policial, segundo o § 15 III BVersG, nos casos previstos nos dois primeiros parágrafos do mesmo dispositivo (§ 15 I e II BVersG). Seu efeito é a interrupção da incidência das normas do direito de reunião e, em princípio, também da proteção específica do Art. 8 I GG. Os autores do PLM-LR previram, no correspondente "§ 13 (restrições, proibição, dissolução)" de sua proposta, até mesmo uma obrigação de afastamento e proibição de início de uma chamada reunião substitutiva após a dissolução (§ 13 VI 2 PLM-LR), mas não a dissolução automática quando presentes os pressupostos aludidos na BVersG e recepcionados no PML-LR. Pelo contrário, naquele dispositivo exige-se uma avaliação *in loco* da presença de perigo concreto. Cf. Enders *et al.* (2011: 40, 43).

Tais diferenciações são imprescindíveis já ao nível preliminar do exame, principalmente com vistas à ulterior possibilidade de justificação constitucional mediante controle da constitucionalidade da aplicação dos limites de ambos os direitos do Art. 5 II e do Art. 8 II GG que são bem distintos entre si.[59] Por outro lado, por vezes também se propugna por uma aplicação conjunta (Art. 5 I 1 c.c. Art. 8 I GG), procedendo-se àquilo que já se convencionou chamar na dogmática de "acréscimo", ou "fortalecimento da área de proteção".[60]

Contudo, essa opção induz de certa maneira à insegurança quando do exame da possível justificação constitucional da intervenção, tendo em vista a dúvida quanto a quais limites devam ser aplicados. Melhor é identificar com precisão, a partir da diferenciação descrita, qual direito está sendo especificamente atingido. No caso, pode-se inferir que a concorrência em geral verificada no plano abstrato terá de ser inexoravelmente revolvida no plano concreto, sendo que a mesma medida estatal dificilmente atingirá ambos os direitos. Isso faz com que essa concorrência se aproxime, em sede de conclusão, da categoria da concorrência aparente, com a peculiaridade de que nem sempre a liberdade de reunião será a norma específica com o condão de afastar a aplicação da, em princípio, genérica liberdade de opinião. Por exemplo, na decisão *Auschwitzlüge* ("Mentira de Auschwitz"),[61] o TCF valeu-se do parâmetro da liberdade de expressão da opinião (Art. 5 I 1 GG), mesmo tendo sido a polêmica opinião defendida no bojo de uma reunião. Isso porque a intervenção estatal verificada foi a condenação dos manifestantes por crimes tipificados nos §§ 130, 185 e 189 StGB.[62] Se se tratasse de outras medidas, como a proibição da reunião, seu condicionamento ou sua dissolução, motivadas pela perspectiva ou verificação *in loco* do cometimento do crime de opinião (e, assim, conectada à expressão do juízo de valor), o parâmetro seria também a liberdade de reunião por representar a *lex specialis* no caso concreto.

Em suma, segundo a jurisprudência do TCF, "a liberdade de reunião não ofereceria proteção [do conteúdo da opinião] que vá além do Art. 5 I GG".[63] Por outro lado, quando a conexão da medida estatal à opinião atingir a publicidade prévia das opiniões que ainda serão defendidas na futura reunião, a liberdade de reunião se

---

[59] No primeiro caso, tem-se uma reserva qualificada pela predeterminação de três propósitos. Cf. Martins (2018-d: 94, 140, 150 s. e 183). Para o caso do Art. 8 II GG, v. adiante, sob **III.1.**

[60] Também alcunhada de "combinação de direitos fundamentais". Cf., em geral, sobre esse conceito do fortalecimento de área de proteção: Michael e Morlok (2016: 62–64) e, com mais referências, sua peremptória rejeição para o exame de alegadas violações de direitos fundamentais por Kingreen e Poscher (2019: 82): "na solução do caso não vem [o exame conjunto de dois ou mais direitos fundamentais] à pauta".

[61] BVerfGE 90, 241. Cf. excertos e anotações em Martins (2018-b: 104–111) [= **Decisão II/# 37**].

[62] Cf. *ibid.*, p. 105 e, em relação ao §130 StGB que, com a adição, em 2005, de novos elementos típicos, foi significativamente derrogado: Heinrich (2017: 625, 628 e 632–634).

[63] Cf. Hufen (2018: 500).

torna novamente específica. Se atingir o ulterior relato, eventualmente feito em veículo de comunicação social, será a liberdade de opinião do Art. 5 I 1 GG a regra específica (eventualmente também alguma das liberdades de comunicação social do Art. 5 I 2 GG).[64]

2.2 Liberdades de consciência e crença (Art. 4 I GG) e artística (Art. 5 III, 1. variante GG)

Também com as liberdades epigrafadas, a liberdade de reunião concorre, em princípio, idealmente. Mais claramente do que no caso da concorrência com a liberdade de opinião, aqui não há, sequer em tese, especificidade lógica, quando muito, normativa.[65]

Com efeito, quanto ao primeiro caso da concorrência com o Art. 4 I GG, tem-se que procissões religiosas e marchas com motivação transcendental podem ser protegidas rigorosamente por ambos os direitos fundamentais.[66] O aspecto comunicacional, ou seja, a expressão da consciência e crença, a qual é partícipe também da área de proteção do direito fundamental do Art. 4 I GG,[67] encontra, no exercício do direito fundamental à liberdade de reunião, o instrumento e a forma para o exercício material do primeiro direito. Segundo se verá, a proteção da liberdade de reunião, ao contrário de um conceito restrito de propósito da reunião, não pressupõe a persecução do propósito de apresentar opiniões de cunho político sobre questões atinentes à participação na formação da opinião. Por isso, todas as medidas estatais que atingirem a forma do exercício do direito, atingirão também o conteúdo. Tendo em vista a diferença entre os limites previstos para ambos os direitos, o exame da constitucionalidade, composto de suas três etapas essenciais, tem de ser subsequentemente aplicado. Nesse sentido, pode ocorrer de a medida ser justificada em face do direito fundamental outorgado com limite mais abrangente e generoso relativo às competências estatais restritivas do Art. 8 II GG, mas não no direito fundamental outorgado sem reserva legal do Art. 4 I GG.[68] Especialmente relevante será a identificação do grau hierárquico do bem jurídico encontrado no propósito da intervenção, pois, no caso do Art. 4 I GG, apenas a persecução de direito constitucional colidente pode justificar, em tese, uma intervenção estatal naquele direito.[69]

---

64 Sobre tais liberdades, v. Martins (2012: 246 ss., 256 ss.).

65 Sobre as categorias e subcategorias, v. com referências à literatura germânica: Dimoulis e Martins (2020: 212–217).

66 A liberdade de reunião protege a forma da manifestação, enquanto a liberdade de crença protege o conteúdo. Cf. Hufen (2018: 501).

67 Cf. Martins (2018-d: 21 s., 26 ss.).

68 Cf. um exemplo de consequência similar de um exame de constitucionalidade em Martins (2020).

69 Sobre essa relação entre as duas principais categorias de limites aos direitos fundamentais, cf. Dimoulis e Martins (2020: 192 ss., 204 ss.).

No caso da liberdade artística, ocorre *mutatis mutandis* o mesmo. Também se trata de um direito fundamental outorgado sem reserva legal. Assim, se a reunião representar a forma e o instrumento escolhido pelos titulares daquele direito fundamental, quaisquer medidas que reprimam o exercício da liberdade de reunião atingirão o chamado âmbito do efeito da obra artística.

2.3 Liberdade geral de ação (Art. 2 I GG)

O direito fundamental do Art. 2 I GG implica, como estudado no **Capítulo 2** da presente obra, a proteção do direito geral de personalidade e da liberdade geral de ação. A última é uma garantia subsidiária em relação a todo o catálogo de direitos fundamentais de liberdade individual. Há, portanto, concorrência aparente por excelência, uma relação de especificidade lógica, pois todos os direitos fundamentais de liberdade específicos acrescentam elementos à norma mais genérica de todas e, por isso, subsidiária.

Não é diferente no caso de sua relação com a liberdade de reunião. Há, contudo, a agravante do papel prático bastante relevante que essa norma genérica exerce no caso de reuniões de estrangeiros. Por conta do teor do Art. 8 I GG, os estrangeiros não podem avocar a específica tutela da liberdade de reunião. Não obstante, são aquelas suas condutas que recairiam na área de proteção da liberdade de reunião, caso fossem cidadãos alemães, protegidas pelo Art. 2 I GG. Além dessa relevância quanto à chamada área de proteção "subjetiva" (titularidade), do ponto de vista material, os aglomerados de pessoas que não cumpram os pré-requisitos conceituais da reunião e/ou dos condicionamentos prévios impostos aos titulares alemães pelo Art. 8 I GG, a seguir analisados, do caráter pacífico e não porte de armas pelos reunidos, podem avocar (tão somente) a proteção do Art. 2 I GG.[70]

3. Delimitação negativa da área de proteção: exclusão de reuniões não pacíficas e "armadas"[71]

3.1 Relevância jurídico-dogmática

Presentes os pressupostos conceituais de uma reunião no sentido constitucional, deve-se verificar se ela é, em princípio, protegida, se faz parte da área de proteção do direito fundamental.

---

[70] Cf., no entanto, novamente, Kingreen e Poscher (2019: 108) com referência à opinião minoritária que defende uma espécie de efeito de bloqueio, ou seja, os comportamentos excluídos da área de proteção do direito genérico não poderiam mais ser abarcados pela área de proteção do genérico e subsidiário Art. 2 I GG. Nesse sentido, cf. Höfling (Schulze-Fielitz: 2013: 1075), sob menção, todavia, da necessidade de se observarem "princípios de Estado de direito", como a proporcionalidade, que produz praticamente o mesmo efeito protetivo.

[71] Em relação a partes desse texto, cf. uma versão anterior publicada em Martins (2017: 454–457).

Como aludido, nem sempre se depreende do teor de uma norma definidora de direito fundamental uma clara opção do constituinte por excluir *ab initio* da área de proteção aqueles comportamentos ou situações por ele não considerados dignos de proteção, a despeito de serem pertinentes à área da vida social regulamentada. No presente caso, tem-se a literal exclusão de reuniões cujos partícipes portem armas ou que tenham um caráter não pacífico, algo identificável já no acompanhamento de seu planejamento[72] ou que o adquiram em seu transcurso.[73]

Em síntese, nessa *primeira etapa do exame*, o intérprete pode ter à sua frente um encontro de pessoas com caraterísticas que determinarão a possibilidade em tese de sua proteção e, sendo reunião contemplada, a sua restringibilidade (limites e condições de sua aplicação).[74] Aqui, interessa apenas a chamada "abertura da área de proteção" ao tipo e modo de junção de pessoas. Primeiro, há aglomerações de pessoas que sequer se encontram reunidas no discutido sentido do Art. 8 I GG; ou, em segundo lugar, que, mesmo em se encontrando reunidas, não atendem às duas referidas condições. Em ambos os casos, uma hipótese de violação restaria refutada já nesta fase preliminar da primeira etapa do exame.

---

[72] A partir de um prognóstico embasado em observações dos competentes órgãos de inteligência de que uma reunião, com elevada probabilidade, será violenta, poder-se-á justificar, como *ultima ratio*, a ordem de sua proibição com fulcro em uma interpretação orientada pelo direito fundamental do § 15 I 1 BVersG. Por ela, fixa-se, como propósito lícito da proibição, a obstrução da concretização de um perigo imediato à segurança pública. Não basta a ameaça à ordem pública, conceito claramente diferenciado do conceito de segurança pública na literatura administrativista germânica. De fato, essa proibição abstrata pode ser considerada uma intervenção estatal, como parece sustentar Hufen (2018: 498), quando assevera que os elementos "pacificamente" e "sem armas" "em verdade pertencem aos limites", uma vez que parte de um prognóstico, mas não do fato consumado. Porém, pelo menos em relação à verificação concreta do caráter não pacífico pela autoridade policial presente e competente que leva a uma restrição ou até dissolução, tem-se pelo teor e contexto normativos do Art. 8 GG uma exclusão *a priori*, mas não a fixação de limite cuja imposição deve ser justificada com base no suporte fático da norma jusfundamental em apreço.

[73] Embora a sanção legal da dissolução (quando uma restrição por exclusão de alguns integrantes, por exemplo, for insuficiente) do § 15 I 1 BVersG, prevista para a hipótese da reunião não pacífica, em si e *ab initio* não protegida, não suscite automaticamente a obrigação de sua restrição ou dissolução: "também a circunstância de que reuniões não pacíficas não gozem de proteção jusfundamental não conduz automaticamente a uma obrigação de atuação do órgão administrativo no sentido de uma redução de discricionariedade a zero" (Enders *et al.* [2011: 41]).

[74] Notadamente a verificação se, de fato, os dispositivos das leis (federal ou estaduais) de reunião representarão "intervenções" ou "configurações de conteúdo". A delimitação entre leis interventivas e leis configuradoras pressupõe a identificação da categoria do direito fundamental. Junto a garantias institucionais e processuais, a marca normativa da área de proteção faz com que a legislação seja, em larga medida, configuração pertinente à margem conformadora do legislador. Na liberdade de reunião, a situação é complexa por conta de tais exceções de proteção *ab initio* (reuniões não pacíficas ou com armas). Cf. em geral: Dimoulis e Martins (2020: 190–192) e Martins (2019-b).

Critérios para a aferição do caráter geral pacífico de uma reunião foram fartamente desenvolvidos no direito alemão. Porém, ainda há aspectos controvertidos. Diferentemente do teor do Art. 5º, XVI da CF, que apartou os dois elementos excluídos da área de proteção da liberdade de reunião com mera vírgula, denotando sua especial interdependência, o constituinte alemão optou por separá-los com a conjunção aditiva "e". Isso indica que ambos têm significados e alcances autônomos.[75]

3.2 Condição apriorística da ausência de "armas"

Até mesmo o aparentemente objetivo critério do porte de armas revela problemas hermenêuticos e práticos.[76] Armas não são apenas aquelas definidas no primeiro dispositivo da Lei de Armas (§ 1 WaffG), quais sejam: pistolas, facas/punhais e "soco-inglês"), mas também objetos perigosos como tacos de *baseball*. Diferenciam-se armas "em sentido técnico" de armas "em sentido não técnico".[77] Relevante é que os objetos que configurem potenciais armas ou armas em sentido não técnico sejam portados com a finalidade de serem efetivamente usados como instrumentos idôneos a ferir pessoas ou a causar dano ao patrimônio.[78] Aparatos de proteção como máscaras de gás e óculos marinhos não são armas, apesar do uso da controversa denominação "armamento passivo"[79] atribuída por alguns a tais objetos.[80]

---

[75] Contudo, alguns autores defendem, ao contrário, que a proibição de porte de armas seja um "subcaso da reserva de pacifismo". Por todos, cf. Höfling (2018: 443) e Kloepfer (2015: 1005).

[76] Cf. Michael e Morlok (2016: 167). Os referidos autores destacam, todavia, que, embora objetos como tomates, ovos ou mesmo objetos de proteção como guarda-chuvas e capacetes não sejam em si armas no sentido constitucional, sua "utilização violenta" configura o caráter não pacífico de uma reunião, excluindo, igualmente, uma reunião com essa característica do suporte fático do Art. 8 I GG.

[77] Cf., em detalhes, Enders *et al.* (2011: 29), Kloepfer (2015: 1006) e Schulze-Fielitz (2013: 1044 s.).

[78] Cf. Kingreen e Poscher (2019: 234) e Höfling (2018: 443).

[79] A opinião majoritária tende, contudo, a reconhecer a possibilidade de uma conexão com o requisito do caráter pacífico, assim como "armas aparentes" ou "falsas armas" podem representar ameaça ao observador. Cf. por todos: Hufen (2018: 499): "Mas tais 'acessórios' certamente podem ser um sinal de não pacifismo" (*ibid.*). A Lei Federal de Reuniões e três das cinco leis estaduais já promulgadas proibiram o uso de tais – por elas assim denominadas – "armas de proteção". Nesse sentido, segundo o § 17ª I BVersG: "É proibido portar, em reuniões públicas ao ar livre, passeatas ou outros eventos públicos ao ar livre ou a caminho delas, armas de proteção ou objetos que, como armas de proteção, sejam idôneos e, conforme as circunstâncias, estejam destinados a impedir medidas executórias por parte de um titular de competências estatais". Trata-se, entretanto, de intervenção legislativa na área de proteção, ou seja, essa abarca em princípio seu uso. Seu propósito é impedir que haja obstáculos a medidas executórias perpetradas por órgãos de segurança pública, razão pela qual as leis trazem a proibição no mesmo dispositivo que proíbe o uso de coberturas do rosto que impeçam ou dificultem a identificação do manifestante. Cf. § 17 PLM-LR e as análises de seus próprios autores em Enders *et al.* (2011: 51 e 53) que criticam o uso da expressão "armas de proteção", encontrada também nos mencionados dispositivos de leis estaduais – Art. 16 BayVersG; § 17a SächsVersG e § 15 VersG LSA –, propugnando pela mais sóbria expressão "proibição [do uso] de equipamentos de proteção" (*ibid.*, p. 52).

[80] Cf. referências em: Kingreen e Poscher, *ibid.*

Assim, "armas" podem ser quaisquer objetos aptos a causar lesões corporais. A referida intenção de, efetivamente, usá-los não se verifica, salvo elementos fáticos que apontem em sentido contrário, em manifestações de militares ou de trabalhadores rurais cujos integrantes tragam consigo, como marca simbólica, instrumentos de trabalho que sejam em si considerados perigosos. A intenção de uso de um objeto com potencial de arma ou até mesmo desta em sentido estrito relaciona-se à outra condição para o exercício protegido da liberdade, que é o caráter pacífico da reunião. Por fim, para ser considerada arma, a finalidade implícita no uso do instrumento deve ser facilitar a prática de condutas típico-penais.[81]

3.3 Condição apriorística do "caráter pacífico" da "reunião"

O caráter pacífico de uma reunião não estará, em regra, presente, quando o elemento comunicativo da reunião se desvirtuar em agressão física contra pessoas e/ou coisas ou adquirir transcurso sedicioso. A Lei de Reuniões (VersG), em seu § 13 I, n. 2, definiu a condição negativa da ausência do caráter pacífico de uma reunião com essas duas características do transcurso violento ou sedicioso, acrescentando a iminência de sua ocorrência.[82] No mais, a previsão de um transcurso violento, que seja capaz de atingir a segurança pública, pode fundamentar uma decisão judicial administrativa de proibição de sua realização com fundamento no § 15 I BVersG.[83]

No primeiro caso – do transcurso violento –, trata-se de se excepcionarem as únicas condutas penalmente tipificadas cuja norma definidora, sua interpretação e aplicação diante de uma possível dissolução ou exclusão de integrantes não precisam ser justificadas constitucionalmente à luz pelo menos do Art. 8 I GG porque não atingem a área de proteção da norma jusfundamental: a lesão corporal e o dano, além de suas tentativas.[84]

Questionável é se o mero planejamento de atos de violência implicaria tornar a reunião *ab initio* desprotegida pelo correspondente direito fundamental. Tendo em vista a certificação quanto ao respeito ao vínculo escalonado, isto é, da função legislativa à jurisdicional, passando pela executivo-administrativa, ao direito fundamental e em face do princípio da essencialidade conectado ao da legalidade, sem dúvida tal intervenção somente poderia se processar, em tese, com claro lastro

---

[81] Cf. Thiel (2016: 259), com referência expressa a Gusy (2014). Ressalvada a possibilidade de prova contrária, em princípio é evidente que a referida finalidade não está presente nas mencionadas reuniões. Segundo Kloepfer (2015: 1005), tal presunção poderia vir à pauta apenas no caso de armas em sentido técnico.

[82] Cf., na ampla discussão da literatura especializada, Möllers (2015: 188 s.).

[83] Cf. a respeito Pieroth *et al*. (2016: 374–375).

[84] Tais tipos penais são excepcionados porque não têm o condão de representar uma intervenção estatal na área de proteção pela simples razão de ter o constituinte excluído as condutas lá tipificadas da área de proteção do discutido direito fundamental.

legal. Em tal caso, pode-se cogitar uma proibição de uma reunião planejada via decisão jurisdicional administrativa com fulcro no § 15 I BVersG.[85] Com efeito, o referido lastro legal existe. Nesse ponto, dúvida recai sobre ser essa norma uma configuração legal da área de proteção ou uma intervenção estatal legislativa nela. Pela primeira alternativa, na qual da interpretação da área de proteção resultaria que o planejamento de atos de violência estaria *ab initio* desprotegido, o legislador ordinário estaria limitando-se, dentro de sua margem de apreciação e definição normativa, a explicitá-lo legalmente. Já pela segunda alternativa de o dispositivo citado representar uma norma interventiva na área de proteção, carece-se da justificação constitucional a partir da dogmática dos limites aos limites. Na dúvida, a reunião é protegida até o ponto de se verificar, concretamente, uma tentativa da prática de atos violentos, mesmo porque também uma reunião pacífica pode sofrer intervenções estatais justificadas no momento da específica imposição dos limites constitucionais do direito fundamental.[86] A consequência jurídico-dogmática é a submissão da intervenção, em princípio pautada em limite constitucional, ao ônus argumentativo estatal.

No segundo caso de a reunião adquirir um transcurso sedicioso, tem-se de avaliar que, por mais questionadora do *establishment* que seja uma reunião ou uma passeata, deve poder ser esperado dela um mínimo de comprometimento com a ordem constitucional vigente.[87] É justamente tal ordem que protege a manifestação de opiniões minoritárias, exóticas e/ou mesmo potencialmente muito desagradáveis não apenas para os detentores de poder político, mas para a maioria da população.[88] O referido comprometimento mínimo não estará presente quando uma reunião tiver por precípuo escopo atacar a ordem constitucional, tendo um ímpeto revolucionário que se corporifica, por exemplo, em ataques deliberados a forças de segurança policiais, que são competentes para assegurar a ordem e a segurança públicas.[89] Com cuidados e ressalvas, pode-se trazer à pauta, aqui, o conceito de "democracia

---

[85] V. a análise aprofundada de Enders *et al*. (2011: 39–43).

[86] Cf., adiante, sob **III.1**. e **III.2**.

[87] Não faria sentido considerar que o constituinte tivesse aceitado a possibilidade de ter criado uma ordem constitucional vulnerável em relação a movimentos revolucionários. Toda ordem constitucional, também uma de perfil democrático que tutele direitos fundamentais de minorias políticas, tem a pretensão de ser perene.

[88] É essa assimilação de correntes ideológicas não seguidas pela maioria que, predominantemente, caracteriza uma ordem constitucional como democrático-liberal na acepção da prevalência lógica dos direitos fundamentais de liberdade individual que se realiza pela aplicação do chamado princípio distributivo (do ônus argumentativo). Cf. Schlink (1984), trad. ao vernáculo: Schlink (2017) e Martins (2012: 28–43).

[89] Cf. Möllers (2015: 189).

militante",[90] pelo qual a ordem constitucional democrática deve ser apta a responder, sem quebra institucional e violação de direitos de minorias ideológicas, de maneira idônea, aos ataques provenientes de radicais à direita ou à esquerda do espectro político-ideológico.

A conduta não pacífica de apenas alguns manifestantes não descaracteriza o caráter pacífico de toda uma reunião, desde que não haja uma "contaminação" de parte considerável de seus integrantes: "...a reunião tornar-se-á não pacífica quando o corpo diretor da reunião ou a maioria dos participantes solidarizarem-se com o comportamento não pacífico de alguns".[91] Pelo contrário, gera a necessidade do cumprimento de dever estatal de tutela da reunião como um todo por parte de forças policiais.[92]

3.4 Problema especial do emprego de suposta "violência psicológica": da proteção de bloqueios por pessoas sentadas

Questionável é se a mera violência psíquica, tal como a presente em ações de bloqueio de vias, autoestradas ou ferrovias por manifestantes sentados ou deitados, descaracterizaria seu caráter pacífico. A violência ou coação psíquica (*vis compulsiva*) pode ser definida como uma tomada de influência ou poder sobre uma pessoa. A coação psicológica representa o meio para se atingir um fim que pode ser tanto lícito

---

[90] Conceito cunhado por K. *Loewenstein* e K. *Mannheim* já na década de 1930. Cf. Loewenstein (1937: 417–433 e 638–658). Significa, em suma, que cada titular de direito fundamental submete-se, não obstante sua ampla liberdade de manifestação do pensamento e de consciência e crença, ao dever fundamental de lealdade constitucional (*Verfassungstreue*), ao qual corresponderia, em um exercício de personificação da democracia, ao seu "direito à autodefesa" (conceito também alcunhado de "*wehrhafte Demokratie*", em alusão direta ao conceito de defesa). No contexto do direito fundamental especial de igualdade de direitos e obrigações dos cidadãos alemães em face do serviço público, na forma do que foi garantido pelo Art. 33 I GG (igualdade de acesso aos quadros do funcionalismo público sem discriminações, sobretudo religiosas), Kingreen e Poscher (2019: 160 s.) advertem, todavia, para o risco da discriminação de posições ideológicas marginais ao *establishment* estatal quando se evocam, com exagerada ênfase, os conceitos de lealdade constitucional e da democracia militante. O referido risco foi, todavia, muito bem prevenido pelo constituinte alemão ao estabelecer o monopólio decisório do TCF (visto pela perspectiva da garantia, trata-se de uma espécie de "prerrogativa de foro"), ao lado de outro (Art. 18 GG), para o processo de proibição de partido político (Art. 21 II 2 GG) a partir da verificação de seu caráter de inimigo da ordem constitucional. Cf. também, com mais referências: Jarass (2011-c: 454) e Pieroth (2011: 559).

[91] Kingreen e Poscher (2019: 235). Opinião defendida de modo praticamente unânime na literatura especializada que segue o paradigma criado na BVerfGE 69, 315 (369) – *Brokdorf* [= **Decisão # 80.**]. Cf. Epping (2019: 18), Höfling (2018: 443), Manssen (2019: 157), Petersen (2019: 56), Schmidt (2019: 244) e Schulze-Fielitz (2013: 1045 s.). Silencia a respeito: Ipsen (2019: 160). Cf. também a bastante diferenciada (entre responsabilidade do organizador e demais partícipes) análise reveladora das dificuldades de serem estabelecidos critérios de diferenciação para estabelecimento do prognóstico do perigo de desfecho geral não pacífico da reunião: Kloepfer (2015: 1007–1008).

[92] Cf. com análises exaustivamente diferenciadas: Pieroth *et al.* (2016: 355–389).

quanto ilícito. Ela pode ocorrer de maneira sutil mediante subterfúgios psicológicos. Não raramente, está presente em contextos de assimetria social entre o ator da violência e sua vítima em situação de vulnerabilidade. Daí ser, comumente, lembrada no contexto da violência doméstica ou em situações de grave vulnerabilidade socioeconômica.

O problema do conceito aplicado ao sistema jurídico permanece, todavia, sua insuficiente determinabilidade, sua incerteza. Isso tem o condão de ferir o princípio constitucional objetivo do mandamento de determinabilidade/taxatividade, decorrente do princípio do Estado de direito. Tanto a jurisprudência do TCF quanto a literatura crítica que a acompanha[93] trazem à pauta, além do direito fundamental do art. 8 I GG, a garantia constitucional processual prevista no Art. 103 II GG da *nulla pena sine lege*. Tratava-se, em ambos os casos decididos, de se controlar a interpretação e aplicação do § 240 StGB que define o crime de coação (ou constrangimento ilegal) em face de uma derivação de conteúdo que é a proibição da analogia na aplicação de norma penal: *nulla pena sine lege "certa"*.[94]

Sem dúvida, trata-se de reunião no sentido constitucional. Estão presentes o elemento comunicativo e o de comunhão de propósitos. A tendência é afirmar, pelo menos em princípio, o caráter pacífico.[95] Resolve-se o choque entre esse tipo de reunião e outros bens jurídicos apenas na etapa da justificação constitucional;[96] não

---

[93] Da jurisprudência germânica, cf. as decisões alcunhadas de *Sitzblockaden* (na tradução literal: "bloqueios sentados"): BVerfGE 73, 206; 92, 1 [= **Decisão 83**] e 104, 92 (respectivamente: *Sitzblockade* I, II e III) e a resenha crítica de Möllers (2015: 57, 188 s. e 329).

[94] Cf. Möllers (2015: 328). A respeito dos direitos iguais a direitos fundamentais das garantias constitucionais processuais penais outorgadas pela *Grundgesetz*, especialmente nos Art. 101 e 103 GG, cf. Martins (2019-b: 207–300) [= **Vol. III, Cap. 16 ao 19**].

[95] Com suaves reservas na formulação, cf. Hufen (2018: 499): "Também puros bloqueios por pessoas sentadas não são *ab initio* não pacíficos [...]. Isso vale também – enquanto não forem investidos outros meios não pacíficos – para reuniões que, por excelência, queiram atrapalhar certos processos econômicos ('*Blockupy*')". Por sua vez, bloqueios de autoestradas e de vias públicas que estejam desconectados da escolha por um típico recurso de resistência pacífica simbólica, mas, ao invés disso, valham-se notadamente de objetos ou provocação de incêndio para obstruir o tráfego de veículos e pessoas, correspondem a tipos penais e não cumprem o pré-requisito do caráter pacífico. Cf., por exemplo, Alemann e Scheffczyk (2013: 407-412). Não obstante, alguns autores como Muckel (2014: 316) preferem, com fulcro na máxima *in dubio pro libertate* – pelo menos no caso de bloqueio de autoestradas pela presença de manifestantes (engajamento corporal) – resolver o conflito entre os bens jurídicos de índole constitucional apenas na fase da aplicação dos limites constitucionais.

[96] Cf. Kingreen e Poscher (2019: 235), com referências à hesitante jurisprudência do TCF consubstanciada nas três decisões "*Sitzblockaden*": BVerfGE 73, 206 (257 ss.) [*Sitzblockade I*]; BVerfGE 92, 1 (16 ss.) [*Sitzblockade II*] [= **Decisão # 83**] e BVerfGE 104, 92 (101 s.) [*Sitzblockade III*]. A respeito delas, v. explicações na próxima nota. Diferentemente são julgados pelo TCF bloqueios em autoestradas e ferrovias como não mais abrangidos pela área de proteção. Cf. Sachs (2017: 475) que, ao falar em delimitação tão aguda quanto um fio de cabelo, cita BVerfGE 104, 92 (104 s.). No mesmo sentido de considerar tais manifesfações abrangidas pela área de proteção do Art. 8 I GG, cf. também os

nessa primeira etapa em que se procede à subsunção da pretensão de exercício de direito fundamental à hipótese normativa em si do direito fundamental. Na etapa da justificação constitucional, avalia-se, especificamente, a constitucionalidade em tese do tipo penal. Mas, não apenas. Nessa etapa, avalia-se, sobretudo, a interpretação e aplicação da consequência jurídica (sanção) prevista na norma definidora do crime de constrangimento ilegal.[97] Trata-se de perscrutar os critérios para se avaliar a constitucionalidade de intervenções estatais no direito fundamental em apreço, perpetradas pelo legislador penal e pelos órgãos jurisdicionais penais ao interpretarem e aplicarem a lei penal.

4. Alcance do direito fundamental

O alcance da área de proteção da liberdade de reunião estende-se às escolhas do local de sua realização, do trajeto no caso de passeatas e do horário, assim como a todas as medidas pertinentes à sua organização e divulgação prévias.[98]

No mais, quem se manifesta pode se valer do anonimato. Aqui cabe uma menção comparativa do Art. 8 I GG com o Art. 5º, IV e Art. 5º, XVI CFB por ser esclarecedora da imprescindível tarefa do intérprete de separar conteúdo de uma liberdade (área de proteção) de seus limites e, por fim, de delimitar os limites das diferentes liberdades a partir de seu estrito vínculo aos direitos por eles atingidos.

Por princípio, é defeso ao intérprete transplantar a outro direito fundamental as exclusões de tutelas pertinentes à área da vida regulamentada pelo constituinte ou limites previstos por ele a um específico direito fundamental. Caso contrário,

---

comentários ao Art. 8 GG para esse caso de Schulze-Fielitz (2013: 1044) e de Höfling (2018: 442), além das análises de Kloepfer (2015: 1010).

[97] Nas Decisões *Sitzblockaden*, tratava-se, precipuamente, do exame da possível violação do Art. 103 II GG, que garante ao seu titular a aplicação do princípio *nulla pena sine legem*. Este abrange a tradicional proibição de analogia em matéria penal. Em geral, a respeito: Martins (2019-b: 243 ss.). O problema era fazer o conceito de violência abarcar a violência psíquica, tal qual implícita na barreira corporal feita por manifestantes sentados a transporte de lixo atômico. O TCF discorreu, em BVerfGE 92, 1 (17), que deve haver o "uso de uma força" pelo agente sobre o constrangido (cf. **Decisão # 83 – *Sitzblockaden II***). Sobre quão intensa deveria ser essa força, variaria de caso a caso. Analisa-se aqui a relação meio-fim implícita no propósito da reunião. Cf. Schluckebier (2014: 1469 s.). Por isso que o ato de manifestantes se acorrentarem não apenas entre si, mas em objetos fixos como portões ou trilhos de trem, com intenção de prolongar a reunião de bloqueio por tempo indeterminado pode ser sancionado por deixar de ser necessário aos efeitos comunicativos reivindicatórios pretendidos. Cf. Schmidt (2019: 343) que, todavia, se baseia no "grau de obstrução" de terceiros. Em seus comentários ao § 240 StGB, Sinn (2011: 1467) ressalta, ao revisitar as decisões em pauta do TCF, que "em tais casos [do estabelecimento de uma barreira física] com caráter demonstrativo, a questão da antijuridicidade sempre carecerá de exame especial." As nuances verificadas em cada manifestação de obstrução deverão ser consideradas na intersecção das dogmáticas penal, com a exclusão ou não da antijuridicidade; e constitucional (subsequentemente: verificação ou não do pertencimento da conduta à área de proteção do direito fundamental e, presente a primeira condição, justificação constitucional ou não da intervenção estatal).

[98] Cf. por todos: Kingreen e Poscher (2019: 236).

subverte-se o sistema de liberdades e seus limites, tal qual configurado pelo constituinte.

Sem embargo, extraem-se da vedação do anonimato prevista no Art. 5º, IV CFB consequências as mais absurdas que não têm como ser mais bem discutidas aqui por extrapolarem os limites da presente exposição.[99] No caso em tela, o apontado equívoco da transposição indevida repousa sobre os seguintes aspectos. Em primeiro lugar, em geral, a transposição de um limite ou mesmo de uma aparente condição prévia ao exercício de um direito fundamental é absolutamente vedada, sob pena de se subverter, como aludido, o sistema de proteção jusfundamental concebido pelo constituinte. As condições para o exercício e os limites externos para cada direito fundamental são taxativos. Em segundo lugar, condições prévias ao exercício a serem cumpridas pelo titular do direito ou limites externos à disposição dos órgãos e poderes constituídos estatais (mediante reservas legais ou direito constitucional colidente) representam respostas do constituinte a potenciais situações de conflito e ao perigo que uma outorga ilimitada de liberdade poderia implicar. Responde-se, portanto, a perigos específicos provenientes do que se poderia considerar abuso da liberdade de reunião, visto que é ônus das autoridades estatais demonstrarem quais perigos específicos seriam esses e como se reagir a eles proporcionalmente. Por fim, é vedado ao Estado criar quaisquer tipos de embaraços ou constrangimentos preliminares ao exercício das liberdades, especialmente de uma liberdade de grande potencial contestatório como é o caso da liberdade de reunião.[100] Também em razão

---

[99] Como, por exemplo, considerar peremptoriamente vedada qualquer manifestação anônima de opinião ou notícia sem que haja qualquer cuidado constitucional intrínseco-sistemático ou até mesmo sistemático geral, tendo em vista o grau hierárquico supremo das normas constitucionais. Cf. Martins (2017: 460 s., especialmente a discussão e referências lá encontradas na nota de rodapé 92). A tutela *a priori* de manifestações anônimas no contexto da liberdade de reunião é defendida com propriedade por muitos autores no debate especializado alemão. Cf. por exemplo Kersten (2017: 198–199) que, como aqui, defende tratar-se de uma questão a ser enfrentada sob a epígrafe da justificação de intervenções estatais a partir dos limites constitucionais ao direito fundamental, mas não de uma exclusão de proteção *a priori*.

[100] Quanto ao seu propósito, uma reunião pode ser também classificada, em primeiro lugar, como reunião para discussão com vistas a uma possível deliberação. Por sua natureza, tal tipo de reunião – pública ou privada – realiza-se mais frequentemente em ambientes fechados, aos quais não valem as restrições lastreadas na reserva legal do Art. 8 II GG a serem adiante analisadas. Por sua vez, em segundo lugar, as reuniões públicas ao ar livre, especialmente as espontâneas e as urgentes, mas também as planejadas e organizadas que contam com as figuras do organizador e do líder ou dirigente previstas na legislação (coincidem, na maioria das vezes, mas não necessariamente, além de o organizador em geral ser pessoa jurídica, em oposição à figura do líder ou dirigente que geralmente é pessoa física), frequentemente visam a apresentar uma pauta de reivindicações ou simplesmente a protestar contra um estado de coisas ligado à agenda político-partidária de oposição ao "governo de plantão". Como se valem de elementos de comunicação (cartazes, faixas etc.), às vezes também simbólicos ("bloqueios sentados"), são designadas pela expressão de origem latina "*Demonstrationsfreiheit*", traduzível como liberdade de manifestação ou de protesto. Seu potencial contestatório pode suscitar tentações

dessa característica, ela é instrumental em face do processo democrático como um todo (potencial contribuição para a formação da opinião pública). Destarte, o constituinte alemão sabiamente (assim como procedeu, igual e implicitamente, o brasileiro) não excluiu da proteção da liberdade de reunião a tutela daqueles partícipes que, por receios os mais variados, pretendam ocultar suas identidades. Imagine-se, entre uma infinidade de possíveis outros exemplos, que um manifestante não queira que se saiba, em seu ambiente de trabalho mais conservador, que ele se engaja na causa da legalização das drogas ou do casamento entre pessoas do mesmo sexo. O interesse por detrás de tais receios, desde que presentes determinados pressupostos, pode corresponder à tutela de direitos fundamentais de personalidade, como o direito fundamental decorrente do Art. 2 I GG.[101] Por isso, a medida policial da verificação de identidades expressamente prevista por leis gerais estaduais de segurança pública é, em princípio ou pelo menos no transcurso da reunião, vedada pela *lex specialis* da Lei de Reuniões, pois não expressamente autorizada.[102] Recentemente, o TCF alemão julgou inconstitucional a verificação policial da identidade de partícipes de uma reunião que filmavam a atuação da polícia e também filmagens panorâmicas pela polícia que permitiam a identificação de manifestantes.[103]

Qualquer medida de identificação promovida por forças policiais significa, portanto, uma intervenção estatal no direito. Sendo intervenção, tem de ser justificada com fulcro em um limite constitucional para a liberdade de reunião, no caso, por se tratar de reunião "ao ar livre", no limite a ser tratado adiante, derivado do Art. 8 II GG. Deduzir o contrário seria atribuir ao Estado um poder específico ilimitado em face do exercício de um direito fundamental dos mais vulneráveis – porque potencialmente hostil a governantes de plantão – qual seja: um poder de

---

autoritárias, tornando-as vulneráveis e carentes de uma muito diferenciada (mais intensa) proteção jusfundamental. Cf. Martins (2017: 461) e, com ênfase nos antecedentes históricos: Hufen (2018: 493–494).

101 A respeito, com aprofundamentos jurídico-dogmáticos, v. Martins (2016-b).

102 Aqui está presente a relação específica entre perigos que decorram de reuniões e intervenções estatais, o que não está presente quando se tratar de perigos totalmente alheios à reunião, como risco de incêndio, cf. Pieroth *et al.* (2016: 360–361). Essa complexa relação entre direito geral de segurança pública e de reunião foi especialmente contemplado pelo § 9 PLM-LR. O § 15 II PLM-LR sobre órgãos de controle expressamente proíbe, embora com exceções, as verificações de identidade: cf. Enders *et al.* (2011: 29–32 e 44–46).

103 Cf. BVerfG NJW 2016, p. 1230 ss.; Neskovic e Uhlig (2014: 335–340); Roggan (2011: 594); e Söllner (2010: 1245–1250). Sem prejuízo em princípio da proibição de cobertura do próprio rosto prevista no § 17a II BVersG que, todavia, tem notório caráter interventivo. Cf. a mesma proibição pelas leis estaduais: Art. 16 II, n. 1 bayVersG; § 9 I NVersG; § 17 II SächsVersG; § 15 II VersammlG LSA e § 17 I VersFG SH que adotou *ipses literis* o disposto no § 17 I PLM-LR. Cf. Enders *et al.* (2011: 51–53).

intimidar ou desestimular tal exercício do direito fundamental, causando um efeito de autocensura psicológica aos seus titulares.[104]

Dificilmente compatíveis com tais reconhecimentos jurídico-científicos *seriam* os dispositivos da BVersG que proíbem o uso de vestes e máscaras para evitar a identificabilidade. Seriam de difícil compatibilização caso, a exemplo da exclusão da área de proteção de reuniões não pacíficas ou cujos partícipes portem armas, não se tratasse de uma intervenção estatal potencialmente coberta pela aplicação materialmente constitucional da reserva legal do Art. 8 II GG, razão pela qual deve ser retomada também mais à frente (sob **III.**).

Nesse sentido, proíbe-se, no § 17 II BVersG, que manifestantes se apresentem em passeatas de forma "idônea a impedir a constatação da identidade e que, segundo as circunstâncias, tenha por finalidade o impedimento da constatação da identidade." ("*Vermummungsverbot*"). Trata-se, indubitavelmente, de uma intervenção muito onerosa na liberdade em apreço pelas razões já declinadas, recorrentemente tematizada na literatura especializada. Há quem a defenda e quem a rejeite. Contudo, tais opiniões também atuam junto à aplicação dos limites, não restando dúvidas de que se trata, como afirmado, de uma escolha ou decisão que faz parte *prima facie* da área de proteção.[105]

Como forma de exercício da liberdade de reunião cada vez mais recorrente, na comparação internacional, é o caso dos manifestantes alcunhados de "*black-blocks*". A decisão do titular do direito fundamental por ocultar seu rosto de modo idôneo a dificultar sua identificação por quaisquer terceiros, incluindo órgãos policiais, é protegida pela liberdade de reunião, desde que ele e a reunião da qual participa e na qual exerce o direito fundamental em tela estejam cumprindo os pré-requisitos do caráter pacífico e não porte de armas, ou seja, que não procedam à violência física e que não causem dano ao patrimônio público ou privado. Também o traje preto uniformizado e a disposição tática de os indivíduos marcharem em bloco visam a criar dificuldades para a identificação com o condão de comprometer a capacidade

---

[104] A prevenção desse risco de autocensura – um mandamento derivado, em parte, da dimensão objetiva dos direitos fundamentais à manifestação do pensamento e de comunicação social em geral – foi enfatizada por vários autores, com destaque para Grimm (1995) em seu ensaio explicativo da decisão *Soldados são assassinos*. Mais sobre a dimensão objetiva, adiante (sob **IV.**).

[105] Não obstante, como visto, a Lei Federal de Reuniões, em seu § 17a BVersG, proíbe o uso de coberturas do rosto que dificultem a identificação. Quase unanimemente, é considerado um dispositivo interventivo e, como tal, carecedor de justificação constitucional. Cf. a proposta de regra bem diferenciada no § 17 PLM-LR de Enders *et al.* (2011: 51–53). Nessa fase do exame é vedado ao intérprete considerar a cobertura do rosto um indício suficiente de intenção ou caráter não pacífico. Com mais referências, cf. Kingreen e Poscher (2019: 235), Schulze-Fielitz (2013: 1044), Kersten (2017: 198) e Höfling (2018: 442). Por sua vez, Ipsen (2019: 161 s.) entende que tal escolha de manter-se anônimo é protegida apenas pelo subsidiário direito fundamental à liberdade geral de ação (Art. 2 I GG).

funcional de órgãos investigativos, a prevenção e a repressão penal. Sem embargo, por se tratar de tática de manifestação abraçada por grupos de recorte ideológico mais extremista, especialmente por radicais de esquerda e anarquistas, – estes que, por definição, contestam a legitimidade e desafiam forças de segurança e policiais – é sujeita a rigorosas restrições positivadas nas leis estaduais e federal de reuniões, tais como precipuamente a proibição de uniforme.[106] Nada existe, contudo, que a exclua *prima facie* da área de proteção da liberdade de reunião, apesar da relativa maior facilidade em serem justificadas intervenções legislativas abstratas (autorizadas à Administração) nas aludidas regulamentações infraconstitucionais.[107]

Uma questão ainda não conclusivamente enfrentada é a abrangência de reuniões de longa duração ou sem previsão rígida de termo final. Embora seja pacífico que as reuniões protegidas tenham por definição um caráter transitório, especialmente porque reuniões públicas ao ar livre sempre implicam ocupação de determinado espaço público, o fato é que vem crescendo a modalidade de reunião pública em local aberto conhecida como movimento "*occupy*". Recentemente, a própria jurisprudência do TCF e a literatura especializada de comentários a ela enfrentaram o mérito dos chamados "acampamentos de protesto", especialmente um organizado por grupo de manifestantes por ocasião do Encontro do "G20" na Cidade-Estado de *Hamburg*. Em sede de conclusão, tais acampamentos são, pelo menos em princípio, protegidos a partir do momento em que servirem como suporte de infraestrutura ou preparação da reunião (no caso, antes da realização do evento em face do qual se pretende protestar, como propósito da reunião) e enquanto perdurar seu ensejo.[108]

5. Área de proteção subjetiva ou titularidade do direito fundamental

Três questões devem ser discutidas sob a presente epígrafe: a restrição da proteção a cidadãos alemães, a maturidade ou capacidade para exercer o direito fundamental (sobretudo: presença ou não de idade mínima) e, como sempre, a possibilidade de exercício por pessoas jurídicas.

---

[106] Por exemplo, cf. o §3 I BVersG: "É proibido usar uniformes, partes de uniformes ou peças de vestuário semelhantes em público ou em uma reunião como expressão de uma convicção política comum". Teores quase ou idênticos podem ser encontrados em leis estaduais já promulgadas pós-reforma constitucional federativa. Cf. Art. 7 BayVersG (proibição de uniformização e militância); § 3 NVersG (caráter pacífico e ausência de armas); § 3 SächsVersG; § 3 VersG LSA (proibição de uniformização); § 8 II VersFG SH (proibição de armas e uniformes). Também no projeto de lei-modelo sugeriu-se uma norma restritiva, no seu § 18 PLM-LR, epigrafada apenas como "proibição de militância". Cf. os comentários a ela em Enders *et al.* (2011: 54 s.).

[107] As origens dessa *tática de manifestação* remontam à reação em face de – por manifestantes afirmada –truculência policial, no contexto dos protestos ocorridos na Alemanha principalmente em 1977, que ensejaram a Decisão *Brokdorf* [**Decisão # 80**], embora segundo a Wikipedia (cf. https://en.wikipedia.org/wiki/Black_bloc) haja antecedentes na *New York City* de fins dos anos 1960. Da jurisprudência do TCF, cf. especialmente BVerfGE 111, 147 [157] [= **Decisão # 80**].

[108] Cf. BVerfG, NJW 2018, 716; Schmidt (2019: 340); Marxsen e Lehners (2018); e Hartmann (2018).

5.1 No que tange à primeira, o teor do Art. 8 I GG é inequívoco: titular do direto fundamental pode ser apenas cidadão alemão no sentido do Art. 116 GG. Uma primeira consequência processual dessa opção do constituinte é evidente: estrangeiros não têm legitimidade e interesse processual para ajuizarem Reclamações Constitucionais que avoquem violação do *seu* direito fundamental do Art. 8 I GG, pois esse não existe.

Não obstante, ao nível do direito infraconstitucional de reunião, a nacionalidade é irrelevante. Ao contrário do Art. 8 I GG, que outorgou um direito fundamental de cidadão alemão (*Deutschengrundrecht*), mas não um direito fundamental humano (*Menschengrundrecht*), o § 1 I BVersG positivou o correspondente direito subjetivo a toda pessoa. Derivar disso que essa restrição é "hoje não importante na prática"[109] é, todavia, um equívoco, a não ser que se compreenda como "na prática" apenas a vinculação das funções executiva e jurisdicional que, obviamente, não podem discriminar o estrangeiro quando da aplicação e interpretação das normas infraconstitucionais, especialmente da BVersG. Porém, o exercício da função legislativa formal não pode ser obstaculizado quando atingir a liberdade de reunião de estrangeiros, que é protegida apenas ao nível da legislação ordinária e em conformidade com os princípios do Estado de direito. Igualmente, não se assegura o acesso ao juiz natural de questões constitucionais que tenha o condão de revisar decisões judiciais quanto à possibilidade de uma violação verificada também na interpretação e aplicação de normas, mas não apenas daquelas violações já nelas perpetradas. Apenas em relação a cidadãos europeus, por conta do impacto do direito comunitário europeu, pode-se falar em menor relevância prática, uma vez que eventual alteração legislativa que os discriminasse seria incompatível com o parâmetro comunitário reconhecido pela *Grundgesetz* como vinculante do legislador nacional.[110]

Em uma avaliação de *constitutione ferenda*, a restrição de titularidade pode ser considerada não problemática porque, de fato, o legislador ordinário nunca discriminou expressamente reuniões de estrangeiros, ou seja, nunca se valeu de sua constitucionalmente ilimitada margem discricionária em relação à regulamentação de reuniões de estrangeiros e uma mudança política (ainda) não se observa no horizonte.

Por sua vez, em uma avaliação teórico-constitucional, a decisão do constituinte alemão é inquestionável por força da teoria do poder constituinte originário. Apenas como objeto da crítica politológica poder-se-ia aventar tratar-se de uma opção que,

---

[109] Hufen (2018: 499). Com razão, Schmidt (2019: 345) destaca: "Para esses [os estrangeiros], a liberdade de reunião vale (da perspectiva constitucional) apenas restritamente via Art. 2 I, com certeza não com o nível elevado de proteção do Art. 8 I GG".

[110] Cf. por todos: Schmidt, *ibid*.

aparentemente e em tese, teria o condão de afastar o que poderíamos chamar de "selo de Constituição democrático-liberal" que a comunidade internacional poderia então lhe denegar. Não é o caso, especialmente quando se avaliam dados empíricos facilmente aferíveis. Em quase nenhum país de perfil ocidental democrático, a liberdade de reunião é exercida há décadas de modo tão contumaz e contundentemente por estrangeiros como nos grandes centros urbanos alemães.[111] Isso vale também para os demais três direitos fundamentais outorgados apenas a cidadãos alemães: da liberdade de associação (Art. 9 GG),[112] de livre locomoção (Art. 11 GG)[113] e da liberdade profissional (Art. 12 I GG).[114] A impugnação da teoria do poder constituinte originário com suas características, especialmente do seu caráter ilimitado, com sua consequente vinculação a uma ordem jurídica internacional pública, revela-se inócua.[115] O constituinte tomou sua decisão soberana de deixar o legislador livre para calibrar a proteção desses quatro direitos fundamentais conforme as vicissitudes políticas, econômicas e culturais de dado momento histórico. Diante da subsidiariedade do Art. 2 I GG e, no caso, também do direito fundamental geral à igualdade do Art. 3 I GG e da vedação de discriminação por origem e etnia do Art. 3 III GG, qualquer decisão arbitrária do legislador nesse âmbito seria inconstitucional. Ao contrário de uma primeira aparência, trata-se de uma tendência salutar de dar positividade aos direitos fundamentais, evitando-se qualquer espécie de legislação (constitucional) simbólica.

5.2 No que tange à capacidade, é opinião unânime que menores podem se valer da liberdade de reunião, desde que "tendo em vista o conteúdo da reunião, eles sejam capazes de entender".[116] É o caso, por exemplo, de ação de protesto de crianças pela manutenção ou construção de um parque de diversões a elas destinado.[117]

5.3 Por fim, trata-se de um direito que pode ser exercido também por pessoa jurídica de direito privado na qualidade de organizadora da reunião.[118] Por sua vez, pessoas jurídicas de direito público, mesmo que possam avocar direitos fundamentais concorrentes, como universidades públicas, não são titulares da liberdade de reunião,

---

[111] Até porque o § 1 BVersG assegura o direito subjetivo de reunião a qualquer pessoa. Cf. a síntese do estado da arte por Deutscher Bundestag (2018).

[112] A respeito, v. Martins (2019-b: 113–174) [= **Vol. III, Cap. 14**].

[113] Cf. adiante, **Cap. 22**.

[114] A ser ainda tematizado no **Vol. V, Cap. 24**.

[115] Cf. em geral, com base no direito constitucional brasileiro: Dimoulis e Martins (2020: 42–54).

[116] Hufen (2018: 500).

[117] Cf. *ibid*.

[118] Cf. por todos: Münch e Mager (2018: 259). Com precisão, define Sachs (2017: 478): "[...] segundo o Art. 19 III GG, por sua essência possível no caso da preparação e organização de reuniões (BVerfGE 122, 342 [355]), excluída, entretanto, no caso da participação física em reuniões".

mas apenas da – com ela eventualmente concorrente – liberdade científica do Art. 5 III, 2. variante GG.

III. Típicas intervenções estatais na área de proteção do Art. 8 I GG

No Art. 8 I GG, o constituinte alemão explicitou, de modo inusitado,[119] duas hipóteses de intervenção, quais sejam, a imposição de obrigação de aviso (prévio) e de autorização. Isso poderia ser considerado de certa forma até redundante, pois, no plano da hipótese normativa, seu teor, "todos os alemães podem reunir-se pacificamente e sem armas", implica a não sujeição à autorização por autoridade administrativa. Caso contrário, estar-se-ia diante de uma proibição com reserva de permissão, algo incompatível com a ideia e missão de um direito fundamental de liberdade por excelência. Porém, essa explicitação tem uma função dogmática, qual seja, a de funcionar como um especial, expresso "limite do limite", como se verá adiante mais detidamente, em seu adequado *locus* sistemático.[120]

Intervenções tipicamente perpetradas por órgãos estatais, em face das quais o direito fundamental do Art. 8 I GG opõe um direito à resistência jurídico-ordinária, podem representar principalmente, primeiro, as repressivas (intervenções *a posteriori*) como aplicação de sanções penais e dissoluções. Contudo, sanções penais não raramente recaem sobre o conteúdo ou a opinião manifestada. Isso implica reconhecer em face da presente especial relação de concorrência uma intervenção no direito fundamental da liberdade de expressão da opinião do Art. 5 I 1, 1. subperíodo GG, mas não na aqui investigada liberdade de reunião.

Intervenções estatais *a priori* – aquelas perpetradas antes da realização no mundo fático das condutas de proteção jusfundamentalmente contempladas – são, sobretudo, as proibições e as restrições mediante condicionamentos (*Auflagen*). Intervenções *a priori* são em geral classificadas como mais intensas.[121]

---

[119] A menção é, de fato, inusitada, pois a hipótese típica jusfundamental, especialmente no caso dos direitos de liberdade, é cunhada pelas condutas em princípio livres da intervenção estatal. Daí, falar-se em "abertura da área de proteção àquelas condutas", mas, em geral, não vem marcada com a definição da conduta estatal potencialmente violadora. A técnica legislativa diverge, portanto, diametralmente, da tipicidade penal. *Mutatis mutandis* define-se, na dogmática jusfundamental, o que seria a proteção dos bens jurídicos das vítimas das condutas tipificadas. V. a analogia completa das hipóteses de proteção às de restrição por Dimoulis e Martins (2020: 186, n. rod. 56).

[120] Cf. sob **III.2.3**. Assim também classificam Kingreen e Poscher (2019: 239). Aqui, Sachs (2017: 478 s.) distingue entre os conceitos de aviso prévio e autorização do Art. 8 I GG, outorgando ao último apenas um significado declaratório, "apenas esclarecedor" em suas palavras, e ao primeiro um caráter constitutivo, mas a ser qualificado "de todo modo como uma intervenção em direito fundamental" (cf. *ibid.*, p. 478).

[121] Assim como, no caso da liberdade artística, as restrições no âmbito da obra são, em geral, consideradas mais intensas do que aquelas que atinjam o chamado "âmbito do efeito" junto à exposição da obra de arte. Cf. Martins (2018-d: 224) e Hufen (2018: 497).

Outras intervenções trespassam essa fronteira temporal, tais como a exclusão de determinados participantes, restrições na viagem de ida ou volta ao/do local livremente escolhido para a reunião, verificação da identidade de manifestantes, decisão policial-administrativa pelo uso de filmagens pontuais dos acontecimentos no bojo das reuniões ou aéreas gerais e sua execução, efetuação de registros dos manifestantes etc.[122]

Como em geral ocorre com todos os direitos fundamentais, as intervenções estatais na área de proteção da liberdade de reunião podem ser perpetradas por órgãos de todos os chamados três poderes. Tendo em vista a consolidação das intervenções legislativas da BVersG e das novas leis estaduais de reuniões cujas respectivas constitucionalidades materiais, lembrando que a BVersG foi promulgada originalmente em 1953, já foram reiteradas pelo TCF, a maior parte dos problemas atuais recai sobre as intervenções administrativas e judiciais quando da interpretação e aplicação daquelas.[123] Não obstante, a previsão geral e abstrata nas leis de reuniões e outras esparsas (entre outras de segurança pública e viárias) já representam em si intervenções e podem ser, em qualquer tempo, impugnadas em face do parâmetro do Art. 8 I GG.

No mais, também medidas puramente fáticas podem afetar o livre exercício do direito fundamental. Conforme o entendimento hodierno do conceito de direito fundamental, elas devem ser entendidas como intervenções estatais.[124] Trata-se de medidas estatais que "em sua intensidade são iguais a medidas imperativas e que têm um efeito de desestímulo como, por exemplo, uma nota de imprensa a ser entendida como conclamação ao boicote".[125]

Assim, representam intervenções de elevado grau de intensidade especialmente algumas ações estatais que provoquem esse efeito de desestímulo (assim chamado:

---

122 Cf. as intervenções legislativas implícitas no uso de vigilância, ultimamente via drones, previstas (autorizadas aos órgãos administrativos de segurança pública) nos §§ 12a e 19a BVersG e, por todos, Schmidt (2019: 345–347 e 356 s.). Da Jurisprudência, cf. OVG Koblenz NVwZ-RR 2015, 570 e, bem rigorosa na classificação do caráter de intervenção intensa de tais medidas, a decisão do Tribunal Constitucional Estadual de Berlin: BerlVerfGH NVwZ-RR 2014, 577.

123 A Lei Estadual de Bayern, por exemplo, teve a aplicabilidade de alguns de seus dispositivos em parte suspensa, especialmente de partes do seu Art. 21, que previa penas de multa ao não cumprimento de certas obrigações endereçadas à organização e ao aviso da reunião. No mais, estabeleceram-se condicionamentos direcionados à interpretação e aplicação do Art. 9, que trata de gravações de sons e imagens (fotografia e/ou filmagem). Cf. BVerfGE 122, 342, ainda no âmbito de um processo cautelar.

124 Cf. com vastas referências ao debate alemão: Dimoulis e Martins (2020: 182–183).

125 Kingreen e Poscher (2019: 237). Em recente decisão, o Tribunal Administrativo Federal considerou intervenção um voo rasante feito por um caça da Força Aérea Alemã sobre um acampamento de protesto. Cf. BVerwG, NJW 2018, 716. Mais intensa será a intervenção quando o propósito for a realização de fotos aéreas. Cf. Droege (2008: 137), que a toma como desproporcional e, portanto, violadora do Art. 8 I GG (ibid., p. 139).

chilling efect). Entre elas, destaquem-se as já aludidas medidas de vigilância. Em algumas de suas decisões, o TCF se ocupou desse efeito não apenas em relação à liberdade de reunião. "Uma vez que se protegeria também a liberdade decisória interna [do indivíduo, as condições psíquicas favoráveis à decisão de exercer o direito fundamental] de participar de uma reunião, estará presente uma intervenção, quando o medo da vigilância estatal conduzir à decisão de ser melhor [de bom alvitre!] desistir do exercício do direito fundamental".[126] Ainda segundo o TCF, uma intervenção estará presente, nesse contexto, quando houver "excessiva observação e registro".[127] Kingreen e Poscher (2019: 237) ponderam, todavia, com razão, que, com essas afirmações, não se compreende ainda a essência da questão, "permanece obscuro qual vigilância é excessiva", pois o "medo pode surgir também no caso de vigilância 'normal'". Sugerem, com amparo em dois outros autores, que deve se considerar presente uma intervenção nesse sentido, "quando se tratar, na observação e registro estatais, da reunião ou de seus partícipes justamente nessa característica".[128] Por isso, se um suspeito de crime, contra quem houver sido expedida uma ordem de prisão, estando reunido no sentido do Art. 8 I GG, for observado (eventualmente filmado) durante a reunião e a referida ordem de prisão eventualmente cumprida, ambas as atividades estatais não representarão uma intervenção na sua liberdade de reunião. Tem-se aqui, especialmente no caso da primeira medida de observação e filmagem, um caso relativamente raro em que a área de proteção do direito fundamental contempla a conduta do titular, mas a medida não atinge especificamente a área de proteção da liberdade de reunião.[129]

Outros exemplos aqui seriam uma publicidade negativa feita por órgãos oficiais e dificuldades as mais variadas perpetradas, direta ou indiretamente, pelo poder público que tenham o condão de prejudicar a preparação, a publicidade e a interlocução dos organizadores com potenciais partícipes. Contudo, a eficácia da tutela prévia à reunião não amplia o conceito de reunião, porque tal conceito deriva da reunião de fato promovida.[130]

Por fim, admite-se que, em se considerando presente um dever estatal de tutela da reunião, derivado da dimensão jurídico-objetiva do direito fundamental em tela

---

[126] Kingreen e Poscher (2019: 237). Cf. já Doege (2008: 139)

[127] BVerfGE 69, 315 (349). Cf. a seguir: **Decisão # 80**.

[128] Kingreen e Poscher (2019: 237).

[129] No segundo caso, pode-se admitir uma intervenção na específica área de proteção da liberdade de reunião quando a avaliação, baseada no conceito hodierno de intervenção, contemplar, na definição de intervenção, os efeitos fáticos da medida estatal. O cumprimento de ordem de prisão produz o efeito prático de interromper a continuidade de um comportamento potencialmente protegido pelo Art. 8 I GG (reunido, pacífico, sem porte de nenhuma arma). Sobre tal conceito de intervenção, v. novamente: Dimoulis e Martins (2020: 182–183).

[130] Cf. Kniesel (2019: 51).

(detalhes a respeito adiante, sob **IV.**), especialmente diante dos riscos provenientes de manifestantes divergentes ou adversários dentro da própria reunião ("liberdade de reunião interna") ou de pessoas externas a ela, a omissão de proteção equivale a uma intervenção estatal na área de proteção do Art. 8 I GG.[131]

IV. Justificação constitucional das intervenções estatais

No presente tópico, procede-se à apresentação das hipóteses de justificação constitucional das intervenções estatais verificáveis na área de proteção do direito fundamental à liberdade de reunião. Também nessa fase, o direito fundamental em tela tem um nível de complexidade relativamente superior aos demais direitos fundamentais de liberdade negativa, especialmente aos demais direitos fundamentais de comunicação individual e social.

Como sempre, para a justificação constitucional da intervenção estatal pressupõem-se a presença, ou melhor, a correta verificação do limite constitucional aplicável (sob **1.**) e o controle de sua efetiva aplicação à luz dos chamados limites dos limites ao direito fundamental (sob **2.**). Em ambos, há peculiaridades, como as que se discutirão a seguir.

1. Limites constitucionais à liberdade de reunião

Já nessa primeira subfase da justificação constitucional da aplicação dos limites ao direito fundamental, tem-se a possibilidade de se tratar das duas espécies distintas de limites, reservas legais (simples ou, como no caso, qualificadas: sob **1.1**), além da peculiaridade da reserva legal qualificada aplicável a reuniões de militares (**1.2**), e/ou do direito constitucional colidente (**1.3**).

1.1 Reserva legal qualificada (aplicável apenas a reuniões "ao ar livre") do Art. 8 II GG

Além da delimitação já feita entre os âmbitos de aplicação dos concorrentes direitos fundamentais à liberdade de opinião e de reunião – "o Art. 8 II GG vale apenas para intervenções específicas em reuniões"[132], aqui também vem à tona mais uma peculiaridade jurídico-dogmática da liberdade de reunião. A reserva legal do Art. 8 II GG é qualificada não porque predetermina propósitos e/ou meios interventivos, excluindo, *a contrario sensu*, todos os demais, já formalmente, portanto, da habilitação dos sub-exames relacionais da proporcionalidade da adequação e necessidade dos meios escolhidos pelo legislador em face de seus propósitos. No presente caso, a qualificação da reserva legal não recai, como normalmente, na

---

[131] Cf. as propostas regulatórias de dois dispositivos do PLM-LR (§§ 15 e 16) e suas fundamentações em: Enders *et al.* (2011: 44–51).

[132] Kingreen e Poscher (2019: 237). Outros autores entendem tratar-se de reserva legal simples pela razão implicitamente mencionada no texto na próxima oração. Cf., por exemplo, Coelln (2013: 169). Cf., ao lado dos primeiros citados, pela classificação como reserva legal qualificada: Schwabe (2016: 132) e Sachs (2017: 479).

referida predeterminação de meios e propósitos formalmente legítimos, mas sobre uma determinada situação, qual seja, reuniões realizadas "ao ar livre". Em contraposição a essa situação, reuniões a portas fechadas não tiveram sua proteção ressalvada por essa cláusula restritiva.[133]

O conceito da locução que denota a situação qualificadora da reserva legal "ao ar livre" é unanimemente definido não a partir de sua literalidade. Entende-se por "ar livre" não a ausência de uma cobertura, mas o livre acesso de quaisquer pessoas (do "público") ao local designado para a reunião. Trata-se da possibilidade de expansão da massa de titulares manifestantes pelas laterais. Por isso, reuniões em estádios de futebol ou pátios descobertos cujo acesso dos reunidos seja de alguma forma controlado pelos organizadores do evento são reuniões em "ambientes fechados", enquanto reuniões em locais de amplo acesso do público, como, por exemplo, um terminal de aeroporto já foram consideradas pelo TCF, o que foi aquiescido por parte literatura especializada, como reuniões "ao ar livre" no sentido do Art. 8 II GG, apesar de serem locais cobertos.[134] Portanto, a presença ou não de um teto ou uma cobertura qualquer é irrelevante.

O legislador se valeu dessa reserva legal, antes de tudo, nas leis federal e estaduais de reunião. Nesse ponto, após a reforma federativa que transferiu a competência de legislar em matéria de direito (objetivo) de reunião da União aos Estados-membros, continua valendo a lei federal naqueles Estados que não promulgaram suas próprias leis de reuniões, por força do Art. 125a GG.[135]

Além dessas leis específicas, várias leis esparsas representam intervenções legislativas em princípio autorizadas por tal reserva legal qualificada pela característica situacional: as leis policiais e/ou de segurança pública, leis de proteção do silêncio, de proteção dos domingos e feriados,[136] leis de vias públicas e de trânsito. Bastante polêmica é a caracterização de dispositivos do BGB (Código Civil) como limite da liberdade de reunião, especificamente das normas de direito real sobre imóveis que outorguem ao proprietário a faculdade de definir "as regras da casa/empresa" (*Hausrecht*), estabelecidas nos §§ 903, período 1 e 1004 BGB. Problemática é a propriedade cujo titular seja órgão estatal, agente da Administração Pública indireta, como uma empresa pública ou mesmo de economia mista dominada pela União, pelos Estados-membros ou municípios. Com efeito, órgãos estatais não podem avocar a tutela do direito fundamental da propriedade, com a consequência

---

133 Cf. por todos: Münch e Mager (2018: 263).

134 Cf. em detalhes: Hufen (2018: 513–514).

135 Em geral, cf. Enders *et al.* (2011).

136 Cf. **Decisão # 86**.

de que o direito de fixar as regras da casa em si não justifica intervenções do seu titular que forem além daquelas já permitidas pelo direito (objetivo) de reunião.[137]

No que tange às leis policiais e de segurança pública, há aqui mais uma peculiaridade a ser observada: a especificidade do direito de reunião em relação àquelas. Contudo, tal especificidade faz diferença apenas no momento do controle da interpretação e aplicação dos limites em tese aplicáveis, a ser mais bem explicada adiante (v. **2.2**). Também o direito viário tem sua aplicabilidade afastada sob determinada circunstância, como se verá.

1.2 Reserva legal qualificada (reuniões de militares) do Art. 17a I GG?

Para a proteção das Forças Armadas, o Art. 17a I GG prevê um limite ao direito fundamental à liberdade de opinião de jovens soldados que estejam prestando o serviço militar (que, desde 2011, não é mais obrigatório) ou que prestem o serviço civil substitutivo na forma de uma reserva legal simples ao direito fundamental do Art. 5 I 1 GG. Trata-se de uma reserva legal simples porque as leis que nele se pautarem não precisam ser "gerais" no sentido do Art. 5 II 1. variante GG.[138] Aplicado ao lado do Art. 8 II GG, podem atingir reuniões em espaços fechados ao público.

O § 15 III SG (*Soldatengesetz* – Leis de Soldados) fez uso dessa reserva legal ao proibir a participação em eventos políticos, assim também os realizados em locais fechados, de soldados em uniforme.

1.3 Direito constitucional colidente como limite de reuniões realizadas em locais fechados

Para reuniões realizadas em espaços fechados, o constituinte não previu, com bons motivos,[139] uma reserva legal expressa. Para esse tipo de reunião, tem-se um direito fundamental outorgado sem reserva legal. Limites, podem derivar, entretanto, como sempre na dogmática jusfundamental, de direito constitucional colidente. Ou seja, o propósito da intervenção tem de corresponder a bem jurídico constitucional, a fim de não ser descartado como ilegítimo já nesta fase do exame.

Quando a intervenção for judicial e/ou administrativa, precisa ter base legal que represente, então, a configuração infraconstitucional de algum bem jurídico-

---

[137] Cf. Kingreen e Poscher (2019: 238). Sobre as diferenças dogmáticas do instituto no direito privado e público, tendo em vista especialmente seus limites como os decorrentes da liberdade de reunião, cf. Schulze (2015: 387–388) que, em relação à incidência do instituto no direito privado, foi contundentemente contestado por Baldus (2016: 449 ss.), debate concluído pela réplica do primeiro em Schulze (2016).

[138] Kingreen e Poscher (2019: 202).

[139] Notadamente: estimou, com razão, que ameaças à ordem jurídica constitucionalmente compatível e a outros bens jurídicos partem muito mais frequentemente de reuniões em locais abertos ao público do que em reuniões em locais fechados. Cf. em geral: Enders *et al.* (2011: 2–4).

constitucional. Um exemplo dos mais eloquentes é a proteção do direito fundamental à vida e à saúde (Art. 2 II GG) de pessoas que se encontrem reunidas em local fechado e corram perigo iminente.[140] Pode-se pensar ainda como bens jurídico-constitucionais, entre outros, na proteção de domingos e feriados[141], na proteção de direitos de personalidade de alvos de manifestações realizadas em frente de domicílios residenciais ou empresariais[142] e, especialmente, na proteção em face do exercício da liberdade de reunião por terceiros.[143] O último mencionado suscita difíceis exames da proporcionalidade por implicar uma colisão entre o direito fundamental à liberdade de reunião de grupos que disputem o mesmo espaço, ou muito mais comum, sejam adversários políticos. Como visto, por se tratar de direito fundamental com forte componente de comunicação social no ambiente da concorrência pela formação da opinião pública, ele abarca a contramanifestação. O aviso prévio prescrito às reuniões ao ar livre pela BVersG e algumas leis estaduais serve precipuamente a dirimir disputas de planejadas reuniões por mesmos espaços. Em geral vale o princípio da prioridade (tem reservado determinado espaço a primeira reunião avisada à autoridade competente) que, todavia, por si isoladamente não justifica a proibição da segunda reunião. Ao contrário, trata-se de aplicação do dever estatal de tutela de viabilizar tanto quanto possível a realização de ambas as reuniões.[144]

Restou isolado, na jurisprudência do TCF, o entendimento da aplicabilidade do Art. 5 II GG que definiu três reservas legais qualificadas às liberdades de opinião, de informação e de comunicação social (imprensa, radiodifusão e filmografia) ao Art. 5 I GG.[145]

Portanto, uma norma geral e abstrata interventiva em si, que implique cerceamentos com propósito não claramente lastreado na *Grundgesetz*, pode ser descartada de plano, nessa fase da justificação constitucional. Na literatura

---

[140] Cf. exemplos em Kingreen e Poscher (2019: 239).

[141] Cf. BVerfGE 143, 161 – *Karfreitag* [= **Decisão # 86**].

[142] Como exemplo de manifestações em frente a residências, tem-se que políticos, juízes e funcionários públicos em cargos de alta exposição tornam-se mais vulneráveis com a consequência de demandarem mais proteção do direito colidente decorrente do Art. 2 I GG. Cf. Hufen (2018: 512), BVerfG-K, NVwZ 2002, 339 (*NPD-Politiker*). Em âmbito empresarial, o bem jurídico-constitucional colidente pode ser o direito fundamental de clientes e não do empresário. Cf. BVerfG-K, NJW 2011, 47 – proteção das pacientes (não do médico) de uma "clínica de aborto" em face de militantes contrários à juridicidade do aborto, referido também por Hufen (2018: 506).

[143] Cf. Hufen (2018: 506 e 512).

[144] Cf. Münch e Mager (2018: 260 s.) e Martins (2017).

[145] Cf. Kingreen e Poscher (2019: 238), com referência à Decisão BVerfGE 124, 300 [= **Decisão II/# 39**]. Crítico da jurisprudência liberal do TCF em face de manifestações de neonazistas: Hufen (2018: 511).

especializada, denuncia-se, nesse sentido, a inconstitucionalidade do § 7 I BVersG[146] que determina a obrigação da designação, para todas a reuniões públicas (em locais abertos ou fechados), sem exceções,[147] de um dirigente responsável.

2. Constitucionalidade material da aplicação dos limites

Segundo a dogmática dos "limites dos limites" (aplicação do princípio/critério da proporcionalidade e demais previstos no Art. 19 I e II GG), podem ser objetos do exame de constitucionalidade material, na aplicação dos limites constitucionais, os atos legiferantes (emanados do Legislativo – leis em sentido formal e formal/material e do Executivo – leis em sentido material) e atos de interpretação e aplicação (emanados da Administração Pública e, especialmente, do Judiciário).[148]

No caso em tela, distingue-se uma terceira categoria de limite do limite a partir da interpretação literal e sistemática do Art. 8 I GG que, como aludido, nomeou duas hipóteses de intervenção a depender da situação contextual da reunião (fechada ou de livre acesso). Aquilo que, em uma interpretação puramente literal, poderia ser considerada uma inútil (quase simbólica) corroboração, qual seja, "sem aviso ou autorização", adquire aqui importantes contornos jurídico-dogmáticos.

2.1 Proporcionalidade das bases legais da intervenção

Reservas legais, mesmo as qualificadas, abrem uma determinada margem discricionária maior ou menor ao titular da função legislativa. No caso da reserva legal do Art. 8 II GG que, segundo parte da literatura especializada, é como referido qualificada, mas somente em razão da situação contextual da reunião, há mais margem discricionária do que no caso de direitos fundamentais cujas reservas legais predeterminem propósitos e/ou meios de intervenção. Caso uma reserva legal predetermine apenas um meio e um propósito que, em tese, tenham o condão de justificar uma intervenção, a discricionariedade, ao nível geral e abstrato da composição, pelo titular da função legislativa, das bases legais das intervenções administrativas e judiciais (junto à sua interpretação e aplicação, portanto), é reduzida praticamente a zero.

Esse não é o presente caso de uma qualificadora circunstancial. Assim, presente a situação de reuniões realizadas "ao ar livre", o exame da constitucionalidade material

---

146 "Toda reunião pública precisa ter um dirigente". Cf. sugestões de regulamentação da definição da figura do dirigente e suas obrigações e prerrogativas em detalhes: §§ 5 e 6 PLM-LR e fundamentos em Enders *et al.* (2011: 23–27).

147 No caso da liberdade de reunião de pequenos grupos, representa uma intervenção desproporcional, por inadequação do meio em face do propósito de facilitar o acompanhamento da reunião por autoridades em prol da própria liberdade de reunião, ou "liberdade de reunião interna". Nesse sentido, cf. Kingreen e Poscher (2019: 239).

148 Cf., por exemplo, aplicação em Martins (2017).

da lei se dá do mesmo modo que no caso de reservas legais simples: investiga-se a legitimidade em si dos propósitos perseguidos e meios utilizados pelo legislador antes de se proceder aos exames relacionais da adequação, necessidade e, segundo a opinião majoritária,[149] também da proporcionalidade em sentido estrito.

Não obstante, se ausente a circunstância qualificadora da intervenção, como ocorre no caso das reuniões em ambientes fechados, está-se, como visto, diante de um direito fundamental outorgado sem reserva legal. Nesse caso, a margem discricionária é, em tese, menor do que aquela aberta por reservas legais simples e do que a aberta por reservas legais qualificadas que, no entanto, como mencionado, não a reduzam praticamente a zero.[150] A margem de discricionariedade é reduzida no que concerne aos propósitos da intervenção: apenas bens jurídico-constitucionais podem ser habilitados.

Feitas essas diferenciações, procede-se à aplicação do princípio/critério da proporcionalidade com suas duas etapas prévias (licitude dos meios e propósitos conforme a classificação do limite como reserva legal simples, reserva legal qualificada ou sem reserva legal) e os relacionais da adequação e necessidade (proporcionalidade em sentido lato) e, para a opinião majoritária seguida pelo TCF, da proporcionalidade em sentido estrito.[151]

As normas da Lei de Reuniões e das leis estaduais já promulgadas não foram, pelo menos não frequentemente, impugnadas já abstratamente. Algumas que foram objetos de controle, ao nível da constitucionalidade abstrata, foram interpretadas conforme a Constituição.[152] Todas as demais leis esparsas já promulgadas ou futuras que impliquem ônus à liberdade de reunião deverão revelar estar perseguindo um propósito lícito, quando recaírem sobre reuniões em ambientes fechados, que seja correspondente a bem jurídico-constitucional, a partir de um meio considerado,

---

[149] Representativo do *mainstream* teórico e dogmático, v. Hufen (2018: 119–121), que enfatiza as várias denominações que esse "critério" da proporcionalidade em sentido estrito, entre outros, ponderação, recebe; e Michael e Morlok (2016: 307–310). A opinião divergente considera a proporcionalidade em sentido estrito não controlável jurídico-racionalmente e propugna, consequentemente, por seu descarte. Cf. Kingreen e Poscher (2019: 96–98) e Dimoulis e Martins (2020: 268–282).

[150] Sobre essa relação entre as categorias de limites e suas implicações na margem de apreciação legislativa: Dimoulis e Martins (2020: 192 ss.).

[151] Crítica a esse terceiro critério relacional feita principalmente por Kingreen e Poscher (2019: 96–98) e, no vernáculo, com fundamentos exaustivamente pormenorizados: Dimoulis e Martins (2020: 268–280).

[152] Como principalmente a obrigação de aviso prescrita no § 14 BVersG. Cf. **Decisão # 81**. Cf. os comentários de Höfling (2018: 450). Neles, sentencia a norma do § 14 I BVersG como diretamente inconstitucional. Consequentemente, não admite a correção da interpretação conforme a Constituição perpetrada pelo TCF. A Corte teria invertido a relação regra/exceção havida entre liberdade e intervenção estatal.

tendo em vista hipóteses comprovadas sobre a realidade empírica, adequado e necessário em face do respectivamente perseguido propósito.[153]

2.2 Proporcionalidade de medidas administrativas e de sua revisão judicial

Constatada a constitucionalidade material da base legal da intervenção pela Administração Pública e pela função jurisdicional-administrativa, sobretudo, que revisa os atos daquela, tal base deverá ser interpretada e aplicada de modo orientado pelo direito fundamental atingido da liberdade de reunião em ambientes abertos ou fechados ao público.

Mais do que ao nível do controle abstrato das leis cobertas pelas reservas legais ou pelo direito constitucional colidente, no controle de sua respectiva interpretação e aplicação pela Administração e sua potencial revisão por órgão jurisdicional, imprescindível é verificar com que intensidade quais aspectos específicos da área de proteção foram concretamente atingidos. No que tange às intervenções interpretativas judiciais, há a possibilidade de órgãos jurisdicionais ordinários cíveis e penais interpretarem e aplicarem cláusulas gerais que impactem no exercício do direito fundamental em tela. Esses são obviamente tão vinculados ao direito fundamental em comento quanto o são os órgãos jurisdicionais administrativos.

Uma vez verificada a licitude formal e material de meios e propósitos interventivos, também nessa fase do controle concreto, a adequação do meio implícito na interpretação e aplicação das bases legais autorizadoras da intervenção deve ser aferida a partir de elementos empiricamente comprovados, segundo a melhor e mais técnica definição do critério da adequação.[154] Essa "fase eliminatória do teste" (verificação da idoneidade em si da medida interventiva adotada) é completada pela "fase classificatória" do exame de necessidade ou imprescindibilidade que demarca, ao contrário do que alguns defendem, até mesmo na literatura germânica, o "limite do limite" que representa a "proibição de excesso" (*Übermaßverbot*).[155]

Na aplicação do definitivamente decisivo critério da necessidade ou imprescindibilidade, trata-se de, primeiro, habilitar alternativas de meios interventivos igualmente idôneos ao propósito perseguido para, em seguida, compará-los quanto à intensidade do impacto em quais aspectos da área de proteção. Em muitos casos, tais como no presente, literatura e jurisprudência já identificaram os principais meios interventivos lastreados, inclusive, nas leis de reunião. São eles,

---

153 Definições técnicas da proporcionalidade e seus subcritérios da adequação e necessidade, com referências ao clássico de Schlink (1976: 193) discutidas e desenvolvidas em face do direito constitucional brasileiro por Dimoulis e Martins (2020: 249 ss.).

154 Cf. Dimoulis e Martins (2020: 249) e Schlink (1976: 193).

155 Cf. Dimoulis e Martins (2020: 224 e 240 ss.).

do mais ao menos intenso: proibição da reunião, dissolução e condicionamento ou restrição.[156]

Em face de reuniões em locais abertos, poder-se-ia pensar, em tese, como anteriormente aludido, em meios interventivos previstos, entre outros, no direito policial e de segurança pública. As leis policiais ou de segurança pública,[157] positivaram uma cláusula geral que outorga a órgãos de policiamento ostensivo a competência de intervir diante de ameaças e perigos concretos.[158] Nesse contexto, consagrou-se, ao menos para o momento do transcurso de reunião pacífica e cujos membros não portem armas, o chamado princípio da "impenetrabilidade da polícia" no direito de reunião ("*Polizeifestigkeit des Versammlungsrechts*"). Muito bem se pontuou, tratar-se, em verdade, de "impenetrabilidade das *leis* policiais" ("*Polizei**gesetz**festigkeit des Versammlungsrechts*") no direito de reunião, não "da polícia".[159] Alguns autores chamam-no apenas de "efeito de bloqueio" (*Sperrwirkung*) ao direito policial/de segurança pública no direito de reunião.[160] Em suma, pelo menos após o início da reunião até seu encerramento ou sua dissolução, as regras do direito geral de segurança ou policial não são aplicáveis. Isso implica uma predeterminação de vedação de meio em geral considerado mais impactante do que a lei específica.

Quando essa lei específica cumpre o dever de, em consonância com o limite do limite expresso do Art. 19 I 2 GG,[161] citar a norma jusfundamental por ela atingida, demonstra o legislador um esforço de poupar ao máximo a liberdade atingida já ao nível abstrato. Eis o sentido dessa espécie de dever de "autocertificação" do legislador prevista para todos os casos em que ele for *expressamente* autorizado –

---

[156] Cf. por todos Münch e Mager (2018: 261–262) e, bastante analítico, Schmidt (2019: 348 ss., 350–357).

[157] V., por exemplo, entre as principais exposições da disciplina jurídica: Pieroth *et al.* (2016), Götz e Geis (2017) e Gusy (2017).

[158] Cf., por todos: Art. 11 I bayPAG. Trata-se de uma tradição longa que remonta ao "Direito Geral do País para os Estados Prussianos" (*Allgemeines Landrecht für die preußischen Staaten* – ALR), de 1794, embora nas leis estaduais atuais não se descrevam mais, à exceção do direito da Cidade-Estado de *Hamburg*, as tarefas da polícia, mas suas competências. Cf. Pieroth *et al.* (2016: 3 e 112). No mais, v. as descrições de Götz e Geis (2017: 57–59) e de Gusy (2017: 92–96).

[159] Cf. Hufen (2018: 503) mediante citação de Bünningmann (2016: 695). Gusy (2017: 262) enfatiza o caráter subsidiário do direito policial em relação ao direito de reunião. Götz e Geis (2017: 276 s.) lembra: "*lex specialis derrogat legi generali*".

[160] Cf. Pieroth *et al.* (2016: 91 s., 360). Esses mesmos autores chamaram, todavia, a atenção para eventuais dificuldades na aplicação da regra de solução de concorrência quando da verificação sobre se o legislador na lei específica do direito de reunião foi exaustivo na regulamentação de dada competência, ou se não deixou matérias relativas a competências propositalmente não regulamentadas, o que não autoriza, sem mais, o recurso à regra genérica subsidiária. Na passagem trataram, contudo, da relação do direito policial com o direito de imprensa. Cf. *ibid.*, p. 91 s.

[161] Cf. BVerfGE 113, 348 (364 ss.), Gusy (2017: 89–90) e, com mais várias referências, Pieroth *et al.* (2016: 361–362).

não válida, portanto, para a outra espécie de limite do "direito constitucional colidente" – pelo sistema de limites dos direitos fundamentais da *Grundgesetz*: o legislador é instado a ter consciência de estar intervindo em direito fundamental de liberdade. Ao observar seu dever de citar o direito fundamental atingido por sua atuação, muito provavelmente já terá perpetrado uma autocontenção cumpridora do ônus argumentativo estatal geral disciplinado no princípio-critério da proporcionalidade.

Porém, a área de proteção da liberdade de reunião abarca todas as medidas de planejamento pelos particulares. Como se trata de uma liberdade intrinsecamente ligada ao engajamento do próprio corpo para dar visibilidade à manifestação de uma ou várias opiniões atinentes à formação da opinião pública ou não, abrange-se o transporte de manifestantes ao local da reunião. Impactos nas condutas preparatórias abarcadas pela área de proteção são considerados menos intensos. Após a dissolução lícita da reunião (pelos próprios manifestantes ou mediante intervenção policial proporcional), tais leis, antes "genéricas", perdem essa característica, uma vez que o retorno dos manifestantes aos seus domicílios – ou locomoção a quaisquer outros lugares – não é mais coberto pela liberdade de reunião, mas eventualmente por outros direitos fundamentais.[162]

No que tange às reuniões realizadas em espaços fechados, verificada a presença de um ou mais bens jurídicos constitucionais em iminente perigo, a intervenção estatal, geralmente uma intervenção administrativo-policial, a dissolução apenas será justificada se representar, de fato, a *ultima ratio*. Hipóteses de intervenções judiciais que proíbam ou condicionem uma reunião em locais fechados muito dificilmente (notadamente, a primeira!)[163] poderão ser consideradas, em última instância, necessárias ou imprescindíveis ao alcance do propósito de proteção do bem jurídico-constitucional em perigo.

2.3 Proibição da obrigação de aviso e a liberdade independente de autorização prévia

A exemplo do que acontece com o direito fundamental à liberdade de opinião por causa da norma do Art. 5 I 3 GG ("não há uma censura"), a nomeação proibitiva de uma forma de intervenção junto ao parágrafo que contém a outorga e, portanto, o

---

162 Existe uma obrigação de deixar o local que, se não cumprida, autoriza o regresso ao direito geral de segurança pública ou policial. Cf. Pieroth (2016: 389). Isso pode ter repercussões na responsabilização pelos custos gerados pela operação policial. Com efeito, segundo o § 30 PLM-LR: "Atuações oficiais previstas nesta lei são isentas de pagamento". Contudo, "intocada permanece, assim, a possibilidade de serem cobrados os custos das medidas (de execução) da polícia (especialmente após a dissolução de uma reunião ou exclusão de um partícipe) de acordo com os dispositivos legais gerais" [Enders *et al.* (2011: 83)]. Cf. também a muito detalhada discussão por Schmidt (2019: 352–353).

163 A proibição como meio de intervenção na liberdade de reunião mais impactante de todos tem de representar a "*ultima ratio*" para ser considerada proporcional.

suporte fático do direito fundamental da liberdade de reunião, deve ser dogmaticamente classificada como um específico limite do limite.[164] Caso contrário, poderia ser considerada, como visto, uma especificação redundante e inútil porque já tacitamente compreendida no referido suporte fático do direito fundamental.

Assim, além de ter de observar o princípio da proporcionalidade com a variação situacional anteriormente exposta, o legislador e, indiretamente, os titulares das demais funções estatais não podem fazer do aviso uma obrigação, sancionando sua inobservância. Nesse ponto, esse limite do limite poderia ser tematizado, posteriormente (mas, então, o mais tardar), no bojo do exame da proporcionalidade. Trata-se, com efeito, de vedação expressa de meios interventivos, função desempenhada também por uma reserva legal "qualificada". Na essência, a qualificação de meios e/ou propósitos funciona como limite do limite a ser concretamente traçado pelo legislador.[165]

Não obstante, o aviso prévio é regulamentado, de maneira relativamente complexa, pela Lei de Reuniões. A jurisprudência e literatura especializadas distinguem, das reuniões planejadas e anunciadas ao público em geral, as categorias das reuniões emergenciais e das reuniões espontâneas.[166]

Em quaisquer dos casos, vale que tal regulamentação deve ser entendida sob a égide de uma configuração ou concretização infraconstitucional da área de proteção da liberdade de reunião, ou seja, que se trate de um procedimento, em última análise, favorável ao exercício da própria liberdade (amigável em relação à reunião: "*versammlungsfreundlich*").[167] O aviso garante que, por exemplo, "a polícia obtenha ciência tempestivamente da intenção [de realização] da reunião e possa tomar medidas suficientes em prol da proteção de um transcurso livre de percalços e seguro diante do trânsito e, portanto, da proteção da segurança ou ordem públicas".[168] Apesar da menção a bens jurídicos que geralmente se encontram em potencial rota de colisão com a liberdade de reunião e, assim, que podem representar em si um limite constitucional e não elemento da área de proteção a ser configurada pelo legislador infraconstitucionalmente, tal menção tem um escopo preventivo. Eventual

---

[164] Cf. novamente Kingreen e Poscher (2019: 239).

[165] Cf. *ibid*.

[166] Cf. o *leading case* do TCF BVerfGE 69, 315 (349 s.) [= **Decisão # 80.**] e, por todos, com definições dos dois tipos especiais de reuniões ao ar livre e riqueza de detalhes: Schmidt (2019: 337–339).

[167] Cada vez mais, inclusive os legisladores estaduais a partir do PLM-LR, falam em relação de cooperação com os organizadores e/ou o dirigente da reunião. Por exemplo, v. o § 3 PLM-LR, intitulado "tarefa de proteção e cooperação". Cf. Enders *et al*. (2011: 19–21), com sua marcante frase: "direito de reunião tem de ser configurado como direito de viabilização da liberdade".

[168] Kingreen e Poscher (2019: 239). Cf. o caso prático trabalhado por Kahl (2000: 1093) da reunião de protesto contra chefe de Estado estrangeiro convocada após a ciência sobre a visita obtida apenas 24 horas antes daquela.

dissolução da reunião não pode ser fundamentada na ausência do aviso prévio à autoridade competente. Não existe uma "automática sanção da dissolução".[169] Pelo contrário, as reuniões que não efetuarem o aviso à autoridade competente no sentido do direito objetivo de reunião, do qual faz parte, sobretudo, a Lei de Reuniões, estão correndo apenas o risco de a polícia, diante de determinada situação concreta, ser obrigada a dissolver a reunião por causa daqueles que, mediante um mero aviso prévio, seriam "evitáveis perigos à segurança ou ordem públicas".[170] Nesse sentido, "também o TCF interpreta a Lei de Reuniões da União, quando declara inaplicável a dissolução prevista no § 15 III BVersG, como [indevida] sanção da omissão do aviso",[171] especialmente quando se tratar de reuniões espontâneas ou emergenciais. Tem-se no caso uma "permissão com reserva de proibição", quando rigorosamente cumprido o ônus argumentativo que norteia a aplicação do critério da proporcionalidade em todas as suas etapas, ao invés de uma "proibição com reserva de permissão", que é vedada de plano por esse limite do limite.[172]

V. Dimensões jurídico-objetivas

A bidimensionalidade (a clássica jurídico-subjetiva e a objetiva) dos direitos fundamentais pertence ao inventário da dogmática geral (parte geral) dos direitos fundamentais desde a Decisão *Lüth*,[173] embora nela ainda não fora criado o conceito que restaria plenamente configurado, inclusive sobre a base de teorias dos direitos fundamentais de diversos matizes, apenas no início da década de 1990.[174]

A dimensão jurídico-objetiva refere-se ao vínculo em si dos órgãos estatais às normas jusfundamentais, no sentido de seu dever de observância *ex officio* das normas jusfundamentais e valores nelas implícitos.[175] Especialmente o Poder Judiciário deve observá-lo, independentemente de provocação por pessoa supostamente atingida em seu direito fundamental. Na Decisão *Lüth*, tratava-se, primeiro, do vínculo do legislador civil, mas, sobretudo, do vínculo da função jurisdicional que deve interpretar e aplicar todo o direito infraconstitucional "à luz dos direitos fundamentais".[176] Já na primeira Decisão sobre a Constitucionalidade da Criminalização do Aborto,[177] tratava-se de uma segunda especial derivação: o dever estatal de tutela, notadamente, do legislador (e das funções estatais de interpretação

---

169 *Ibid.*

170 *Ibid.*

171 Kingreen e Poscher (2019: 239).

172 Cf. Hufen (2018: 506).

173 BVerfGE 7, 198 [= **Decisão II/# 36**].

174 Cf., por exemplo, Böckenförde (1990) e Alexy (1990). Sobre as diferentes teorias dos direitos fundamentais, v. Martins (2012: 8–43 e 65–88).

175 Com vastas referências, cf. Dimoulis e Martins (2020: 151–154).

176 Cf. Martins (2012: 100–119) e, por último: Martins (2019-a: 45 ss.).

177 BVerfGE 39, 1 [= **Decisão I/# 13**].

e aplicação das leis). Esse dever consiste na garantia de uma tutela preventiva, tendo em vista a vulnerabilidade de direitos fundamentais também; mais: especialmente, no contexto da colisão de direitos fundamentais e do significado do direito fundamental na realização de valores constitucionais objetivos, tal como o princípio democrático.

O TCF afirmou, diversas vezes, o significado instrumental dos direitos de comunicação em face da opinião pública. São eles que alimentam o processo democrático na formação da vontade pública positivada em leis. Nesse contexto, alguns autores chamam a atenção para uma interpretação histórica do direito fundamental à liberdade de reunião, com antecedentes que o aproximavam do direito de petição.[178] No seu desenvolvimento histórico, sua função metaindividual evoluiu, muito além de apresentar ao soberano meras reivindicações individuais ou coletivas, para ser entendido como uma oportunidade e efetiva contribuição para a formação coletiva da vontade pública, algo que supriria, segundo alguns, as deficiências da democracia representativa.[179]

Em uma perspectiva liberal, na qual *não* se atém especialmente ao caráter instrumental da liberdade de reunião em prol da realização do processo democrático, enfatiza-se hoje seu aspecto de sociabilidade, do desenvolvimento coletivo da personalidade e sua especial função de impedir o isolamento do indivíduo, assegurando-se a autonomia individual na coletividade.[180] Nesse sentido, marcaram-se dois princípios. O primeiro deles – mais próximo da dimensão subjetiva da liberdade – da independência ou liberdade em face de permissão prévia e o segundo do dever de fomento ou princípio da "amizade das reuniões". Como na teoria geral da dimensão objetiva, aqui também se nota que se trata da "segunda face" da norma que complementa a primeira da dimensão jurídico-subjetiva. Casos típicos de inobservância desse dever derivado da dimensão objetiva são medidas causadoras de um já aludido "*chilling efect*", o efeito de desestimular, desmotivar, dissuadir do exercício ou mesmo de repeli-lo pela via dos registros de imagens e sons perpetráveis por autoridades policiais.[181]

Principal consequência para a legiferação e interpretação e aplicação de leis intervenientes ou mesmo configuradoras da liberdade de reunião, tais quais, a lei federal subsidiária e as leis estaduais promulgadas após a reforma federativa de 2006, é o autoexame de todos os atos da esfera de competência da respectiva função e órgão estatais. Por seu intermédio, deve-se expurgar quaisquer espécies de desestímulos ao pleno exercício do direito ao mesmo tempo em que o legislador

---

178 Por todos, cf. Hufen (2018: 493).

179 Cf. Hufen (2018: 494) e Schmidt (2019: 331).

180 Michael e Morlok (2016: 161 ss.).

181 Cf. Hufen (2018: 507) que chega a falar em dever objetivo de proteção. Cf. Enders *et al.* (2011: 72–75). Cf. aqui, mais uma vez, o *leading case* BVerfGE 69, 315 (349), **Decisão # 80**.

estadual deve modernizar o direito de reunião, harmonizando-o com outros bens jurídicos relevantes.[182] Quaisquer espécies de receios por parte do titular, racionais ou não, devem ser enfrentados com suficiente consistência pelo legislador que configura a área de proteção e faz para tanto uso das autorizações decorrentes do Art. 8 II GG (para reuniões em locais abertos) ou do direito constitucional colidente (reuniões em locais fechados). Se, na segunda hipótese do uso pelo legislador da reserva legal do Art. 8 II GG, a função de resistência (ou de "defesa") do direito fundamental basta para concretizar o conteúdo de liberdade do direito em tela, no primeiro caso da configuração (também: conformação ou concretização) do direito por leis de reunião, de segurança pública ou quaisquer outras, a função protetiva é especialmente necessária.[183] Isso foi muito claramente sedimentado na paradigmática decisão *Brokdorf* do TCF.[184]

Também no caso da liberdade de reunião não existe uma eficácia horizontal direta. Porém, na esteira da dogmática do dever estatal de tutela, protege-se o pleno exercício do direito em face de estorvos eventualmente perpetrados por particulares de dentro da reunião/manifestação (liberdade de reunião interna) ou de grupos sociopolíticos rivais. Isso, todavia, como visto não torna inadmissível a realização de contramanifestações, atendidos determinados pressupostos, especialmente as condicionantes trazidas já ao nível da definição da hipótese fática jusfundamental.[185]

Outra derivação concreta do dever estatal de tutela, muitas vezes impropriamente atribuída à eficácia horizontal indireta ou até direta do direito fundamental, é a proteção de reunião agendada para local público, mas cuja propriedade seja da titularidade de grandes empresas públicas de economia mista ou de particulares.

No primeiro caso, tem-se o polêmico caso da Decisão Fraport do TCF.[186] Como nela se trata de uma pessoa jurídica de direito público, membro da Administração Pública indireta, e, como tal, diretamente vinculada a todos os direitos fundamentais, a impugnação da tese da não vinculação de particulares, pelo menos em face do direito fundamental em tela, não se sustenta.

---

182 Cf. Enders *et al.* (2011: 6 ss.).

183 Lembre-se do caso de contramanifestações que são também protegidas, mas que que acarretam óbvio potencial de ameaça à segurança pública. Cf. Münch e Mager (2018: 260 s.).

184 BVerfGE 69, 315 [= **Decisão # 80**], com efeitos sustentáveis que marcam ininterruptamente até hoje o desenvolvimento da dogmática no âmbito da liberdade de reunião. Cf., por exemplo, a análise de seu impacto no novo direito de reunião após a referida reforma constitucional federativa: Gericke (2016: 948 ss.).

185 Caráter pacífico e não porte de armas. Cf. em geral: Martins (2017). Na literatura especializada germânica, as contramanifestações em tese são sempre protegidas. Cf. Muckel (2011).

186 BVerfGE 128, 226 [= **Decisão # 85**]. Cf. as anotações e análises monográficas da decisão por Sachs (2011), Muckel (2011), Enders (2011, 577) e Kramer *et al.* (2011).

No segundo caso, tem-se grandes conglomerados empresariais ou comerciais como *Shopping Centers*. Literatura especializada e ao menos uma decisão de Câmara do TCF[187] não consideram aqui – ao contrário de uma apressada, leviana primeira impressão – superada a teoria da eficácia meramente indireta de particulares. Mas, o que fazem é reconhecer, mesmo que nem sempre de modo explícito, um dever estatal de tutela cujo principal efeito é permitir – melhor: ordenar – uma intervenção estatal direta em direitos fundamentais contrapostos, no caso ao direito fundamental de propriedade. A fundamentação, de natureza jurídico-objetiva, opera com o chamado movimento de privatização continuada de espaços públicos, espaços que, tradicionalmente e mesmo após sua transferência a propriedades privadas, funcionam como trânsito comunicativo dos usuários de tais "áreas públicas em mãos de particulares".[188] Trata-se, aqui, de contrapor-se à diminuição contínua de espaços disponíveis para a realização de reuniões, ou seja, de uma típica questão envolvendo o "princípio de simpatia" do Estado em face da liberdade de reunião decorrente da ora tratada dimensão objetiva.

Contudo, assim como não há eficácia horizontal direta, também não há de se falar ou se confundir o dever estatal de tutela com direitos subjetivos à participação ou a prestações estatais. Como se formulou na literatura especializada de modo reconhecidamente radical: "o indivíduo não tem, portanto, [...] um direito ao ressarcimento de custos de viagem para uma reunião ao ar livre ou à disponibilização gratuita de um salão municipal para a realização de uma reunião em espaço fechado".[189] Não obstante, na fase do exame dos limites aplicáveis ao direito fundamental à liberdade de reunião em locais abertos ao público ("ao ar livre"), notadamente em vias e praças públicas, os custos de limpeza, por exemplo, não precisam ser pagos pelos organizadores ou partícipes, como ocorre em outros usos extraordinários previstos pela legislação municipal e viária.[190]

---

[187] BVerfG-K, NJW 2015, 2485. Cf. a respeito: Hufen (2018: 514) e as observações de Smets (2016) e Schulenburg (2016).

[188] Cf. a discussão envolvendo fundamentação do Primeiro Senado e um voto discordante em BVerfGE 128, 226 (*Fraport*) [= **Decisão # 85**].

[189] Hufen (2018: 507).

[190] Contudo, Hufen (2018: 507) destaca, com razão, que não se trata de um direito à participação ou prestacional. Os custos de viagem para o local de reunião devem ser arcados pelos titulares do direito fundamental. Igualmente, a disponibilização de infraestrutura para o exercício do direito não é garantida. Cf. a respeito, crítico: Friedrichs (2019: 55 ss.). Cf. também Sachs (2017: 484) que, todavia, ao analisar a constitucionalidade da proibição pelo Tribunal Federal Administrativo de se realizarem reuniões sobre o gramado de uma universidade (pública), de modo pouco convincente vai longe demais ao comprometer um aspecto que originalmente faz parte da dimensão jurídico-subjetiva: "A proteção da decisão do organizador sobre local e hora da reunião pressupõe a presença de sua faculdade jurídica de dispor do local da reunião" (*ibid.*).

Por fim, fala-se em mais uma derivação da dimensão objetiva do direito em tela, qual seja, a proteção do "direito fundamental mediante procedimento".[191] Órgãos administrativos de segurança competentes para a regulação concreta das reuniões devem cooperar com seus organizadores desde a fase da preparação da reunião. Nesse sentido, o amplamente referido Projeto-Lei-Modelo de uma Lei (estadual) de Reuniões, inspirado precipuamente no desenvolvimento da jurisprudência do TCF, traz regulamentações expressas sobre o convite a ser feito pelos órgãos administrativos para a cooperação.[192] O procedimento prevê audiência com o órgão competente, que deve compreender o plano à luz do direito fundamental. Os organizadores têm direito a uma consultoria e, sobretudo, à fundamentação das eventuais decisões restritivas. Como reuniões em locais abertos ao público geralmente são convocadas a partir de um ensejo temporal, imprescindível é a previsão e configuração de processo cautelar adequado. Além disso, "o atingido deve ter a possibilidade, após o término da reunião, de provocar uma revisão judicial da licitude de uma medida [prevista no] do direito [objetivo] de reunião, no quadro de uma ação judicial-administrativa declaratória".[193]

---

[191] Cf. Hufen (2018: 507–508).

[192] Cf. § 3 II 1 PLM-LR, segundo o qual a repartição pública competente deve oferecer tempestivamente aos organizadores um "diálogo de cooperação", ou seja, um encontro a fim de se estabelecerem as estratégias e decisões cooperativas. A respeito: Enders *et al.* (2011: 19–21). A abertura dessa possibilidade de cooperar corresponde a um princípio de precaução, uma vez ser irrelevante a *mera intenção* de promover uma reunião pacífica em forma de passeata, por exemplo, pois o que interessa para efeitos de classificação é o desfecho fático pacífico da reunião. Cf. Sachs (2017: 476).

[193] Hufen (2018: 507–508) que cita BVerfGE 110, 77 – "*Herren im eigenen Land*" II e, mais recentemente, BVerfG-K, NJW 2017, 1939.

B. Decisões do TCF

80. BVerfGE 69, 315 (*Brokdorf*)

Reclamação Constitucional contra Decisão Judicial

14/05/1985

MATÉRIA

No início de 1981,[194] muitas organizações não governamentais convocaram a população a protestar contra a construção da usina nuclear de **Brokdorf**. Antes mesmo do anúncio da manifestação, a secretaria estadual competente proibiu a realização da reunião por medida administrativa geral sobre um território de aproximadamente 210 quilômetros quadrados, ordenando a imediata execução da medida. Ela foi fundamentada em constatações policiais, segundo as quais entre os esperados 50.000 manifestantes encontrar-se-ia um número considerável de pessoas dispostas a realizar atos de violência, pois que queriam ocupar violentamente e danificar a construção, além de estarem predispostas a outras práticas violentas. Depois do aviso oficial dos organizadores, a secretaria estadual competente reiterou a medida proibitiva.

Alguns dos organizadores impugnaram, na Justiça Administrativa, a medida administrativa geral, requerendo o efeito suspensivo da proibição. Esse pedido foi indeferido, finalmente, pelo Superior Tribunal Administrativo de *Lüneburg*.[195] Como fundamento, o tribunal valeu-se da intempestividade do aviso prévio da reunião à autoridade competente e do prognóstico, segundo o qual atos de violência eram esperados. A ponderação entre os interesses em conflito levou – assim, o Superior Tribunal Administrativo – ao indeferimento do pedido de medida cautelar do Reclamante.

As Reclamações Constitucionais ajuizadas contra a imediata execução da medida administrativa geral e contra as decisões do Superior Tribunal Administrativo, que alegavam violação do Art. 8 I GG, foram julgadas parcialmente procedentes.

EMENTAS

1. O direito do cidadão de participar ativamente do processo de formação da opinião e da vontade políticas pelo exercício da liberdade de reunião faz parte dos elementos funcionais indispensáveis de uma comunidade democrática. Esse significado básico do direito de liberdade deve ser observado pelo legislador na criação de normas

---

[194] Cf., em relação a esse parágrafo, a síntese de Grimm e Kirschhof (1993: 195).

[195] Cidade localizada ao norte do Estado de *Niedersachen*, junto à fronteira com o Estado de *Schleswig-Holstein*. A exemplo de *Hamburg*, é uma cidade hanseática.

cerceadoras dos direitos fundamentais, pela Administração e pelo Judiciário quando da interpretação e aplicação dessas normas.

2. As regras da Lei de Reunião sobre o dever de aviso prévio da reunião em locais abertos ao público e sobre as condições para sua dissolução ou proibição (§§ 14, 15 VersG) cumprem as exigências constitucionais, contanto que, quando da sua interpretação e aplicação, seja observado:

a) que o dever de aviso prévio não interfira em demonstrações espontâneas e a infração a tal dever não autorize automaticamente sua dissolução ou proibição,

b) que a dissolução e a proibição possam ocorrer apenas com fim de proteção de bens jurídicos de igual valia, sob a estrita observância do princípio da proporcionalidade e apenas no caso de uma ameaça imediata a tais bens jurídicos, [uma] ameaça que possa ser deduzida de circunstâncias [imediatamente] reconhecíveis.

3. Os órgãos estatais devem agir de modo amigável diante de reuniões, segundo o modelo de grandes manifestações pacíficas, e não retroceder nas suas experiências bem-sucedidas sem motivo suficiente. Quanto mais os organizadores [de dada reunião], de seu lado, estiverem predispostos à tomada de medidas próprias geradoras de confiança ou a uma cooperação em prol da manifestação, mais elevado se apresenta o limiar para intervenções pela Administração por motivo de ameaça à segurança pública.

4. Em não se receando que uma manifestação como um todo tome contornos não pacíficos ou que seu organizador e seus auxiliares aspirem a esse estado de coisas, ou, ainda, que os aceitem, mantém-se, para os participantes pacíficos, a mesma proteção da liberdade de reunião que é garantida constitucionalmente a todo cidadão, mesmo quando se espera ato de violência individual ou de uma minoria. Nesse caso, uma proibição preventiva de toda uma manifestação pressupõe o atendimento a estritas exigências sobre o prognóstico do perigo e sobre o prévio esgotamento de qualquer meio utilizável que proporcione aos participantes pacíficos o [efetivo] exercício do direito fundamental.

5. Já no julgamento do processo cautelar, os tribunais administrativos devem levar em consideração, mediante um exame mais cuidadoso, que a imediata execução da proibição de manifestação leva normalmente ao impedimento definitivo da concretização do direito fundamental.

6. Sobre os limites do direito judicial.[196]

---

[196] Sobre tais limites do *"Richterrecht"*, cf. Schlaich e Korioth (2018: 225–227) e a discussão apresentada no **Cap. 23**, sob **Notas Introdutórias, IV.2.1**, além de mais referências lá trazidas nas notas 390 e 391.

Decisão [*Beschluss*] do Primeiro Senado de 14 de maio de 1985

– 1 BvR 233, 341/81 –

no processo das Reclamações Constitucionais... ...

Dispositivo:

I. As decisões do Tribunal Superior para os Estados de *Niedersachen* e *Schleswig-Holstein* de 28 de fevereiro de 1981 – 12 OVG B 26/81 e 12 OVG B 28/81 – violam os direitos fundamentais do Reclamante decorrentes do Artigo 8 em conexão com o princípio do Estado de direito da *Grundgesetz*, na extensão em que as Reclamações foram deferidas contra as decisões de primeira instância. Nessa extensão, ficam suspensas. As matérias serão devolvidas ao Tribunal Superior Administrativo.

II. Indeferem-se as Reclamações Constitucionais mais amplas do Reclamante II.

III. O Estado de *Schleswig-Holstein* ressarcirá os Reclamantes por suas despesas necessárias.

RAZÕES

A.

As Reclamações Constitucionais insurgem-se contra a proibição das manifestações que foram planejadas contra a construção da usina nuclear de *Brokdorf*. Seu objeto essencial é a execução imediata de uma proibição geral das manifestações que foi confirmada pelo Superior Tribunal Administrativo; proibição que fora a Assembleia Legislativa (*Landrat*) quem havia editado preventivamente na forma de medida geral.

I.

1. Como base constitucional para a garantia da liberdade de manifestação, toma-se em consideração, ao lado da liberdade de expressão do pensamento, sobretudo, o direito fundamental da liberdade de reunião:

"Art. 8

(1) Todos os alemães têm o direito de reunir-se pacificamente e sem armas, sem aviso prévio ou autorização.

(2) Para as reuniões ao ar livre, esse direito pode ser limitado por lei [por lei em sentido formal] ou com base na lei [por lei em sentido material]."

A Lei de Reuniões e Passeatas, de 24 de julho de 1953, na nova redação de 15 de novembro de 1978 (BGBl. I, p. 1789), contém uma disciplina legal mais específica. No § 1, ela reforça o direito de todos, de organizar reuniões e passeatas bem como de participar dessas reuniões. No seu Título III, contém as seguintes prescrições a respeito de "reuniões públicas ao ar livre e passeatas":

"§ 14

(1) Quem tiver a intenção de organizar uma reunião pública ao ar livre ou uma passeata deve, com pelo menos 48 horas de antecedência em relação ao seu anúncio, avisá-lo à autoridade competente, indicando o objeto da reunião ou da passeata.

(2) No aviso, deve ser indicada qual pessoa é responsável pela reunião ou passeata.

§ 15

(1) A autoridade competente pode proibir a reunião ou passeata ou fazer sua realização depender [do atendimento] de certas condições se, conforme circunstâncias reconhecíveis ao tempo da edição da medida [administrativa], a segurança pública ou a ordem estiverem diretamente ameaçadas pela realização da reunião ou passeata.

(2) Ela pode dissolver uma reunião ou passeata quando não tiverem sido anunciadas, quando se afastarem das indicações do anúncio ou contrariarem as condições impostas, ou quando estiverem presentes os pressupostos de uma proibição, conforme o parágrafo 1.

(3) Deve-se dissolver uma reunião proibida."

[...]

2. [...].

II.1. – 5.; III.1. – 2.; IV.1. – 5. [...]

B.

As Reclamações Constitucionais são admitidas.

I. – II.1. – 2. [...].

C.

As Reclamações Constitucionais são procedentes na extensão em que se voltam contra o fato de o Superior Tribunal Administrativo ter confirmado a execução imediata da proibição da manifestação a partir da Reclamação dos outros citados para além da extensão permitida pelo tribunal administrativo. As normas indiretamente impugnadas da Lei de Reuniões passam no crivo jurisdicional constitucional na extensão de sua relevância para as decisões impugnadas.

I.

O parâmetro para o exame de constitucionalidade é o direito fundamental da liberdade de reunião (Art. 8 GG).

1. As medidas impugnadas no processo originário bem como as prescrições legais que as fundamentaram cercearam a liberdade do Reclamante de realizar as manifestações planejadas. Essa liberdade de reuniões e passeatas – diferentemente de meras aglomerações ou entretenimentos públicos – é garantida no Art. 8 GG como expressão do desenvolvimento do indivíduo em sociedade embasado na comunicação. Essa proteção não se limita às reuniões nas quais se argumenta e se discute; ao contrário, compreende variadas formas de comportamento coletivo, estendendo-se a formas de expressão não verbal. De tal proteção fazem parte também reuniões com caráter de atos públicos, nos quais a liberdade de reunião é utilizada com o propósito de divulgar opinião de maneira sensacionalista e contundente. Uma vez que faltam, no processo originário, indícios de que a expressão de determinados conteúdos de opinião – por meio, por exemplo, de palavras de ordem, discursos, canções ou faixas – tenha sido proibida, não há necessidade de nenhum exame para se verificar de que maneira também o direito fundamental à liberdade de opinião pudesse ser utilizado como parâmetro de exame complementar ao Art. 8 GG.

2. O Art. 8 GG, como direito de resistência [à intervenção estatal] que beneficia também e principalmente minorias ideológicas, garante aos titulares do direito fundamental a faculdade de determinar autonomamente o lugar, o momento, a maneira e o conteúdo da reunião, assim como proíbe o poder coercitivo estatal de obrigar [tanto] à participação em uma reunião pública [quanto] à sua abstenção. Já nesse sentido, em um Estado livre, é devida uma especial primazia ao direito fundamental [em pauta]. O direito de reunir-se com os outros – ilimitadamente e sem necessidade de autorização – sempre valeu como sinal da liberdade, independência e maturidade do cidadão consciente. Ao mesmo tempo, no entanto, em sua aplicabilidade a reuniões políticas, a garantia de liberdade incorpora uma decisão fundamental que, em seu significado, supera a proteção contra a intervenção estatal no livre desenvolvimento da personalidade. No círculo cultural-jurídico anglo-americano, a liberdade de reunião enraizada no pensamento jusnaturalista foi desde cedo entendida como manifestação da soberania popular e, portanto, como um direito democrático do cidadão de participação ativa no processo político. (cf. Quilisch, Die demokratische Versammlung, 1970, p. 36 ss.; Schwäble, Das Grundrecht der Versammlungsfreiheit, 1975, p. 17 ss.). Esse significado do direito de liberdade é destacado igualmente nos pareceres do Ministro do Interior, do Sindicato da Polícia e da União Federal de Iniciativas de Cidadãos pela Proteção Ambiental; na literatura especializada, ele é entrementes amplamente reconhecido.

(cf. em detalhes: Blumenwitz, Versammlungsfreiheit und polizeiliche Gefahrenabwehr bei Demonstrationen, in: Festschrift für Samper, 1982, p. 131 [132]; Blanke/Sterzel, Inhalt und Schranken der Demonstrationsfreiheit des Grundgesetzes, Vorgänge 1983,

p. 67 [72 ss.]; Denninger, Zwölf Thesen zur Demonstrationsfreiheit, DRiZ 1969, p. 70 ss.; Dietel/Gintzel, Demonstrationsfreiheit und Versammlungsfreiheit, 8. ed., 1985, Introdução p. 1, n. à margem 18 ss. ao § 1 e n. à margem 7 s. ao § 14 VersG; Frankenberg, Demonstrationsfreiheit - eine verfassungsrechtliche Skizze, Kritische Justiz 1981, p. 370 [371 ss.]; Frowein, Versammlungsfreiheit und Versammlungsrecht, NJW 1969, p. 1081 ss.; Geulen, Versammlungsfreiheit und Großdemonstrationen, Kritische Justiz 1983, p. 189 [192]; Herzog, in: Maunz/Dürig, Kommentar zum Grundgesetz 1981, n. à margem 1 ss. ao Art. 8; Hesse, Grundzüge des Verfassungsrechts der Bundesrepublik Deutschland, 14. ed., 1984, p. 157; Hoffmann-Riem, Alternativkommentar zum Grundgesetz für die Bundesrepublik Deutschland, 1984, n. à margem 27 ss. ao Art. 8; v. Münch, Grundgesetzkommentar, 2. ed., 1981, n. à margem 1 s. ao Art. 8; Ossenbühl, Versammlungsfreiheit und Spontandemonstration, Der Staat 1971 [10], p. 53 [59 ss.]; Ott, Kommentar zum Versammlungsgesetz, 4. ed. 1983, p. 27 ss.; Quilisch, ibid., p. 108 ss.; P. Schneider, Demokratie in Bewegung, Probleme der Versammlungsfreiheit, in: Festschrift für Mühlmann, 1969, p. 249 [257 s.]; Schwäble, ibid., p. 18, 65 ss.).

a) Na jurisprudência de[197] tribunal constitucional, que até agora ainda não se ocupou da liberdade de reunião, há muito a liberdade de expressão do pensamento é tida como um dos elementos funcionais indispensáveis e basilares de uma coletividade democrática. Ela vale como manifestação imediata da personalidade humana e como um dos mais distintos direitos humanos, constitutiva da ordem estatal democrática de liberdade, porquanto possibilita o constante debate intelectual e o conflito das opiniões como elemento vital dessa forma estatal (cf. BVerfGE 7, 198 [208]; 12, 113 [125]; 20, 56 [97]; 42, 163 [169]). Se a liberdade de reunião é entendida como liberdade de manifestação coletiva de opinião, nada fundamentalmente diferente [do que vale para a liberdade de expressão do pensamento] pode valer para ela. Contra isso não se pode argumentar que, especialmente nas manifestações coletivas, o momento argumentativo que, em regra, caracteriza o exercício da liberdade de expressão do pensamento, retroceda ao segundo plano. À medida que o manifestante anuncia sua opinião por presença física, em total publicidade e sem qualquer intermediação dos meios de comunicação social, ele também desenvolve sua personalidade de forma imediata. Em sua formulação ideal típica, as manifestações coletivas representam o modo corporal e coletivo de tornar visíveis as convicções, de forma que os participantes vivenciem, de um lado, na comunhão com os outros, uma certificação dessa convicção. De outro lado, para que testemunhem para fora da manifestação – já por meio da mera presença, do modo da

---

[197] Foi usada a preposição "de" e "tribunal constitucional" com iniciais grafadas em minúsculo porque a expressão "*verfassungsgerichtliche Rechtsprechung*" do original *pode* incluir também a jurisprudência dos Tribunais Constitucionais estaduais.

apresentação, do compartilhamento da experiência recíproca ou da escolha do local – no sentido literal da expressão, uma tomada de posição e o seu ponto de vista. O risco de tais anúncios de opinião poderem ser manipulados de forma demagógica e serem "emocionalizados" de uma maneira questionável é tão pouco decisivo para a avaliação quanto o é no âmbito da liberdade de imprensa e da liberdade de expressão do pensamento.

b) O significado fundamental da liberdade de reunião pode ser especialmente reconhecido quando se atenta para a peculiaridade do processo de formação da vontade na coletividade democrática. A ordem democrática de liberdade, conforme desenvolvido na decisão KPD (*KPD-Urteil*), parte do pressuposto de que as historicamente desenvolvidas e ora existentes relações estatais e sociais seriam passíveis e carentes de melhoria. Destarte, determinar-se-ia uma missão infinita, a qual deveria ser constantemente resolvida por uma sempre renovada decisão política (BVerfGE 5, 85 [197]). O caminho para a formação dessas decisões políticas é descrito como um processo de tentativa e erro ["*trial and error*"] que, por meio de constantes disputas intelectuais, do controle recíproco e da crítica, conferiria a melhor defesa de uma linha política (relativamente) correta, como resultante e compensação entre as forças políticas atuantes no Estado (*op. cit.* [135]; cf. também BVerfGE 12, 113 [125]). A decisão posterior sobre o financiamento dos partidos (*Urteil zur Parteienfinanzierung*) conecta-se a tais ponderações e salienta que a formação da vontade pública deveria partir do povo para os órgãos estatais, mas não o contrário. O direito do cidadão de participação na formação política da vontade pública exterioriza-se não apenas pelo voto, quando da eleição, mas também na tomada de influência no processo permanente da formação política da opinião pública, a qual se deveria realizar, em um Estado democrático, de maneira aberta, livre, desregulamentada e, em princípio, "livre do Estado" (BVerfGE 20, 56 [98 s.]).

Os cidadãos encontram-se envolvidos nesse processo em diferentes medidas. Grandes associações, financiadores poderosos ou meios de comunicação em massa podem exercer influência considerável, enquanto o cidadão vivencia isso mais como um impotente. Em uma sociedade em que o acesso direto aos meios de comunicação em massa e a chance de se expressar por meio deles são limitados a poucos, resta ao indivíduo, em geral, ao lado de sua cooperação organizada em partidos e associações, apenas uma influência coletiva mediante a utilização da liberdade de reunião para manifestações coletivas. O exercício ostensivo do direito de liberdade não é eficaz somente contra o pensamento da impotência política e as tendências perigosas do esgotamento do Estado. Em última análise, ele se dá também no bem compreendido interesse coletivo, porque um resultado relativamente correto em geral somente pode ser obtido no paralelogramo de forças da formação da vontade política se todos os vetores forem razoavelmente bem desenvolvidos.

Por tudo isso, as reuniões são corretamente caracterizadas na literatura jurídica especializada como elemento essencial da abertura democrática: "Elas oferecem... a possibilidade da tomada de influência pública no processo político, de desenvolvimento de iniciativas pluralísticas e de alternativas, ou também de crítica e protesto...; elas contêm um pedaço de democracia direta e original-indomada, que serve para proteger a operação política contra a estagnação da rotina" (Hesse, *op. cit.*, p. 157; neste mesmo sentido: Blumenwitz, *op. cit.* [132 s.]). Especialmente em democracias com sistema representativo parlamentar e com poucos direitos plebiscitários de participação, a liberdade de reunião tem um significado de elemento funcional básico e indispensável. Aqui vale fundamentalmente o princípio da maioria – mesmo no caso de decisões com sérias consequências para todos e não facilmente reversíveis após uma alternância no poder. De outro lado, mesmo a influência da maioria do eleitorado entre as eleições é muito limitada; o poder estatal é exercido por meio de órgãos especiais e é administrado mediante um aparato burocrático preponderante. Geralmente, as decisões tomadas por tais órgãos com base no princípio da maioria ganham em legitimação quanto mais efetivamente for garantida a proteção da minoria; a aceitação dessas decisões dependerá do fato de averiguar se a minoria pôde antes ter influência suficiente na formação da opinião e da vontade políticas (cf. BVerfGE 5, 85 [198 s.]. Um protesto em manifestação pública pode tornar-se especialmente necessário quando os órgãos representativos não reconhecem, não reconhecem corretamente, ou, ainda, por consideração a outros interesses, aceitam possíveis males e desenvolvimentos indesejáveis (cf. também BVerfGE 28, 191 [202]). A literatura jurídica descreve corretamente a função estabilizante da liberdade de reunião para o sistema representativo, pois ela permitiria que o descontentamento, o aborrecimento e a crítica fossem levantados e trabalhados publicamente, e funcionaria como condição necessária de um sistema político de alerta preventivo, que anunciaria o potencial de perturbação, tornaria visível o déficit de integração e, assim, possível a correção de curso da política oficial (Blanke/Sterzel, *op. cit.* [69]).

II.

As prescrições da Lei de Reunião, significativas para o processo originário, satisfazem as exigências constitucionais se forem interpretadas e aplicadas sob observância do significado fundamental da liberdade de reunião.

1. Apesar de sua alta dignidade, a liberdade de reunião não é garantida sem reservas. O Art. 8 GG garante apenas o direito de "reunir-se pacificamente e sem armas" (cf. sobre isso: item **III.3.a)** a seguir) e, além disso, submete esse direito de participação em reunião ao ar livre à reserva legal. Com isso, a Constituição atenta para a circunstância de que, em virtude do contato com o mundo exterior, para o exercício da liberdade de reunião ao ar livre há uma especial necessidade de regulamentação, principalmente de organização jurídica e processual, a fim de, de um lado, serem criadas as reais condições para o exercício e, de outro, protegidos suficientemente os interesses colidentes de terceiros. Enquanto a Constituição de *Weimar* determinou, de maneira expressa, no Art. 123, que as reuniões ao ar livre podiam ser "por lei do Reich submetidas à obrigação de aviso prévio e, em caso de ameaça imediata à segurança pública, proibidas", a *Grundgesetz* restringe-se a uma reserva legal simples, aparentemente ilimitada materialmente.[198] Isso não significa, contudo, que a força de validade da garantia desse direito fundamental fique restrita à área que o legislador a ela deixar, em respeito [somente] ao seu conteúdo essencial. Como também o Ministro do Interior corretamente argumentou, vale, pelo contrário, o mesmo que para a liberdade de expressão do pensamento que, segundo o teor da Constituição, até encontra seus limites nas restrições das leis gerais, mas cujo alcance não pode ser relativizado arbitrariamente por leis materiais comuns (sobre isso, fundamentalmente: BVerfGE 7, 198 [207 s.]; cf. também BVerfGE 7, 377 [404]). Junto de quaisquer regulamentações limitadoras, o legislador deve respeitar as decisões fundamentais constitucionais firmadas no Art. 8 GG; ele pode limitar o exercício da liberdade de reunião somente para a proteção de outros bens jurídicos da mesma importância, sob estrita observância do princípio da proporcionalidade.

Quando a Administração Pública e o Judiciário interpretam e aplicam as leis restritivas do direito fundamental em pauta promulgadas pelo legislador, vale, igualmente, o mesmo que para a interpretação das prescrições sobre a limitação da liberdade de expressão do pensamento (cf. sobre isso BVerfGE 7, 198 [208]; 60, 234 [240]; sobre o direito de reunião: BVerwGE 26, 135 [137]). A necessidade de intervenções limitadoras no contexto da liberdade de reunião pode resultar do fato de o manifestante, por meio do exercício de tal liberdade, afetar posições jurídicas de terceiros. Também no caso dessas intervenções, os órgãos estatais devem interpretar as leis limitadoras dos direitos fundamentais sempre à luz do significado basilar desse direito fundamental no Estado democrático-liberal e limitar-se, em suas medidas, ao que é necessário para a proteção de bens jurídicos de igual valor. Seriam, então, incompatíveis com tais exigências as medidas da Administração Pública que fossem além da aplicação das leis limitadoras de direitos fundamentais e, de alguma forma, dificultassem, de maneira não razoável, o acesso a uma manifestação coletiva mediante transtorno provocado na chegada de carros e por controles preventivos morosos, ou modificassem o seu caráter não regulamentado e livre do Estado mediante excessivas observações e registros (cf. ainda: BVerfGE 65, 1 [43]).

2. Das prescrições da Lei de Reunião, que o legislador promulgou em virtude da reserva legal no Art. 8 II GG, são relevantes, para os processos originários [de

---

198 Outra classificação, qual seja, como "reserva legal qualificada" por uma conexão à situação ("ao ar livre") fazem Kingreen e Poscher (2019: 232 e 238).

conhecimento], apenas o dever de aviso regulado no § 14 I e os tipos legais da dissolução e proibição contidos no § 15. As prescrições relativas ao direito de reunião sobre o prazo do aviso e sobre a indicação de um organizador responsável não necessitam de nenhum reexame: nem a Administração nem o Judiciário fundamentaram suas decisões nessas prescrições.

a) Sob a égide da Constituição de *Weimar*, o dever de aviso prévio regulado no § 14 VersG era manifestamente considerado uma limitação permitida da liberdade de reunião. Segundo a opinião do Tribunal Administrativo Federal, tal dever restringe o direito fundamental, geralmente, apenas de modo insignificante (BVerwGE 26, 135 [137 s.]). O Tribunal Federal (cf. BGHSt. 23, 46 [58 s.]) e toda a tese dominante na literatura jurídica consideram constitucional a norma. Deve-se concordar com isso se restar claro que o dever de aviso prévio não intervém sem exceção e que sua infração não autoriza automaticamente a proibição ou a dissolução de uma manifestação coletiva.

O dever de aviso prévio vale apenas para as reuniões ao ar livre, porque elas, em virtude de seus efeitos externos, frequentemente exigem precauções especiais. As declarações relacionadas com o aviso prévio devem fornecer as informações necessárias às repartições públicas, a fim de que elas possam ter uma ideia do que, de um lado, deve ser feito para que a realização da reunião transcorra de maneira a menos perturbar as regras de trânsito, e o que é necessário fazer, de outro lado, no interesse de terceiros, bem como no interesse da coletividade, e como esses interesses podem ser harmonizados uns com os outros (cf. BT Drucks. 8/1845, p. 10). Segundo uma visão bastante predominante, o dever de avisar a manifestação dentro do prazo legal desaparece nas manifestações espontâneas, [entendidas como tais aquelas] que se formam instantaneamente a partir de ensejo atual (cf. BVerwGE 26, 135 [138]; BayObLG, NJW 1970, p. 479; Dietell Gintzel, *op. cit.*, n. 23 do § 1 e n. 18 ss. do § 14 VersG; Herzog, *op. cit.*, n. 48, 82 e 95 sobre o Art. 8 GG; v. Münch, *op. cit.*, n. sobre o Art. 8 GG; Hoffmann- Riem, *op. cit.*, n. 47 sobre o Art. 8 GG; Frowein, *op. cit.* [1085 s.]; Ossenbühl, *op. cit.*, [65 ss.]; P. Schneider, *op. cit.*, [264 s.]). As manifestações espontâneas gozam da garantia do Art. 8 GG; as prescrições sobre o direito de reunião não são aplicáveis a elas, contanto que o fim perseguido com o evento espontâneo não possa ser atingido com o cumprimento dessas determinações. Apesar da não observância de tais prescrições, o reconhecimento das manifestações espontâneas pode ser fundamentado no fato de que: (i)[199] o Art. 8 GG, em seu parágrafo primeiro, garante fundamentalmente a liberdade de reunir-se sem aviso prévio ou autorização; (ii) consoante o parágrafo segundo, para as reuniões ao ar

[199] As cifras i, ii, iii, iv não se encontram no original. Elas buscam facilitar a compreensão desse período (no original ele tem, assim como muitos outros, nada menos do que 10 linhas) que elenca os fundamentos da exclusão de manifestações espontâneas da obrigação de aviso prévio.

livre, essa liberdade é, em verdade, restringível com fundamento legal; (iii) contudo, tais limitações não podem tornar totalmente ineficaz a garantia do parágrafo primeiro para determinados tipos de eventos; (iv) pelo contrário, essa garantia, sob as condições mencionadas, é isenta do dever de aviso prévio.

Essa avaliação das manifestações espontâneas embasa-se no fato de as prescrições regulamentadoras do direito de reunião necessitarem ser aplicadas à luz do direito fundamental da liberdade de reunião e, se for o caso, deixarem de ser aplicadas em face dele. O direito fundamental, e não a Lei de Reunião, garante a permissibilidade de reuniões e passeatas; a lei de reunião prevê apenas limitações, desde que sejam necessárias. Nesse sentido, deduz-se que uma infração ao dever de aviso prévio não leva automaticamente à proibição ou dissolução de um evento. De fato, comete um ilícito administrativo quem realiza uma reunião não avisada como organizador ou diretor (§ 26 BVersG). Mas, de resto, a Lei de Reunião, no § 15 II, determina tão somente que a repartição pública competente "pode" dissolver reuniões ao ar livre e passeatas quando elas não forem avisadas previamente. O Ministro do Interior considera ainda como sanção possível uma proibição preventiva se e na extensão em que tal proibição represente um meio [interventivo] mais ameno do que a dissolução expressamente prevista na lei. No entanto, dissolução e proibição não são, de nenhuma maneira, deveres jurídicos da repartição pública competente, mas, pelo contrário, uma autorização da qual a autoridade pública somente pode fazer uso em virtude do grande significado da liberdade de reunião em geral, quando estiverem presentes outros pressupostos para uma intervenção; a ausência do aviso prévio e o atraso de informações a ele relacionadas apenas facilitam essa [a justificação dessa] intervenção.

Se o dever de aviso prévio vale, mas não sem exceção, e se seu descumprimento não leva automaticamente à dissolução ou à proibição, então não se pode reconhecer que esse dever, que tem fulcro em interesses coletivos relevantes, possa ser, em regra, desproporcional. Em outro contexto, deve-se discutir se – e em que medida – existem peculiaridades no caso das grandes manifestações, as quais poderiam justificar uma avaliação diferenciada semelhantemente ao que ocorre em relação às manifestações espontâneas (vide adiante: **III.2.**).

b) Pelo crivo do controle jurisdicional-constitucional passa, por interpretação conforme a Constituição, também a prescrição do § 15 VersG, segundo a qual a autoridade competente pode fazer a realização da reunião depender do cumprimento de determinadas obrigações ou [mesmo] proibi-la ou dissolvê-la, "se, segundo as circunstâncias perceptíveis quando da edição da medida administrativa, a segurança ou ordem pública restarem imediatamente ameaçadas pela realização da reunião ou passeata".

O Reclamante e a União Federal de Iniciativas de Cidadãos pela Proteção Ambiental (*Bundesverband Bürgerinitiativen Umweltschutz*) levantam dúvidas quanto à indeterminação dos pressupostos da intervenção [relativos à locução] "ameaça da segurança ou da ordem pública", que seria tão mais problemática, quanto mais a decisão sobre a intervenção fosse confiada à discricionariedade das repartições públicas inferiores e da polícia. Em vez disso, os conceitos mencionados atingiram – como o Ministro do Interior corretamente sustentou –, um conteúdo suficientemente claro (cf. Drews/Wacke/Vogel/Martens, Gefahrenabwehr, 8. ed, 1977, Tomo 2, p. 117 s. e 130 s.). Segundo ele, o conceito de "segurança pública" compreende a proteção de bens jurídicos centrais, tais como vida, saúde, liberdade, honra, propriedade e patrimônio do indivíduo, a integridade da ordem jurídica e das instituições estatais. Uma ameaça à segurança pública será considerada presente sempre que houver uma ameaça de lesão punível criminalmente a esses bens tutelados. Por "ordem pública" entende-se a totalidade das regras não escritas cujo cumprimento é visto, segundo as respectivas concepções sociais e éticas dominantes, como pré-requisito indispensável a um ordenado viver em coletividade de seres humanos em determinado local.

Somente esses esclarecimentos conceituais, contudo, ainda não garantem a aplicação da lei em conformidade com a Constituição. Para a avaliação constitucional são significativas duas limitações, que estão determinadas na própria lei e que têm como consequência, em suma, que as proibições e dissoluções somente possam ser utilizadas para a proteção de bens jurídicos elementares, enquanto um simples perigo para a ordem pública não será suficiente.

A proibição e a dissolução pressupõem, de um lado, como *ultima ratio*, que o meio mais ameno do estabelecimento de obrigações *ad hoc* [a serem cumpridas pelos organizadores ou pelos próprios manifestantes] esteja esgotado[200] (nesse sentido cf. também: BVerwGE 64, 55). Isso se fundamenta no princípio da proporcionalidade. Este não limita apenas a discricionariedade na escolha do meio, mas também a discricionariedade da decisão das autoridades públicas competentes. A liberdade de reunião protegida como direito fundamental somente deve ser preterida quando, a partir de um sopesamento de bens jurídicos e sob [estrita] observância do significado do direito de liberdade, chegar-se à conclusão de sua necessidade para a proteção de outros bens jurídicos de igual status normativo. De nenhuma maneira, portanto, qualquer interesse aleatório justifica uma limitação desse direito de liberdade. Inconvenientes que inevitavelmente ocorrerem a partir das multidões que o exercício desse direito fundamental implica e que não puderem ser evitados sem que haja prejuízo para o propósito da reunião precisam ser, em geral, tolerados por terceiros.

---

[200] Ou seja, que esse meio não atenda mais o propósito perseguido pelo Estado (não seja mais adequado em relação ao propósito, não seja mais eficaz). Cf., a respeito do critério da adequação no exame da proporcionalidade da intervenção, Martins (2012: 142–145).

Em virtude de meros motivos de técnica de tráfego, tanto menos se poderá proibir uma reunião, quanto mais se puder atingir-se mediante estabelecimento de obrigações *ad hoc* uma contemporização do uso da via pública pelos participantes da reunião e pelo tráfego.

Por outro lado, a competência de intervenção pela autoridade pública é limitada, de tal sorte que as proibições e dissoluções somente serão admissíveis no caso de ameaça imediata à segurança ou à ordem pública. Por meio da exigência de imediatidade, os pressupostos da intervenção aqui são mais específicos do que no direito [administrativo] de polícia em geral. Um prognóstico do perigo é sempre necessário no caso concreto. Em verdade, ele contém frequentemente um juízo de probabilidade cujos fundamentos podem e devem ser demonstrados. Destarte, a lei determina que esse prognóstico deve basear-se nas "circunstâncias reconhecíveis", também em fatos, casos e outros pormenores; meras suspeitas ou suposições não são suficientes. Atentando-se ao significado fundamental da liberdade de reunião, a autoridade pública não pode, especialmente no caso da edição de uma proibição preventiva, satisfazer-se com poucas exigências no que tange à qualidade do prognóstico do risco, sobretudo porque resta ainda a ela, no caso de avaliação errônea, a possibilidade de uma dissolução posterior da reunião. Aliás, precisam ser estabelecidas aquelas exigências de qualidade que, em cada caso, devem ser feitas a esse prognóstico, primeiro, pelos tribunais competentes (cf. de um lado Dietel/Gintzel, *op. cit.*, n. 12 sobre o § 15 VersG com referência a BVerwGE 45, 51 [61]; de outro lado, Ott, *op. cit.*, n. 5 sobre o § 15 VersG e Werbke, NJW 1970, p. 1 [2]; neste mesmo sentido: OVG Bremen, DÖV 1972, p. 101 [102]; OVG Saarlouis, DÖV 1973, p. 863 [864] e também o relatório da Comissão Jurídica sobre a Reforma da Lei [de Reuniões], de 1978, BT Drucks., 8/1845, p. 11). Tais exigências, uma vez desprendidas das circunstâncias concretas, dificilmente podem ser consideradas prescritas constitucionalmente, mas dependerão da avaliação particular, por exemplo, de em que medida, no caso de grandes manifestações, há uma disposição dos organizadores para a tomada de medidas cooperativas de preparação da manifestação e se as perturbações da ordem temidas são provenientes de terceiros ou de uma pequena minoria (cf. também abaixo: **III.1.** e **3.**). Em síntese, o § 15 VersG é, em todo caso, compatível com o Art. 8 GG se, de sua interpretação e aplicação, restar seguro que as proibições e dissoluções ocorrerão somente para a proteção de bens importantes da coletividade, sem prejuízo do princípio da proporcionalidade e apenas no caso de risco imediato a esses bens jurídicos, o qual pode ser inferido de reconhecíveis circunstâncias.

III.

Não se pode contestar constitucionalmente que as prescrições relativas ao direito de reunião anteriormente mencionadas também valham para as grandes manifestações. No entanto, na sua aplicação devem ser utilizadas as experiências que já foram reunidas e provadas no intento de possibilitar a realização pacífica também de tais [grandes] manifestações.

1. Consoante os relatórios empíricos recolhidos no processo originário e segundo a conclusão das audiências de conciliação de *Stuttgart* (cf. acima: **A.1.2.**), mais circunstâncias podem contribuir para a realização pacífica de manifestações do tipo da de *Gorleben-Trecks* de 1979, da manifestação pela paz de *Bonn* de 1981 ou da corrente humana do sul alemão de 1983. Ao lado do esclarecimento tempestivo da situação jurídica, vem à pauta [assegurar] que não se realizem provocações e estímulos à agressão dos dois lados [polícia e manifestantes], que os organizadores instem os participantes a um comportamento pacífico e que promovam o isolamento de participantes violentos, de tal modo que o poder estatal – nesse caso formando-se espaços livres da polícia – contenha-se prudentemente, de maneira a evitar reações excessivas, que se estabeleça especialmente um contato [entre autoridades policiais e organizadores], no qual ambos os lados se conheçam, troquem informações e, possivelmente, firmem uma cooperação de confiança que facilite o domínio também de situações de conflito imprevistas.

Não se precisa perscrutar se uma obrigação de consideração destas experiências seria dedutível já do dever estatal de tutela (*Schutzpflicht*), instituído em face das autoridades públicas, segundo a opinião do sindicato da polícia, a partir da decisão constitucional fundamental do Art. 8 GG, assim como ocorre, de maneira semelhante, com outras garantias de direitos fundamentais prevalecentes. Tem por objetivo possibilitar a realização de reuniões e passeatas bem como proteger o exercício do direito fundamental contra perturbações e agressões de terceiros. De qualquer forma, deve ser trazida à pauta a jurisprudência mais atual do Tribunal Constitucional. Segundo ela, os direitos fundamentais influenciam não apenas a conformação do direito material, mas determinam também, ao mesmo tempo, os critérios para a configuração organizacional e processual que torne efetiva a proteção do direito fundamental e para uma aplicação compatível com direitos fundamentais das existentes prescrições processuais. (cf. as referências em: BVerfGE 53, 30 [65 s. e 72 s.]; na sequência também: BVerfGE 56, 216 [236] e 65, 76 [94]; 63, 131 [143]; 65, 1 [44, 49]). Não há dúvida de que essa jurisprudência também se aplica à liberdade de reunião, principalmente porque também esse direito fundamental tem um conteúdo essencialmente de direito processual e de direito organizacional; como direito de liberdade, ele não contém nenhuma afirmação sobre a conformação de conteúdo das reuniões e passeatas, deixando-a à livre autonomia [responsabilidade] do organizador, contentando-se com requisitos organizacionais para a realização. A exigência endereçada às autoridades públicas de procederem magnanimamente em face das reuniões, segundo o modelo de grandes manifestações que transcorreram pacificamente, e de não ficarem aquém de experiências comprovadas sem motivo suficiente, corresponde à busca pela efetivação processual dos direitos de liberdade. Uma obrigação de não apenas levar em consideração essas experiências, mas também de as provar efetivamente, pode ser outrossim justificada constitucionalmente porque esse é o meio mais ameno quando comparado a intervenções em forma de proibições e dissoluções. Desse modo, quanto mais consequentes forem as autoridades públicas na busca pela realização pacífica de grandes manifestações, tanto mais facilmente, após o fracasso de seus esforços, as proibições e dissoluções posteriores serão aprovadas em um exame judicial administrativo.

Já em face das repartições públicas, as apresentadas exigências de direito processual não podem ser de tal sorte expandidas a ponto de modificarem fundamentalmente o caráter da tarefa policial preventiva ou, por exemplo, de impossibilitarem a aplicação de ações estratégicas mais flexíveis. Da mesma forma, em face dos organizadores e participantes de grandes manifestações, não pode ser estabelecida nenhuma exigência que enfraqueça o caráter das manifestações como contribuição, em princípio livre do Estado e não regulamentada, para a formação da opinião e da vontade políticas, assim como também a autonomia do organizador a respeito do tipo e conteúdo da manifestação. Isso não acontecerá se for exigido dos organizadores e participantes apenas que deixem de comportar-se de maneira não pacífica e que minimizem a afetação de interesses de terceiros. Tal dever já se deriva imediatamente da garantia dos direitos fundamentais e de sua harmonização com os direitos fundamentais de terceiros. Incumbências de direito processual mais amplas poderiam ser possivelmente justificadas com lastro na junção do exercício do direito fundamental com a corresponsabilidade do causador em face dos efeitos externos [eventualmente danosos a bens coletivos] das grandes manifestações. Ao legislador deve ser confiado, ao nível do direito infraconstitucional, o delineamento de tais incumbências no contexto e nos limites da reserva legal, tendo em vista uma avaliação das experiências mencionadas. Também sem uma especificação do legislador é de bom alvitre que organizadores e participantes espontaneamente levem em conta as recomendações dedutíveis das experiências comprovadas nas grandes manifestações. A praxe administrativa e a jurisprudência devem, em todo caso constitucionalmente falando, favorecer uma correspondente prontidão: Quanto mais os organizadores, quando do aviso prévio de uma grande manifestação, estiverem predispostos à tomada de medidas de sua parte que demonstrem confiabilidade, ou mesmo a uma cooperação favorável à [ao transcorrer pacífico da] manifestação, mais elevado será o patamar para as intervenções das autoridades públicas em virtude de risco à segurança e à ordem públicas.

2. Ao contrário da opinião da União Federal de Iniciativas de Cidadãos pela Proteção Ambiental (*Bundesverband Bürgerinitiativen Umweltschutz*), não é constitucionalmente obrigatório, semelhantemente ao que ocorre com as demonstrações espontâneas, excetuarem-se as grandes manifestações do dever de aviso prévio do § 14 VersG.

De fato, é correto afirmar que a Lei de Reunião do ano de 1953 oriente-se [seja inspirada nas] pelas reuniões tradicionais, rigidamente organizadas e conduzidas (cf. também Relatório Estenográfico sobre a 83ª Sessão da Câmara Federal Alemã, de 12 de setembro de 1950, p. 3123 ss.) De outra feita, há alguns anos começa a desenvolver-se uma mudança, não apenas na responsabilização como também na condução das manifestações. Muitos grupos isolados e de iniciativas, sem específica coesão organizacional e com objetivos parcialmente diferentes, engajam-se a partir de um ensejo comum – principalmente por temas provenientes das áreas da proteção do meio-ambiente e da manutenção da paz – iniciando, discutindo e organizando em conjunto eventos de manifestação. Uma vez que todos os participantes têm, em princípio, os mesmos direitos na sua preparação e realização, aquilo que foi originalmente imaginado pelo organizador e condutor, que não revelava problema, não se adequa mais tão perfeitamente à realidade [do transcorrer da manifestação]. De resto, pode-se dizer que a disposição do particular de figurar como organizador ou condutor também se reduziu em virtude de ter sido imprevisível, pelo menos por um certo tempo, o risco de ser responsabilizado criminal e civilmente, dada a falta de claras prescrições e de uma jurisprudência estabelecida.

Enquanto isso, é tarefa do legislador, em primeira linha, extrair consequências de tais modificações e aprimorar as regras da Lei de Reunião. Se isso não ocorrer, não se pode excluir que o disciplinamento legal do direito de reunião deva ser julgado lacunoso e que a proteção do Art. 8 GG ultrapasse aquelas reuniões para as quais o legislador do ano de 1953 estabeleceu um disciplinamento. As modificações indicadas, contudo, não conduzem do ponto de vista constitucional a uma queda obrigatória do dever de aviso prévio das grandes manifestações, mas somente a uma mudança na sua função.

Por meio da publicidade e da discussão pública que costumam preceder uma manifestação realizada por diversos grupos, a autoridade competente já é em termos gerais informada sobre o momento e o local bem como sobre as particularidades de concepção [da manifestação]. Também no caso de tais grandes manifestações, o aviso prévio já faria sentido, porque o estabelecimento de obrigações *ad hoc*, que também junto a grandes manifestações deve ser prioritariamente levado em consideração, pressupõe destinatários. Além isso, a tomada do contato ligada ao aviso prévio possibilita, além do conhecimento recíproco, um diálogo e uma cooperação para os quais a autoridade deve estar preparada devido aos motivos mencionados. Esse diálogo e cooperação são recomendáveis também aos responsáveis pela manifestação em seu próprio interesse. Assim, já com antecedência, tornam-se claros os interesses colidentes, as eventuais situações de conflito e os ônus [e necessárias tolerâncias] recíprocos. No mais, aumenta a segurança de prognóstico e o limiar de reação das autoridades públicas competentes. A cuidadosa preparação de uma grande manifestação pelos organizadores e forças policiais assim como uma correspondente cooperação reduzem, ao mesmo tempo, o risco de a manifestação transcorrer de maneira não pacífica. Nessa situação, deve e pode subsistir a validade fundamental do dever de aviso prévio. Devido à complexidade da organização pelos responsáveis nas grandes manifestações, uma interpretação conforme a Constituição do § 14 c.c. § 15 II VersG parece, no entanto, indicada naqueles casos nos quais alguns grupos ou pessoas não se veem capazes de proceder a um aviso prévio ou uma liderança total. No exame de eventuais sanções por causa da ausência do aviso prévio não se pode deixar de considerar [dados como] um mandato com delimitação de poderes e uma diminuta disposição existente de mostrar-se capaz ao diálogo e de tomar a responsabilidade para si. A ausência de uma pessoa que faça o aviso prévio e fique responsável pela manifestação tem como consequência apenas que o patamar de intervenção da autoridade competente pode ser reduzido no caso de perturbações – assim como ocorre nas demonstrações espontâneas. Pressuposto disso é que a autoridade, de sua parte, tudo tenha feito para, no cumprimento de suas obrigações procedimentais – por exemplo, mediante a realização de um convite para uma leal cooperação –, possibilitar a realização de uma manifestação concebida pacificamente.

3. Principalmente no caso de grandes manifestações, mais frequentemente se formula a questão, que fora também relevante no processo originário, se e sob quais condições as perturbações provocadas por um indivíduo ou uma minoria justificam, consoante o § 15 BVersG, uma proibição da manifestação ou sua dissolução por causa de [suposto] risco imediato à segurança e ordem públicas.

a) A Constituição garante apenas o direito de "reunir-se pacificamente e sem armas". Com a exigência de que seja pacífica a reunião, que já fora prevista na Constituição da Igreja de Paulo (*Paulskirchen-Verfassung*)[201] e subentendida na Constituição de *Weimar*,[202] esclarece-se algo que já decorre da natureza jurídica da liberdade de

---

[201] Cf. Art. VIII, § 161 PKV. Foi a primeira tentativa de se firmar uma Constituição alemã, frustrada em 1849. Tratava-se de uma Constituição de cunho eminentemente liberal, ainda muito à frente de certas estruturas assaz conservadoras vigentes na Alemanha da primeira metade do Séc. XIX. Esse documento é, entretanto, importantíssimo para o entendimento do desenvolvimento do constitucionalismo alemão; tanto é assim, que é sempre lembrado, tanto na jurisprudência do TCF, quanto na literatura jurídico-constitucional.

[202] Cf. Art. 123 II WRV: "Por meio de Lei do Reino (lei federal) as reuniões ao ar livre podem ser obrigadas ao aviso e proibidas, em havendo perigo imediato à segurança pública". Por conta da restringibilidade

reunião, na medida em que ela é entendida como meio para a discussão intelectual e para a tomada de influência na formação da vontade política (cf. também BGH, NJW 1972, p. 1571 [1573]). O caso do processo originário, em que se chegou a atos de violência, não oferece nenhum ensejo à efetivação de uma precisa delimitação entre desvios aceitáveis e comportamentos não pacíficos. Um manifestante comporta-se em todo caso de maneira não pacífica quando pratica atos de violência contra pessoas ou coisas. Uma ordem jurídica que, após a superação do direito medieval do "olho por olho" (*Faustrecht*), monopolizou no Estado o exercício da violência também deve, justamente no interesse de minorias mais fracas, estritamente insistir na contenção de tais atos de violência. Isso é uma pré-condição da garantia da liberdade de reunião como meio para a participação ativa no processo político e para uma democracia de liberdade – como a experiência com as batalhas de rua durante a República de *Weimar* demonstrou – irrenunciável, porquanto a defesa contra atos de violência desencadeia medidas restritivas da liberdade. Deve-se esperar dos manifestantes um comportamento mais pacífico possível, na medida em que eles, destarte, tão somente têm a ganhar; ao passo que, no caso de confrontações violentas, terão sempre de prestar contas ao poder estatal, ao mesmo tempo em que se obscurecem os objetivos por eles perseguidos.

b) A ordem de proibição de uma reunião não levanta constitucionalmente nenhum problema especial mesmo no caso de grandes manifestações, quando do prognóstico [de perigo] se depreender, com grande probabilidade, que o organizador e seus seguidores têm a intenção de praticar atos de violência ou, ao menos, que aprovam esse comportamento de terceiros. Uma manifestação de tal tipo, não pacífica, não é abrangida pela garantia do Art. 8 GG de forma alguma; sua dissolução e sua proibição não podem, por isso, violar esse direito fundamental. Semelhantemente clara apresenta-se a situação jurídica, quando o organizador e seus seguidores, de modo contrário, comportam-se pacificamente e perturbações partem somente de indivíduos estranhos à manifestação (manifestações contrárias e grupos perturbadores). Para esse caso, na literatura jurídica exige-se com propriedade que as medidas administrativas devem dirigir-se, em primeiro lugar, contra os perturbadores e que, somente sob os pressupostos especiais do estado de necessidade policial,[203]

---

radical (proibição) prevista no parágrafo 2, depois de uma reserva legal qualificada que autorizava o legislador a criar a obrigatoriedade de aviso, i.e., pelo teor do parágrafo 2, *in fine*, toda reunião ao ar livre poderia ser proibida por autoridade de segurança com base nas normas gerais do direito administrativo policial.

[203] No original *"polizeilicher Notstand"*. Trata-se de exceção à regra de intervenção policial apenas nas esferas de liberdade de quem for responsável por uma situação de perigo ("perturbador"). Por isso, também aparece na literatura jurídico-policial especializada a alcunha "uso de terceiros não responsáveis". Ao se infligirem sacrifícios a terceiros não causadores de uma situação de perigo, constitui-se o direito à sua reparação ou indenização pelo Estado. Concretamente, no âmbito da atuação policial sob a égide das leis de reunião, o estado de necessidade policial pode legitimar uma dissolução

poderia sofrer a reunião como um todo uma intervenção (Hoffmann-Riem, *op. cit.*, n. 23 e 53 sobre o Art. 8 GG; Dietel/Gintzel, *op. cit.*; n. 14 sobre o § 15 VersG; cf. v. Münch, *op. cit.*, n. 39 sobre o Art. 8 GG; Drosdzol, Grundprobleme des Demonstrationenrechts, JuS 1983, p. 409 [414]; Frowein, *op. cit.* [1084]).

Se não se pode temer o caráter não pacífico coletivo, e não se pode esperar que uma manifestação transcorra de forma violenta ou sediciosa (cf § 13 I, n. 2 BVersG), ou que o organizador e seus seguidores objetivem tal ocorrência ou que, ao menos, a aceitem, então também deve ser conservada para os participantes pacíficos a proteção, garantida a todo cidadão, de liberdade de reunião, quando outros manifestantes individuais ou uma minoria cometerem perturbações (cf. v. Münch, *op. cit.*, n. 18 sobre o Art. 8 GG; Herzog, *op. cit.*, n. 59 s., 89 s. sobre o Art. 8 GG; Hoffmann- Riem, *op. cit.* 23 sobre o Art. 8 GG; Blanke/Sterz, *op. cit.* [76]; Schwäble, *op. cit.*, p. 229 e 234; Schmidt-Bleibtreu/Klein GG, 6. ed., 1983, n. 4 sobre o Art. 8). Se o comportamento não pacífico de alguns indivíduos tivesse como consequência a queda da proteção do direito fundamental de todos os manifestantes e não somente dos infratores, estes teriam o poder de "inverter o funcionamento" de manifestações para transformá-las em ilegais "contra a vontade dos outros manifestantes" (nesse sentido já OVG Saarlouis, DÖV 1973, p. 863 [864 s.]); então, praticamente toda grande manifestação poderia ser proibida, pois poderá ser quase sempre obtido o "reconhecimento" [a prova do fato] acerca de intenções não pacíficas de parte dos manifestantes.

Assim, a efetividade da proteção do Art. 8 GG deve ter efeitos sobre a aplicação das normas jurídicas restritivas de direito fundamental (em relação a medidas de direito penal e direito de responsabilidade nas manifestações que transcorram de maneira parcialmente não pacífica: cf. BGHSt. 32, 165 [169]; BGHZ 89, 383 [395]; cf. também a decisão da Comissão Europeia de Direitos Humanos, EuGRZ 1981, p. 216 [217]). A garantia de direito fundamental acompanhada de uma reserva legal não exclui que, com base no § 15 BVersG, medidas administrativas para a proteção da segurança pública também proíbam a manifestação como um todo. Todavia, é preferível pensar em uma dissolução *a posteriori* que não retire *ab initio* dos manifestantes pacíficos a chance do exercício do direito fundamental e que deixe ao organizador a palavra final quanto ao isolamento de participantes não pacíficos. Uma proibição preventiva de toda a manifestação em face de perturbações temidas

---

de reunião da qual não estejam partindo os perigos, mas de terceiros, sem prejuízo, como aludido, da pretensão de indenização. Cf. o § 13 III 2 PLM-LR: "Caso o perigo não possa ser resistido mesmo com o uso de forças policiais disponíveis no Estado-membro ou em toda a federação, podem ser executadas as medidas previstas nos parágrafos 1 ou 2 também em prejuízo da reunião da qual não advém o perigo". Cf. anotações e comentários por Enders *et al.* (2011: 41): "*ultima ratio*", além da aplicação a caso por Jahn (2011). Sobre a figura no direito policial em geral, cf. Götz e Geis (2017: 101–107), Pieroth *et al.* (2016: 164–168) e Gusy (2017: 233–236).

advindas de uma minoria violenta será permitida, ao contrário, somente quando presentes rígidos pressupostos e mediante a aplicação conforme a Constituição do § 15 BVersG. Isso é o que ordena o dever de proteção ideal da liberdade de reunião, com as exigências decorrentes das garantias processuais. Desse contexto fazem parte uma alta probabilidade no prognóstico do risco (cf. OVG Saarlouis, DÖV 1973, p. 863 [864]; BayVGH, DÖV 1979, p. 569 [570]; de maneira semelhante: Schwäble, *op. cit.*, p. 229 e Drosdzol, *op. cit.* [415]) bem como o prévio esgotamento de todos os meios aplicáveis que possibilitem uma concretização do direito fundamental dos manifestantes pacíficos (p. ex. mediante a delimitação espacial de uma proibição). A proibição de toda a manifestação pressupõe, principalmente, como *ultima ratio*, que o meio mais ameno, a cooperação com os manifestantes pacíficos, a fim de impedir a concretização de uma ameaça, tenha fracassado ou que tal cooperação tenha se tornado impossível por razões pelas quais sejam responsáveis os manifestantes. Se, a partir de circunstâncias mais concretas, a proibição geral preventiva de uma manifestação é trazida à pauta, resta sempre ordenado, no caso de grandes manifestações com participantes predominantemente pacíficos, que essa medida extraordinária e drástica seja anteriormente anunciada com a determinação de um prazo dentro do qual haja a oportunidade para a discussão dos riscos temidos e das medidas adequadas contrárias a serem tomadas.

IV.

[...]

1. – 3.a) – b)aa) – bb) [...].

Dr. *Herzog*; Dr. *Simon*; Dr. *Hesse*; Dr. *Katzenstein*; Dr. *Niemeyer*; Dr. *Heußner*; Dr. *Henschel* (este representado por Dr. *Herzog*)

81. BVerfGE 85, 69 (*Eilversammlungen*)

Reclamação Constitucional contra Decisão Judicial

23/10/1991

MATÉRIA

O Reclamante assinou uma carta, em 29 de janeiro de 1986, endereçada aos "Opositores do *Apartheid* – Organizações políticas e culturais em *Mannheim*",[204] convocando seus interlocutores a participarem de manifestação de protesto contra a ida de policiais alemães à África do Sul, marcada para 3 de fevereiro daquele mesmo ano.

---

[204] Cidade localizada no sulista Estado de *Baden-Württemberg*, no mesmo distrito (região) de Karlsruhe, sede do TCF.

O Reclamante não avisou a autoridade competente acerca da planejada manifestação dentro do prazo previsto no § 14 I BVersG por se tratar de uma **reunião urgente** (*Eilversammlung*).

No dia 3 de fevereiro, o Reclamante, acompanhado de mais aproximadamente 20 pessoas, reuniram-se na Estação Central de *Mannheim*, de onde estavam partindo os referidos policiais. Alguns manifestantes traziam tambores, apitos e faixas. A manifestação transcorreu pacificamente e sem incidentes. Logo após a partida do trem onde estavam os policiais, o grupo se dissolveu.

O Reclamante foi denunciado pelo órgão acusatório competente e condenado, em primeira instância, por ter organizado uma manifestação ao ar livre sem realizar o aviso prévio, legalmente prescrito, ao pagamento da multa prevista na Lei Federal de Reuniões (§ 26, n. 2 BVersG). Seus recursos de apelação e de revisão não foram providos.

Na Reclamação Constitucional, alegou violação de seus direitos fundamentais dos Art. 2 I, 8, 103 II GG. O TCF, em decisão não unânime (cf. os votos dissidentes ao final), julgou a Reclamação Constitucional improcedente. Afirmou a constitucionalidade tanto do § 26, n. 2 BVersG quanto de sua interpretação e aplicação pelos tribunais ordinários.

Na fundamentação, o TCF realizou uma interpretação conforme a Constituição. Nela, diferenciou entre reuniões espontâneas e reuniões urgentes como a do presente caso. Sempre não fosse que possível sua efetivação, o aviso prévio não precisaria mais ser cumprido, independentemente do prazo prescrito, o qual, a depender de certas circunstâncias (relativas à urgência), continuaria sendo obrigatório. Nesse contexto, também negou que o dispositivo *não* fosse determinado e claro o bastante, o que, se presente, teria representado uma violação do Art. 103 II GG. Nesse ponto, à conclusão oposta chegaram os juízes do voto dissidente (*Seibert* e *Henschel*), uma vez que, para eles, a garantia do *nullum crime sine lege* fora violada porque do teor do § 14 BVersG seus destinatários não poderiam antever "qual comportamento" seria "sancionado criminalmente", no caso, pela cláusula penal do § 26, n. 2 BVersG.[205] Ainda segundo essa opinião divergente consignada conjuntamente pelos dois mencionados juízes, "a redução do prazo do aviso prévio", preconizada na interpretação perpetrada pela maioria do Senado, também teria ultrapassado "os limites da interpretação conforme a Constituição".

---

[205] Sobre essa garantia – "direito igual a direito fundamental" (por se encontrar fora do catálogo de direitos fundamentais propriamente dito) – cf. Martins (2019-a: 243–281).

EMENTAS

1. O § 14 VersG deve-se interpretar conforme a Constituição em face do Art. 8 GG, no sentido de as reuniões urgentes terem de ser avisadas previamente, em havendo uma possibilidade para tanto.

2. O § 26, n. 2 BVersG também atende, em face de reuniões urgentes, o mandamento de clareza do Art. 103 II GG.

Decisão [*Beschluss*] do Primeiro Senado de 23 de outubro de 1991

– 1 BvR 85O/88 –

nos processos da Reclamação Constitucional do Sr. L... [...] – contra: a) a Decisão do Superior Tribunal Estadual de Karlsruhe de 2 de maio de 1988 – 3 Ss 163/87 –, b) a Decisão do Tribunal Estadual de *Mannheim* de 30 de junho de 1987 – (15) 5 Ns 20/87 –, c) a Decisão do Juízo de Primeira Instância de *Mannheim* de 20 de outubro de 1986 – 22Ds 26/86 –.

Dispositivo:

Indefere-se a Reclamação Constitucional.

RAZÕES

O Reclamante foi condenado pela realização previamente não avisada de uma reunião ao ar livre. Contra essa condenação volta-se sua Reclamação Constitucional.

A.1. – 4., B.I. [...].

II.

Mas a Reclamação Constitucional não é procedente. As decisões impugnadas não violam os direitos fundamentais do Reclamante. O § 26, n. 2 VersG, que fundamenta sua condenação, é compatível com a *Grundgesetz*. A interpretação e aplicação pelos tribunais penais não podem ser censuradas constitucionalmente.

1. O § 26, n. 2 VersG atende o mandamento de taxatividade do Art. 103 II GG e, segundo uma interpretação conforme a Constituição do conteúdo normativo do § 14 VersG, também é compatível com o Art. 8 GG.

[...].

O § 14 VersG é, por sua vez, compatível com a *Grundgesetz* quando interpretado conforme a Constituição. Como o Tribunal Federal já decidiu, a obrigação jurídica de avisar [as autoridades sobre a realização de] reuniões ao ar livre antes de seu anúncio [ao público em geral] não viola, em tese, o Art. 8 GG. A norma tem como escopo [ensejar] a transmissão aos órgãos públicos das informações que eles necessitam para poderem tomar medidas em prol da ocorrência de um evento sem percalços e da proteção de interesses de terceiros ou da coletividade (cf. BVerfGE 69, 315 [350]). Além disso, essa obrigação deve viabilizar um diálogo entre os organizadores e os órgãos de ordem pública que favoreça uma determinação cooperativa de plano do evento e medidas de ordem e, assim, sirva a um decurso da reunião que seja livre de estorvos. Nesse ponto, a obrigação de avisar mantém seu sentido também junto àquelas reuniões que chegaram ao conhecimento dos órgãos de segurança por intermédio de outros fontes (cf. BVerfG, *ibid.*, p. 358 s.).

Também o prazo de 48 horas antes do anúncio da reunião, previsto no § 14 VersG, não pode, em regra, ser contestado constitucionalmente. Ele dá à Administração a possibilidade de ordenar, caso necessárias, restrições sobre o local e o tempo da reunião que então já podem ser levadas em consideração no momento do seu anúncio. Se os órgãos de segurança se considerarem obrigados a uma proibição da reunião, então isso pode ser declarado antes mesmo de ser iniciada a publicidade direcionada aos participantes. Isso justifica o prazo em face do Art. 8 GG. No entanto, o § 14 VersG carece de delimitação. O dever de aviso prévio alcança, segundo o teor da lei, indiferentemente todas as reuniões ao ar livre. Contudo, isso não pode valer para as reuniões espontâneas, como já verificou há muito tempo o TCF. Por demonstrações espontâneas devem ser entendidas aquelas que se desenvolvem a partir de um ensejo espontâneo, sem planejamento e sem organizador. Um aviso prévio é, nesse caso, impossível, dados os motivos fáticos. A insistência no dever de aviso prévio do § 14 VersG levaria, consequentemente, a uma proibição geral das reuniões espontâneas. Isso não seria compatível com o direito fundamental da liberdade de reunião (cf. BVerfGE 69, p. 350 s.).

Ao contrário, até agora não se decidiu como avaliar as chamadas reuniões urgentes. Por reuniões urgentes entendem-se aquelas que, ao contrário das reuniões espontâneas, até são planejadas e têm um organizador, mas não podem ser avisadas previamente, em observância do prazo do § 14 VersG, sem que se ameace o propósito da manifestação. Também nesse caso, se igualmente se insistisse no prazo prescrito pelo § 14 VersG, a consequência seria que também as reuniões urgentes restariam proibidas *ab initio*. Mas essa conclusão seria incompatível com o direito fundamental à liberdade de reunião. Diferentemente das reuniões espontâneas, o que ocorre nas reuniões urgentes não é a impossibilidade do aviso prévio em si, mas apenas o respeito de seu prazo. Por isso, não há a necessidade aqui da desistência do aviso prévio, mas apenas de um encurtamento do seu prazo, levando-se em consideração o tipo de reunião. Segundo uma interpretação conforme a Constituição do § 14 VersG, as reuniões urgentes devem ser consequentemente avisadas previamente quando houver uma possibilidade para tanto. Em regra, isso ocorre, aproximadamente, ao mesmo tempo da decisão de organizar uma reunião, o mais tardar com sua primeira publicidade.

Não há ameaça de esvaziamento do direito fundamental de liberdade de reunião por meio dessa interpretação. O risco de – segundo uma interpretação conforme a Constituição do § 14 VersG que em nada altera o teor da norma – potenciais organizadores de reuniões urgentes serem desencorajados da sua convocação em face do [seu possível] medo de sofrer sanções penais pode ser considerado pequeno. Esse risco não obriga a uma desistência da interpretação conforme a Constituição, e a que o § 14 VersG, destarte, seja declarado como parcialmente incompatível com o Art. 8 GG. A norma penal do § 26, n. 2 VersG, que se relaciona com o § 14 VersG, não perde sua clareza porque o § 14 VersG carece de uma interpretação conforme a Constituição. A interpretação conforme a Constituição do § 14 VersG não torna ainda mais abrangente o círculo da conduta típica; pelo contrário: torna-o mais restrito. No caso das demonstrações espontâneas, não é necessário o dever de aviso prévio. No caso das reuniões urgentes, reduz-se o prazo [de antecedência em relação à manifestação] do aviso prévio. Assim, um sancionamento penal não pode, consequentemente, ser embasado na perda do prazo legal. Relevante para o direito penal será o aviso prévio não realizado somente quando tiver havido a possibilidade de sua realização. Com isso, não se acrescenta à norma um novo elemento do tipo, mas tão somente um já existente, a determinação do prazo, [mas, então,] suavizado. A norma também expressa suficientemente que as reuniões, junto às quais o prazo do § 14 VersG não pôde ser cumprido, não estariam, em razão disso, totalmente isentas do dever de aviso prévio. Para os destinatários da norma é, então, reconhecível, com a clareza exigida do Art. 103 II GG, o risco de sancionamento da conduta de omissão do aviso prévio.

2. A interpretação e a aplicação da Lei de Reuniões pelos tribunais penais não estão eivadas de problemas constitucionais.

A aplicação da norma penal do § 26, n. 2 VersG ao Reclamante não pode ser censurada constitucionalmente. No caso da reunião para a qual o Reclamante convocou publicamente, não se tratava de evento espontâneo, mas de uma reunião planejada com um organizador, dado que se deduz de sua convocação pública. Mesmo se a ação de protesto pudesse ser vista como uma reunião urgente porque a observância do prazo do § 14 VersG poderia ameaçar o objetivo do protesto por causa do final de semana existente entre o anúncio e o dia da ação, o Reclamante ou o círculo de trabalho, em cujo nome atuou, não estariam de fato impedidos de avisar a reunião.

Não se vislumbram elementos de apoio à tese de que os tribunais tivessem fundamentalmente ignorado, na interpretação do § 26, n. 2 VersG, o direito decorrente do Art. 8 GG. De resto, sua produção probatória e as conclusões jurídicas dela extraídas não se submetem ao reexame pelo TCF (cf. BVerfGE 18, 85 [92]).

Herzog; Henschel; Seidl, Grimm; Söllner; Dieterich; Kühling; Seibert

Opinião divergente da Juíza *Seibert* e do juiz *Henschel* em face da decisão do Senado de 23 de outubro de 1991 – 1 BvR 850/88 –

Nós concordamos com a maioria do Senado quando aduz que o prazo de 48 horas previsto no § 14 VersG não tem eficácia para reuniões urgentes em face do Art. 8 I GG. Não obstante, a redução do prazo do aviso prévio derivada da interpretação da maioria do Senado ultrapassa os limites da interpretação conforme a Constituição e, principalmente, não observa o mandamento de clareza do Art. 103 II GG, que devia ser observado por causa da sanção penal pelo § 26, n. 2 VersG.

1. O § 14 VersG obriga a todos que tenham a intenção de realizar uma reunião pública ao ar livre ou uma passeata avisá-lo aos órgãos competentes "o mais tardar 48 horas antes do [seu] anúncio mediante informação do objeto". Uma exceção para reuniões urgentes não é prevista. O teor da norma também não oferece nenhuma sustentação à tese de que reuniões urgentes devam ser retiradas de seu âmbito de aplicação ou de que, no caso delas, o prazo de aviso seja reduzido. Enquanto pode ser deduzido do conceito "realizar" que reuniões espontâneas não sejam compreendidas pela norma porque elas não têm realizadores [organizadores], no caso de reuniões urgentes são preenchidas todas as características típico-legais [do § 14 VersG], de tal sorte que a obrigação de aviso vinculada a prazo também as alcança.

Uma vez que isso levaria a uma restrição desproporcional da liberdade de reunião, a norma é inconstitucional, na extensão em que ela não prevê exceção para reuniões urgentes ou não contém regras especiais. A [à possibilidade de] uma interpretação conforme a Constituição contrapõe-se o claro teor [da norma em tela] (cf. BVerfGE 72, 278 [295] com mais referências).

2. Independentemente disso, a interpretação conforme a Constituição precisa ter seus limites determinados, em todo caso quando concretamente for além de um complemento hermenêutico-judicial do tipo penal.

[...].

Essa falta de clareza por parte do legislador não pode acarretar desvantagem ao destinatário da norma. A exigente reserva legal do Art. 103 II GG serve ao seu dever de proteção relativa ao princípio do Estado de direito. Todos devem poder antever qual comportamento é sancionado criminalmente. (cf. BVerfGE 71, 108 [114]). Quem planeja uma reunião urgente não pode depreender do teor dos §§ 26, n. 2 e 14 I VersG quando sua conduta é punível. Se ele tomar o texto legal em sua literalidade, não poderá realizar a reunião de forma alguma, uma vez que a observância do prazo de aviso prévio é impossível. Se não se deixar desmotivar pelo teor do dispositivo por reconhecer a inconstitucionalidade de uma regulamentação tão abrangente, [ainda assim] não consegue encontrar na lei nenhum dado que indique se – e no caso afirmativo, quando – ele terá de avisar previamente uma reunião urgente. Faz parte da responsabilidade do legislador alcançar a necessária clareza.

Seibert; Henschel

82. BVerfGE 87, 399 (*Versammlungsauflösung*)

Reclamação Constitucional contra Decisão Judicial

01.12.1992

MATÉRIA

As duas Reclamações Constitucionais decididas conjuntamente têm como objeto direto apenas uma decisão judicial de primeira instância. Isso se explica pelo fato de o Superior Tribunal Estadual não ter admitido o cabível agravo contra aquela decisão, tendo sido já esgotada a via judicial ordinária com esse julgamento de inadmissibilidade.

O Juízo de primeira instância condenou os Reclamantes ao pagamento de multas por não terem deixado imediatamente, em consonância com uma ordem policial de **dissolução de reunião** (*Versammlungsauflösung*), o local em que realizavam uma manifestação na forma de obstrução da entrada e saída de veículos de uma caserna das Forças Armada Alemãs.

Os dois Reclamantes participaram, entre os dias 7 e 10 de maio de 1989 em frente à Caserna *Eberhard-Finckh*, em *Engstingen*, distrito pertencente ao sulista Estado alemão *Baden-Württemberg,* de algumas ações já tradicionalmente chamadas, em uma tradução livre, de "bloqueios por indivíduos sentados" (*Sitzblockaden*), isto é, bloqueios de vias e passagens públicas por manifestantes sentados.[206] No caso, tratava-se, especificamente, de um movimento pacifista questionador da política armamentista do então Governo conservador (coalizão entre CDU/CSU e FDP) dirigido pelo Chanceler *Helmut Kohl*. Além dos Reclamantes, mais três pessoas impediam com seus corpos a saída e entrada de um dos portões da caserna.

A ação de protesto não foi avisada ao órgão administrativo competente nos termos prescritos pela Lei (Federal)[207] de Reuniões (BVersG). Porém, como foi

---

[206] Cf. a discussão retro detalhada com vastas referências nas **notas introdutórias**, sob **II.3.4**.

[207] Como explicado nas **notas introdutórias ao presente capítulo** (sob "introdução"), após a reforma constitucional federalista de 2006 continua tendo vigência a Lei Federal, promulgada em 1953, enquanto o último dos 16 Estados-membros não fizer uso de sua competência legislativa. A aprovação da Emenda Constitucional suscitou a criação de um grupo de trabalho responsável pela elaboração de um "Projeto-Lei-Modelo". Cf. Enders *et al.* (2011). Até hoje, o Estado de *Baden-Württemberg* ainda não promulgou sua própria Lei de Reuniões. À época da Decisão em tela, isso não era uma questão, pois a matéria era da

publicamente anunciada, a ação foi objeto de análise por órgão administrativo, no caso, pela Secretaria do Conselho Estadual *Reutlingen*, que editou uma medida com fundamento no § 15 I BVersG, a seguir em parte transcrito, com o seguinte teor:

"Com fundamento no § 15 I BVersG [...] chegou-se à seguinte decisão sobre a restrição espacial da ação anunciada [de protesto]: 1. Os organizadores devem garantir, de forma idônea também em face dos demais participantes, que durante a ação: 1.1 pelo menos um portão da Caserna *Eberhard-Finckh*, em *Engstingen*, e na via que leva a ele, 1.2 [...] fique uma faixa livre [...]. Os demais motivos de dissolução do § 15 II BVersG não restam prejudicados [...]. 2. Ordena-se a execução imediata dessa decisão".[208]

Na fundamentação, sustentou que o anúncio e o plano de um bloqueio duradouro preenchem os pressupostos da hipótese normativa do § 15 I VersG, pois, na realização de reunião desse tipo, poderiam surgir ameaças e estorvos à segurança pública, "na medida em que ao menos um tipo penal restaria realizado". A autoridade se referia, como sempre em tais casos, ao crime de constrangimento ilegal, previsto no § 240 StGB.[209] Na sequência, afirma a abertura de uma margem discricionária para a tomada de sua decisão da qual estaria fazendo uso com vistas a harmonizar a liberdade de protesto com a liberdade de locomoção das pessoas afetadas e a capacidade funcional das Forças Armadas: "Diante de uma proibição, a presente Decisão representa um meio mais ameno, sendo, contudo, se observada, também suficiente a alcançar o objetivo de uma compensação entre os interesses atingidos".[210]

Segundo as normas interpretadas e aplicadas pelo juízo em tela, contidas da Lei de Reuniões e em tese autorizadoras da intervenção pela competente autoridade administrativa no direito fundamental à liberdade de reunião e, por sua vez, lastreadas na reserva legal do Art. 8 II GG, quais sejam, os §§ 15 e 29 I, n. 2 e BVersG:

---

competência legislativa privativa da União. Vigia, portanto, naquele Estado-membro e em todos os demais, a Lei Federal de Reuniões (BVersG). Esta não tem vigência hoje nos seguintes Estados-membros que têm leis próprias: *Bayern* (BayVersG), *Niedersachsen* (NVersG), *Sachsen* (SächsVersG), *Sachsen-Anhalt* (VersammlG LSA) e *Schleswig-Holstein* (VersFG SH). Sobre o impacto desse direito estadual de reuniões e influência da jurisprudência do TCF sobre ele, v. Götz e Geis (2017: 275–276).

[208] BVerfGE 87, 399 (401).

[209] Seu teor: "(1) Quem constranger ilicitamente uma pessoa a uma ação, permissão ou abstenção com emprego de força, mediante ameaça de um mal grave, será punido com pena de prisão de até três anos ou com multa. (2) O ato é antijurídico [apenas] se com vistas ao propósito perseguido a aplicação da força ou a ameaça do mal tiverem de ser consideradas repreensíveis". O parágrafo 2 exclui, portanto, a antijuridicidade da conduta típica por intermédio do conceito aberto e indeterminado do caráter "repreensível" (torpe) do uso da força ou da ameaça de um mal grave em face do propósito perseguido. Cf. em detalhes adiante, sob a síntese da matéria da **Decisão # 83**.

[210] Cf. BVerfGE 87, 399 (402).

"O órgão competente pode proibir a reunião ou a passeata ou fazê-las depender de determinadas condições quando, segundo circunstâncias reconhecíveis no momento da edição da medida, a realização da reunião ou passeata ameaçar imediatamente a segurança ou a ordem pública" (§ 15 I BVersG);

"Ele [órgão competente] pode dissolver uma reunião ou passeata quando não for avisada, afastar-se dos dados do aviso [ao referido órgão competente] ou se contrariar as condições, ou se estiverem presentes os pressupostos de uma proibição segundo o parágrafo 1 (§ 15 II BVersG);

"Um evento proibido deve ser dissolvido" e, finalmente, "comete ilícito administrativo quem: [1. ...] 2. Apesar da dissolução de uma reunião pública ou de uma passeata pelo órgão competente não se afastar [do local] incontinenti." (§ 29 I, n. 2 e BVersG).

Em sua decisão, o TCF ocupou-se fundamentalmente da questão da exigibilidade da multa sem uma confirmação anterior da licitude da medida policial de dissolução de reunião. Segundo os fatos verificados na fase instrutória do procedimento, reduzidos a termo na sentença de primeira instância, nos dias da manifestação o comandante da operação policial determinou, após poucos minutos do início da obstrução provocada pelos manifestantes sentados, a dissolução (uma delas, iniciada às 07:50, foi dissolvida já às 08:03 horas, ou seja, com apenas 13 minutos de duração) por intermédio do seguinte anúncio lido duas vezes no alto-falante:

"A reunião está dissolvida porque, por meio de suas obstruções corporais, está prestes a acontecer um constrangimento ilegal. Ordena-se a imediata execução da dissolução. Vocês são obrigados a afastarem-se do local, deixando livre essa via de entrada. Se não observarem essa obrigação, cometerão um ilícito administrativo nos termos da Lei de Reuniões. Se não se afastarem, serão detidos e responsabilizados pelos custos da aplicação de coerção direta. Eu os conclamo a se afastarem [agora!]".

Como os manifestantes, entre eles, os Reclamantes não se moveram mesmo após o segundo anúncio transcrito, foram retirados, carregados à força. Na decisão atacada pela presente Reclamação Constitucional, o juiz os condenou por violação dolosa do 29 I, n. 2 BVersG.

Em suas Reclamações Constitucionais, alegam que o juiz, em sua interpretação e aplicação do § 29 I n. 2 BVersG, ignorou o significado fundamental da liberdade de reunião. Concretamente teriam sido condenados sem que a ordem de dissolução tivesse sido antes analisada quanto à sua licitude. O trânsito dos veículos na entrada da caserna não fora por eles, de fato, completamente interrompido. Teriam observado as condições estabelecidas pela Secretaria do Conselho Estadual segundo o § 15 I, 2. variante BVersG e, mesmo assim, a polícia teria dissolvido a reunião. Desse modo, a polícia teria extrapolado sua margem discricionária. De resto, a ilicitude da dissolução residiria, ainda segundo os Reclamantes, na ausência de quaisquer dos pressupostos do § 15 II VersG. Prosseguindo seu relato, a alegação policial de impedir um constrangimento ilegal em detrimento das Forças Armadas não teria sido corroborada nos autos. Em verdade, o princípio da proporcionalidade teria sido violado porque a polícia "teria de, ao menos, esperar até que restasse reconhecível uma violação das condições estabelecidas pela Secretaria do Conselho Estadual". O entendimento do juiz – segundo o qual bastaria, para a condenação, que a ordem de dissolução estivesse formalmente em ordem e, materialmente, não fosse arbitrária – seria incompatível com a liberdade de reunião por implicar que "o legítimo exercício de direito fundamental seja penalizado como se ilícito administrativo fosse".

Ouvido nos autos do processo das Reclamações Constitucionais, o Ministério da Justiça de *Baden-Württemberg* opinou por suas improcedências. Em suma, negou que o juiz tivesse deixado de ocupar-se da licitude da dissolução. No mais, refutou a alegação dos Reclamantes de que teria havido desproporcionalidade na opção pela dissolução – uma vez que teriam observado todas as condições previamente impostas pelo competente órgão administrativo – porque esse órgão teria "se reservado a [possibilidade de] dissolução pelas demais razões do § 15 II VersG". Por fim, a verificação da presença dos pressupostos desse segundo parágrafo escaparia à competência revisional constitucional do TCF.

O TCF entendeu a questão de outra maneira. Revisou os exercícios das margens discricionárias pelos órgãos administrativos, incluindo os policiais. Sublinhou especialmente a importância da verificação prévia da licitude antes da aplicação da pena de multa por não observância da ordem policial de dissolução. Consequentemente, verificou, sobretudo, o caráter de intervenção na liberdade de reunião dos exercícios das margens discricionárias administrativas. Na sequência, fez o mesmo com o exercício do poder judicial de interpretar e aplicar os correspondentes dispositivos da Lei de Reunião, para, ao cabo, verificar a desproporcionalidade da medida e de sua corroboração judicial na imposição das penas de multa e julgar as sentenças de primeira instância incompatíveis com os Art. 8 I GG e 103 II GG (*nulla poena sine lege*). Ao final, determinou a devolução dos autos do processo originário ao juízo de primeira instância, violador de ambos os direitos, para uma nova decisão.

EMENTA

É incompatível com o Art. 8 GG [o fato de] os tribunais penais punirem a recusa de imediatamente afastar-se de uma reunião dissolvida, sem terem avaliado se a dissolução foi lícita segundo o § 29 I, n. 2 da Lei de Reuniões.

Decisão [*Beschluss*] do Primeiro Senado de 1º de dezembro de 1992.

– 1 BvR 88, 576/91 –

No processo das Reclamações Constitucionais 1. Do Sr. [...] –; 2. Do Sr. [...] – contra a Decisão do Juízo de Primeira Instância de *Münsingen* de 23 de julho de 1990 – OWi 17/90, OWi 30/90 i.V. OWi 41/90 – 1 BvR 576/91 –.

Dispositivo:

A decisão do Juízo de Primeira Instância de *Münsingen* de 23 de julho de 1990 – OWi 22/90 – e a Decisão do Juízo de primeira instância de *Münsingen* de 23 de julho de 1990 – OWi 17/90, OWi 30/90 i.V. OWi 41/90 – violam o Artigo 8, Parágrafo 1 e o Artigo 103, Parágrafo 2 da *Grundgesetz*. Elas foram suspensas. Devolve-se a matéria ao Juízo de Primeira Instância.

Assim, restam prejudicadas as Decisões do Superior Tribunal de *Stuttgart* de 12 de dezembro de 1990 – 4 Ss 657/90 – e de 25 de janeiro de 1991 – 4 Ss 713/90 –.

O Estado-membro de *Baden-Württemberg* deve ressarcir os Reclamantes por suas custas necessárias.

RAZÕES

A.

Os Reclamantes impugnam o fato de terem sido condenados a multas porque não se afastaram imediatamente do local de uma reunião dissolvida. Suas Reclamações Constitucionais questionam se tal condenação pressupõe ou não a licitude da ordem de dissolução.

I. – II.1.a) – c), 2. – 3.; III.1 – 2.; IV [...]

B.

As Reclamações Constitucionais são procedentes. As decisões impugnadas violam os direitos dos Reclamantes decorrentes dos Art. 8 I e do Art. 103 II GG.

I.

1. Viola o Art. 8 GG [o fato de] os tribunais penais aplicarem uma multa prevista no § 29 I, n. 2, II VersG sem considerar o mérito da licitude da dissolução da reunião.

a) O Art. 8 I GG garante a todos os alemães o direito de se reunirem pacificamente e sem armas. Esse direito abrange também a definição do local, horário, tipo e tema do evento. Protegidos não são tão somente os eventos nos quais devam ser manifestadas e intercambiadas opiniões em forma verbal, mas, igualmente, aquelas nas quais os participantes expressem sua opinião de outro modo (cf. BVerfGE 69, 315 [343]). Também bloqueios de pessoas sentadas gozam da proteção da liberdade de reunião. Independentemente de eles serem vistos como forma de violência no sentido do § 240 StGB, não preenchem o tipo normativo do não pacifismo no sentido do Art. 8 I GG, que os retiraria da área de proteção desse direito fundamental. Não pacífica será uma reunião apenas quando as ações implicarem alguma periculosidade, quando, por exemplo, houver ações violentas ou exageros agressivos contra pessoas ou coisas, mas não quando apenas ocorrerem restrições na locomoção de terceiros, mesmo que tais sejam intencionadas e não apenas toleradas (cf. BVerfGE 73, 206 [248]).

A liberdade de reunião não é, todavia, garantida ilimitadamente. No caso de reuniões ao ar livre, intervenções no direito fundamental conforme o Art. 8 II GG são admitidas mediante lei ou com fundamento em tal. A Constituição leva em consideração que as reuniões em tela tornam necessárias precauções que, de um lado, providenciem os pressupostos do exercício do direito fundamental e, de outro lado, observem interesses colidentes de terceiros (cf. BVerfGE 69, 315 [348]). Não obstante, as leis que restringem a liberdade de reunião têm de ser, por sua vez, constitucionais e aplicadas de modo inquestionável constitucionalmente. Os órgãos estatais têm de interpretar as leis que restrinjam direitos fundamentais à luz do significado fundamental do Art. 8 I GG e, junto à adoção de medidas, limitar-se ao que for imprescindível à proteção de bens jurídicos de terceiros que tenham igual dignidade (cf. BVerfGE 69, 315 [349]).

b) A norma do § 29 I, n. VersG é compatível com o Art. 8 I GG em uma interpretação conforme a Constituição.

aa) Nesse sentido, assim como não há objeções quanto ao fato de uma reunião poder ser dissolvida, desde que observado o princípio da proporcionalidade, quando os pressupostos do § 15 II BVersG estiverem presentes (cf. BVerfGE 69, 315 [352]), também não se pode questionar que a recusa de se afastar do local de uma reunião dissolvida seja punida como ilícito administrativo segundo o § 29 I, n. 2 BVersG. Igualmente, a conexão à norma jurídico-administrativa do § 15 II BVersG não pode ser questionada constitucionalmente. O legislador pode cominar a inobservância das obrigações jurídico-administrativas e ordens dos órgãos administrativos com penas e multas para, desse modo, enfatizar a obrigação de obediência. Se ele o faz na respectiva lei técnica, ou seja, por meio do direito penal extravagante, ou mesmo no Código Penal, é assunto cuja decisão cabe a ele (cf. BVerfGE 75, 329 [343]). Também os tipos normativos em branco, que devem ser especificados apenas por meio de normas administrativas, são compatíveis com a *Grundgesetz*, desde que sejam determinados o bastante (cf. BVerfGE 14, 245 [252]; jurispr. pacífica).

No entanto, essa técnica legislativa conduz inarredavelmente a uma ligação entre direito administrativo e direito penal, assim como com o direito do ilícito administrativo. Isso pode ocasionar ao juiz penal, de um lado, vínculos a decisões administrativas e, de outro, a competência de julgamento em face dessas decisões sem que, já por causa disso, os princípios da separação de poderes tenham sido violados (cf. BVerfGE 75, 329 [346]; 80, 244 [256]). Sobre o alcance desses vínculos e competências de avaliação não se pode, por força constitucional, chegar a definições gerais. Em primeira linha, é assunto do legislador decidir se a punibilidade ou persecução de ação contrária às ordens administrativas deve depender ou não da licitude destas. No caso, o legislador está vinculado às exigências da Constituição, notadamente àquelas [que decorrem] do direito fundamental restringido.

bb) É incerto se o § 29 I, n. 2 BVersG se conecta à proteção do bem jurídico e, destarte, protege com multa apenas a dissolução lícita de reunião ou se já sanciona a inobservância da ordem de dissolução, sem levar em consideração sua licitude. Na jurisprudência e na literatura especializada, responde-se à pergunta de modo variado (cf., de um lado, por exemplo: OLG Düsseldorf, NStZ 1984, p. 513 e: Ott, Gesetz über Versammlungen und Aufzüge, 5. ed., 1987, § 29, n. à margem 9; Dietel/Gintzel/Kniesel, Demonstrations- und Versammlungsfreiheit, 10. ed., 1991, § 29, n. à margem 7; Offczors, in: Ridder *et. al.*, Versammlungsrecht, 1992, § 29, n. à margem 24 ss., especialmente 28; de outro lado, por exemplo: OLG Stuttgart, NJW 1989, p. 1870 e: Meyer/Köhler, Das neue Demonstrations- und Versammlungsrecht, 3. ed., 1990, § 29, obs. 4b). Nem o texto normativo nem as atas do processo legislativo levam a uma inequívoca conclusão.

Também a desistência da característica normativa da executibilidade no § 29 I, n. 2 BVersG (diferentemente dos §§ 23, 26 n. 1, 29 I, n. 1 e 3 VersG) não permite um resultado seguro porque, segundo as atas [do processo legislativo prévio à sua promulgação], foi contemplada por causa de outros motivos (cf. BTDrucks. VII/550, p. 375). Além disso, chegar-se-ia a conclusões contraditórias caso a persecutibilidade dependesse de a característica normativa da executibilidade ser expressamente mencionada. Assim, por exemplo, os partícipes de uma reunião cometeriam um ilícito administrativo no caso de violação de uma obrigação ilícita, mas executável segundo o § 29 I, n. 3 BVersG porque o elemento normativo da multa contém o complemento "executável", enquanto o líder da reunião permaneceria, no mesmo caso, livre de sanções por faltar esse complemento no § 25 BVersG.

cc) Sob esses fatores, a observância do Art. 8 I GG conduz a uma interpretação do § 29 I, n. 2 BVersG, segundo a qual as violações de ordens de dissolução não poderiam ser punidas sem [antes] se considerar sua licitude.

Semelhantemente ao que ocorre com a liberdade de opinião, a liberdade de reunião tem um significado fundamental para o desenvolvimento da personalidade do indivíduo e para a ordem democrática (cf. BVerfGE 69, 315 [343 até 347]). A proibição e a dissolução de uma reunião representam as intervenções mais intensas que existem no direito fundamental. Por isso, estão condicionadas a pressupostos rigorosos e apenas podem ser ordenadas quando isso for necessário para a proteção de bens jurídicos de igual grau hierárquico e se uma ameaça direta da segurança e ordem públicas precisar ser evitada (cf. BVerfGE 69, 315 [353]). Como bases de tal decisão, podem vir à pauta apenas fatores fáticos, ao passo que momentos de suspeita e suposições em si não bastam (cf. BVerfG, *ibid.*, p. 353 s.).

Uma dissolução de reunião que não corresponda a essas exigências viola o Art. 8 GG. Não obstante, os partícipes da reunião devem, primeiro, aceitar essa ordem. A obrigação de se afastar do local de uma reunião dissolvida não pode depender da licitude da ordem de dissolução. Uma vez que tal licitude pode ser verificada vinculantemente apenas *a posteriori*, dissoluções de reunião não poderiam ser executadas tão logo um partícipe alegasse sua ilicitude. Quando os partícipes da reunião se opuserem à ordem policial, a utilização de meios de coerção estatal é, em princípio, permitida (§ 80 II, n. 2 VwGO). Aos partícipes da reunião cabe tão somente questionar depois, judicialmente, a licitude e, se for o caso, a constitucionalidade do procedimento policial. Com certeza, a violação do direito fundamental que reside na dissolução ilícita de uma reunião não pode ser mais sanada. Contudo, a subsequente afetação do direito fundamental da liberdade de reunião é inevitável caso a segurança de outros bens jurídicos a ser garantida pelo Estado, aos quais se destina a restrição à liberdade de reunião, não deva ser secundarizada.

O que vale para a imposição jurídico-administrativa da ordem de dissolução não vale, de igual modo, em relação à punição da resistência segundo o direito penal ou direito de ilícito administrativo. Ambos devem ser distinguidos entre si. A razão para que não se dependa de sua licitude na imposição da ordem de dissolução reside na vinculação situacional da decisão cuja execução não pode ser adiada até o esclarecimento vinculante ou apenas provisório da questão jurídica. Falta essa razão na aplicação de uma sanção à inobservância da ordem. A aplicação da sanção ocorre sempre depois do acontecimento e permite, destarte, um esclarecimento vinculante da licitude. Independentemente disso, caso não se dependesse da licitude da ordem de dissolução, a inevitável afetação da liberdade de reunião, que reside em uma ordem ilícita de dissolução, seria prosseguida sem necessidade comparável em face daqueles que – como se esclareceu – tivessem avocado *a posteriori*, com razão, a liberdade de reunião.

Se o legislador pode ou não punir a mera insubordinação, isso pode restar aqui em aberto. Da lei não se pode depreender tal intenção. Também não se apresenta, por isso, um ensejo para esse exame se estiver presente uma razão que possa ser idônea a legitimar uma intervenção assim tão ampla. Sob tais circunstâncias, pode-se levar em conta o direito fundamental da liberdade de reunião quando a sanção do § 29 I, n. 2 BVersG estiver limitada a caso de dissolução lícita da reunião. Contudo, a licitude precisa estar determinada antes de o juiz penal aplicar uma multa.

A polêmica de saber se o juiz penal precisa esperar por um esclarecimento judicial-administrativo da licitude, caso tal seja requerido, e se ele é vinculado à sua conclusão, igualmente, não carece ser aqui decidida. Como não se pode conseguir proteção judicial-administrativa preliminar contra dissoluções de reuniões segundo o § 15 II VersG e uma propositura de ação posterior somente no bojo do possivelmente subsequente processo de ilícito administrativo não pode ser imposta ao atingido, o juiz penal terá de, pelo menos naqueles casos nos quais a licitude da dissolução da reunião não tiver sido esclarecida judicial-administrativamente, ele mesmo, verificá-la, pois, de outro modo, as exigências do Art. 8 GG não restariam cumpridas.

2. Uma interpretação segundo a qual uma violação da ordem de dissolução em conformidade com o § 29 I, n. 2 VersG deva ser punida sem consideração de sua licitude, viola, no mais, o Art. 103 II GG.

Segundo essa norma, uma ação apenas pode ser punida se a punibilidade tiver sido determinada legalmente antes de a ação ser praticada (cf. BVerfGE 81, 132 [135]; jurispr. pacífica). Ela deve, de um lado, para assegurar que o destinatário da norma possa antever qual o comportamento é cominado com qual pena ou multa, e, por outro lado, garantir que o legislador, e não apenas os tribunais, decida sobre a punibilidade ou persecutibilidade. Portanto, o Art. 103 II GG exclui toda aplicação jurídica que for além do conteúdo de uma norma penal sancionadora (cf. BVerfGE 47, 109 [120]; 82, 236 [269]).

[...].

II.

Segundo esses parâmetros, as Decisões impugnadas não são aprovadas no exame.

1. O Juízo de Primeira Instância tinha de considerar o Art. 8 GG na interpretação e aplicação do § 29 I, n. 2 em conexão com o § 15 II VersG. Os protestos por [na forma de] pessoas sentadas dos quais os Reclamantes participaram são abrangidos pela área de proteção do Art. 8 I GG. Na aplicação de multas por causa da própria abstenção do distanciamento de reuniões protegidas, há uma intervenção no direito fundamental. Segundo as premissas apresentadas, essa será compatível com o Art. 8 GG, desde que a dissolução da reunião seja lícita. O Juízo de Primeira Instância não o avaliou.

[...].

Haveria aqui, entretanto, um ensejo para a revisão da licitude da dissolução. Os órgãos administrativos de reunião não tinham proibido o protesto sentado, mas apenas determinado aos organizadores condições sob referência expressa ao princípio da proporcionalidade. O Reclamante 1 arguiu que as condições teriam sido observadas e que dos três portões da caserna somente um havia sido bloqueado. Sob essas circunstâncias teriam sido necessárias verificações fáticas do porquê havia se revelado insuficiente o meio escolhido pelo órgão administrativo [competente para a regulação] de reuniões para a defesa contra perigos, precisando a polícia ostensiva optar pela dissolução da reunião [meio de intervenção que, neste caso, é notoriamente mais oneroso].

A condenação dos Reclamantes baseia-se no desconhecimento [judicial] do Art. 8 GG. Não se pode excluir a possibilidade de que o Juízo de Primeira Instância teria chegado a outra conclusão se tivesse considerado suficientemente o direito fundamental da liberdade de reunião.

2. Uma vez que os Reclamantes foram condenados independentemente da licitude da ordem de dissolução, embora isso não seja, reconhecivelmente, determinado no § 29 I, n. 2 VersG, as Decisões impugnadas violam também o Art. 103 II GG.

Herzog, Henschel, Seidl, Grimm, Söllner, Dieterich, Kühling, Seibert

83. BVerfGE 92, 1 (Sitzblockaden II)

Reclamação Constitucional contra Decisão Judicial

10/01/1995

MATÉRIA

No dia 9 de maio de 1983, os Reclamantes, informados por um anúncio de jornal com a chamada "quem vai bloquear conosco?", participaram de uma ação de protesto contra os perigos de uma escalada do armamento nuclear na República Federal da Alemanha. Os manifestantes pretendiam usar o próprio corpo para impedir a chegada de veículos a um depósito de munição das Forças Armadas Alemãs, na cidade de *Großengstingen*.[211] Nesse depósito, já se encontravam foguetes de curto alcance do tipo Lance.[212] Os Reclamantes chegaram ao local às 9:00 horas da manhã e juntaram-se aos demais manifestantes cujo número variou, durante o dia, entre 15 e 40 pessoas.

Quando, entre 10:30 e 10:45 horas, um veículo das Forças Armadas se aproximou, cinco dos manifestantes sentaram-se na rua. O Capitão B. ordenou a parada do veículo poucos metros antes dos manifestantes sentados e os convocou a saírem do meio da rua. Como os manifestantes não corresponderam à convocação, o capitão ordenou ao motorista que dirigisse o veículo de volta ao quartel. Enquanto isso, os Reclamantes ficaram em pé com os demais manifestantes na calçada.

---

[211] Município localizado no sulista Estado de *Baden-Wurttemberg*.

[212] Plataforma móvel de lançamento de foguetes de curto alcance "MGM-52", fabricado nos EUA em 1973 (wikipedia.de).

A partir de um telefonema da Direção da Polícia de *Reutlingen*, a secretaria competente ordenou a dissolução da reunião. A polícia recebeu a incumbência de executar a medida. Quando o capitão B. chegou às 12:15 horas ao local da manifestação em outro veículo carregado com alimentos e mantimentos e os manifestantes novamente bloquearam a passagem, o delegado de polícia Z. anunciou a ordem administrativa da secretaria competente, informando, ato contínuo, os manifestantes sobre a punibilidade de seus comportamentos. Segundo sua informação, o ato dos manifestantes de obstruírem a entrada e saída do edifício militar constituir-se-ia em crime de constrangimento ilegal (*Nötigung*), previsto no § 240 StGB.

Como os manifestantes não atenderam à conclamação para saírem do caminho, o delegado ordenou que fossem carregados para fora do meio da rua. Por volta das 12:30 horas, repetiu-se o mesmo procedimento, quando, no mesmo veículo, os militares queriam deixar o depósito de munição. À tarde do mesmo dia, entre 17:30 e 17:40 horas, ocorreu tudo de novo, sendo que, dessa vez, os quatro reclamantes se sentaram com mais um quinto manifestante, enquanto os demais ficaram em pé na calçada. Havia um revezamento entre eles.

Os Reclamantes foram denunciados pelo competente órgão acusatório e condenados, em primeira instância, pelo crime de constrangimento ilegal previsto no § 240 StGB. Foram aplicadas penas pecuniárias. O Tribunal Estadual deu provimento ao recurso de apelação (*Berufung*) dos Reclamantes, absolvendo-os, por entender que sua ação de bloquear a rua, em se observando todas as circunstâncias do caso e os objetivos de longo prazo da ação, não poderia ser considerada "repudiante" (*verwerflich*) – importante causa excludente da ilicitude (negativa, em não estando presente a característica), prevista no § 240 II StGB.[213]

O órgão acusatório interpôs então Recurso de Revisão (*Revision*) perante o Superior Tribunal Estadual que suspendeu o processo com o fim de colher do Tribunal Federal (BGH) resposta à questão de saber se os objetivos de longo prazo dos Reclamantes deveriam ser observados junto à análise da antijuridicidade da conduta ou somente no momento da dosagem da pena.

O Tribunal Federal (BGH) decidiu que os objetivos poderiam ser observados exclusivamente no momento da dosagem. Por isso, o Superior Tribunal Estadual revogou a absolvição do Tribunal Estadual e devolveu os autos para novo julgamento por outra Câmara Criminal do Tribunal Estadual. O Tribunal Estadual decidiu, no segundo processo de apelação, que a ação de protesto perpetrada pelos Reclamantes era antijurídica e punível, posto que corresponderia ao elemento típico "violência", em sua variante psíquica.

---

[213] Cf. o teor completo do § 240 StGB reproduzido na nota 209.

O segundo recurso de revisão, desta vez interposto pelos Reclamantes, não foi provido.

Contra todas essas decisões judiciais ajuizaram-se as Reclamações Constitucionais. Os Reclamantes alegaram, em suma, violação de seu direito fundamental decorrente do Art. 103 II GG (*nulla poena sine lege*). A Reclamação constitucional foi julgada procedente. O TCF verificou, na interpretação tão aberta do elemento do tipo penal do § 240 StGB, "violência", pelos tribunais e pela jurisprudência do Tribunal Federal, uma violação do direito fundamental do acusado de não ser condenado por um delito não claramente definido por lei.

Trata-se de um julgado que teve como parâmetro direto o "direito igual a direito fundamental",[214] o Art. 103 II GG, mas não o Art. 8 I GG. Sua análise aqui (assim como das demais decisões do TCF sobre a constitucionalidade da repressão de bloqueios por pessoas sentadas) justifica-se, no entanto, porque no âmbito do direito substantivo é da abrangência e possível violação do direito fundamental à liberdade de reunião mediante interpretação e aplicação do tipo penal do § 240 StGB que se trata. Bastou ao interesse dos Reclamantes, no presente caso, que o TCF tenha verificado a violação da garantia processual penal para restabelecer o *status quo* e, assim, indiretamente, evitar que o presente modo polêmico de exercício da liberdade de reunião fosse injustificadamente reprimido.

EMENTA

A interpretação extensiva do conceito de violência no § 240 I StGB no contexto de manifestações de pessoas sentadas [*Sitzdemonstrationen*] viola o Art. 103 II GG.

Decisão [*Beschluss*] do Primeiro Senado de 10 de janeiro de 1995

– 1 BvR 718, 719, 722, 723/89 –

Nos processos das Reclamações Constitucionais 1. Do Sr. M..., [...].

Dispositivo:

A Decisão do Superior Tribunal Estadual de *Stuttgart* de 9 de maio de 1989 – 4 Ss 119/89 –, a Decisão do Tribunal Estadual de *Tübingen* de 19 de outubro de 1988 – 1 (2) Ns 27, 28, 29 e 30/85 – e a Decisão do Superior Tribunal de *Stuttgart* de 23 de junho de 1988 – 4 Ss 361/87 – violam o Artigo 103 Parágrafo 2 da *Grundgesetz*. Eles estão suspensos. Devolve-se a matéria ao Superior Tribunal Estadual. Desse modo, a Decisão do Tribunal Federal (BGH) de 5 de maio de 1988 – 1 StR 5/88 – perdeu seu objeto.

---

214 Sobre o conceito, por último, com mais referências: Martins (2019-b: 139, 185 s., 207 ss., 225 e 243).

A República Federal da Alemanha e o Estado de *Baden-Württemberg* ressarcirão os Reclamantes por suas despesas necessárias, cada qual pela metade.

RAZÕES

A.

Em virtude do constrangimento coletivo provocado por manifestações de pessoas sentadas, os Reclamantes foram condenados em face de uma instituição militar. Eles alegam a violação do Art. 103 II GG; os Reclamantes 3) e 4), além daquele, alegam também a violação do direito ao devido processo legal do Art. 20 III GG.

I. – II. 1. – 5., III. – IV. 1. – 3. [...]

B.

As Reclamações Constitucionais são procedentes.

I.

As decisões atacadas do Tribunal Estadual e do Superior Tribunal Estadual violam o Art. 103 II GG.

1. O TCF apresentou o significado do Art. 103 II GG já em vários julgados (cf. por último BVerfGE 71, 108 [114 ss.]; 73, 206 [234 ss.]).

Segundo eles, esse dispositivo [constitucional] não contém apenas uma proibição de retroatividade para as normas penais. Ela também obriga o legislador a formular os requisitos da punibilidade tão concretamente que a área de aplicação e o alcance do tipo penal possam ser extraídos da letra da lei ou esclarecidos por interpretação. Essa obrigação serve a um duplo fim. Ela deve, de um lado, assegurar que os destinatários da norma possam prever qual comportamento é vedado e está sujeito à sanção penal. Ela deve, de outro lado, garantir que a decisão sobre quais comportamentos devam ser sancionados criminalmente seja previamente determinada pelo legislador e não posteriormente pelo Poder Executivo ou pelo Poder Judiciário. Assim, o Art. 103 II GG contém uma reserva legal rígida que limita os tribunais penais à aplicação do direito.

Isso não exclui, entretanto, uma utilização de conceitos que, em medida relevante, carecem da interpretação pelo juiz. Também no direito penal o legislador se encontra frente à necessidade de levar em consideração a complexidade da vida. Ademais, é inevitável, em virtude da generalidade e abstração das normas penais, que, no caso concreto, possa haver dúvidas quanto à subsunção de um comportamento ao tipo legal. De todo modo, em regra, o destinatário deve poder antever se um comportamento é punível a partir da prescrição legal. Em casos-limite é reconhecível, desse modo, pelo menos o risco de uma condenação penal.

Da exigência de clareza da norma decorre, para a jurisprudência, uma proibição da fundamentação penal baseada em analogia ou no direito consuetudinário. Analogia não deve ser entendida no seu estrito sentido técnico; proibida é, ao contrário, qualquer aplicação jurídica que ultrapasse o conteúdo de uma norma sancionadora. Uma vez que o objeto da interpretação de dispositivos legais sempre pode ser apenas o texto legal, este se revela como critério paradigmático: o sentido literal possível da lei marca os limites máximos da interpretação judicial permitida. Como o Art. 103 II GG quer garantir aos destinatários da norma a previsibilidade da ameaça de sanção penal, o limite deve ser determinado a partir da perspectiva daqueles.

[...].

2. O § 240 StGB é, tendo em vista a alternativa de violência aqui relevante, compatível com o Art. 103 II GG.

a) – b) [...].

3. Ao contrário, a interpretação do conceito de violência do § 240 I StGB pelos tribunais penais colide com o Art. 103 II GG.[215]

[...].

a) Na base da decisão atacada, encontra-se o entendimento do conceito de violência que se desenvolveu na jurisprudência dos tribunais superiores ao longo do tempo. [...].

O *Laepple-Urteil* do Tribunal Federal (BGH), do ano de 1969 (BGHSt. 23, 46 [54]), marca a situação atual da jurisprudência. Segundo aquele julgado, violência na acepção do § 240 I StGB não pressupõe o "emprego imediato de forças corporais". Pelo contrário, basta que o agente inflija à vítima "apenas com o pequeno emprego de força corporal um processo psíquico determinante". Para a punibilidade, depende-se decisivamente do "peso dos... efeitos psíquicos". Essa interpretação, que é caracterizada usualmente como "espiritualização" ou "desmaterialização" do conceito de violência, encontra seu fundamento no desiderato de se proteger a liberdade da vontade de modo eficaz também contra tais ingerências dignas de serem sancionadas, as quais, embora sublimes, são tão eficazes quanto o emprego de força corporal (cf. BGHSt. 1, 145 [147]; 8, 102 [103]; BVerfGE 73, 206 [242]).

Esse alargamento do conceito de violência pela jurisprudência é controverso, tanto na literatura jurídica penal, como na constitucional (cf. as amplas referências em

---

215 Trata-se do escalonamento do controle de constitucionalidade que parte da instância e poder definidores de regras gerais e abstratas (Legislativo) para as instâncias e os poderes que as interpretam e aplicam: Administração Pública (Executivo), mas, como aqui, especialmente, o Poder Judiciário. Sobre tal escalonamento e respectivo exemplo de aplicação, cf. Martins (2017: 438 ss. e 443 ss.) e, por último, sobre as implicações processuais da divisão de tarefas entre o juiz natural de questões jurídico-constitucionais e demais questões jurídicas em perspectiva comparada, cf. Martins (2019-a: 37–49).

BVerfGE 73, 206 [232 s.]). A decisão *Mutlangen (Urteil)* do TCF não trouxe o esperado esclarecimento em virtude da igualdade de votos no Senado.[216] Pelo contrário, os apontamentos sobre o conceito de violência provocaram críticas (cf. por exemplo: Bertuleit/Herkströter, KJ 1987, p. 331; Calliess, NStZ 1987, p. 209; Kühl, StV 1987, p. 122; Meurer/Bergmann, JR 1988, p. 49; Otto, NStZ 1987, p. 212; Prittwitz, JA 1987, p. 17; Schmitt Glaeser, BayVBl. 1988, p. 454; Starck, JZ 1987, p. 145; Tröndle, Rebmann-FS, 1989, p. 481; Zuck, MDR 1987, p. 636) que, a depender da abordagem, relacionam-se ao entendimento determinante ou não determinante.

b) Em novo exame, o TCF chegou à conclusão de que a interpretação do conceito de violência, que está na base das decisões atacadas, é incompatível com o Art. 103 II GG.

O conceito de violência que aparece no uso geral da língua com variados significados precisa ser entendido aqui no contexto da estrutura normativa. O legislador não queria cominar com pena no § 240 StGB qualquer efeito coercitivo na vontade de terceiros. Caso contrário, estariam subsumidos na hipótese da cominação penal modos de comportamento que, na vida social, como, por exemplo, no ensino, no mundo laboral ou em âmbito negocial são em parte necessários, em parte inevitáveis. Para se evitar isso, ele se satisfez em descrever o comportamento punível como constrangimento mediante uma ação, tolerância ou omissão, mas fez a punibilidade depender de tal ação da escolha de um meio de coação definido, qual seja, a violência ou ameaça com um mal sensível. Segundo consolidada compreensão na jurisprudência e literatura, não há de se falar em uma ampliação dos meios em sede de interpretação, algo como uma lista ou sugestão. Isso vale até mesmo quando esses meios provocarem sobre a vítima do constrangimento um efeito similar ao de ambos penalizados na lei.

O Art. 103 II GG estabelece limites não apenas ao complemento do tipo, mas também à sua interpretação extensiva. A interpretação dos conceitos com os quais o legislador caracterizou os meios penalizados não pode acarretar que a limitação, assim efetivada à penalização, seja, em sede de conclusão, abolida.

Como o exercício de coação infligida à vontade de terceiro já está compreendido no conceito de constrangimento [e justamente não no conceito de violência], e como a denominação de determinados meios de constrangimento feita pelo § 240 II StGB tem a função de apartar, na totalidade dos constrangimentos possíveis, aqueles dignos de serem sancionados criminalmente, a violência não pode confundir-se com a

216 A igualdade de votos (4 X 4) no Senado leva à não declaração da inconstitucionalidade, portanto, ao julgamento de improcedência da Reclamação Constitucional ou controle normativo abstrato ou concreto. Cf. Martins (2018-c: 65). No mais, uma decisão do TCF pode ser proferida nas modalidades do *Urteil*, quando há realização prévia de uma audiência pública, ou do *Beschluss*, quando não a há. Cf. *ibid*.

coação, mas tem de ir além dela. Por isso, desde o início, ligou-se ao meio da violência, diferentemente da ameaça, a ideia de um uso de força corporal por parte do agente. Ingerências coercitivas que se baseiem não no emprego de força corporal, mas na influência mental-espiritual, preenchem, dadas certas condições, as alternativas dos elementos tipológicos da ameaça, mas não as de emprego de violência. Desde então, a jurisprudência até insistiu na corporalidade como característica de violência, prescindindo, contudo, tão amplamente do uso efetivo da força que, agora, para o preenchimento do elemento do tipo "violência" basta a presença corporal em um lugar que outro gostaria de ocupar ou passar, quando outrem é obstado psicologicamente de impor sua vontade pela presença do agente.

O elemento do tipo normativo "violência" é reconhecido de tal modo a se perder consideravelmente sua função originalmente imaginada pelo legislador, determinando-se como comportamentos penalizáveis, entre outros, aqueles relativos a ingerências necessárias, inexoráveis ou rotineiras na liberdade da vontade alheia: Isso traz forçosamente vários modos de comportamento considerados como socialmente adequados ao tipo cuja punibilidade é afastada somente por meio do corretivo da cláusula de repúdio do § 240 II StGB. O Tribunal Federal viu-se instado, portanto, a enfrentar o problema do alargamento do conceito de violência por meio da avaliação do "peso" da ingerência psíquica. Com isso, atribui-se a função de delimitação a um conceito que é ainda bem menos nítido que o conceito de violência. Assim, falta também um esclarecimento satisfatório de quando [a partir de que grau ou momento] a ingerência psíquica é [passa a ser] relevante. A referência à correção pelo [pela cláusula do] repúdio não é apta a dissipar as dúvidas quanto ao [cumprimento do princípio do] Estado de direito encontradas pela jurisprudência na ampliação do conceito de violência.

A interpretação do conceito de violência na jurisprudência dos tribunais superiores implica, por consequência, aqueles efeitos que o Art. 103 II GG justamente visa a impedir. Não mais se pode antever com suficiente segurança qual comportamento corporal tem o condão de obstar outrem psicologicamente na imposição de sua vontade, qual deve ser proibido e qual não. Naquela área em que a violência existir somente na presença corporal e a eficácia coercitiva sobre os constrangidos for apenas de natureza psíquica, a punibilidade será determinada, não mais antes da conduta, de modo geral e abstratamente determinada pelo legislador, mas fixada pelo juiz depois da conduta no caso concreto com fundamento no seu convencimento quanto à conveniência da penalização de uma conduta. Isso abre margens de ação [poder discricionário] consideráveis na persecução penal de [crimes de] constrangimentos. Comprova-o o tratamento diferenciado entre as ações de bloqueio por protesto contra a construção de armas atômicas, de um lado, e aquelas de protesto contra o fechamento de obras, o aumento de taxas, a redução de subvenções ou o planejamento de trânsito, de outro lado. Isso também foi referenciado pela Quarta Câmara Criminal [*4. Strafsenat*] do Tribunal Federal em seu julgado.

A incerteza ligada ao conceito ampliado de violência também não desaparece no decorrer do tempo por meio de um entendimento solidificado de seu significado, principalmente porque o Tribunal Federal, em outras áreas, como a do estupro, parte de um conceito de violência muito mais restrito (cf. BGH, NJW 1981, p. 2204). Como demonstram os exemplos agora mencionados, mesmo a punibilidade de ações de bloqueio, como constrangimento, permanece altamente incerta. Também as permanentes divergências na jurisprudência e na literatura em face da avaliação jurídico-penal de manifestações de pessoas sentadas do tipo em pauta (cf. Schäfer, LK, *ibid.*, n. à margem 21–27; Otto, NStZ 1992, p. 568) mostram que até hoje um entendimento jurídico consolidado ainda não pôde ser formado.

[...].

Finalmente, a ampliação do conceito de violência também não pode ser justificada porque, de outro modo, apareceriam indesejadas lacunas na tipificação penal. Mesmo que fosse correto dizer que o comportamento compreendido na interpretação ampliada da norma fosse semelhante ao comportamento que, sem dúvida, seja conduta digna de sancionamento penal, continua sendo tarefa do legislador fechar tais lacunas de tipificação penal (cf. BVerfGE 71, 108 [116], com outras referências).

A – de agora em diante – necessária delimitação do conceito de violência do § 240 I StGB cabe precipuamente aos tribunais penais, mas não ao TCF. A [discussão sobre a] antijuridicidade das manifestações de pessoas sentadas segundo outros dispositivos não é atingida por esta decisão.

II. – III. [...]

Henschel, Seidl, Grimm, Söllner, Kühling, Seibert, Jaeger, Haas

Opinião divergente dos Juízes *Seidl* e *Söllner* e da Juíza *Haas* em face da decisão [*Beschluss*] do Primeiro Senado de 10 de janeiro de 1995

– 1 BvR 718, 719, 722, 723/89 –

Não colide com o Art. 103 II GG o fato de terem os tribunais penais, na fase processual originária, visto no bloqueio de pessoas sentadas um constrangimento perpetrado por violência na acepção do § 240 I StGB.

1. [...].

a) Segundo o propósito do § 240 StGB, que procura proteger a liberdade de formação e uso da vontade (cf. BVerfGE 73, 206 [237] com outras referências), o elemento do tipo da violência pode ser, no entanto, em princípio, entendido apenas no sentido de uma ingerência física, ao passo que os sentidos figurados que o conceito de violência segundo o uso geral da língua compreende (cf. BVerfGE 73, 206 [252 s.] são eliminados. O propósito da norma não exige, todavia, maior delimitação dentro desse conceito estrito de violência. Também o significado possível do termo que faz parte do tipo não será extrapolado quando sob violência entender-se uma ingerência corporal de qualquer tipo, pela qual a vítima é coagida a uma atitude, tolerância ou a uma omissão.

[...].

b) Por meio de um bloqueio de pessoas sentadas em uma estrada opõe-se um obstáculo físico à continuação do tráfego de veículos. O bloqueio do caminho com o fim de deter os passageiros do veículo de trafegarem é uma forma de ingerência corporal, não somente psíquica, na formação e no uso da vontade dos passageiros de veículos. Também o Tribunal Federal parte desse reconhecimento no chamado *Laepple-Urteil* (BGHSt. 23, 46 [54]), do qual os tribunais penais expressamente se valeram na fase processual de conhecimento quando de sua afirmação do conceito de violência [para casos como este em pauta]. A ingerência [na vontade dos motoristas] dá-se pelo bloqueio feito. A ingerência também psíquica surge quando o motorista for constrangido nos casos em que o obstáculo for configurado por corpos humanos. Tal obstáculo poderia ser por ele ultrapassado somente se atropelasse os manifestantes bloqueadores da estrada, não o fazendo para não os ferir ou mesmo matá-los. Ainda que esse processo determinado psiquicamente seja, de fato, decisivo para o sucesso do bloqueio, não muda o fato de ser oferecido um obstáculo corporal por meio do dito bloqueio. O significado possível do conceito de violência não é extrapolado, porque no exame do efeito do meio de coação se parte decisivamente do processo psicológico por ele suscitado. [...].

c) [...].

2. a) – c) [...].

Seidl, Söllner, Haas

84. BVerfGE 111, 147 (*Inhaltsbezogenes Versammlungsverbot*)

Processo Cautelar

23.06.2004

MATÉRIA

Trata-se do julgamento de pedido de medida liminar em face de iminente execução de proibição de uma reunião. Requereu-se a devolução do efeito suspensivo a um agravo oposto em face de medida editada pelo Comando da Polícia de *Bochum*, cidade pertencente ao Estado-membro *Nordrhein-Westfalen*. A presente questão jurídico-constitucional gira em torno da legitimidade constitucional de se proibir uma reunião em razão do conteúdo das manifestações nela esperáveis. Daí ter recebido a alcunha de "**proibição de reunião em razão do conteúdo**" (*Inhaltsbezogenes Versammlungsverbot*).

A requerente é uma seccional estadual do partido político de extrema direita *Nationaldemokratische Partei Deutschlands – NPD*. Esse partido, que já sobreviveu a pedido de sua proibição pelo TCF com fulcro no Art. 21 II GG,[217] convocou, para os dias 13 e 20 de março de 2004, uma passeata com o seguinte slogan: "Parem a construção da sinagoga – 4 milhões para o povo!".[218]

Em uma notificação de 30 de janeiro daquele mesmo ano, o Comando da Polícia de *Bochum*, requerido no processo originário, proibiu a realização do evento nos mencionados dias ou quaisquer eventos substitutivos ("*Ersatzveranstaltungen*", no sentido técnico do § 13 VI 2 PLM-LR). Como fundamento, valeu-se do § 15 I VersG: no seu entendimento, a ordem pública[219] restaria imediata e sensivelmente ameaçada com a realização da reunião.

A Reclamante ajuizou perante o juízo administrativo de primeira instância uma impugnação (*mutatis mutandis* um mandado de segurança) que foi julgada procedente. Tal decisão foi reformada pelo Superior Tribunal Administrativo que também negou, pela primeira vez, a devolução do efeito suspensivo. A Corte administrativa considerou imediata e sensivelmente ameaçada não apenas a ordem pública, como especialmente a segurança pública por conta da expectativa de grave violação do § 130 I, n. 1 e 2 StGB (crime de incitação).[220] Ainda de acordo com a

---

217 Cf. BVerfGE 107, 339 (*NPD-Verbotsverfahren*), Decisão do Segundo Senado do TCF de 18 de março de 2003.

218 "Povo" no ideário de extrema direita, representado aqui pelo NPD, não é apenas um dos elementos do Estado moderno e o soberano no regime democrático, mas o princípio racial que foi, ao lado do princípio do "*Führer*", uma das duas vigas mestras do III. Reich. Por isso, o slogan foi considerado uma grande provocação aos cidadãos alemães de origem judaica.

219 Embora o § 130 StGB esteja contido em seção dos crimes contra a ordem pública, o bem jurídico protegido na acepção do direito policial e de ordem públicas é a paz pública compreensível no conceito de segurança pública. Cf., por exemplo, Enders *et al.* (2011: 57) no âmbito do § 130 IV StGB, abordado na nota a seguir. Para detalhes sobre o conceito de ordem pública no direito policial e crítica a ela, v. principalmente Gusy (2017: 48–51).

220 O tipo penal do *Volksverhetzung* (literalmente: incitação do povo) é bastante complexo, detalhado em sua atual redação por sete parágrafos (511 palavras!). Visa a coibir a prática de incitação ao ódio contra minorias, grupos de pessoas e indivíduos. Em 2005, recebeu a atual redação por uma lei derrogadora da Lei Federal de Reuniões e do mencionado dispositivo penal. O inserido parágrafo 4 – "punir-se-á com pena privativa de liberdade de até três anos ou multa quem publicamente ou em uma reunião estorvar a paz pública, de tal modo a ferir a dignidade das vítimas ao aprovar, glorificar ou justificar o poder e o

fundamentação da decisão do órgão judicial administrativo colegiado, segundo sua própria jurisprudência não há como, absolutamente, legitimar, sob a égide da *Grundgesetz* ou com os meios do direito objetivo de reunião, a ideologia extremista de direita do nacional-socialismo. Com efeito, dos valores da *Grundgesetz* decorreria uma restrição ínsita à Constituição que deveria ser levada em consideração "também sob o limiar ["garantista"] de decisões penais e de decisões judiciais-constitucionais [do TCF, portanto] de destituição de titularidade [de direitos fundamentais]".[221] A reunião planejada contrariaria frontalmente os valores constitucionais mais elementares e, precipuamente: "seria ligada ao slogan escolhido uma provocação dirigida aos concidadãos judeus de tipo e intensidades especiais".[222]

Contra essa decisão, a Reclamante ajuizou um primeiro pedido de liminar perante o TCF que o julgou improcedente. Na fundamentação, o TCF considerou consistente apenas a verificação pelo Superior Tribunal Administrativo de uma grave ameaça à segurança pública, que estaria implícita na expectativa do cometimento do referido crime previsto no § 130 I, n. 1 e 2 StGB.

Com um aviso datado de 18 de março de 2004, devidamente enviado à autoridade administrativa competente, o NPD convocou uma segunda passeata com um slogan de teor um pouco diferente: "sem dinheiro de impostos para a construção da sinagoga. Pela liberdade de opinião". Por notificação de 6 de maio daquele ano, o requerido verificou que se tratava de um "evento substitutivo" no sentido jurídico,[223] já compreendido, portanto, na primeira proibição. Portanto, no seu entendimento, as mesmas razões da primeira proibição perdurariam em face dessa segunda convocação.

Seguiu-se praticamente a mesma via judicial administrativa anterior com uma primeira decisão do Juízo de primeira instância novamente favorável à Reclamante e renovada confirmação da proibição pelo Superior Tribunal Administrativo que constatou tratar-se de um evento substitutivo usado para que a Reclamante se furtasse dos efeitos da primeira proibição. Tratar-se-ia de uma mudança tão somente

---

despotismo nacional-socialistas" – foi objeto da **Decisão II/# 39** (BVerfGE 124, 300 – *Rudolf Heß Gedenkfeier*) com base no parâmetro do Art. 103 II GG.

[221] A Corte quer dizer, principalmente pelas locuções destacadas, que, além das duas possibilidades formais de se defender a ordem constitucional contra seus declarados inimigos, quais sejam, a destituição de direito fundamental, prevista no Art. 18 GG, e a proibição de partido político, no Art. 21 IV GG cujos processos muito rigorosos são da competência exclusiva do TCF, dever-se-ia reconhecer *limites imanentes* aos direitos fundamentais. Seria especialmente o caso de direitos fundamentais de comunicação. Tais limites seriam traçáveis já mediante exclusão das áreas de proteção do Art. 5 I e Art. 8 I GG daqueles comportamentos nocivos à ordem liberal-democrática estabelecida na *Grundgesetz*.

[222] Cf. as referências trazidas à n. 4.

[223] Cf. § 13 VI 2 PLM-LR: "É proibido realizar uma reunião substitutiva no lugar da reunião dissolvida" e fundamentação em: Enders *et al*. (2011: 43).

"cosmética", especialmente porque o velho slogan, com seu objetivo de incitar ao ódio, teria um efeito sustentável no tempo que atingira, na consciência pública, esse segundo evento. Sem prejuízo do preenchimento do tipo penal da incitação, aquele slogan representava uma específica provocação direcionada aos judeus alemães. A intenção clara com a frase "4 milhões para o povo!" era denotar, em alusão e apreço à ideologia racista vigente no III. Reich, que judeus não fariam parte do povo alemão. A intenção seria, portanto, marginalizar os judeus, atingindo-os gravemente em seu direito ao mínimo respeito e à consideração. O slogan e a reunião teriam o condão de comprometer gravemente a convivência pacífica com os judeus na República Federal da Alemanha. O segundo slogan não teria tido o condão de desfazer esse esperado efeito. O efeito provocativo específico, já dado, não poderia ser restringido com um mínimo de eficácia (meio interventivo não adequado, portanto) com o meio menos intenso da edição de condicionantes à realização da reunião, razão pela qual a proibição deveria ser mantida, sendo compatível com o direito fundamental à liberdade de reunião do Art. 8 I GG.

Com a segunda propositura de medida liminar junto ao TCF, que levou à presente decisão, a Reclamante reiterou não se tratar de um evento substitutivo. Discorreu, em suma, que o propósito da reunião anunciada seria criticar e combater o uso de recursos tributários para "propósitos eclesiásticos, não sendo relevante a [concreta] comunidade religiosa". Por isso, a Decisão do Superior Tribunal Administrativo teria violado seus direitos fundamentais à liberdade de reunião do Art. 8 I GG e à liberdade de opinião do Art. 5 I 1 GG. Em decisão unânime, o TCF julgou procedente o pedido em sede do processo cautelar e devolveu o efeito suspensivo de um agravo do Reclamante contra a medida de autoridade policial.

Trata-se de uma decisão na qual o TCF distinguiu com absoluta clareza o alcance das áreas de proteção material das liberdades de expressão do pensamento e de reunião com imediata relevância em termos de verificação dos limites constitucionais aplicáveis e condições da constitucionalidade de sua efetiva aplicação. No primeiro caso da liberdade de expressão de opinião, sua área de proteção material submete-se à reserva legal qualificada pelos propósitos permitidos do Art. 5 II GG (especialmente o limite das "leis gerais"). No segundo caso da área de proteção material da liberdade de reunião, ela se encontra submetida à reserva legal qualificada pela situação ("ao ar livre"), do Art. 8 II GG, ou a direito constitucional colidente, no caso de reuniões realizadas em espaços fechados.

EMENTAS

1. No processo da tutela cautelar segundo o § 32 I BVerfGG, as reconhecíveis perspectivas de sucesso de uma Reclamação Constitucional contra uma decisão liminar judicial-administrativa devem ser consideradas pelo TCF quando a espera tiver frustrado a proteção de direito fundamental.

2. Restrições do conteúdo e da forma de uma expressão de opinião podem ser justificadas exclusivamente nos limites elencados no Art. 5 II GG também no caso de a expressão ocorrer em uma ou por intermédio de uma reunião (em conexão com: BVerfGE 90, 241).

3. Sobre o alcance jurídico do bem protegido da ordem pública no direito [objetivo] de reunião.

Decisão [*Beschluss*] do Primeiro Senado de 23 de junho de 2004.

– 1 BvQ 19/04 –

No processo do pedido, em sede de cautelaridade, mediante suspensão da Decisão do Superior Tribunal Administrativo do Estado-membro *Nordrhein-Westfalen* de 21 de junho de 2004 – 5B 1208/04 – de devolução do efeito suspensivo do agravo do requerente contra medida do Comando da Polícia de *Bochum* de 6 de maio de 2004 – VL 1.2-231-49/2004 –, Requerente: Seccional Estadual do NPD *Nordrhein-Westfalen*, representado pelo presidente estadual, *Stephan Haase*, Günnigfelder Straße 101a, 44866 Wattenscheid.

Dispositivo:

1. Devolve-se o efeito suspensivo do agravo do Reclamante contra a medida do Comando da Polícia de *Bochum* de 6 de maio de 2004 – VL 1.2–231–49/2004.

2. O Estado-membro *Nordrhein-Westfalen* deve ressarcir o Reclamante pelas custas necessárias.

RAZÕES

O Senado compôs o texto da fundamentação de sua Decisão de acordo com o § 32 V BVerfGG depois do anúncio do teor do dispositivo da Decisão.

A.

O pedido de medida cautelar tem como objeto a execução imediata de uma proibição de reunião ordenada pela repartição administrativa competente.

I.1. – 3.; II.1. – 4.; III. [...]

B.

O pedido de medida cautelar é conhecido e [em seu mérito, julgado] procedente.

I.

1. Em caso de um litígio, o TCF pode, segundo o § 32 I BVerfGG, provisoriamente, por intermédio de uma medida cautelar, regulamentar uma situação quando isso for urgentemente necessário à oposição a graves desvantagens, para impedir uma violência ameaçada ou por conta de algum outro motivo relevante ao bem-estar coletivo. Nesse caso, os motivos que foram apresentados para a inconstitucionalidade do ato estatal imperativo impugnado devem ser deixados de lado. Contudo, o pedido de proteção cautelar não é procedente, quando a Reclamação Constitucional for inadmissível ou notoriamente improcedente (cf. BVerfGE 88, 169 [171 s.]; 91, 328 [332]). Isso não ocorre aqui.

As chances de êxito de uma Reclamação Constitucional podem, além disso, tornar-se decisivas se se tratar de decisões judiciais-administrativas que tiverem sido tomadas no processo cautelar e precipitarem a decisão do processo principal (cf. BVerfGE 34, 160 [163]; 63, 254; 67, 149 [152]), especialmente se a afirmada violação de direito não puder ser reformada no caso de indeferimento da medida cautelar, ou seja, no caso [do risco] de a decisão nos autos principais chegar tarde demais (cf. BVerfGE 46, 160 [164]). Se, em tais casos, as perspectivas de sucesso, reconhecíveis no momento da decisão cautelar, de uma Reclamação Constitucional contra a decisão cautelar judicial-administrativa não fossem consideradas, impor-se-ia, na ponderação das consequências, o bem jurídico que fosse mais relevante e cuja ameaça afirmada fosse mais intensa que a do colidente, mesmo se o possível exame do processo cautelar resultasse [no reconhecimento de] que os pressupostos jurídicos de sua proteção notoriamente não estivessem presentes. Isso contrariaria a tarefa do TCF de assegurar a observância dos direitos fundamentais no processo da Reclamação Constitucional.

Correspondentemente a isso, as perspectivas de sucesso de uma Reclamação Constitucional reconhecíveis no processo cautelar devem ser consideradas se, a partir do ensejo de uma proibição de reunião, deva ser decidido um pedido de medida liminar para o restabelecimento do efeito suspensivo de um agravo, e uma espera até a conclusão do processo de Reclamação Constitucional ou do processo principal possa, com grande probabilidade, frustrar o propósito da reunião. Se do exame, no processo cautelar, resultar que uma Reclamação Constitucional seja notoriamente procedente, residirá, no indeferimento da medida cautelar, uma grave desvantagem ao bem-estar coletivo no sentido § 32 I BVerfGG.

2. Os pressupostos para a revisão das perspectivas de sucesso de uma Reclamação Constitucional litispendente estão dados no caso em tela. A reunião diz respeito a um acontecimento temporalmente dependente; com grande probabilidade, seu propósito não poderia mais ser alcançado com uma espera até a conclusão do processo principal.

II.

Pelo único possível exame a ser feito pelo TCF no processo cautelar, não se pode reconhecer uma base legal para a proibição da reunião.

1. A proibição se baseia no presente caso, em primeira linha, na tese de que o slogan da reunião e as manifestações a serem nela esperadas ameaçam diretamente a ordem pública. O Superior Tribunal Administrativo parte, em sua jurisprudência, avocada pelo órgão administrativo, do fato de que reuniões com manifestações expressas de conteúdo neonazista podem ser proibidas ao se avocarem limitações constitucionais imanentes e para a proteção da ordem pública, quando a fronteira da punibilidade no caso particular não tiver sido alcançada (cf. OVG NRW, NJW 2001, p. 2111; NJW 2001, p. 2113; NJW 2001, p. 2114; NJW 2001, p. 2986 [2987]; DVBl. 2001, p. 584; em princípio, unânime: Battis/Grigoleit, NVwZ 2001, p. 121; *idem*, NJW 2001, p. 2051). Uma proibição de reunião não pode se basear nesse entendimento jurídico.

a) Restrições estatais do conteúdo e da forma de uma expressão de opinião atingem a área de proteção do Art. 5 I GG. Sua justificação pode se dar também quando a expressão ocorrer em uma ou por intermédio de uma reunião nos limites do Art. 5 II GG (cf. BVerfGE 90, 241 [246]; BVerfG, 1. Câmara do Primeiro Senado, Decisão de 5 de setembro de 2003 – 1 BvQ 32/03 –, NVwZ 2004, p. 90 [91]). De sua parte, o Art. 8 I GG protege a liberdade de se juntar com outras pessoas em um local com o propósito de realizar uma discussão ou manifestação conjunta com vistas à participação na formação da opinião pública (cf. BVerfGE 104, 92 [104]). A área de proteção dessa norma de direito fundamental é atingida quando uma reunião for proibida ou dissolvida ou o tipo e modo de seu transcurso for limitado por medidas estatais. Os limites contidos nos parágrafos 2 do Art. 5 e do Art. 8 GG são relativos [cada qual] às respectivas áreas de proteção da respectiva norma de direito fundamental. Por isso, o conteúdo de uma expressão de opinião, que, no quadro do Art. 5 GG, não pode ser reprimido, também não pode ser trazido para a justificação de medidas que cerceiem o direito fundamental do Art. 8 GG (cf. BVerfGE 90, 241 [246]).[224]

---

[224] Apesar da ressalva feita no período anterior da relação dos limites com as respectivas áreas de proteção do Art. 5 I e 8 I GG, essa passagem não pode ser mal compreendida como se, diante da completude da fundamentação, o exame trifásico (área de proteção, intervenção estatal e justificação constitucional da intervenção) não devesse ser perpetrado com base em cada um dos dois parâmetros. Contudo, essa completude marca o chamado "estilo de parecer (científico)" em oposição ao "estilo de sentença" (decisão judicial), junto ao qual a verificação da inconstitucionalidade em face de único parâmetro constitucional basta para a declaração de inconstitucionalidade. O problema aqui é que esse teor pode servir para embasar a equivocada tese do "fortalecimento da área de proteção". Cf.

b) Desde que ela não esteja servindo à proteção da juventude e ao direito da honra pessoal, uma limitação conteudística de expressões de opinião vem ao caso apenas no quadro de leis gerais no sentido do Art. 5 II GG. Essas são leis que não se voltam contra a liberdade de opinião em si ou contra a manifestação de determinada opinião, mas que, ao contrário, servem à proteção de um bem jurídico a ser protegido em geral, sem consideração por determinada opinião (cf. BVerfGE 7, 198 [209]; 93, 266 [291]; 97, 125 [146]; jurispr. pacífica). Esse bem jurídico tem de ser protegido na ordem jurídica em geral e, com isso, independentemente de poder ser ferido por meio de manifestações de opiniões ou outro modo. Na medida em que normas jurídicas forem carecedoras de interpretação, essa não pode levar à desconsideração do conteúdo protegido do Art. 5 I GG.

c) Os órgãos administrativos [reguladores] de reuniões e o Superior Tribunal Administrativo basearam suas decisões exclusivamente no conteúdo das expressões aguardadas. O legislador vinculou, nas leis gerais, mas especialmente em leis penais (assim, por exemplo, nos §§ 86, 86a, 130 StGB),[225] as restrições do conteúdo de expressões de opinião a pressupostos típico-normativos detalhados; uma avocação da caraterística típica da ordem pública não foi prevista. Assim, leva-se em consideração o fato de expressões de opinião, na democracia pluralista da *Grundgesetz*, serem, em princípio, livres, exceto se o legislador tiver, no interesse da proteção de bens jurídicos, estabelecido limites em harmonia com o Art. 5 II GG. Em vez disso, no conceito da ordem pública é característico que ele se refere a regras não escritas cuja observância é enxergada, consoante as cosmovisões sociais e éticas respectivamente dominantes e a serem harmonizadas com o conteúdo axiológico da *Grundgesetz*, como um pressuposto indispensável a uma convivência humana ordenada dentro de determinado território (cf. BVerfGE 69, 315 [352]). O direito fundamental da liberdade de opinião é um direito também para a proteção de minorias; seu exercício não pode ser submetido à reserva genérica, sem uma delimitação típico-normativa que esteja em conformidade com o propósito de proteção do direito fundamental, pelo qual os conteúdos de opinião não podem contradizer os entendimentos sociais e éticos dominantes.

Correspondentemente, em sua ordem jurídica, especialmente nas leis penais, o legislador somente restringiu expressões de opinião que ferissem outros bens jurídicos, por exemplo, a dignidade humana ou o direito geral de personalidade. Sob esses pressupostos, a ordem jurídico-penal serve também ao combate de tais violações de bens jurídicos que ocorrerem por meio de expressões antissemitas ou racistas. Se as correspondentes leis penais forem inobservadas por expressões de

---

referências à nota 60. Sobre a diferença entre os dois referidos estilos de decisão judicial e de parecer científico, v. Dimoulis e Martins (2020: 285 ss.).

[225] Cf. discussão retro, nas **Notas Introdutórias, I.2.1.**

opinião, está presente, na espécie, ao mesmo tempo, uma violação da segurança pública; um perigo assim fundamentado pode ser repelido por meio de órgãos administrativos de segurança pública [*Ordnungsbehörden*], com efeitos sobre reuniões. O direito fundamental da liberdade de reunião protege o transcurso de reuniões, mas não possibilita violações de bens jurídicos que podem ser reprimidas fora de reuniões. Por outro lado, a reserva contida no § 15 I VersG relacionada à área de proteção do Art. 8 I GG não pode conduzir a um alargamento dos limites do conteúdo de expressões de opinião contidos no ordenamento jurídico.

d) Constitucionalmente não problemático é o fato de o § 15 VersG, de acordo com o § 20 VersG, permitir restrições à liberdade de reunião; entre elas também para a defesa contra perigos à ordem pública, pressupondo-se que não decorram do conteúdo das expressões, mas do tipo e modo do transcurso da reunião. Assim, restrições da liberdade de reunião não são constitucionalmente problemáticas quando pretenderem evitar um comportamento dos partícipes da reunião que seja agressivo e provocativo, que intimidem os cidadãos, pelo qual seja produzido um clima de ostentação da violência e da potencial prontidão à violência (cf. BVerfG, 1. Câmara do Primeiro Senado, Decisão de 24 de março de 2001 – 1 BvQ 13/01 –, NJW 2001, p. 2069 [2071]; Decisão de 7 de abril de 2001 – 1 BvQ 17/01 e 1 BvQ 18/01 –, NJW 2001, p. 2072 [2074]; Decisão de 5 de setembro de 2003 – 1 BvQ 32/03 –, NVwZ 2004, p. 90 [91]). A ordem pública pode também ser violada quando extremistas de direita procederem a uma marcha em um feriado especialmente reservado para a memória do Não Direito ("*Unrecht*")[226] vigente no nacional-socialismo e do holocausto, de tal sorte que desse tipo e modo [de marcha] partam provocações que afetem gravemente o sentimento moral das cidadãs e dos cidadãos (cf. BVerfG, 1. Câmara do Primeiro Senado, Decisão de 26 de janeiro de 2001 – 1 BvQ 9/01 –, DVBl. 2001, p. 558). A mesma coisa vale quando uma marcha, por meio de sua marca geral, identificar-se com os ritos e símbolos do domínio nacional-socialista e, mediante palavras de ordem dos horrores do regime totalitário e desumano do passado, intimidar outros cidadãos (cf. BVerfG, 1. Câmara do Primeiro Senado, Decisão de 5 de setembro de 2003 – 1 BvQ 32/03 –, NVwZ 2004, p. 90 [91]). Em tais casos, deve ser esclarecido, sob observância do princípio da proporcionalidade, por meio de quais medidas o perigo pode ser combatido. Para tanto, vêm à pauta, em primeira linha, condições [a serem atendidas pelos organizadores da reunião]. Caso elas não bastem ao combate ao perigo, [somente] então pode ser proibida uma reunião (cf. BVerfGE 69, 315 [353]).

2.a) Os limites da liberdade de opinião podem derivar de direitos fundamentais colidentes e, portanto, da própria Constituição (cf. BVerfGE 66, 116 [136]). A ordem

---

[226] Por vezes: "*Unrechtsstaat*". Conceito reservado especificamente ao estado de nulidade jurídica no sentido do Estado de direito vigente no III. Reich sob o julgo da ideologia desumana nacional-socialista.

pública trazida como parâmetro pelos órgãos administrativos reguladores e pelo Superior Tribunal Administrativo não representa tal limite de direito fundamental (cf. Rühl, NVwZ 2003, p. 531 [536 s.]; Kniesel/Poscher, NJW 2004, p. 422 [428]). Na extensão em que devam ser reconhecidos limites de direitos fundamentais decorrentes diretamente da Constituição, eles até possibilitam restrições à liberdade; porém, sua concretização submete-se à reserva da lei (cf. BVerfGE 83, 130 [142]; 108, 282 [297, 302, 311]). Eles carecem, assim, de uma base legal. Isso já falta na limitação constitucional imanente aceita pelo Superior Tribunal Administrativo da manifestação de uma ideologia de extrema direita (cf. OVG NRW, NJW 2001, p. 2111 s.; NJW 2001, p. 2113 s.; NJW 2001, p. 2986 s.).

b) Restrições de reuniões por causa do conteúdo das expressões ligadas a elas também não podem se basear no fato de a *Grundgesetz* ter optado por uma democracia militante [capaz de defender-se] em face das experiências com o nacional-socialismo. De fato, a *Grundgesetz* quer defender-se contra tendências nacional-socialistas. Ao mesmo tempo, ela constrói proteções de Estado de direito cujas ausências marcaram o regime desumano do nacional-socialismo. Correspondentemente, a *Grundgesetz* contém um mandato da resistência contra afetações das bases de uma ordem democrático-liberal com os meios do Estado de direito.

Isso é especialmente considerado nas leis penais mediante normas especiais de proteção. A *Grundgesetz* contém, além disso, nos Art. 9 II, Art. 18 e Art. 21 II e no Art. 26 I, medidas especiais de proteção que mostram que o Estado Constitucional da *Grundgesetz* defende-se contra ameaças à sua ordem fundamental – também quando elas relacionarem-se com a difusão do ideário nacional-socialista – no quadro de procedimentos [judiciais] regidos pelo Estado de direito. Das normas elencadas na *Grundgesetz* não podem ser derivadas consequências jurídicas mais amplas do que aquelas expressamente ordenadas (cf. BVerfGE 10, 118 [123]; 13, 46 [52]; 25, 44 [57 s.]; BVerfG, 1. Câmara do Primeiro Senado, Decisão de 5 de setembro 2003 – 1 BvQ 32/03 –, NVwZ 2004, p. 90 [91]). Ao efeito de bloqueio dessas normas contrapõe-se uma avocação de limites constitucionais imanentes não escritos como justificativa de outras medidas de proteção da ordem democrático-liberal. O entendimento do Superior Tribunal Administrativo de que a *Grundgesetz* teria construído empecilhos muito elevados para a tomada de precauções de combate a perigos à ordem democrático-liberal contra extremistas de direita (cf. OVG NRW, NJW 2001, p. 2114) não permite o estabelecimento de limites a direitos fundamentais por meio de direito judicial.[227] As possibilidades de restrição [aos direitos fundamentais] previstas na

---

[227] *Richterliche Rechtsfortbildung*, também chamado de *Richterrecht*, diz respeito ao desenvolvimento de parâmetros normativos decisórios dentro do quadro discricionário judicial deixado pela ordem jurídica

Grundgesetz são, ao mesmo tempo, expressão das necessidades de uma restrição reconhecidas pelo constituinte.

2. A hipótese normativa do perigo direto para a segurança pública segundo o § 15 I VersG, que foi afirmada pelo Superior Tribunal Administrativo em face da primeira reunião convocada para o 18 de dezembro de 2003, não pode ser mais aplicada. O Superior Tribunal Administrativo não fundamentou sua nova decisão com a presença da hipótese normativa [do crime] da incitação, sobre o qual a ameaça admitida à segurança pública foi baseada. A Promotoria de Justiça já a descartou no caso do mote da reunião anterior. Se a mudança do mote – assim o entendimento do Superior Tribunal Administrativo – foi apenas uma correção cosmética que deveria servir a contornar o risco de uma penalização prevista no § 130 StGB e a proibição da reunião a ela ligada, isso é irrelevante do ponto de vista do direito [objetivo] de reunião. Autorizações para a restrição de liberdades jusfundamentais não se ligam à intenção, mas aos perigos [infligíveis] a bens jurídicos que derivem de ações concretas (cf. BVerfGE 25, 44 [58]).

III.

O efeito suspensivo da impugnação deve ser restabelecido.

[...].

Esta Decisão foi tomada unanimemente.

Papier, Jaeger, Haas, Hömig, Steiner, Hohmann-Dennhardt, Hoffmann-Riem, Bryde

85. BVerfGE 128, 226 (*Fraport*)

Reclamação Constitucional contra Decisão Judicial

22.02.2011[228]

MATÉRIA

A Reclamante impugnou decisões judiciais que corroboraram uma proibição de entrada e permanência no Aeroporto de *Frankfurt am Main* para fins de realizar reuniões de manifestação política e distribuir panfletos. A proibição foi editada pela própria gestora do Aeroporto de *Frankfurt*, a **Fraport**, uma sociedade por ações de economia mista, majoritariamente nas mãos do Estado: à época da proibição ensejadora da lide cível originária, 70% das ações pertenciam ao Estado de *Hessen* e à República Federal da Alemanha. Depois, a União vendeu sua parte, restando,

---

positiva constitucionalmente compatível. Cf. a discussão apresentada no **Cap. 23**, sob **Notas Introdutórias, IV.2.1** e referências trazidas, adiante, nas notas 390 e 391.

[228] Audiência pública realizada em 23.11.2010.

entretanto, ainda 52% das ações à titularidade do Estado de *Hessen* e do município de *Frankfurt am Main*.

A proibição baseou-se no *Regimento Interno de Uso do Aeroporto* e vigia para as áreas que juntas compunham a denominada "banda aérea", após o controle de check-in; e para a "banda terrestre", correspondentes às áreas de acesso público, que são equipadas, sabidamente, com restaurantes e lojas dos mais diversos tipos, mas voltadas especialmente ao público viajante e demais usuários e trabalhadores do aeroporto. Essa "banda terrestre" foi sendo paulatina e significativamente ampliada. Tal ampliação veio acompanhada de publicidade direcionada a novos clientes, na qual se prometiam experiências de compras e o atendimento das mais diversas necessidades, incluindo-se prestadores de serviço de cuidados com o corpo, como, por exemplo, um salão de cabeleireiros.

O dispositivo aplicado do Regimento Interno de Uso do Aeroporto foi o 4.2 cujo teor é o seguinte:

"Aglomerações, propagandas e a distribuição de panfletos e demais produtos gráficos carecem da anuência da Empresa [gestora] do Aeroporto.".

Segundo relato da requerida do processo originário teriam ocorrido, nos terminais 1 e 2 do aeroporto, entre os anos 2000 a 2007, 45 eventos de orientações as mais diversas. Alguns desses eventos foram avisados ao órgão administrativo regulador de reuniões; outros, não. Alguns foram avisados previamente à requerida. Os eventos tinham números muito diversos de participantes que variaram de apenas três a cerca de 2000.

A Reclamante adentrou as dependências do aeroporto com mais cinco militantes da causa intitulada "Iniciativa Contra Deportações". Abordou funcionários da Lufthansa e distribuiu panfletos sobre a iminente deportação de uma pessoa. A ação foi interrompida por funcionários e seguranças do aeroporto. Por notificação datada de 12 de março de 2003, o requerido do processo originário editou a proibição em tela, ameaçando a Reclamante com denúncia criminal por invasão tão logo ela "fosse novamente [lá] encontrada sem autorização". Em um comunicado explicativo, de 7 de novembro de 2003, a requerida afirmou, citando seu Regimento Interno de Uso do Aeroporto, que não toleraria "ações realizadas no terminal não combinadas antes conosco" para se garantir "um transcurso imaculado do funcionamento e a segurança".

Após a proibição, a Reclamante propôs a cabível ação cível, julgada improcedente em decisão do juízo de primeira instância. Segundo sua fundamentação, a requerida, como proprietária, poderia se valer do direito das regras da empresa, não se sujeitaria a um vínculo direto aos direitos fundamentais. Tal vínculo não decorreria do fato de o Estado ser proprietário da maioria das ações; teria de ser 100% para haver tal efeito.

A requerida não exerceria poder estatal soberano junto a deportações. Ela se sujeitaria apenas a um vínculo indireto aos direitos fundamentais como qualquer sujeito de direito privado. A ponderação entre ambas as posições de direito fundamental das partes litigantes teria como resultado que a requerida não precisaria aceitar que ocorressem no seu imóvel manifestações de opinião e ações de protesto. Como direitos de resistência, as liberdades de opinião e de reunião valeriam apenas em face do Estado, não implicariam direitos oponíveis em face de um proprietário que não desejasse tolerar tais manifestações em suas dependências. Seria irrelevante constatar se, de fato, o exercício concreto do direito fundamental afetaria o bom funcionamento do aeroporto. A proibição não seria arbitrária ou desproporcional, pois atingiria apenas a permanência ilícita no aeroporto segundo o disposto no ponto 4.2 do aludido Regimento Interno.

Reiterando com sucintos complementos os fundamentos da sentença de primeira instância, o Tribunal Estadual negou provimento à apelação da Reclamante. Entre os complementos, destaque-se a conclusão, segundo a reprodução daquela feita em discurso indireto pelo TCF: "no quadro do vínculo mediato aos direitos fundamentais, a requerida seria obrigada apenas a garantir o acesso para propósitos de viagem. A própria proibição nem violaria a lei nem seria imoral ou discriminadora".

Também não restou exitoso o recurso de revisão perante a Tribunal Federal, interposto contra o não provimento do recurso de apelação. Na fundamentação do não provimento desse recurso que pode ter por objeto apenas questões jurídicas (tem *mutatis mutandis* o mesmo papel do recurso especial no sistema recursal pátrio) sustentou-se, em suma, que a legitimidade da requerida de determinar proibições baseia-se no direito das regras da casa decorrentes dos §§ 858 ss., 903, 1004 BGB.[229] Esse direito encerra a faculdade do proprietário de permitir ou proibir a entrada na localidade, o que compreenderia o direito de permitir a entrada apenas para determinados fins, impondo-o mediante proibição de propósitos incompatíveis com sua predeterminação. Não estariam presentes restrições desse direito decorrentes da obrigação de firmar contratos em face de passageiros que cumprissem os pressupostos jurídico-públicos ("*Konthraierungszwang*").[230] Reuniões e distribuição de

---

229 Como direito constitucional colidente com o – e limitador do – direito fundamental da Reclamante. Cf. uma análise específica e muitas referências por Hufen (2018: 513). Da jurisprudência do próprio TCF, no entanto de Câmara, não do Senado [cf. Martins (2018-c: 8 s.)], tem-se BVerfG-K, NJW 2015, 2485 (proibição pelo proprietário de terreno – *Hausverbot* – da manifestação "*Bierdosen-Flashmobs für die Freiheit*"). Cf. os comentários a essa decisão por Smets (2016: 35) e por Muckel (2016).

230 O conceito da "coerção de contração" (lit.) refere-se à obrigação legal de fechamento de contratos. Ele aparece em vários âmbitos do sistema jurídico alemão, mas, especialmente, junto ao setor do transporte de pessoas (como no presente caso do transporte aéreo) e provimento de serviços e recursos elementares como energia e água. Implica restrições à autonomia da vontade que, por sua vez, também

panfletos seriam atividades incompatíveis com essa hipótese de restrição e com a função aeroportuária. Por causa dos direitos fundamentais à liberdade de opinião e de reunião, a requerida não estaria obrigada a suspender a proibição, sem embargo do caráter imediato ou apenas mediato de seu vínculo, pois também no primeiro caso não teria violado direitos da Reclamante.

Com efeito, o Art. 8 I GG não fundamentaria um direito de uso que não existisse já a partir dos princípios gerais do direito. Uma obrigação de tolerância por parte da requerida não estaria presente, pois não se pode excluir a possibilidade de as ações estorvarem o bom funcionamento do aeroporto. Isso valeria também em face do parâmetro do Art. 5 I 1 GG. Mesmo se a proibição representasse intervenções nas áreas de proteção de ambos os direitos, teria de ser, à luz dos mesmos direitos fundamentais, considerada proporcional, até porque a requerida estaria disposta, nos termos do disposto no ponto 4.2 do referido Regimento Interno, a cogitar uma autorização no caso concreto, o que representaria o meio interventivo menos oneroso entre os meios adequados à garantia da manutenção da capacidade funcional específica do aeroporto.

No dia 10 de março de 2006, a Reclamante comunicou por escrito à Requerida seu plano de realizar, no dia seguinte, uma nova ação nas dependências do pré-check-in ("banda terrestre"). Concretamente, distribuiria, no terminal 2, por alguns poucos minutos, panfletos. Não teria nenhuma intenção de estorvar o tráfego aéreo e pediu a respectiva permissão. Relatou também ter avisado o competente órgão administrativo sobre uma segunda ação programada para durar 30 minutos no terminal 1.

A requerida não apenas denegou à Reclamante as autorizações, referindo-se à proibição então judicialmente corroborada, como também ameaçou retirá-la do terminal, além de ter renovado a ameaça de ensejar a cabível ação penal pública por crime de invasão (em parte, de maior abrangência do que a violação de domicílio).[231]

No dia 15 de março daquele ano (portanto, apenas cinco dias após o pedido seguido da corroboração da proibição e ameaças de medidas judiciais referidas no

---

representam intervenções no direito fundamental subsidiário à liberdade geral de ação do Art. 2 I GG. Cf. fundamentalmente já Nipperdey (1920).

[231] A *"Hausfriedenbruch"* que, tomada em sua literalidade, seria traduzível como "quebra da paz da casa" é conduta tipificada no § 123 I StGB (e pelo § 124 StGB para casos "graves" – ambos sob a epígrafe dos "crimes contra a ordem pública"). Corresponde à tutela penal do chamado *Hausrecht* (lit.: "direito da casa") como uma das principais faculdades do proprietário e afluentes da proteção da posse pacífica sobre qualquer bem imóvel decorrente da combinação dos §§ 858 ss., 903 e 1004 BGB: "Pune-se com pena de prisão de até um ano ou com multa quem entrar ilegalmente em domicílio, estabelecimentos comerciais, posses pacíficas de outra pessoa ou locais fechados destinados ao serviço público ou ao transporte, ou quem, se lá permanecer sem autorização, não sair a pedido do legitimado". (§ 123 I StGB).

parágrafo anterior), a Reclamante ajuizou a presente Reclamação Constitucional. Nela, alegou que a proibição e as decisões judiciais que a corroboraram teriam violado seus direitos fundamentais decorrentes do Art. 8 I e do Art. 5 I 1 GG. Na fundamentação, enfatizou o vínculo direto da Empresa Fraport aos direitos fundamentais, especialmente cunhando uma plástica expressão: O Estado não pode se furtar aos direitos fundamentais mediante uma "fuga para o direito privado". Mesmo em *não* se admitindo a tese da eficácia direta, os tribunais não teriam interpretado com a devida profundidade a lide à luz de seus direitos fundamentais que teriam sido, de uma forma ou de outra, desproporcionalmente atingidos.

Apresentaram pareceres nos autos da Reclamação Constitucional o Tribunal Administrativo Federal, a Procuradoria de Justiça do Estado de *Hessen* e a requerida. O TCF convocou uma audiência pública da qual participaram a Reclamante e a Requerida como legitimados às sustentações orais e, na categoria de especialistas, alguns representantes da *Amnesty International*, Seccional da República Federal da Alemanha e.V.; a União Federal de Prestadores de Serviços Públicos, Seccional Alemã da CEEP e.V.; a União Alemã dos Sindicatos, distrito de *Hesse-Thüringen* e o Comando da Polícia Federal de Aeroportos, *Frankfurt/Main*, além do Comando da Polícia de Aeroportos do Comando Policial *Frankfurt am Main*.

Em sua decisão não unânime (7 votos a 1), o TCF julgou procedente a Reclamação Constitucional. Consequentemente, suspendeu todas as decisões judiciais que corroboraram uma proibição de entrada e permanência no Aeroporto de *Frankfurt am Main* para a realização de manifestação política por violação não apenas da liberdade de reunião, mas também da liberdade de expressão do pensamento (Art. 8 I e Art. 5 I GG). Ou seja, mais uma vez reconheceu uma relação de concorrência ideal[232] entre os dois direitos fundamentais.

Na fundamentação, a maioria do Senado firmou uma interpretação do conceito de "ar livre" que definitivamente se afasta de sua literalidade. A expressão positivada na *Grundgesetz*, "*unter freiem Himmel*", pode ser traduzida de modo ainda mais plástico: "sob céu aberto". Ambas correspondem à mais sóbria locução utilizada na CFB, em seu art. 5º XVI CF, "locais abertos ao público". Apesar das condições de aperto espacial, típicas de saguões de aeroportos – mesmo em se tratando de aeroporto de grande vulto como é o caso do Aeroporto de *Frankfurt* –, enfatizadas no voto dissidente do Juiz *Schluckebier*, o conceito de "ar livre" ou "céu aberto" não depende, como amplamente discutido nas notas introdutórias, da ausência de teto, mas da possibilidade de expansão lateral da reunião, da acessibilidade.[233] Da classificação como reunião aberta ou fechada ao público dependerá a restringibilidade – ou, pelo

---

[232] Sobre o conceito, cf. Dimoulis e Martins (2020: 213–217).

[233] Cf. retro, sob **Notas Introdutórias, III.1.1**, com referências.

menos, seu modo e classificação constitucionais – pelas regras da Lei de Reuniões, especificamente da regulamentação do aviso prévio coberta pelo Art. 8 II GG, desde que interpretada conforme à Constituição (no caso de reuniões espontâneas ou urgentes), ou apenas mediante direito constitucional colidente.

Também restou sedimentada a tese de que se trata de vínculo do poder público, mesmo se a autoridade coatora for uma sociedade de economia mista, desde que o Estado seja sócio majoritário e que aqui a empresa de economia mista aja de acordo com regras do direito privado. No caso, avocou como visto, inclusive, seu Regulamento Interno, com suas "regras da casa/empresa" (*Hausrecht*), instituto do direito privado.[234]

Por fim, o TCF operou com o conceito de espaço de comunicação pública que atingiria até mesmo espaços de propriedade privada como os modernos *shopping centers*. Não obstante, não desistiu da teoria da eficácia meramente indireta dos particulares aos direitos fundamentais. O voto discordante do Juiz *Schluckebier*, reproduzido ao final em larga medida, debateu explicitamente com essas razões determinantes da fundamentação colegiada da Decisão. Trata-se de uma decisão muito analisada na literatura especializada.[235]

EMENTAS

1. Empresas de economia mista organizadas em forma de direito privado, [mas] controladas pelo poder público submetem-se, tal como as empresas públicas de propriedade exclusiva do Estado que sejam organizadas em forma de direito privado, a um vínculo imediato aos direitos fundamentais.

2. A especial suscetibilidade a estorvos de um aeroporto justifica, segundo a medida da proporcionalidade, restrições mais amplas da liberdade de reunião do que aquelas que são permitidas nos espaços das vias públicas.

Decisão [*Urteil*] do Primeiro Senado de 22 de fevereiro de 2011

Com base na audiência pública de 23 de novembro de 2010

– 1 BvR 699/06 –

No processo da Reclamação Constitucional da Sra. [...] contra a) a Decisão do Tribunal Federal (BGH) de 20 de janeiro de 2006 – V ZR 134/05 –, b) a Decisão do Tribunal Estadual de *Frankfurt am Main* de 20 de maio de 2005 – 2/1 S 9/05 –, c) a Decisão do juízo de primeira instância de *Frankfurt am Main* de 20 de dezembro de 2004 – 31C 2799/04-23 –.

---

234 Cf. *ibid*.

235 Cf. por todos Schmidt (2019: 341) e Hufen (2018: 513–514).

Dispositivo:

1. A Decisão do Tribunal Federal (BGH) de 20 de janeiro de 2006 – V ZR 134/05 –, a Decisão do Tribunal Estadual de *Frankfurt am Main* de 20 de maio de 2005 – 2/1 S 9/05 – e a Decisão do juízo de primeira instância de *Frankfurt am Main* de 20 de dezembro de 2004 – 31C 2799/04-23 violam os direitos fundamentais da Reclamante à liberdade de opinião decorrente do Artigo 5, Parágrafo 1, Período 1 e à liberdade de reunião do Artigo 8, Parágrafo 1 da *Grundgesetz*. Suspendem-se as Decisões. A matéria será devolvida para nova decisão ao Juízo de Primeira Instância de *Frankfurt am Main*.

2. A República Federal da Alemanha deve ressarcir a Reclamante suas custas necessárias.

RAZÕES

A.

Com sua Reclamação Constitucional a Reclamante impugna decisões judiciais cíveis que confirmaram uma proibição feita pela gestora do Aeroporto de *Frankfurt*, organizada como uma sociedade anônima, com a maioria de suas ações pertencente ao poder público, pela qual a Reclamante ficou permanentemente impedida de utilizar o aeroporto sem sua autorização para manifestações de opinião e protestos.

I.1. – 10.; II. – III.1. – 2.a) – c), 3.a) – c); IV. [...]

B.

A Reclamação Constitucional admitida a julgamento é procedente. As decisões impugnadas dos tribunais cíveis violam os direitos fundamentais da Reclamante decorrentes do Art. 8 I e do Art. 5 I 1 GG.

I.

A Requerida [no processo originário] é diretamente vinculada aos direitos fundamentais em face da Reclamante. Assim, ela não pode, por sua vez, avocar seus próprios direitos fundamentais para justificar a proibição de estada no aeroporto por ela editada.

1. O uso de formas jurídico-privadas não subtrai o poder estatal de seu vínculo aos direitos fundamentais no sentido do Art. 1 III GG. Isso vale tanto para o uso de formas de atuação jurídico-privadas quanto para a aplicação de formas sociais e de organização jurídico-privadas. As empresas de economia mista controladas pelo poder público submetem-se ao vínculo imediato dos direitos fundamentais tanto quanto as empresas públicas de propriedade exclusiva do Estado que sejam organizadas em formas de direito privado.

a) De acordo com o Art. 1 III GG, os direitos fundamentais vinculam Legislativo, Poder Executivo e Judiciário como direito imediatamente vigente. Eles valem não apenas para determinadas áreas, funções e formas de cumprimento de tarefas estatais, mas também vinculam o poder estatal de modo amplo e geral. O conceito de poder estatal deve ser, no caso, entendido em sentido amplo; alcança não apenas as medidas imperativas. Decisões, expressões e ações – que podem ter, nos respectivos níveis decisórios estatais, a pretensão de serem tomadas legitimamente em nome de todos os cidadãos – são compreendidas pelo vínculo aos direitos fundamentais. Poder estatal vinculado a direito fundamental no sentido do Art. 1 III GG é, nesse sentido, qualquer ação de órgãos ou organizações estatais, porque elas se dão como cumprimento de seu mandato em prol do bem coletivo.

O Art. 1 III GG está pautado em uma diferenciação elementar: enquanto o cidadão é, em princípio, livre, o Estado é, em princípio, vinculado. O cidadão encontra reconhecimento por meio dos direitos fundamentais como pessoa livre que é autorresponsável pelo desenvolvimento de sua individualidade. Ele e as associações por ele criadas e instituições podem configurar suas ações segundo preferências subjetivas em liberdade privada, sem serem aqui, em princípio, devedores de prestação de contas. Sua obrigação estabelecida pelo ordenamento jurídico é, desde o início, relativa e – especialmente segundo a medida da proporcionalidade –, em tese, limitada. Por sua vez, o Estado age no cumprimento de tarefas fiduciárias em prol dos cidadãos e é devedor de prestação de contas a eles. Suas atividades são entendidas não como expressão de livres convicções subjetivas, mas permanecem em distanciado respeito às convicções variadas dos cidadãos, sendo correspondentemente vinculadas amplamente aos direitos fundamentais pela Constituição. Esse vínculo não se submete a uma reserva de utilidade ou funcionalidade. Tão logo o Estado proceda à realização de uma tarefa, por ocasião de seu cumprimento ele estará vinculado aos direitos fundamentais, pouco importando mediante qual forma jurídica aja. Isso vale também quando recorrer ao direito civil para o cumprimento de sua [respectiva] missão. Não lhe cabe uma fuga do vínculo do direito fundamental no direito privado com a consequência de que o Estado deveria ser entendido como sujeito de direito privado, liberado do Art. 1 III GG.

b) O vínculo imediato aos direitos fundamentais não atinge apenas empresas públicas que estejam completamente na propriedade do poder público, mas também empresas de economia mista quando forem controladas pelo poder público.

aa) Para empresas públicas organizadas na forma jurídico-privada que estejam completamente sob controle do poder público é reconhecido que o vínculo aos direitos fundamentais atinge não apenas o titular da respectiva empresa, mas a própria (cf. BVerwGE 113, 208 [211]; Rüfner, in: Isensee/Kirchhof, HStR V, 2. ed. 2000, § 117, n. à margem 49; Ehlers, Parecer E para o 64. DJT [2002], p. E39; Dreier, in:

Dreier, GG, vol. 1, 2. ed. 2004, Art. 1 III, n. à margem 69 s.; Pieroth/Schlink, Grundrechte Staatsrecht II, 25. ed. 2009, n. à margem 187; Höfling, in: Sachs, GG, 5. ed. 2009, Art. 1, n. à margem 104). Isso corresponde ao caráter de tal empresa como unidade de ação autônoma e assegura um efetivo vínculo aos direitos fundamentais, independentemente do "se", "quão ampla" e "em que forma" o/os proprietário/s podem exercer influência sobre a direção dos negócios e– no caso de empresas com variadas titularidades de ações – como uma coordenação dos direitos de influência de vários proprietários públicos deveria ser garantida. Atividades de empresas públicas permanecem, sem embargo da configuração dos direitos de comando societário, uma forma de cumprimento de tarefa estatal, junto à qual as próprias empresas são vinculadas diretamente aos direitos fundamentais.

bb) Nada diferente deve valer para empresas de economia mista, junto às quais participem tanto sócios acionistas públicos quanto privados, quando elas forem controladas pelo poder público.

2. Também no caso de empresas de economia mista a questão do vínculo aos direitos fundamentais atinge a respectiva empresa como um todo e pode ser respondida apenas unificadamente. [...].

3. Uma empresa de economia mista submete-se ao vínculo imediato aos direitos fundamentais quando ela for controlada por acionistas públicos. Isso é normalmente o caso quando mais da metade das ações forem de propriedade do poder público. Nesse ponto, em princípio pode-se referir a balizas jurídico-privadas (cf. §§ 16, 17 AktG, Art. 2 I alínea *f* da Diretriz 2004/109/EG). Se, em casos especiais, esse critério deve ser completado, não carece aqui de uma decisão.

[...].

4. Por esse entendimento, os direitos dos acionistas privados não são atingidos injustificadamente: se tais acionistas participam ou não de uma empresa pública controlada pelo Estado, isso faz parte de sua livre decisão e se as relações de maioria mudarem apenas posteriormente cabe a eles – como no caso de quaisquer relações de maioria – reagirem. Na medida em que particulares, em vez disso, participam de tais empresas, eles tomam, de igual modo, parte das chances e riscos que resultem das condições de atuação do poder público. De toda sorte, permanece intocada sua posição jurídica como titular de direito fundamental, especialmente do direito fundamental de propriedade, diretamente em face dos acionistas públicos ou do poder público em geral.

a) Com o vínculo imediato aos direitos fundamentais e a ausência da legitimidade de avocar para si os próprios direitos fundamentais em face de particulares em uma lide cível, as empresas controladas pelo Estado sujeitam-se a restrições específicas, às quais empresas materialmente privadas ou controladas por particulares não se sujeitam. Os efeitos desse vínculo aos direitos fundamentais são, contudo, restritos, uma vez que permanecem no quadro do direito civil. Especialmente, em princípio, não se impede aqui o poder público de se valer de modo adequado e, no mais, com igual legitimidade que têm os particulares, dos instrumentos de ação do direito civil para o cumprimento de sua missão e de participar das transações econômicas privadas. Não obstante, isso não exclui, na contramão, a possibilidade de os particulares – por exemplo, em sede do efeito mediato – sem prejuízo de seus próprios direitos fundamentais, serem obrigados por direitos fundamentais de modo semelhante ou mesmo idêntico, especialmente quando surgirem para eles, em uma perspectiva fática, uma posição de obrigações ou de fidúcia como tradicionalmente ocorre com o Estado.

aa) Muitas típicas situações de perigo para a proteção de direitos fundamentais não surgem no direito privado desde o início porque lá ao Estado não são oferecidas específicas competências de intervenção. Ação unilateralmente vinculante é aberta a ele apenas de modo muito restrito – por exemplo, como no presente caso do recurso às faculdades jurídico-privadas de proprietário, especialmente ao direito das regras da casa/empresa [*Hausrecht*]. Desde que, ao contrário, direitos fundamentais no quadro de relações contratuais estejam em questão, é possível que, por falta de um poder decisório unilateral do poder público, uma intervenção em direitos fundamentais não ocorra ou, em havendo uma restrição a direito fundamental, não deva ser considerado o caráter voluntário do fechamento de contrato por parte do cidadão. Igualmente, o vínculo imediato aos direitos fundamentais de empresas controladas pelo Estado não impede sua participação no mercado com vistas ao lucro. Especialmente, o Art. 3 I GG não proíbe diferenciações que se conectem a critérios relevantes mercadologicamente, tais como qualidade de produtos, confiabilidade e capacidade de pagamento, a fim de se viabilizar a capacidade concorrencial da empresa.

bb) No entanto, o vínculo aos direitos fundamentais e sua correspondente ausência de legitimidade ativa de direito fundamental não deixam de ser relevantes. Eles vedam a empresas controladas pelo poder público, especialmente, a avocação da subjetividade da liberdade de arbítrio. Destarte, o poder público até pode usar as faculdades de proprietário jurídico-privadas – como, aqui, do direito das regras da casa. Contudo, essas não o dispensam de justificar as decisões unilaterais vinculantes por meio de legítimos propósitos do bem coletivo junto aos direitos fundamentais e do princípio da proporcionalidade. Sentido prático o vínculo aos direitos fundamentais adquire, sobretudo, como obrigação de neutralidade junto à configuração das relações contratuais. Empresas públicas, inclusive as controladas pelo poder público, até podem configurar suas relações com clientes segundo a lógica do mercado. Porém, não lhes cabe ligar, à vontade, sua atividade econômica com preferências subjetivas ideológicas ou a objetivos e a diferenciações que sobre elas repousem.

cc) O vínculo imediato aos direitos fundamentais de empresas controladas pelo poder público distingue-se, portanto, fundamentalmente, do vínculo aos direitos fundamentais, em regra, apenas mediato, ao qual estão sujeitos também os particulares e empresas privadas – especialmente segundo os princípios da eficácia mediata e com base nos deveres estatais de tutela. Enquanto estes se baseiam em uma obrigação de prestação de contas em face do cidadão, aqueles servem à compensação de esferas de liberdade dos cidadãos entre si, sendo, desde o início, relativas. Todavia, isso não significa que o efeito dos direitos fundamentais e, portanto, a obrigação – seja ela indireta ou direta – dos particulares tenha menor alcance. Conforme o conteúdo da garantia e a configuração do caso, o vínculo indireto aos direitos fundamentais de particulares pode se aproximar ou até equivaler a um vínculo aos direitos fundamentais do Estado. Para a proteção da comunicação, isso vem especialmente à pauta quando empresas privadas obtêm a disponibilização das condições da própria comunicação pública e, assim, entram em funções que – como o asseguramento das prestações postais e de serviços de telecomunicação – antes foram confiadas ao Estado como tarefa da providência existencial. Em que medida isso ainda hoje vale em relação à liberdade de reunião ou à liberdade de expressão da opinião também para empresas materialmente privadas, que se abrem a um trânsito público [em suas dependências], criando com ele lugares da comunicação geral, não carece de decisão no presente caso.

5. Consequentemente, o requerido é, como sociedade anônima cujas ações são mantidas em mais de 50% nas mãos do poder público, vinculado imediatamente aos direitos fundamentais da *Grundgesetz*.

II.

As decisões impugnadas dos tribunais cíveis violam o direito fundamental da Reclamante decorrente do Art. 8 I GG.

1. A proibição confirmada pelas impugnadas decisões de não se realizarem reuniões no Aeroporto de *Frankfurt* sem autorização da requerida no processo originário intervém na área de proteção da liberdade de reunião prevista no Art. 8 I GG.

a)aa) O Art. 8 I GG protege a liberdade de juntar-se com outras pessoas em dado local com o propósito de participar coletivamente da formação da opinião pública, direcionada à discussão e manifestação (cf. BVerfGE 104, 92 [104]; 111, 147 [154 s.]). Como liberdade da manifestação coletiva de opinião, a liberdade de reunião é constitutiva para a ordem estatal democrático-liberal (cf. BVerfGE 69, 315 [344 s.]). Em sua configuração ideal-típica, protestos dão visibilidade corporal coletiva a convicções, junto às quais os partícipes, na comunhão com outros, experimentam uma certificação dessas convicções e, por outro lado, para o exterior – já por meio da mera presença, o tipo da apresentação e a escolha do lugar – tomam posição no sentido literal da palavra e prestam testemunho de seu ponto de vista (cf. BVerfGE 69, 315 [345]).

bb) O Art. 8 I GG garante o direito de autonomamente determinar quando, onde e sob quais modalidades uma reunião deva acontecer. Como direito de resistência [a intervenções estatais] do qual, sobretudo, minorias divergentes [do chamado *mainstream* ou mesmo *establishment*] podem se valer, o direito fundamental não garante aos seus titulares apenas a liberdade de participar de uma reunião pública ou dela permanecer distante, mas também, ao mesmo tempo, um direito à autodeterminação sobre local, momento, tipo e conteúdo do evento (cf. BVerfGE 69, 315 [343]). Os cidadãos devem, destarte, poder decidir eles próprios onde eles podem imprimir à sua causa o maior efeito – se o caso, também tendo em vista relações com lugares determinados ou instituições.

(1) Não obstante, a liberdade de reunião não assegura um direito de entrada a quaisquer lugares. Especialmente, não assegura ao cidadão a entrada em lugares nos quais o público em geral não tenha acesso ou aos quais o acesso seja, conforme as circunstâncias exteriores, garantido apenas para determinados propósitos. A realização de reuniões, por exemplo, em prédios de órgãos administrativos ou de instalações cercadas não abertas à coletividade, é tão pouco protegida quanto, por exemplo, em uma piscina ou hospital públicos.

(2) Diante disso, a liberdade de reunião garante a realização de reuniões em local em que estiver aberto um trânsito público.

Isso se relaciona – independentemente de dispositivos normativos infraconstitucionais do direito viário – primeiro com o espaço das vias públicas. Esse é o fórum natural e historicamente representativo no qual os cidadãos trazem suas questões de modo especialmente efetivo ao público e a respeito das quais podem suscitar comunicação. Sobretudo, ruas e praças do interior de cidades são vistas hoje como oficinas do intercâmbio de informações e opiniões, assim como para a manutenção de contatos entre pessoas. Em forte medida, isso vale para as áreas de pedestres e de pouco tráfego. A viabilização do trânsito comunicativo é uma questão substancial que é perseguida com tais instituições (cf. Stahlhut, in: Kodal, Straßenrecht, 7. ed. 2010, p. 730). O direito [objetivo] de reunião conecta-se a essa função. Ao fazê-lo, observa os dispositivos gerais do direito viário aos quais, entretanto, sobrepõe-se parcialmente, desde que isso seja imprescindível a um efetivo exercício da liberdade de reunião. Reuniões públicas e marchas encontram aqui suas condições para fazer com que reivindicações cheguem aos ouvidos de um público geral e que protesto e insatisfação sejam simbolicamente "carregados na rua".

Algo correspondente vale também para locais externos ao âmbito das vias públicas que se abram, de modo semelhante, a um trânsito público e que sejam lugares da comunicação coletiva. Quando, hoje, a função da comunicação das vias públicas, caminhos e praças é cada vez mais completada por meio de outros fóruns como *shopping centers*, frente de lojas ou outros locais de encontro, a liberdade de reunião não pode ser excetuada de áreas de trânsito de tais instituições, desde que esteja presente um vínculo imediato a direito fundamental ou que particulares possam ser chamados à obrigação em sede de eficácia mediata. Isso vale, independentemente de se tratar de áreas em instalações próprias, ou em conexão com instituições de infraestrutura, cobertas ou estabelecidas ao ar livre. Jusfundamentalmente falando, é também irrelevante que tal âmbito de comunicação seja criado com os meios do direito viário ou do direito civil. Uma proibição de reuniões também não pode ser vista como sinal negativo da não abertura do local e, desse modo, como mero indeferimento de uma prestação voluntária. Pelo contrário, existe entre a abertura de um trânsito à comunicação pública e a liberdade de reunião uma relação indissolúvel: onde forem abertos âmbitos da comunicação pública, o Estado, que é imediatamente obrigado à observância de direitos fundamentais, não pode, mediante referência a propósitos livremente fixados ou a decisões quanto a destinações, excepcionar o exercício das liberdades de comunicação dos usos permitidos: com isso, ele incorreria em contradição com a própria decisão de abertura.

(3) Locais do trânsito comunicativo geral que podem ser utilizados ao lado do âmbito viário público para a realização de reuniões são, em princípio, somente aqueles que sejam abertos e acessíveis ao público em geral. Excluídos são, ao contrário, antes de tudo, locais aos quais o acesso seja individualmente controlado e permitido apenas para alguns restritos propósitos. Quando um controle individual de entrada, como aquele perpetrado junto a portões de segurança para as áreas de decolagem de aeronaves, garantir para uma instituição que apenas determinadas pessoas – os passageiros, para início de sua viagem – tenham acesso, lá não está aberto um trânsito geral. O exercício da liberdade de reunião não poderá ser reivindicado para tais locais.

De outra feita, responde-se à pergunta se tal local que fica fora de ruas, logradouros e praças públicas deve ser classificado como um espaço de comunicação pública segundo o modelo do fórum público (cf. a respeito de critérios gerais: Supreme Court of Canada, Committee for the Commonwealth of Canada v. Canada, [1991] 1 S.C.R. 139; Supreme Court of the United States, International Society for Krishna Consciousness [ISKCON] v. Lee, 505 U. p. 672 [1992]). Esse é caracterizado pelo fato de nele poder ser perseguida uma multiplicidade de atividades variadas e reivindicações e de, por intermédio dele, surgir uma rede multilateral e aberta de comunicação. Apartado deve ser ele de lugares que deixem à disposição da coletividade, segundo as circunstâncias exteriores, somente propósitos [de uso] muito bem determinados e que sejam correspondentemente configurados. Se locais, em perspectiva fática, servirem exclusivamente ou muito preponderantemente a apenas uma determinada função, não se pode intencionar – além dos direitos de uso privados – a realização neles de reuniões no sentido do Art. 8 I GG. Por outro lado, diferentemente ocorre onde a conexão entre lojas, prestadores de serviços, firmas de restauração e áreas de lazer criar um espaço de passeio e, assim, surgirem locais de paradas e encontros. Se espaços forem abertos desse modo para vários usos paralelos, incluindo-se de comunicação e fóruns públicos, não se pode retirar deles, consoante o Art. 8 I GG, a discussão política em forma de manifestações coletivas de opinião mediante reuniões. O Art. 8 I GG garante aos cidadãos, nas áreas de trânsito de tais locais, o direito de confrontar o público com discussões políticas, conflitos sociais e outros temas. Tais possibilidades de conseguir atenção são queridas como base da formação da vontade democrática e formam um elemento constituinte da ordem estatal democrática.

b) Partindo do exposto, a confirmação pelas decisões impugnadas da proibição de entrada no aeroporto editada pela requerida intervém na liberdade de reunião da Reclamante.

O pedido da Reclamante de realizar reuniões no Aeroporto de *Frankfurt* já não se encontra fora da área de proteção da liberdade de reunião. O Aeroporto de *Frankfurt* é configurado em partes substanciais como local do trânsito comunicativo geral. É bem verdade que isso não vale para todo o aeroporto. Assim, uma avocação da liberdade de reunião nos âmbitos de segurança que não sejam acessíveis em geral é excluído, assim como naqueles âmbitos que sirvam somente a determinadas funções (por exemplo, à entrega de bagagens). No entanto, o aeroporto abrange também grandes áreas que são configuradas como locais de passeio e de conversa, como corredores de compras e lojas gastronômicas e que aqui abrem-se ao trânsito geral. Mediante o slogan "compras e experiência" a requerida, que se entende como "City in the City", faz [sua] publicidade na internet: "Airport Shopping para todos!", "Sobre 4.000 metros quadrados revela-se o novo mercado em novo formato, aguardando sua visita!". Aqui, foram visivelmente configurados locais como fóruns públicos em geral acessíveis cujas áreas de trânsito, portanto, encontram-se, em princípio, abertas a reuniões.

Por sua vez, a requerida proibiu à Reclamante permanentemente – e, assim, sem consideração de uma concretamente ameaçada afetação do funcionamento empresarial [potencialmente] provocável por determinada reunião – a realização de reuniões sem sua autorização em toda a área do aeroporto. Na medida em que as decisões impugnadas corroboram essa proibição, elas intervêm na liberdade de reunião da Reclamante.

2. A intervenção não se sujeita a objeções em face da constitucionalidade formal da base de autorização restritiva do direito fundamental da liberdade de reunião. A requerida pode se pautar em princípio sobre as faculdades de proprietária do Código Civil para a restrição de reuniões no Aeroporto de *Frankfurt*. Ela deve, porém, orientar seu exercício pelo direito fundamental da liberdade de reunião.

a) A liberdade de reunião não é garantida sem reservas. Ao contrário, reuniões ao ar livre podem ser limitadas, segundo o Art. 8 II GG, por lei ou com base em uma lei. A essa reserva legal submetem-se também as reuniões no interior do Aeroporto de *Frankfurt*.

aa) Reuniões em lugares de trânsito de comunicação geral são reuniões ao ar livre no sentido do Art. 8 II GG e sujeitam-se à reserva legal. Isso vale independentemente de serem eles lugares abertos ao público em si na natureza ou se localizarem em edifícios fechados. Decisivo é que reuniões em tais locais aconteçam em um espaço público, ou seja, no contexto de um trânsito geral de público e que não sejam dele apartadas espacialmente.

O conceito de "reunião ao ar livre" do Art. 8 II GG não pode ser entendido em um sentido restrito como referência a um lugar de evento não coberto. Seu sentido reconhece-se de modo correto apenas na contraposição dos modelos existentes na legislação do direito de reunião: enquanto "reuniões ao ar livre" são tipicamente aquelas das ruas e praças públicas, é seu antônimo a reunião ocorrida em espaços apartados do público como, por exemplo, nas antessalas de restaurantes. Neles, os partícipes da reunião encontram-se sós entre eles e separados do público em geral, de tal sorte que prefiguram menos conflitos que exigiriam uma regulamentação. Por sua vez, reuniões "ao ar livre" ocorrem em contraposição imediata com um público não partícipe (cf. Grupo de Trabalho Direito de Reunião, Modelo de Anteprojeto de uma Lei de Reuniões, Enders/Hoffmann-Riem/Kniesel/Poscher/Schulze-Fielitz [org.], 2011, Fundamentação do § 10, p. 34). Aqui existe, no encontro dos partícipes da reunião com terceiros, um potencial de perigo mais ou menos previsível: emoções da discussão provocada por uma reunião podem crescer mais rapidamente em face do público em geral e, eventualmente, provocar reações contrárias. A reunião pode encontrar aqui aderência mais facilmente, ela se movimenta como coletivo no espaço público. O Art. 8 II GG possibilita ao legislador interceptar tais conflitos e equilibrá-los. Ele leva em consideração o fato de que em tais contatos com o mundo exterior existe uma demanda específica de regulamentação, a saber: uma regulamentação de natureza organizacional e jurídico-processual, para, de um lado, criarem-se os reais pressupostos do exercício do direito de reunião e, de outro lado, protegerem-se suficientemente interesses colidentes de terceiros (cf. BVerfGE 69, 315 [348]).

bb) Partindo disso, as reuniões intencionadas pela Reclamante no Aeroporto de *Frankfurt* sujeitam-se à reserva legal do Art. 8 II GG. É certo que os locais nos quais a Reclamante pretende exercer a liberdade de reunião encontram-se, precipuamente, no interior do aeroporto, sendo assim cobertos e fechados em seus lados. Contudo, as reuniões pretendidas não devem ser realizadas em espaços apartados de outros passageiros, mas dentro do espaço público geral, ao qual se dirige a manifestação coletiva de opinião. Por isso, no sentido do Art. 8 II GG, as reuniões em tais espaços são "reuniões ao ar livre" que podem ser limitadas pela lei segundo os princípios gerais.

b) As normas do Código Civil podem ser trazidas à pauta como lei restritiva da liberdade de reunião no sentido do Art. 8 II GG. O direito civilista das regras da casa segundo os § 903 1, § 1004 BGB é, assim, em princípio, idôneo a justificar intervenções na liberdade de reunião. Intocadas permanecem aqui as leis de reunião, como decisivas bases legais das competências dos órgãos administrativos reguladores de reuniões para todos os locais do trânsito de comunicação geral.

aa) A reserva legal do Art. 8 II GG permite ao legislador criar bases autorizadoras, com fulcro nas quais a liberdade de reunião pode ser restringida. O legislador pode dar aos órgãos estatais a autorização para onerar reuniões sob determinadas condições com medidas restritivas ou também as proibir, caso necessário. Quando, desse modo, forem criadas competências decisórias imperativas e as respectivas decisões puderem ser executadas unilateralmente, o Art. 8 II GG exige uma regulamentação pelo legislador que seja consciente e expressamente relativa à liberdade de reunião dos cidadãos. Os pressupostos da intervenção precisam ser fixados, em suas linhas gerais, de modo suficientemente determinado e claro normativamente pelo próprio legislador. A isso corresponde que, para correspondentes regulamentações, também vale o mandamento de citação[236] do Art. 19 I 2 GG e que ele cumpra a função de aviso nele contida.

Por meio da Lei de Reuniões da União, que continua valendo segundo o Art. 125a I 1 GG até que seja revogada por leis de reuniões dos Estado-membros [em seus respectivos âmbitos territoriais], o legislador fez uso dessa reserva legal. A Lei de Reuniões não é restrita a reuniões no espaço público das ruas, mas alcança todas as reuniões públicas, independentemente de acontecerem sobre um território público ou privado. Aplica-se, portanto, a reuniões no Aeroporto de *Frankfurt*.

bb) Isso não muda o fato de que o poder público, quando age na forma do direito privado, pode basear restrições da liberdade de reunião de modo complementar nas normas do Código Civil, aqui do § 903 1, § 1004 BGB. Também essas normas correspondem, nesse caso, à autorização do Art. 8 II GG. A isso não se contrapõe que,

[236] Sobre seu alcance e função, v. retro **Notas Introdutórias, III.2.2.**

por não se tratar de normas relativas a reuniões, seu alcance sobre reuniões não tenha sido mais detalhadamente definido. Uma vez que, nesse caso, o poder público, como qualquer particular, vale-se das normas gerais do direito civil e que, desse modo, nenhuma competência estatal específica lhe é dada aqui e que, em princípio, suas decisões não podem ser impostas unilateralmente [como nos casos em que age com poder de império estatal], não estão aqui presentes as demais exigências a serem feitas a leis intervencionistas.[237] Também o mandamento de citação do Art. 19 I 2 GG não pode cumprir, diante de tais normas não específicas, sua função de aviso, não sendo aplicável. Intervenções no Art. 8 I GG que se baseiem somente nas faculdades gerais do direito privado não são inconstitucionais apenas porque lhes falta uma suficiente base legal. Isso é a consequência do fato de o Estado poder, por excelência, agir nas formas do direito privado.

cc) Todavia, decisões restritivas de reuniões por uma empresa pública ou empresa controlada pelo Estado que sejam embasadas apenas no direito privado não podem ampliar as competências de intervenção de órgãos estatais em face de reuniões, muito menos criá-las. Na medida em que os órgãos reguladores de reunião tomarem decisões a respeito de uma reunião na área do aeroporto ou que a polícia agir para sua execução, eles até devem incluir, em princípio, a mantenedora do aeroporto como atingida. Se o caso, devem considerar seus entendimentos – como os que se encontram expressos, especialmente, no Regulamento do Aeroporto –, mas, em face da matéria, são vinculados somente às determinações dos fundamentos de competência válidos para ela mesma – e, portanto, preponderantemente à Lei de Reuniões.

---

[237] A *Fraport*, como companhia de economia mista dominada pelo Estado, ao agir como particular e, portanto, não se valendo, pelo menos não nesse ponto, dos instrumentos normativos à disposição de órgãos da Administração Pública indireta (portaria, resolução etc.), não está em princípio intervindo como Estado. No entendimento do TCF, essa seria a razão pela qual as normativas examinadas, constitutivas do regulamento interno da *Fraport*, não se submeteriam *prima vista* às exigências constitucionais dirigidas a todas as leis que se valham da reserva legal qualificada do Art. 8 II GG. Contudo, o TCF sustenta que isso não impede o reconhecimento da classificação da aplicação dos dispositivos citados do Código Civil na categoria jurídico-dogmática da intervenção estatal carecedora de justificação constitucional. Independeria do fato de se tratar de normas gerais de direito privado, mas não de leis específicas sobre a regulamentação de reuniões ou de leis gerais de segurança pública. Fossem as normas dos §§ 903 1, 1004 BGB, que facultam ao proprietário definir as regras – de comportamento – da casa, avocadas por particulares, não haveria de se falar em intervenção na área de proteção. No presente caso, aquilo que em geral representa um direito subjetivo tutelado pelo direto privado transforma-se aqui em base legal de uma intervenção estatal. Entre as consequências dogmáticas tem-se, por exemplo, a mencionada óbvia ausência do dever de citar o direito restringido prescrito pelo Art. 19 I 2 GG (a respeito, v. referência na nota anterior). Com efeito, não são dispositivos concebidos para intervir na liberdade de reunião, além de serem pré-constitucionais, pois o BGB foi promulgado no ano 1900.

3. As decisões atacadas violam o direito fundamental da Reclamante decorrente do Art. 8 I GG porque corroboraram uma proibição desproporcional de reunião.

Quando os órgãos estatais interpretam e aplicam leis restritivas da liberdade de reunião de acordo com o Art. 8 II GG, têm sempre de fazê-lo à luz do significado fundamental da liberdade de reunião no Estado democrático-liberal e limitar-se, em suas medidas, àquilo que for necessário à proteção de bens jurídicos de igual valor (cf. BVerfGE 69, 315 [349]). O princípio da proporcionalidade deve ser rigorosamente observado. As decisões impugnadas não atenderam essas exigências.

a) Intervenções na liberdade de reunião carecem, segundo o princípio da proporcionalidade, de um propósito legítimo. Uma proibição de se reunir nas instalações do aeroporto não pode ser baseada simplesmente no direito de determinação privado-autônomo, sujeito ao arbítrio da requerida sobre o uso de sua propriedade privada. O vínculo a direito fundamental da requerida e a falta de uma faculdade de, na relação com outros particulares, avocar para si o direito fundamental de propriedade, determinam que o § 903 1 BGB aqui não é aplicado, como ocorre entre particulares, como expressão de uma liberdade decisória que discricionariamente lhe caiba, mas como norma de autorização para a persecução de propósitos legítimos do bem coletivo sob a égide dos limites da liberdade de reunião. O recurso ao § 903 1 BGB carece, portanto, de uma vinculação funcional relativa a tais tarefas e somente é justificado quando servir à proteção de bens jurídicos individuais ou à persecução de propósitos públicos legítimos suficientemente importantes.

No caso de reuniões realizadas em um aeroporto, faz parte dos [retro aludidos] propósitos, sobretudo, a segurança e a capacidade funcional da administração aeroportuária. Um aeroporto é um ponto de trânsito para fluxos de bens e pessoas, é conectado a um sistema complexo de redes globais e funciona com base no perfeito funcionamento de dispositivos técnicos sensíveis e dos processos logísticos que, em havendo transtorno ou mesmo fracasso, possivelmente podem levar à perda de bens jurídicos essenciais. Afetações do processo empresarial podem atingir, assim, intensamente um número indeterminado de pessoas. Em face da situação de ameaça específica que disso decorre, que pode ser, se o caso, ainda mais intensificada por conta da conexão direta entre os âmbitos configurados como espaços da comunicação pública e as instalações fomentadoras da função de trânsito, a segurança e a capacidade funcional da administração aeroportuária ganham grande importância e podem justificar restrições à liberdade de reunião. Consequentemente, as medidas que sirvam à segurança e facilidade dos processos funcionais e à proteção dos passageiros, dos visitantes ou das instalações do aeroporto podem, em princípio, basear-se no direito das regras da casa.

b) Restrições de reuniões precisam ser, no mais, adequadas, necessárias e proporcionais [em sentido estrito] ao cumprimento desses propósitos segundo o princípio da proporcionalidade. Assim, as medidas embasadas no direito das regras da casa devem levar em consideração o significado fundamental da liberdade de reunião no Estado democrático-liberal. Valem normalmente as medidas constitucionais em geral válidas para os limites da liberdade de reunião. Essas viabilizam levar efetivamente em consideração a especial situação de perigo em um aeroporto. Medidas restritivas de reuniões podem ser editadas para a garantia da capacidade funcional do complexo sistema logístico de um aeroporto no caso particular mediante a observância de condições rigorosas, tais quais seriam possíveis para correspondentes reuniões no âmbito dos logradouros públicos.

aa) De acordo com o Art. 8 I GG, a realização de reuniões é garantida em princípio sem [necessidade de] aviso ou permissão. Assim, reuniões não podem ser colocadas sob uma genérica reserva de permissão. Pelo menos em face de um titular de direito diretamente vinculado a direitos fundamentais não se aplica uma obrigação de permissão geral de reuniões para as áreas do aeroporto abertas ao trânsito de comunicação também com base no direito das regras da casa. Por sua vez, não se questiona, em princípio, uma obrigação de aviso – também à gestora aeroportuária –, principalmente porque tal obrigação pode ser então cumprida *in loco*. Contudo, proporcional ela será somente se não valer sem exceções, mas, pelo contrário, se admitir reuniões espontâneas ou urgentes e se um descumprimento da obrigação de aviso não tiver como consequência automática a proibição da reunião (cf. BVerfGE 69, 315 [350 s.]; 85, 69 [74 s.]).

Uma vedação de reunião vem à tela apenas se estiver presente um perigo direto derivado de reconhecíveis circunstâncias para bens jurídicos essenciais e de mesmo valor que a liberdade de reunião. Precisa-se de um prognóstico de perigo para [se estabelecer] a presença de um periclitação "imediata". Não bastam meros estorvos provocados por terceiros que resultem do caráter grupal do exercício do direito fundamental e que não possam ser evitados sem comprometer o propósito da reunião. Em regra, eles têm de ser tolerados. Caso sejam temidos perigos imediatos a bens jurídicos, eles devem ser, primeiro, combatidos por meio [da determinação] de condições [a serem cumpridas durante a realização da reunião]. A proibição de uma reunião vem à pauta como *ultima ratio* apenas quando as afetações de outra maneira não possam ser evitadas.

Esses princípios não impedem que possa ser enfrentado o potencial de perigo de reuniões em um aeroporto de modo específico e que possam ser considerados os direitos de outros titulares de direito fundamental. Especialmente, o princípio da proporcionalidade permite que se tome em conta, por exemplo, o espaço exíguo dos terminais em cada fase da ponderação. Por isso, pode ser proibido um protesto de multidão em um aeroporto cuja capacidade espacial não o comporte, e indicado a ser realizado em outros locais, assim como, por exemplo, seria possível essa proibição em uma apertada área de pedestres ou em um centro urbano histórico densamente ocupado por edificações. Nesses casos, o número de participantes pode ser limitado de modo compatível com os dados locais. Também é óbvio que determinadas formas, meios e ruídos de reuniões implicam mais riscos, podendo ser, destarte, mais facilmente limitadas do que as correspondentes reuniões feitas na praça pública ou sobre um gramado público. Igualmente, uma especial vulnerabilidade a estorvos de um aeroporto em sua função precípua de lugar para a realização do tráfego aéreo justifica restrições que, segundo a medida da proporcionalidade, não precisariam ser toleradas no espaço público das ruas. Isso vale especialmente no caso de medidas que garantam as especiais exigências de segurança do aeroporto. No mais, podem ser impedidos efeitos de bloqueio para a garantia da segurança e capacidade funcional do aeroporto de modo mais amplo do que nas ruas. Assim, por exemplo, pode ser proibida uma reunião espontânea de magnitude incontrolável, com quantidade de pessoas que extrapole um número limitado, se elas, por falta de suficientes possibilidades do gestor do aeroporto para tomar precauções cabíveis, ameaçarem tomar proporções imprevisíveis. Com certeza, diante disso, as moléstias do público causadas por reuniões devem ser, em princípio, também em um aeroporto, toleradas até certa medida.

bb) No conteúdo aproximam-se, portanto, as possibilidades de ação que estão à disposição da requerida, como titular de direito diretamente vinculada aos direitos fundamentais com base no direito das regras da casa, do alcance das competências dos órgãos reguladores de reunião. Em todo caso, não podem ser, em princípio, suas faculdades jurídico-privadas interpretadas de tal sorte a ultrapassarem os limites constitucionais impostos aos órgãos reguladores de reunião. Mas isso não impede a requerida de concretizar detalhadamente restrições da liberdade de reunião no aeroporto que correspondam às apresentadas medidas constitucionais e as positivarem, de modo geral com base em seu direito das regras da casa, em seu regulamento de uso do aeroporto. Ela pode criar, destarte, regras transparentes ao exercício do direito de reunião no aeroporto que se adequem às condições espaciais e, notadamente, às específicas condições de funcionamento como situações de perigo. À pauta vêm, por exemplo, as delimitações esclarecedoras, ligadas a relações fáticas, entre as áreas de trânsito multifuncionais e âmbitos especiais, a caracterização de zonas, nas quais reuniões em tese ameacem imediatamente a segurança do funcionamento empresarial ou também uma proibição de portar objetos como, por exemplo, apitos, tambores ou alto-falantes, desde que esses provoquem estorvos significativos à segurança ou à capacidade funcional do funcionamento aeroportuário. Também ela pode, por exemplo, – complementarmente à obrigação de aviso junto a órgãos reguladores de reunião –

prever uma obrigação de notificação junto ao gestor aeroportuário.

Tais regras baseadas apenas no direito regulamentar da casa/empresa (*Hausrecht*)[238] ficam restritas a efeitos jurídico-privados. Deixam intocadas tanto as competências soberanas dos órgãos reguladores de reunião e das forças operacionais da polícia *in loco* quanto sua responsabilidade de interpretação dessas competências. Entretanto, no âmbito de suas competências jurídicas reguladoras de reuniões, as autoridades podem valer-se das normas de tal regulamento interno de uso como presunções regulamentares em prol dos requisitos de segurança e da capacidade funcional do aeroporto. Não obstante, eles precisam aqui avaliar se o regulamento interno satisfaz as exigências jurídico-constitucionais ou se, no caso particular, está presente uma situação que exija sua desconsideração.

c) As decisões atacadas não atendem essas exigências. A total confirmação da proibição de entrada no aeroporto pelos tribunais cíveis imposta à Reclamante não é – pelo menos em face do vínculo imediato da requerida aos direitos fundamentais – compatível com o princípio da proporcionalidade.

A proibição de entrada no aeroporto infligida pela requerida nega à Reclamante a realização de quaisquer reuniões em todas as áreas do aeroporto quando essas não forem previamente permitidas segundo a medida de uma decisão da requerida que é, em princípio, livre. Consequentemente, não se limita à resistência a perigos concretamente iminentes para bens jurídicos essenciais e de igual valor que a liberdade de reunião, mas se entende como uma proibição genérica de protesto direcionada à Reclamante. De tal entendimento embasador da proibição de entrada no aeroporto, valeu-se também o Tribunal Federal (BGH). [...].

III.

Além disso, as decisões impugnadas violam o direito fundamental da Reclamante decorrente do Art. 5 I GG.

1.a) O Art. 5 I 1 GG protege a expressão de uma opinião não apenas em face de seu conteúdo, como também da forma de sua difusão (cf. BVerfGE 54, 129 [138 s.]; 60, 234 [241]; 76, 171 [192]). Faz parte disso, nomeadamente, a distribuição de panfletos que contenham expressões de opinião. Protegidas são, no mais, as escolhas do local e da hora de uma expressão. Quem se manifesta tem, igualmente, não apenas direito de, em geral, manifestar sua opinião, mas pode escolher as circunstâncias nas quais espera emprestar à manifestação da opinião a máxima difusão ou o efeito mais forte possível (cf. BVerfGE 93, 266 [289]).

Não obstante, o Art. 5 I 1 GG não dá ao indivíduo o direito de entrada a lugares

---

[238] A respeito, v. novamente: **Notas Introdutórias, III.1.1.**

que, em geral, não lhe sejam acessíveis. A liberdade de expressão da opinião é garantida ao cidadão apenas no local onde, de fato, tenha acesso. Diferentemente do caso do Art. 8 I GG, a manifestação da opinião não é limitada, já ao nível de sua área de proteção, a fóruns públicos que sirvam à comunicação. Isso porque, ao contrário da liberdade de reunião coletivamente exercida, o exercício da liberdade de opinião como direito do indivíduo não implica, em regra, nenhuma necessidade de espaço, não se abre por ela um trânsito próprio tipicamente ligado a perturbações. Pelo contrário, a liberdade de expressão da opinião e o direito que dela se deriva à difusão de opiniões não têm um específico suporte espacial. Como direito individual por excelência, ela acompanha o cidadão em qualquer lugar em que se encontre.

b) As decisões atacadas confirmam a proibição de entrada no aeroporto exarada pela requerida e a interpretam de tal sorte a ser a Reclamante autorizada à entrada e ao uso do aeroporto apenas conforme o regulamento de uso, que, por sua vez, condiciona a distribuição de panfletos e outros produtos gráficos a uma permissão a ser previamente obtida. A Reclamante tem, assim, a entrada – em outros casos, em geral, acessível ao público – então negada se ela quiser lá distribuir panfletos. Aqui reside por parte da requerida – diretamente vinculada aos direitos fundamentais – uma intervenção na liberdade de opinião decorrente do Art. 5 I 1 GG.

2. A liberdade de opinião não é – tal qual a liberdade de reunião – garantida ilimitadamente. [...].

3. Sem embargo, as leis, com base nas quais a liberdade de opinião é restringida, devem ser interpretadas – como apresentado no caso da liberdade de reunião – à luz do direito fundamental restringido. Assim, deve ser levado em consideração o papel constitutivo da liberdade de opinião para a ordem democrático-liberal (cf. BVerfGE 7, 198 [208 s.]; 101, 361 [388]; jurispr. pacífica). Principalmente, as exigências do princípio da proporcionalidade devem ser observadas.

a)aa) As intervenções na liberdade de manifestação da opinião carecem, primeiro, de um propósito legítimo. Vale algo correspondente à liberdade de reunião: [...].

[...].

bb) As restrições da manifestação da opinião devem ser adequadas, necessárias e proporcionais em sentido estrito ao alcance do propósito. [...].

Isso exclui, em todo caso, a possibilidade de se proibir genericamente a distribuição de panfletos no aeroporto ou de fazê-los depender de uma autorização. Por outro lado, aquelas restrições que se relacionarem a determinados locais, tipos e horários da manifestação de opinião em prol do impedimento de estorvos não podem ser, de plano, excluídas (cf. Supreme Court of Canada, Committee for the Commonwealth of Canada v. Canada, [1991] 1 p. C. R. 139, p. 86 ss.; Supreme Court of the United States, International Society for Krishna Consciousness [ISKCON] v. Lee, 505 U. p. 672 [1992], p. 699 ss.). Como ocorre no direito de trânsito, o uso das áreas do aeroporto para difusão de opiniões segundo a medida de aspectos funcionais pode ser limitado e regulamentado. O Art. 5 I 1 GG não proíbe que a difusão de opiniões seja vedada parcialmente ou em determinadas formas ou que seja [mesmo apenas] restringida. Depende-se aqui, como ocorre nos logradouros públicos, dos aspectos espaciais e da afetação de vários propósitos de uso, especialmente da logística da função de trânsito aéreo do aeroporto.

[...].

b) As decisões impugnadas não satisfazem essas exigências. Elas corroboram a proibição de entrada no aeroporto também em face da vedação genérica e ilimitada nela contida de não distribuir panfletos sem autorização prévia. Independentemente da licitude das ações anteriores de distribuição de panfletos pela Reclamante, que não são objetos do presente processo, é desproporcional uma proibição desse tipo geral e desvinculada de estorvos concretos ao funcionamento do aeroporto.

IV.

Se as decisões impugnadas violam, além disso, outros direitos fundamentais da Reclamante, isso pode restar sem exame porque já a violação do Art. 8 I e do Art. 5 I 1 GG conduz a uma suspensão das decisões impugnadas.

V.

A decisão sobre as custas baseia-se no § 34a II BVerfGG.

A decisão foi tomada com maioria de 7 votos a 1.

Kirchhof, Hohmann-Dennhardt, Bryde, Gaier, Eichberger, Schluckebier, Masing, Paulus

Opinião divergente do Juiz *Schluckebier* sobre a Decisão [*Urteil*] do Primeiro Senado de 22 de fevereiro de 2011 – 1 BvR 699/06 –

Eu não concordo com a decisão. A Reclamação Constitucional teria de ser julgada improcedente no meu entendimento pelo menos no que tange à alegada violação do direito fundamental à liberdade de reunião. Para tanto e outras considerações essenciais da minha perspectiva, anoto o seguinte:

O vínculo imediato da Fraport Sociedade Anônima considero *em sede de conclusão* correto. Porém, a fundamentação dada pela maioria no Senado não é suficientemente analítica por não ter sido nela examinado se os vários titulares públicos, como sócios minoritários, têm assegurada a coordenação de suas possibilidades de influência jurídico-societária. As razões apresentadas não são suficientemente viáveis (**I.**). A ampliação da área de proteção do direito fundamental da liberdade de reunião ao saguão do edifício aeroportuário do Aeroporto de *Frankfurt* como um fórum público não convence (**II.**). No exame de proporcionalidade relativo ao Art. 8 GG, o Senado não considera adequadamente as especificidades da exiguidade espacial e da funcionalidade de um grande aeroporto internacional em sua diversa fragilidade, assim como os lá amplamente inevitáveis encontros de número extraordinariamente elevado de outros titulares de direitos fundamentais. Não sopesa essas circunstâncias de modo realista (**III.**). O resultado [pretendido pela Reclamante] – o questionamento das decisões judiciais cíveis atacadas restaria fundamentado no caso da pequena reunião de apenas poucas pessoas, em pauta no processo originário – poderia ter sido alcançado no caso de uma impugnação nesse ponto admissível mediante aplicação do princípio do tratamento igualitário, porque no passado a Fraport AG permitiu ou autorizou outras reuniões menores que não atrapalhavam o funcionamento do aeroporto (**IV.**).

I.

1. O vínculo imediato aos direitos fundamentais de uma assim chamada sociedade por ações de economia mista (aqui: a Fraport AG) como consequência de um controle por variados titulares de poder estatal, que, todavia, cada qual para si – ao lado de proprietários privados de ações – são apenas sócios minoritários, pode ser, em tese, apenas fundamentado se os proprietários públicos tivessem submetido suas participações adicionais no capital inicial a uma coordenação juridicamente vinculante de suas possibilidades de influência ou, fosse assegurada, de alguma forma, uma sincronia de interesses. Somente assim são cumpridos os pressupostos de um controle [...].

[...].

2. Ao contrário do retro apresentado, a fundamentação do Senado não me parece consistente o bastante:

[...].

II.

A extensão da área de proteção do direito fundamental da liberdade de reunião ao saguão do edifício aeroportuário do Aeroporto de *Frankfurt* como fórum público não convence.

1. O direito de reunião não assegura um direito de entrada em qualquer local, especialmente não garante a entrada em locais que não sejam acessíveis ao público ou cujo acesso seja garantido segundo as circunstâncias externas apenas para determinados propósitos. De tais princípios parte, primeiro, o Senado, mas amplia o direito de acesso para reuniões sobre os assim chamados "fóruns públicos", que são, geralmente, abertos e acessíveis ao público. Esses locais o Senado quer considerar apartados de lugares que, segundo circunstâncias externas, estejam à disposição da coletividade tão somente para fins bem determinados ou que, de modo muito preponderante, sirvam a apenas uma função. Classifica a área marginal [às pistas] dos saguões principais de um grande aeroporto na categoria de um fórum público em geral acessível e defere ao gestor aeroportuário o direito a [apenas] uma reserva limitada [de espaço] que exclua reuniões.

2. Já com base nessa descrição abstrata da área de proteção pela maioria do Senado, os saguões de um grande aeroporto deveriam ser excluídos da área de proteção. Com efeito, esses terminais aeroportuários servem *muito preponderantemente* apenas a uma função determinada, qual seja, a de *check-in* dos passageiros. Até se apresentam neles outras ofertas [funções] a pessoas que buscam e levam passageiros, assim como a demais interessados. A gastronomia neles existente e as lojas suprem, preponderantemente, as necessidades de viajantes e das pessoas responsáveis pelos traslados dos passageiros [para o / do aeroporto] com produtos de viagem segundo os standards do século XXI na comparação internacional. O fato de o gestor aeroportuário fazer ostensivamente publicidade das lojas e da gastronomia, em face da impressão geral e do número de todos os demais visitantes, [...] não altera o fato de que a "função aeroporto" é absolutamente dominante. Os terminais estão, portanto, muito preponderantemente, à disposição [do público] apenas para propósitos determinados; o propagado "caráter de mercado e fórum" não modifica esse reconhecimento. Sob essas circunstâncias, não se pode falar em um fórum de comunicação que seja comparável a ruas e praças públicas.

3. Além disso, não resta claro que o gestor aeroportuário, vinculado aos direitos fundamentais, devesse com a abertura dos terminais ao público perder seu direito de excluir certos tipos de uso. Isso já não convence porque o Senado considera como antes expressamente admissível – com fundamento na propriedade de direito privado – mesmo para certos âmbitos funcionais uma determinação de propósito restritivo baseado na vontade autônoma.

Para a expansão da área de proteção, o Senado apresenta, em essência, apenas o argumento segundo o qual "hoje a função de comunicação das vias públicas, caminhos e praças" seria cada vez mais "completada" por fóruns públicos, no sentido da definição da maioria no Senado. Isso é uma apreciação axiológica que, empiricamente, ainda não foi suficientemente provada. Já há muito, as grandes estações de trem ou aeroportos estão sendo divididas – precipuamente para suprir demandas de viagem – em corredores de lojas e empresas gastronômicas, sem que isso até hoje tenha sido visto como uma notável "concorrência comunicacional" em relação aos espaços das vias públicas como lugar de reunião ou mesmo que tivesse provocado uma desvalorização dos espaços das vias públicas. Momentaneamente, não existe ensejo para se temer que a função de comunicação das vias públicas, que tradicionalmente se encontram no uso geral, seria esvaziada ou mesmo sistematicamente retirada. Caso, no futuro, apareçam indícios de que o Estado mediante privatização formal ou material do espaço público busque reduzir notavelmente as áreas que estão à disposição para reuniões, ou caso inicie-se um movimento que enfraqueça o significado do espaço das vias públicas como lugares de reuniões, então isso daria ensejo a uma nova avaliação. Até hoje, os dados fáticos não justificam a expansão da área de proteção perpetrada pela maioria do Senado.

4. As razões da decisão promovem um entendimento que sugere a inclusão de fóruns exclusivamente privados na área de proteção do direito fundamental da liberdade de reunião. Isso já resulta do fato de que, no contexto da questão do vínculo aos direitos fundamentais como também da abertura de assim chamados fóruns, a decisão menciona a obrigação (exclusiva) de proprietários privados, embora no caso originário em si – principalmente de acordo com a detalhada fundamentação em prol do vínculo imediato aos direitos fundamentais da Fraport AG – não se enseje esse tipo de questionamento. No caso, desconsidera-se que, em tal configuração concreta, o direito fundamental de propriedade (Art. 14 GG) outorga uma posição contrária de direito fundamental da qual não podem se valer empresas "controladas pelo poder público", que são imediatamente vinculadas a direito fundamental. Não obstante, mediante a extensão em tela da área de proteção do Art. 8 GG em geral também para as áreas de trânsito gerais de fóruns, como *shopping centers*, lojas de rua e pontos de encontros, a situação de colisão entre ambos os direitos fundamentais restaria pré-solucionada ao nível da área de proteção em prol do direito fundamental da liberdade de reunião. O direito fundamental de propriedade poderia ser considerado, em tal perspectiva, por certo tão somente ao nível da justificação relativa ao tipo e modo da execução da reunião. Nas razões da Decisão, salienta-se que possivelmente também particulares poderiam sujeitar-se a um vínculo a direito fundamental semelhante ou próximo àquele do poder estatal. Em sede de conclusão, isso acarretaria obrigar os proprietários privados pela via de um efeito horizontal não apenas mediato, de tal sorte como se o Art. 8 GG valesse em face deles imediatamente com a área de proteção expandida pela maioria do Senado. Para tanto, não há uma justificativa sustentável.

A ampliação da área de proteção do direito fundamental de reunião, sustentada nas razões da Decisão com os *obter dicta* da obrigação de particulares e para a inclusão totalmente geral de fóruns de titularidade exclusivamente privada, indica, no mais, que a maioria do Senado recorre, pela via da interpretação constitucional, às concepções de política jurídica nas quais o Grupo de Trabalho Direito de Reunião baseou-se em seu Projeto-Modelo de uma Lei de Reuniões (cf. Arbeitskreis Versammlungsrecht, Musterentwurf eines Versammlungsgesetzes, Enders/Hoffmann-

Riem/Kniesel/Poscher/Schulze-Fielitz [Hrsg.], 2011, lá, veja § 21 e p. 60 ss.).[239]

III.

No exame de proporcionalidade do Art. 8 GG, o Senado – com base em seu entendimento da área de proteção – não considera apropriadamente as especificidades da exiguidade espacial e da funcionalidade de um grande aeroporto internacional com suas diversas fragilidades e a vasta afetação inevitável de número extraordinariamente elevado de outros titulares de direito fundamental, julgando-as de modo irrealista.

A maioria no Senado estende a área de proteção da liberdade de reunião a um "fórum público", que, por falta de delimitação espacial, encontra-se em imediata relação com as áreas funcionais laterais do – em termos de tráfego – maior aeroporto internacional da República Federal da Alemanha. Com as áreas laterais aos terminais de check-in, abre-se um ponto de reuniões em um lugar marcado pela excitação da febre de viagem em um apertado espaço construído e que tem relevância de "plataforma" por causa de seu significado preponderante ao trânsito de passageiros. Uma afetação, mesmo que sutil, pode rapidamente se tornar um grave estorvo, de longo alcance, ao funcionamento que então – principalmente porque em caso de necessidade do fechamento de um terminal – devido a intensas conexões do tráfego aéreo pode produzir efeitos [deletérios] sobre muitos outros aeroportos e seus passageiros [efeito cascata]. Por causa da ampla inevitabilidade das consequências de transtorno a número extraordinariamente elevado de viajantes e, assim, de outros titulares de direitos fundamentais que queiram exercer sua livre locomoção e liberdade geral de ação, estes podem ser atingidos pelos transtornos dos processos funcionais e por um fechamento do terminal que eventualmente se torne necessário, tendo em vista seu número e intensidade, de modo muito mais sensível do que geralmente ocorre no caso de reunião em vias e praças públicas. Em face do aperto e densidade dos aglomerados humanos, associados a uma movimentada agitação, parece também ser óbvio que reuniões que extrapolem tais grupos pequenos e controláveis podem conduzir a reações de resistência e desagrado de passageiros com pressa que se sintam tolhidos. De resto, é imaginável que as rotas de fuga e saídas de emergência fiquem obstruídas e evitar os espaços de reuniões que recebam um influxo significativo, diferentemente do que realmente ocorre ao ar livre, é uma possibilidade bastante limitada. Além disso, parece-me que, quando observada realisticamente, a dissolução de uma reunião "que se tornou muito grande" aludida pela maioria no Senado, em um terminal com as características da especial exiguidade

[239] Subentende-se, nessa passagem, uma crítica de que a maioria do Senado teria extrapolado os limites da jurisdição constitucional, em que pese o excelente resultado da tarefa realizada pelo citado grupo de trabalho, utilizado diversas vezes na presente exposição. Cf. Enders *et al.* (2011).

de espaço, implica outros grandes riscos.

[...].

IV.

A aplicação do princípio da igualdade a ser trazida à pauta (Art. 3 I GG) no exercício do direito das regras da casa pela Fraport AG poderia ter colaborado para o sucesso da Reclamação Constitucional porque o gestor do aeroporto havia tolerado outras pequenas reuniões. Uma arguição correspondente não foi, todavia, levantada de modo admissível na petição da Reclamação Constitucional.

Schluckebier

86. BVerfGE 143, 161 (*Karfreitag*)

Reclamação Constitucional contra Decisão Judicial (diretamente) e Ato Normativo (indiretamente)

27.10.2016

MATÉRIA

Trata-se de Reclamação Constitucional movida por uma entidade de direito público reconhecida como "comunidade de cosmovisão"[240] diretamente contra decisões judiciais e indiretamente contra os dispositivos de uma lei estadual (Estado de Bayern) que as embasaram. Segundo seus estatutos, representa os interesses de ateístas e agnósticos na esteira do Iluminismo e do Humanismo Secular. Engaja-se, sobretudo, na causa de uma estrita separação entre Estado e Igreja, com declarado propósito de desconstruir os privilégios das Igrejas.

A Reclamante convocou, para o feriado de marca cristã da **Sexta-feira Santa** (*Karfreitag*) do ano de 2007, um evento a ser realizado em um teatro de *München* com o slogan "em vez de danação do inferno, prazer pagão – zona livre de religião *München* 2007". O órgão administrativo competente denegou a autorização para uma parte do evento por considerá-la violadora das restrições impostas pela Lei de Feriados, na qual a Sexta-feira Santa é determinada como "dia silencioso".

Após o esgotamento de todas as vias de questionamentos administrativos e judiciais (foram respectivamente duas e quatro), ajuizou sua Reclamação

240 Que, no presente caso, pode avocar, como o fez, principalmente seus direitos fundamentais à liberdade religiosa e à liberdade de reunião, uma vez presentes as condições do Art. 19 III GG (titularidade de pessoas jurídicas conforme a compatibilidade da essência do direito com seu caráter artificial). Em relação ao Art. 4 GG, cf. Martins (2018-d: 29) e **Decisão II/# 32**. Em relação ao presente direito da liberdade de reunião, v. o que foi anteriormente explicado, sob **Notas Introdutórias, I.5**.

Constitucional arguindo violação de seus direitos fundamentais à liberdade religiosa e de cosmovisão (Art. 4 I e II GG) e à liberdade de reunião (Art. 8 I GG).

Como aludido, a base legal das alegadas intervenções nesses direitos fundamentais é composta por dispositivos da "Lei (Bávara) de Feriados", oficialmente alcunhada de "Lei de Proteção do Dia de Domingo e Feriados"; na sua versão sintética, como aludido, denominada apenas "Lei de Feriados" (*Feiertagsgesetz* – FTG). Trata-se de uma lei estadual de *Bayern*. Ela é entendida como configuração infraconstitucional de um mandato constitucional específico que, apesar de reconhecer dias de feriados religiosos (todos eles ligados ao cristianismo), majoritariamente não é considerada violação do princípio da neutralidade ética (religiosa e ideológica) do Estado.[241]

No (seu) § 3 FTG são protegidos os chamados "dias silenciosos".[242] Entre os feriados religiosos protegidos, encontra-se, especialmente, o feriado da Sexta-feira Santa (precisamente no Art. 3 I FTG). Como o próprio TCF descreve no relatório introdutório à sua decisão:

"Em dias silenciosos são vedados, em princípio durante todo o dia, eventos públicos de entretenimento que não mantenham o caráter sério do dia. Na Sexta-feira Santa, bem como nos dias de penitência e preces, também não são permitidos eventos esportivos. Acresça-se que na Sexta-feira Santa são proibidas, nos ambientes com serviço de bebidas, apresentações musicais de qualquer tipo. [...]. Enquanto os municípios podem conceder liberação de vedações para os dias silenciosos no caso

---

[241] Sobre o princípio da "neutralidade ética" do Estado, cf. o fundamental trabalho a respeito de Huster (2002). Cf. também Martins (2018-d: 19–23 e 25 ss.). Para a contestação da tese, cf. a **Decisão II/# 33**.

[242] Art. 3. Dias de Silêncio

(1) Os dias de silêncio são:

A Quarta-feira de Cinzas,

A Quinta-feira Santa,

A Sexta-feira Santa,

O Sábado de Aleluia,

O Dia de Todos os Santos,

O segundo domingo antes do Primeiro Advento como dia nacional de luto,

O Domingo dos Mortos,

O Dia de Arrependimento e Oração,

A Véspera de Natal (a partir das 14h00).

(2) [1]Nos dias de silêncio, eventos públicos de entretenimento apenas serão permitidos se for mantido o caráter sério correspondente a esses dias. [2]Contudo, são permitidos eventos desportivos, exceto na Sexta-feira Santa e no Dia de Arrependimento e Oração. [3]No mais, na Sexta-feira Santa ficam proibidas apresentações musicais de qualquer tipo em ambientes com serviço de bebidas.

(...).

particular por motivos importantes, para a [em se tratando da] Sexta-feira Santa, isso lhe é expressamente proibido (Art. 5 FTG)".[243]

As alegações do Reclamante, as seis decisões impugnadas e os pareceres de órgãos estatais e entidades ouvidas da sociedade civil discorrem sobre violações também de outros direitos fundamentais que aqui têm de ser deixados de lado. Não obstante, uma questão dogmática preliminar mais relevante é a relação de concorrência entre as liberdades de crença e ideológica ou de cosmovisão, de um lado; e a liberdade de reunião, de outro. A área de regulamentação das liberdades do Art. 4 GG parecem, em uma primeira apreciação, como precipuamente o Tribunal Administrativo (primeira instância) entendeu, corresponder *especificamente* ao aspecto da vida social atingido pelas normas de proteção da Sexta-feira Santa aplicadas. Sua especificidade em relação à aparente atividade de reunião em local fechado teria por consequência afastar a aplicabilidade desta. A questão é relevante, pois, em não se verificando a presença da chamada concorrência ideal, ou seja, em não se podendo estabelecer a relação de generalidade/especificidade, uma possível violação da liberdade de reunião apenas viria à pauta se a área de proteção das (aqui) supostamente genéricas liberdades de crença e de cosmovisão (Art. 4 I e II GG) não contemplassem a conduta do titular de direito fundamental em apreço.[244] A questão pode e deve ser resolvida em prol da presença de concorrência ideal, ou seja, independentemente da abertura ou não da proteção das regras supostamente genéricas do Art. 4 GG, deve ser examinada também uma possível violação da liberdade de reunião do Art. 8 I GG.[245]

---

[243] Art. 5. Isenções
Por razões importantes em casos individuais, os municípios poderão conceder isenções das proibições dos artigos 2, 3 e 4, mas não no caso da Sexta-feira Santa.

[244] Sobre esse conceito de concorrência, bastante central tanto para a teoria geral quanto para os exames de constitucionalidade de possíveis violações de direitos fundamentais, com referências ao debate alemão, v. Dimoulis e Martins (2020: 212–217). O reconhecimento da presença da concorrência entre direitos fundamentais de sua categoria e o possível afastamento *a priori* com a adoção de apenas um parâmetro são pressupostos essenciais de um parecer e uma decisão jurisdicional-constitucional corretamente fundamentados. Como no presente caso, os limites previstos a cada direito concorrente são diferentes. Consequentemente, também diferentes serão os pressupostos da constitucionalidade de sua imposição no caso particular.

[245] Especialmente no âmbito da tarefa de um parecer técnico-jurídico constitucional que, diferentemente do exigível de decisões judiciais, deve abordar até mesmo as hipóteses de violação supostamente menos promissoras. A esse método se opõe a equivocada tendência a combinar áreas de proteção como expressão de "fortalecimento da área de proteção". Cf. referências a essa posição e crítica na nota 60. Sobre a tarefa do (estilo de) parecer jurídico em contraposição a decisões judiciais, cf. novamente Dimoulis e Martins (2020: 285–291).

Por outro lado, alguns dos exames da possível violação do Art. 4 GG que não é o ponto de ênfase do presente capítulo estão na decisão intimamente ligados ao exame da possível violação do Art. 8 I GG.[246]

Não obstante, no que tange, exclusiva e especificamente à liberdade de reunião, segundo o relatório do TCF das fundamentações das seis decisões impugnadas acompanhadas de terceiros – cinco órgãos estatais e confessionais ouvidos, de um lado; e da Reclamante, acompanhada pelos pareceres de três entidades sociais de cosmovisão, de outro – as apreciações giraram em torno da classificação da última parte da reunião que foi proibida: a festa de encerramento do evento com música e serviço de bebidas. Para os primeiros, tratou-se, basicamente, ou de mero entretenimento não coberto pela área de proteção do Art. 8 I GG ou, concessivamente, de uma reunião que sofreu uma intervenção justificada. Para os segundos, os elementos de festa, especialmente o uso da música, no contexto, eram elementos conscientemente provocativos com vistas a apresentar a opinião da Reclamante e sua contribuição para a formação da opinião pública.

A reunião foi convocada para um local fechado com acesso mediante pagamento de um preço de entrada.[247] A tais reuniões – já por seu expresso, determinado teor – não se aplica o Art. 8 II GG, que contém uma reserva legal apenas em face de reuniões "ao ar livre". Apenas o limite constitucional do direito constitucional colidente viria à pauta.[248] Isso implicou, de novo, a necessidade de se lidar com um complexo concerto normativo envolvendo a colisão dos direitos fundamentais do Art. 4 I e II GG de terceiros com os mesmos direitos fundamentais da Reclamante, de tal modo a tornar relevante também o Art. 3 I GG (princípio e direito fundamental geral à igualdade). Nesse contexto, tem-se de analisar os direitos fundamentais do Art. 4 I e II GG da Reclamante também ao nível da justificação constitucional da intervenção em sua liberdade de reunião.

---

[246] Se houver concorrência aparente, então do tipo normativa, que não permite excluir sem mais um dos dois direitos da qualidade de parâmetro do exame. Sem chamá-la de concorrência aparente normativa, mas de delimitação de áreas de proteção específicas, cf. Michael e Morlok (2016: 60 s.); no mérito, condizente com a referida concorrência aparente normativa: Dimoulis e Martins (2020: 213 ss.). Na dúvida, pela concorrência ideal como decorrência do princípio in *dubio pro libertate*.

[247] Tratava-se de uma reunião em local fechado e não pública no sentido do direito objetivo de reunião. Segundo, por exemplo, a definição proposta no § 2 II PLM-LR: "Uma reunião é pública se a participação não se restringir a um círculo determinado de pessoas, ou se a reunião for direcionada a uma manifestação ao público no seu ambiente espacial". Cf. Enders *et al.* (2011: 16–19).

[248] Que no regime normativo da *Grundgesetz*, diferentemente do que ocorre no sistema da CFB com seu perfil programático-analítico a contemplar uma vasta gama de bens jurídicos que extrapolam a Constituição em sentido material, tem impacto dogmático relevante, pois restringe significativamente o rol de possíveis propósitos a serem perseguidos pela intervenção estatal. Sobre a dogmática geral e delimitação entre as duas categorias de limites constitucionais, v. Dimoulis e Martins (2020: 192 ss. e 204 ss.).

No caso, os limites à liberdade de reunião – que têm de ter, obrigatoriamente, lastro constitucional direto configurado pela Lei de Feriados – decorreriam do mandato constitucional do Art. 140 GG c.c. Art. 139 WRV.[249] Ambos devem ser combinados com o direito fundamental de todos os adeptos das religiões cristãs para os quais, segundo as decisões impugnadas e os cinco mencionados órgãos com elas aquiescentes, o simples fato de publicamente se convocar para tal festa, com dança e bebidas, comprometeria objetivamente o que se define como caráter sério do dia, assegurado pelo Art. 3 FTG. Representaria uma violação de seus direitos fundamentais.

Nesse contexto, surgiram argumentos levantados pelos defensores da constitucionalidade da proibição em torno do exercício negativo da liberdade de crença, segundo os quais o Art. 4 I e II GG não garantiria ao indivíduo uma não contraposição social com eventos religiosos.[250] Isso teria um impacto respectivamente diferente para as duas comunidades de cosmovisão aqui contrapostas:

"Para não cristãos, seria possível e sem mais exigível evitar as restrições [ou seja, não realizar as atividades violadoras do Art. 5 FTG]. Isso não seria possível aos cristãos que queiram passar o dia de modo sério e silencioso. Com efeito, pela publicidade sedutora de um planejado evento público, de modo extremamente provocativo,

---

[249] O Art. 140 GG (sob a epígrafe das disposições constitucionais finais e transitórias) determinou expressamente a recepção do Art. 139 WRV: "As disposições dos artigos 136, 137, 138, 139 e 141 da Constituição Alemã de 11 de agosto de 1919 são parte integrante desta *Grundgesetz*" (Art. 140 GG). "O domingo e os feriados reconhecidos pelo Estado permanecem legalmente protegidos como dias de descanso e edificação espiritual". (Art. 139 WRV).

[250] Cf., em geral, sobre a construção de suposta figura jurídico-dogmática da "proteção contra confrontação [temporal/espacial]" com manifestações de crença: Lindner (2002) e Rox (2012: 149–152). Em que pese a inexistência de tal proteção diante de particulares, é justamente esse o aspecto central da liberdade (negativa) de crença no caso da inconstitucionalidade de normas administrativas que determinam o afixamento de crucifixos, entre outros lugares, em escolas e tribunais. Geralmente, é muito criticado por autores e cidadãos que, no contexto da aplicação do princípio da neutralidade ética, afirmam uma suposta hostilidade a religiões. Corriqueiro nesse contexto tornou-se o conceito polemizante "laicismo". Nesse sentido, aplicam o argumento analogamente em face de particulares. Porém, não se trata de exercício negativo em sentido estrito, pois também tal exercício (assim como o positivo) é afirmável diretamente apenas perante o Estado. Em tese, o argumento poderia ser consistente se objetivasse a negação de um inexistente dever estatal de proteção em face da exposição a manifestações religiosas indesejada por alguns. De qualquer modo, o argumento da não tutela de exercício negativo é falacioso, deve ser refutado tanto em prol do direito fundamental do Art. 4 I e II GG quanto do princípio da neutralidade ética do Estado, que, como revelam a jurisprudência do TCF e a literatura dominante, não têm nada a ver com o que entendem sob "laicismo". Cf. novamente Martins (2018-d) e Martins e Dantas (2016).

deveria ser desafiado [referência à suposta vontade dos não cristãos] *ad absurdum* o caráter sério da Sexta-feira Santa".[251]

Por sua vez, segundo a Reclamante "a perceptibilidade pública não poderia já ser afirmada [apenas] porque foi anunciado publicamente que uma atividade aconteceria. Na mera ciência a respeito da atividade não se encontraria um estorvo [do bem jurídico protegido pela lei, do "caráter sério" da Sexta-feira Santa]".

Nesse contexto, a Reclamante não se voltou, em primeira linha, contra o fato de a Sexta-feira Santa ser em si protegida pela lei como dia de comemoração de marca religiosa. Ao contrário, sustentou apenas que a margem de configuração do legislador seria sobrepujada quando as regras de proteção "atingissem não apenas o espaço público, mas também estendessem seus efeitos sobre um espaço semipúblico e, no mais [com isso, também] sobre uma comunidade de cosmovisão". A festa de encerramento do evento – em que estavam programadas várias atividades, como palestras, apresentação de filmes e de novos membros da organização e distribuição de materiais – foi realizada em espaço fechado, com a devida proteção acústica (até porque vigem as demais regras de proteção do silêncio noturno). Ademais, não havia organizações ou igrejas cristãs na vizinhança.

Contrapôs-se diante de tais argumentos [usados] nas fundamentações das seis decisões atacadas e nos cinco pareceres a elas favoráveis que, mesmo que a Reclamante pudesse se valer dos direitos fundamentais dos Art. 4 e 8 GG, a intervenção de intensidade mínima seria proporcional. A intensidade mínima foi enxergada no fato de se tratar da proteção de poucos dias no ano, de ninguém ser obrigado a nenhuma atividade religiosa ou mesmo a – em sua esfera íntima – levar o feriado a sério.[252] Por sua vez, ainda segundo o relatório do TCF, a Corte Administrativa de Justiça [de *Bayern*] anotou: "um cristão justamente não poderia escapar do pensamento da intenção da Reclamante". Em outras palavras: o simples pensamento do – conhecimento pelo – fiel cristão sobre a planejada festa de encerramento do evento teria o condão de causar um gravame psicológico e, assim, equivaleria a uma intensa intervenção em sua liberdade de crença.[253]

---

[251] Tem-se aqui uma citação direta da reprodução pelo TCF em discurso indireto (paráfrase) das razões da decisão do órgão judiciário-administrativo. Cf. BVerfGE 143, 161 (172).

[252] Esse *argumentum ad absurdum* não convence. Nem o desenvolvimento exponencial das tecnologias da informação possibilitam ao Estado (pelo menos, ainda) imiscuir-se nas sinapses cognitivas do indivíduo. Como esse tipo de intervenção sucumbe aos parâmetros da realidade fática, configura um absoluto despropósito trazê-lo aqui para efeitos de comparação de cargas interventivas nos titulares de direitos colidentes.

[253] Novamente aqui a imprescindível verificação da intensidade de uma intervenção estatal em direito fundamental acabou se desvirtuando em superficiais psicologismos.

Por sua vez, a Reclamante e as três entidades que opinaram pela presença da violação de seus direitos fundamentais destacaram uma leitura conforme a Constituição do propósito de tal lei protetora de feriados, notadamente decorrente do princípio da neutralidade ética do Estado. Novamente, segundo o relatório produzido pelo TCF (tradicionalmente sob "A."):

"O propósito de proteção da lei seria direta e exclusivamente derivado do conteúdo da crença cristã. Isso seria problemático constitucionalmente, principalmente porque o Tribunal Administrativo Federal sustentou, tendo em vista a determinação de propósito geral dos dias de domingo e feriados como dias de descanso no trabalho e da elevação espiritual, que essa norma não objetiva uma elevação espiritual que seja correspondente a um conteúdo semântico religioso, ideológico ou estatal do respectivo dia. Tal interpretação não apenas contrariaria a neutralidade do Estado, como também o direito do indivíduo de configurar o dia de folga de domingo e feriado segundo seu gosto pessoal (referência a BVerwGE 90, 337 [344])".

Contrariamente a isso, para os autores das decisões impugnadas e seus referidos anuentes, o dever de neutralidade ética não poderia revelar-se como um fundamento de visão hostil às religiões. Isso ocorreria em consonância com as máximas, segundo as quais a neutralidade ético-ideológica-religiosa e o princípio do Estado laico não poderiam ser confundidos com "laicismo", expressão considerada por alguns impregnada de preconceito e hostilidade às religiões. Por outro lado, o representante do Governo de *Bayern* chegou a aduzir que "para a proteção do feriado, a própria *Grundgesetz* conteria uma decisão axiológica em prol de sua orientação cristã, que quebraria com a neutralidade religioso-ideológica do Estado". O representante da Igreja Protestante na Alemanha (EKD) afirmou, novamente segundo a reprodução do TCF: "para a proteção de seu caráter [de seriedade e silêncio] não basta meramente viabilizar determinadas ações eclesiásticas. Ao contrário, o caráter do dia desejado religiosamente e marcado pela lembrança da Paixão de Cristo poderia ser estorvado por variadas ações às quais pertenceriam, especialmente, tais eventos públicos de entretenimento e dança que ostensivamente procurariam criar ânimo contrário".

O TCF julgou, em decisão unânime, procedente a Reclamação Constitucional que foi, como visto, movida não apenas contra as decisões judiciais, mas, indiretamente, também contra os dispositivos que as fundamentaram. O TCF declarou nulo o dispositivo do Art. 5 FTG que vedava aos municípios, *sem exceções*, a possibilidade de permitir eventos com música no feriado de Sexta-feira Santa. Segundo seu teor "Por razões importantes em casos individuais, os municípios poderão conceder isenções das proibições dos artigos 2, 3 e 4, mas não no caso da Sexta-feira Santa". Por fim, devolveu a matéria ao juiz natural administrativo que era a Corte Administrativa Bávara. Em sua fundamentação, depois de admitir ambos os parâmetros da liberdade de crença e de reunião da Reclamante e, portanto, uma concorrência ideal entre os direitos fundamentais do Art. 5 I e Art. 8 I GG, considerou ambos violados pelas decisões judiciais e dispositivo legal declarado nulo. A literalidade inequívoca do Art. 5 FTG inviabilizou sua interpretação conforme a Constituição que teria representado um erro do TCF, pois significaria notória exorbitância dos limites de sua função jurisdicional constitucional.[254]

EMENTAS

1. O reconhecimento da Sexta-feira Santa como feriado legal, sua configuração como dia dotado de uma proteção especial do silêncio e os efeitos restritivos de direitos fundamentais que implicam são justificados, segundo as razões [da presente Decisão], por meio da regulamentação jurídico-constitucional da proteção de domingos e feriados no Art. 140 GG em conexão com o Art. 139 WRV porque não prescrevem a ninguém uma convicção íntima, mas tão somente criam as estruturas externas de descanso.

2. Contudo, para as configurações de casos nos quais um evento contrário à proteção legal do silêncio fizer parte da área de proteção da liberdade de crença e de confissão (Art. 4 I e II GG) ou da liberdade de reunião (Art. 8 I GG), o legislador deve prever a possibilidade de exceção àquelas obrigações de não fazer que protegem o silêncio.

Decisão [*Beschluss*] do Primeiro Senado de 27 de outubro de 2016

– 1 BvR 458/10 –

No processo da Reclamação Constitucional da União para Liberdade Intelectual de *München*, entidade de direito público, representada por [...] – 1. Diretamente contra: a) a Decisão do Tribunal Federal Administrativo de 21 de dezembro de 2009 – BVerwG 6B 35.09 –, b) a Decisão da Corte Administrativa Bávara de 7 de abril de 2009 – 10 BV 08.1494 –, c) a Decisão do Tribunal Administrativo de *München* de 12 de março de 2008 – M 18 K 07.2274 –, d) a notificação da contestação do Governo da Alta Baviera de 23 de maio de 2007 – 10-2172-2007 –, e) a notificação da Câmara da Capital Estadual de *München* de 3 de abril de 2007 – KVR-I/321AG2 –, 2. Indiretamente contra o Artigo 3, Parágrafo 2, Período 1 e 3, o Artigo 5, subperíodo 2 da Lei Bávara de Proteção do Domingo e Feriados de 1º de janeiro de 1983 (BayRS II, p. 172), com última redação dada pela Lei de 12 de abril de 2016 (BayGVBl., p. 50).

---

[254] O TCF sempre é muito cioso de autorrestringir seus poderes de exame antes de aplicar essa entre nós chamada modulação de efeitos da declaração de inconstitucionalidade; na Alemanha, chamada de "variante de dispositivo" [Martins (2018-c: 66 ss., 70)]. Cf., com mais de uma dezena de referências a passagens trazidas na presente obra em 5 volumes, Martins (2019-b: 257, nota de rod. 285). Os autores – por todos, v. Schlaich e Korioth (2018: 342–350) – são – tanto quanto perceptível – unânimes em reconhecer que a original intenção de poupar o legislador de uma declaração de nulidade pode redundar em subversão dos princípios da separação de poderes, do Estado de direito e democrático.

Dispositivo:

1. O Artigo 5, subperíodo 2 da Lei Bávara de Proteção do Domingo e Feriados é incompatível com o Artigo 4, Parágrafo 1 e 2 bem como com o Artigo 8, Parágrafo 1 da *Grundgesetz* e nulo.

2.a) a Decisão da Corte Administrativa Bávara de 7 de abril de 2009 – 10 BV 08.1494 –, a Decisão do Tribunal Administrativo de *München* de 12 de março de 2008 – M 18 K 07.2274 –, a notificação da contestação do Governo da Alta Baviera de 23 de maio de 2007 – 10-2172-2007 – e a notificação da Câmara da Capital Estadual de München de 3 de abril de 2007 – KVR-I/321AG2 violam os direitos fundamentais da Reclamante decorrentes do Artigo 4, Parágrafo, 1 e 2 e do Artigo 8, Parágrafo 1 da *Grundgesetz*.

b) Suspende-se a Decisão da Corte Administrativa Bávara de 7 de april de 2009 – 10 BV 08.1494 –. A matéria será devolvida ao Tribunal Administrativo de *München*. Assim, resta prejudicada a Decisão do Tribunal Federal Administrativo de 21 de dezembro de 2009 – BVerwG 6B 35.09 –.

3. O Estado Livre de *Bayern* deve ressarcir o Reclamante suas custas necessárias.

RAZÕES

A Reclamação Constitucional ocupa-se da proteção da Sexta-feira Santa como feriado de descanso segundo a Lei de Feriados Bávara.

A.I. – II.1. – 5.; III.1. – 4.; IV.1. – 8. [...]

B.

A admitida Reclamação Constitucional é procedente.

As regras da Lei de Feriados Bávara que embasaram as decisões impugnadas até são constitucionais, na medida em que o legislador reconhece a Sexta-feira Santa como feriado legal e o fez ser acompanhado de uma proteção qualificada do descanso e silêncio de todo o dia (Art. 3 II 1 e 3 FTG). A força de isenção desse dia que, de plano, exclui a concessão de uma isenção de determinadas proibições de ação mesmo por conta de motivos importantes (Art. 5 Subperíodo 2 FTG), revela-se, entretanto, desproporcional. Ela não observa o papel e alcance dos direitos fundamentais, especialmente da liberdade de cosmovisão (Art. 4 I e II GG), assim como da liberdade de reunião (Art. 8 I GG).

As decisões impugnadas dos órgãos públicos e dos tribunais instanciais baseiam-se nessa falta de possibilidade de isenção e violam os direitos fundamentais do Reclamante decorrentes do Art. 4 I e II GG, assim como do Art. 8 I GG. O evento indeferido do Reclamante faz parte da área de proteção desses direitos fundamentais. Ele deveria ter sido excepcionalmente autorizado sob os aspectos ora presentes de um entendimento compatível com a Constituição.

I.

O reconhecimento da Sexta-feira Santa e sua configuração como dia com especial estrutura externa de descanso não podem ser questionados constitucionalmente. A proibição de eventos públicos de entretenimento que não correspondem ao caráter sério do dia e com apresentações musicais em ambientes com serviço de bebidas (Art. 3 II 1 e 3 FTG) até intervém na liberdade geral de ação das pessoas (Art. 2 I GG) e, presentes determinados pressupostos, também na liberdade profissional (Art. 12 I GG) e na liberdade artística (Art. 5 III 1 GG). Em casos especiais, a proibição pode – como no caso trazido pela Reclamante – atingir também a liberdade de cosmovisão protegida por direito fundamental (Art. 4 I e II GG) e a liberdade de reunião (Art. 8 I GG) (a seguir, sob **1**). As intervenções são, contudo, em face de seu motivo, justificadas por meio da regra constitucional do Art. 139 WRV (c.c. Art. 140 GG). Essa norma atribui ao legislador a autorização para reconhecer feriados não apenas legalmente, mas também de melhor detalhar seu constitucionalmente determinado propósito como dias de pausa no trabalho e da elevação espiritual (a seguir, sob **2**).

1. O reconhecimento da Sexta-feira Santa e sua configuração como dia de silêncio intervém, primeiro, na liberdade geral de ação (Art. 2 I GG) e na liberdade profissional (Art. 12 I GG), porque nesse dia a típica atividade comercial de dia útil – assim como nos domingos – deve, em princípio, cessar (cf. BVerfGE 125, 39 [85]). A proibição de determinados eventos públicos de entretenimento e apresentações musicais em lugares com serviço de bebidas alcoólicas (Art. 3 II 1 e 3 FTG) atinge a liberdade de todos aqueles que também na Sexta-feira Santa participem de tais eventos ou que desejem realizá-los. Organizadores profissionais, gerentes de bares e músicos profissionais podem ser atingidos pelas regras em sua liberdade profissional; artistas que se apresentem para entreter ou como músicos podem ser atingidos possivelmente também em sua liberdade artística (Art. 5 III 1 GG). Em casos específicos, pode ser atingida também a liberdade de reunião e a liberdade de crença e de confissão, nomeadamente em sua marca como liberdade de cosmovisão (Art. 4 I II, Art. 8 I GG).

Esses direitos fundamentais sujeitam-se em parte à reserva de normas legais de exercício profissional (Art. 12 I GG), sendo em parte acompanhados de uma reserva expressa na restringibilidade legal (Art. 2 I GG). Quando isso não for o caso, vem à pauta somente uma restrição com base em limites constitucionais imanentes. Isso vale em face da liberdade artística, mas também, sobretudo, da liberdade de cosmovisão e da liberdade de reuniões que não aconteçam ao ar livre (Art. 5 III 1, Art. 4 I e II, Art. 8 I GG).

2. Tais intervenções justificam-se, basicamente, pela garantia da proteção de domingos e feriados e pelo poder conferido ao legislador por força constitucional para reconhecer os feriados e regulamentar a natureza e extensão de sua proteção (Art. 140 GG c.c. Art. 139 WRV).

a) Segundo o Art. 139 WRV (c.c. Art. 140 GG), ficam os feriados legalmente reconhecidos pelo Estado como dias de pausa no trabalho e sublimação espiritual. [...].

b) Segundo esses princípios, a escolha da Sexta-feira Santa como feriado legal não pode ser questionada constitucionalmente. Ela pode ser baseada na competência legislativa decorrente do Art. 139 WRV (c.c. Art. 140 GG), não sendo violadora da neutralidade ou da igualdade.

aa) – bb) [...].

c) O Art. 139 WRV (c.c. Art. 140 GG) basicamente justifica, além disso, a configuração da Sexta-feira Santa como dia de descanso submetido a regras especiais e, destarte, a criação de uma qualificada proteção do descanso.

aa) – bb) (1) – (2), cc) [...].

II.

A concreta configuração da proteção da Sexta-feira Santa como feriado reconhecido e, ao mesmo tempo, dia de silêncio com a proibição de eventos públicos de entretenimento que não preservem seu caráter sério, assim como a vedação de apresentações musicais em lugares com serviço de bebidas é, em face das intervenções no Art. 12 I e Art. 2 I GG nela implícitas, em princípio, compatível com a Constituição. Entretanto, por causa da falta de uma regra de exceção, revela-se desproporcional diante de intervenções em outros direitos fundamentais como especialmente no Art. 4 I e II ou no Art. 8 I GG ocorridas em alguns casos. Nesse ponto, o legislador de feriados bávaro não correspondeu plenamente à sua responsabilidade de compensação entre a proteção do feriado e outros direitos fundamentais pela lei restringidos.

1. Com a configuração da proteção do silêncio para a Sexta-feira Santa no Art. 3 I, II 1 e 3 FTG, o legislador persegue um objetivo legítimo. Em conexão com o propósito constitucionalmente lastreado da "sublimação espiritual" (Art. 140 GG c.c. Art. 139 WRV), entende os dias de descanso como ponto de ancoragem e de silêncio para a reflexão de valores fundamentais e pretende disponibilizar um quadro externo para lembrar de fundamentos culturais, históricos e religiosos, a fim de se conseguir força para os desafios dos [novos] tempos (BayLTDrucks. 16/15696, p. 3). Como no caso de outros domingos e feriados de silêncio, o legislador cria, assim, regras que interrompem a atividade de trabalho e negócios quotidianos e – pela via de uma sincronização da vida social – dá ao dia uma marca própria de paz e seriedade. Isso vale também para os dias secularizados. Igualmente, não há objeções à criação, para determinados dias, de um quadro de descanso e silêncio especificamente mais elevados, como previsto pelo Art. 3 II 1 e 3 FTG em relação à Sexta-feira Santa e, sob circunstâncias, também em contexto secular (Art. 3 III 2 FTG). O legislador tem grande margem discricionária na configuração do quadro de descanso por ele criado.

O fato de o legislador querer, em conexão com os feriados tradicionais, dar oportunidade a cristãos para se depararem com o dia a partir de sua perspectiva corresponde ao Art. 139 WRV,[255] que partiu da manutenção dos feriados então existentes. Nessa norma constitucional que, no aspecto religioso, é formulada de modo neutro e não fundamenta nenhuma quebra da neutralidade ideológica, não se encontra uma identificação com as religiões cristãs. Sem embargo, em princípio permite ao legislador, em conexão com a existência historicamente formada dos feriados, legislar de modo a corresponder às necessidades religiosas. Por sua vez, também no direito de feriados proíbe-se ao legislador prescrever determinados modos de comportamento religiosos ou mesmo uma determinada atitude íntima.[256]

A adequação da regra do Art. 3 I, II 1 e 3 FTG ao alcance da proteção especial da Sexta-feira Santa por meio da criação de um quadro especial de descanso e silêncio não se discute.

2.a) Partindo do objetivo do legislador de emprestar ao dia caráter geral perceptível como dia de silêncio, não se pode questionar sob o aspecto da necessidade que o Art. 3 II 1 FTG permita eventos de entretenimento tão somente quando restar mantido o caráter sério do dia.

A restrição a eventos públicos de entretenimento completa a proteção do descanso e silêncio [típicos] de dia de feriado também para empregados que trabalhem em domingos e feriados e pressupõe que tais eventos, em seu efeito irradiante para dentro de espaços públicos, não preservem a seriedade de seu caráter [a ensejar a restrição em tela]. O indeferimento de eventos dessa natureza contribui, destarte, para que o dia receba uma proteção de descanso e silêncio, a qual, na inexistência de tal regra, não teria como ser promovida de modo similar.

b) Nada diferente vale para a regra do Art. 3 II 3 FTG que persegue o objetivo de configurar tais dias com rigorosos quadros de descanso e silêncio e, assim, atribuir-lhe

---

[255] "O domingo e os feriados reconhecidos pelo Estado permanecem legalmente protegidos como dias de descanso e edificação espiritual".

[256] Tal prescrição representaria notória intervenção em dois dos três elementos centrais que integram a área de proteção do Art. 4 I GG. Como se trata de direito fundamental outorgado sem reserva legal, caso em que apenas direito constitucional colidente pode em tese servir de limite constitucional, e como para tanto não se vislumbra nenhum bem jurídico constitucional, seria violadora do Art. 4 I GG. Acresça-se que violaria também o princípio de neutralidade ética do Estado. Sobre tais fundamentos, v. Martins (2018-d: 21 ss., 25–90).

caráter que vá além de outros dias de silêncio. A limitação de apresentações musicais em lugares com serviço de bebidas liga-se reconhecivelmente ao fato de o serviço especialmente de bebidas alcoólicas em conexão com música, no caso de número considerável de público em espaço exíguo, poder implicar relevantes efeitos externos. Uma vez que, em princípio, cabe ao legislador estatuir tais quadros especialmente rigorosos de descanso e silêncio, podendo ele, com base no Art. 139 WRV e na referência lá encontrada aos feriados tradicionalmente reconhecidos, prescrevê-lo também à Sexta-feira Santa, não se pode aqui sob aspectos de necessidade lembrar de nada [de nenhuma alternativa igualmente adequada ao propósito, mas menos intensa].[257]

3. As proibições do Art. 3 I e II 1 e 3 FTG revelam-se, em princípio, também proporcionais em sentido estrito. [...].

a) [...].

b) Especificidades para a compensação proporcional em sentido estrito a ser encontrada podem resultar, contudo, de outros direitos fundamentais atingidos. À tela vêm aqui especialmente a liberdade de reunião (Art. 8 I GG) e a liberdade de crença e confissão em sua marca de liberdade de cosmovisão (Art. 4 I e II GG).

aa) – bb) [...].

cc) Diferentemente do caso da proteção de outros dias de descanso, o Art. 5, subperíodo 2 FTG expressamente exclui uma isenção da Sexta-feira Santa. Com esse rigor todo para configurações de casos nos quais os pressupostos da proibição segundo o Art. 3 II 1 e 3 FTG e, assim, a proteção do feriado chocarem-se com as garantias da liberdade de reunião ou da liberdade de crença e confissão de outros, não há de se falar mais na presença de uma [obrigatória] compensação das posições constitucionais [colidentes]. A estrita exclusão da isenção pelo Art. 5, subperíodo 2 FTG é, portanto, incompatível com as garantias de direito fundamental decorrentes do Art. 8 I e Art. 4 I e II GG.

III.

As decisões impugnadas dos órgãos administrativos e dos tribunais competentes não atendem as exigências jurídico-constitucionais e, diante da situação legal, também não puderam satisfazê-las; elas violam os direitos fundamentais da Reclamante decorrentes do Art. 4 I e II e do Art. 8 I GG. A festa (*"Heidenspaß-Party"*) planejada pelo Reclamante a partir das 22:30 horas é um evento misto, ao qual não se pode denegar a proteção da liberdade de reunião e da liberdade de cosmovisão. Isso precisaria ter sido considerado no quadro de uma decisão a ser obrigatoriamente

[257] Sobre o conceito do subcritério, no vernáculo e em detalhes, além de intenso debate com as fontes germânicas, v. Dimoulis e Martins (2020: 258–268).

viabilizada sobre a isenção da proibição do evento de acordo com o Art. 3 I e II 1 e 3 FTG.

1. A parte do evento indeferida integra – divergentemente da avaliação no processo originário – a área de proteção da liberdade de crença e confessional em sua marca como liberdade de cosmovisão (Art. 4 I e 2 GG).

a) – c)aa) – bb) [...].

2. Além disso, diante do evento indeferido, o Reclamante podia alegar também a proteção da liberdade de reunião (Art. 8 I GG). Até existem, também nesse contexto, dúvidas sobre se não teria se tratado, segundo seu ponto de ênfase, de um evento de simples diversão. Essas dúvidas podem ser resolvidas, entretanto, em favor da liberdade de reunião.

a) a proteção do Art. 8 GG não é limitada a eventos nos quais se argumente e se discuta, mas abrange formas diversas de comportamento coletivo, compreendendo formas de expressão não verbal. Contudo, à abertura da área de proteção do direito fundamental não basta que os partícipes estejam conectados entre si em seu desenvolvimento comunicativo comum por meio de um propósito aleatório. Ao contrário, a aglomeração precisa ser orientada justamente pela formação da opinião pública (cf. BVerfGE 104, 92 [104]; jurispr. pacífica). Festas populares e eventos de diversão não fazem parte da área de proteção como também não os eventos que sirvam à mera exposição a terceiros de um estilo de vida e que sejam concebidos como uma festa pública de massa destinada à diversão e entretenimento, (cf. BVerfG, Decisão da 1. Câmara do Primeiro Senado de 12 de julho de 2001 – 1 BvQ 28/01, 30/01 –, NJW 2001, p. 2459 [2460], "Fuckparade/Love Parade").[258]

Por outro lado, a área de proteção da liberdade de reunião estende-se também sobre tais eventos que concretizem seus propósitos comunicativos com o uso de música e dança. Esse é o caso quando esse meio do desenvolvimento da comunicação for utilizado com o objetivo de influenciar a formação da opinião pública. Por exemplo, são abarcados pela liberdade de reunião igualmente tais eventos quando neles pessoas se engajarem na reivindicação de que certos eventos de música e dança devam ser viabilizados também no futuro. Pelo Art. 8 GG protegida é, em tais casos, a tomada de influência comunicativa na opinião pública, a fim de produzir efeitos sobre a realização futura de tais eventos, mas não a execução dos eventos de música e dança em si. Todavia, um evento de música e dança não se torna uma reunião no sentido do Art. 8 GG somente porque neles ocorrem também manifestações de opinião (cf. BVerfG, 1. Câmara do Primeiro Senado, Decisão de 12 de julho de 2001 – 1 BvQ 28/01, 30/01 –, NJW 2001, p. 2459 [2460 s.]; BVerwGE 129, 42 [45 ss.]).

---

[258] Cf. a discussão nas **notas introdutórias**, sob **II.1**.

Se o evento contiver tanto elementos que sejam destinados à participação na formação da opinião pública quanto outros que não podem ser atribuídos a esse propósito, é decisivo definir se, segundo sua marca geral, esse evento misto é uma reunião (cf. BVerfG, Decisão da 1. Câmara do Primeiro Senado de 12 de julho de 2001 – 1 BvQ 28/01, 30/01 –, NJW 2001, p. 2459 [2460]; BVerwGE 129, 42 [45 ss.]).

A avaliação sobre se um evento misto representa, segundo sua marca geral, uma reunião deve ser feita por intermédio de uma apreciação panorâmica de todas as circunstâncias relevantes. No caso, devem ser compreendidas todas aquelas modalidades do evento planejado que objetivem a participação na formação da opinião pública. Então, as modalidades não direcionadas à formação de opinião, como, por exemplo, dança, música e entretenimento, devem ser apreciadas e sopesadas e os elementos diferentes devem ser correlacionados entre si. Caso não seja possível verificar indubitavelmente uma preponderância de outro âmbito, deve ser tratado o evento como uma reunião (cf. BVerwGE 129, 42 [45 ss.]). Irrelevante, no caso, é o nível do evento e a [efetiva] contribuição para a formação de opinião.

b) A apreciação geral de todas as circunstâncias, que são constitucionalmente revisáveis pelo TCF por causa de sua relevância imediata em face de direito fundamental, leva aqui à conclusão de que também a parte do evento indeferida, a assim nomeada *"Heidenspaß-Party"*, deve ser classificada na área de proteção da liberdade de reunião.

A parte do evento indeferida era incluída no conceito geral que continha elementos importantes da manifestação de opinião. Ela foi planejada como aplicação do programa principiológico do Reclamante que, ao lado dos princípios do Iluminismo e do Humanismo secular, exige uma separação consequente entre Estado e Igreja. Segundo seu regulamento, o Reclamante entende-se como representante dos interesses de pessoas não religiosas com visões intelectuais livres, agnósticas ou ateístas.

A "Sexta Noite Cinematográfica Ateísta, com Buffet de bombons e Festa da Diversão Pagã" na Sexta-feira Santa foi um evento em uma série de eventos da Reclamante. Ela a anunciou, em nota à imprensa de 2 de abril de 2007, como "evento político". Foi reconhecivelmente pensado nesse sentido de manifestação provocativa de seu objetivo de separação entre Igreja e Estado, da diminuição da influência eclesiástica sobre o Estado e, concretamente, das restrições legais na Lei de Feriados. Por meio da provocação consciente, deveria ser chamada a atenção do público para sua questão. A publicidade e o anúncio prévios na imprensa falavam em um "protesto contra a discriminação de descrentes ou crentes de modo diferente", assim como de um "evento político com o propósito de mostrar que a Lei de Feriados, em nossa visão incompatível com nossos tempos, é antidemocrática e suscitar sua derrogação".

Do anúncio na imprensa depreende-se, no mais, que o evento deveria constituir-se de explicações da questão defendida pela Reclamante, da apresentação de filmes com buffet de chocolates, da subsequente admissão pública de dois novos membros honorários com a apresentação de seus objetivos e, por fim, da festa. Nesse ponto, a Reclamante enfatiza que tanto os filmes como a apresentação musical deveriam ser abertos por discursos. No local, seriam distribuídos materiais de publicidade sobre seus objetivos, concedidos títulos de membros honorários e discursos feitos durante todo o evento.

Em face do evento como um todo, a manifestação de opinião não foi, portanto, apenas um ato paralelo, secundário. A consciente provocação, nele implícita, e o ostensivo caráter de diversão serviam ao objetivo de manifestar a compreensão da Reclamante e sua agenda relativa à marca do dia trazida à Lei de Feriados que, segundo seu entendimento, deveria ser reavaliada de modo crítico. A posição fundamental expressada é elemento essencial da cosmovisão da Reclamante e de seu programa principiológico, com efeitos também no espaço secular.

Por sua vez, esses fortes elementos da manifestação de opinião, de um primeiro momento, não aparecem de modo tão claro na parte da festa *"Heidenspaß-Party"*, planejada para o final do evento como um todo. Seu anúncio refere-se ao protesto contra a afirmada discriminação de não crentes, primeiro, apenas à primeira parte do evento com suas apresentações de filmes. Na sequência, segundo ele: "E para que todos realmente fiquem no clima, haverá, logo em seguida, uma dança de intelectos livres com a banda de rock *'Heilig'*".[259] O programa descreve a parte da festa como segue: "Com música ao vivo, alegremente celebraremos no dia em que todas as cidadãs e todos os cidadãos desta República estão proibidos de dançar publicamente por motivos cristãos". De um lado, até resta claro em princípio, com essa formulação, que também deveria ser colocado um contraponto à crença cristã e à proteção legal especial do silêncio. Por outro lado, não passa aqui despercebido o discurso de que se deveria "celebrar alegremente". A Reclamante até argumentou no quadro da audiência pública do Tribunal Administrativo que as contribuições discursivas seriam também intencionadas durante a festa. Mas isso não estava claro nas manifestações públicas da Reclamante antes do indeferimento da festa. Também se o caráter de formação de opinião do começo do evento não escapava a um observador mediano, a anunciada *"Heidenspaß-Party"* trazia traços claros também de um evento que incorpora diversão.

Não obstante, em uma visão geral sobre todas as circunstâncias, o evento deve ser entendido como uma reunião no sentido do Art. 8 I GG. Quando se faz uma relação

[259] O nome da banda, no vernáculo "sagrado", pode ser entendido como parte do programa que foi intencionalmente provocativo.

dos diferentes elementos da reunião entre si, deve ser observado que a parte do evento indeferida se encontra no quadro de um conceito geral. A Reclamante anunciou um evento único com vários diferentes pontos de programa, sendo que o último era a "*Heidenspaß-Party*". Essa divisão devia-se claramente à duração geral de várias horas. Aqui, a indeferida última parte foi prevista como fechamento do evento como um todo. Acresça-se que, também nesse ponto, por meio da explicação feita no programa e da denominação como dança de intelectos livres ("*Freigeister-Tanz*") com a banda de rock "*Heilig*", foi estabelecida uma relação com a questão política da Reclamante e que a recusa do silêncio da Sexta-feira Santa deveria ser simbolizada também por meio de dança e música. Sob essas circunstâncias especiais e sob observância, no presente caso, de um conceito unificado do evento, ele ainda pode ser qualificado em sua totalidade como uma reunião no sentido do Art. 8 I GG.

3. Se, destarte, o evento da Reclamante é contemplado pela proteção tanto do Art. 4 I e II GG quanto do Art. 8 I GG, então segundo os parâmetros apresentados não se poderia dar à proteção do feriado uma intransigente preponderância e ao Art. 3 II FTG uma aplicação ilimitada. Pelo contrário, carece-se de uma ponderação no caso particular.

Diante de ambos os direitos fundamentais, resulta dessa ponderação que aqui deveria ser concedida uma isenção. A discricionariedade de isenção aberta no Art. 5 FTG seria reduzida – partindo-se da nulidade da exclusão de isenção no caso da Sexta-feira Santa – a zero no presente caso. O evento ocorreu em um ambiente fechado com um número controlável de participantes e deveria ser realizado também lá em sua segunda parte. No lugar concreto do evento, ele tinha comparavelmente efeitos amenos sobre o caráter público de descanso e silêncio do dia. Em face de sua relação temática com a Sexta-feira Santa, tornou-se também decisivo que o evento fosse realizado justamente nesse dia. A importância dos direitos fundamentais do Reclamante e a influência relativamente pequena sobre a especial proteção externa do descanso da Sexta-feira Santa sob as aqui presentes condições conduzem à conclusão de que, pautando-se em um entendimento ou interpretação conforme a Constituição,[260] dever-se-ia ter partido da presença de razões importantes para uma isenção no sentido do Art. 5 FTG. Isso foi procedente particularmente em se considerando a possibilidade de se contemplar a proteção do descanso e silêncio

---

[260] Reitere-se aqui que essa variante de dispositivo (no Brasil recepcionada como "modulação de efeitos da declaração de inconstitucionalidade") apenas pode vir à pauta se o teor, do qual se valeu o legislador, der margem a mais de uma interpretação possível. Uma primeira interpretação, mais plausível, levaria à verificação de inconstitucionalidade, evitada como uma interpretação alternativa, mas ainda plausível. Teores fechados não autorizam a interpretação alternativa que deveria ser, então, aquela cujo resultado fosse compatível com a Constituição. Caso contrário, estaria presente um abuso de poder por parte do órgão revisor judicial e uma consequente violação dos princípios constitucionais da separação de poderes e democrático. Cf. referências já antes referidas na nota 254.

também pela via de condicionamentos pelos quais, por exemplo, uma restrição do volume de som admissível poderia ter sido estabelecida pela qual se teriam limitado os efeitos sobre o quadro de descanso em seu significado para o caráter em geral perceptível do dia como um todo.

4. Quando, na presente configuração, na qual uma comunidade ideológica faz publicidade de sua cosmovisão em um evento público, e se atinge tanto o direito fundamental à liberdade de crença e confessional decorrente do Art. 4 I e II GG como a liberdade de reunião do Art. 8 I GG, ambos os direitos fundamentais encontram-se em concorrência ideal.

5. Uma vez que as decisões administrativas impugnadas, as Decisões do Tribunal Administrativo Bávaro e da Corte de Justiça Administrativa Bávara não corresponderam às exigências constitucionais e, diante da situação legal até hoje vigente, também não o poderiam, elas violam os direitos fundamentais do Reclamante do Art. 4 I e II e do Art. 8 I GG.

V.

Depois de todo o exposto, a exclusão de qualquer possibilidade de isenção da especial proteção do descanso e silêncio da Sexta-feira Santa deve ser declarada incompatível com o Art. 4 I II, assim como com o Art. 8 I GG, e [por isso] nula (§ 95 III BVerfGG). Com esses direitos fundamentais do Reclamante são incompatíveis também as decisões administrativas atacadas e as Decisões do Tribunal Administrativo Bávaro de *München* e da Corte de Justiça Administrativa Bávara. Suspende-se a Decisão da Corte de Justiça Administrativa Bávara. O Senado devolve a matéria [autos do processo originário] à Corte de Justiça Administrativa Bávara (§ 95 II BVerfGG), que é competente para a interpretação do direito estadual de feriados (cf. § 137 VwGO). Portanto, a Decisão do Tribunal Federal Administrativo, que se relaciona exclusivamente com a não admissão do recurso de revisão, resta prejudicada.

A decisão sobre as custas decorre do § 34a II BVerfGG.

Kirchhof, Gaier, Eichberger, Schluckebier, Masing, Paulus, Baer, Britz

Capítulo 21.
Sigilo da correspondência, postal e da telecomunicação (Art. 10 I GG)

Grundgesetz

Artigo 10 (Sigilo da correspondência, postal e da telecomunicação)

(1) O sigilo da correspondência bem como o sigilo postal e da telecomunicação são invioláveis.

(2) [1] Restrições podem ser estabelecidas apenas com base em uma lei. [2] Se a restrição tiver por propósito a proteção da ordem fundamental democrático-liberal ou a segurança da União ou de um Estado-membro, a lei pode determinar que a restrição não seja comunicada ao atingido e que, no lugar da via judiciária, o controle seja feito por órgãos principais e órgãos auxiliares designados pela representação popular.

A. Notas Introdutórias

I. Classificação temática, área de proteção do Art. 10 I GG e concorrência com outros direitos fundamentais

Na literatura jurídica alemã especializada é uma tendência crescente classificar os direitos fundamentais não apenas em razão do critério da função desempenhada, mas por tema. Essa questão sucintamente levantada na introdução deve ser aprofundada agora. Como se tem reconhecido a bidimensionalidade com funções mais plurais para alguns direitos fundamentais antes considerados, por exemplo, apenas de resistência (ou de defesa), os autores buscam verificar sobre qual aspecto da vida social e do indivíduo recai a tutela.[261] Na definição da chamada "área de regulamentação" – discussão que apenas se suscita quando nem todas as condutas ou situações contempladas na norma jusfundamental são protegidas *ab initio*, ou seja, quando não fazem parte da área de proteção do direito, como no caso da liberdade de reunião estudada no capítulo anterior –, traçam-se as fronteiras do direito em relação a outros direitos fundamentais de comunicação e de personalidade.

1. Tema da proteção, supostas e aparentes concorrências e suas soluções preliminares

O Art. 10 I GG trata do sigilo de comunicações interindividuais estabelecidas entre pessoas que se encontrem em tal distância uma da outra que inviabilize a comunicação sem uso de um idôneo meio de transmissão pelo menos da voz. Inalterado desde que a *Grundgesetz* foi promulgada em 23 de maio de 1949, o teor desse dispositivo constitucional menciona três meios de comunicação que hoje convencionamos chamar de analógicos, pré-revolução digital perpetrada pelos avanços da informática e das novas tecnologias da comunicação. Em razão da evolução tecnológica e da privatização da estatal postal alemã, o dispositivo sofreu uma mutação constitucional e, como se verá adiante, incide sobre os novos meios de comunicação interindividual à distância.

Ao tratar da comunicação interindividual, a norma não incide, portanto, sobre fenômenos cobertos por direitos fundamentais de comunicação ou de comunicação social, como os direitos outorgados pelo Art. 5 I GG (**Vol. II**, **Capítulos 9** e **10**) e, em parte, pelo Art. 8 I GG (**Capítulo 20**). Em verdade, não há de se falar sequer em concorrência de direitos fundamentais, uma vez que pode ser verificada uma fronteira entre suas áreas de regulamentação.

Diferentemente ocorre com outros direitos de personalidade tais como, especialmente, aqueles abrangidos pelo Art. 2 I GG, como a autodeterminação informacional ou, ultimamente, também a garantia da confidencialidade e integridade de sistemas técnico-informáticos (**Vol. I, Capítulo 2**), mas também pelo Art. 13 I GG que protege a inviolabilidade do domicílio (cf. adiante, **Capítulo 23**). Com efeito, os direitos fundamentais decorrentes do Art. 2 I; 10 I e 13 I GG encontram-se em concorrência, pois todos incidem sobre aspectos da autopreservação e da autodeterminação individuais.[262] Contudo, trata-se de uma concorrência aparente que pode, portanto, ser preliminarmente resolvida com a aplicação da norma

---

[261] Também se fala no contexto nos binômios "norma/realidade" e "programa/âmbito normativo" ou simplesmente "área da vida". Cf. por exemplo Hufen (2018: 67–70).

[262] Cf. Kingreen e Poscher (2019: 122–123) e da perspectiva comparativa: Martins (2016: 108–110).

específica (concorrência aparente lógica) ou do aspecto mais precisamente abarcado por uma das normas concorrentes (concorrência aparente normativa).[263]

Como fórmula simplificadora pode-se dizer que o sigilo dos diálogos travados por alguma intermediação tecnológica refere-se ao direito fundamental à intimidade, concretizado quando há garantia da confiança por parte do titular do direito de que o conteúdo e dados conjunturais da comunicação não chegarão ao conhecimento de terceiros, especialmente não de órgãos estatais. Por isso, diz-se que se protege a confidencialidade.[264] Assim, tomando-se o conceito de privacidade como critério de classificação, há a garantia genérica do Art. 2 I GG que sofre especificações a depender de seu contexto: uso de meios de comunicação interindividual à distância (Art. 10 I GG, como *lex specialis*) ou a chamada privacidade "espacial" (inviolabilidade do domicílio do Art. 13 I GG, como *lex specialis*).

2. Alcance da(s) área(s) de proteção

Diante dos avanços tecnológicos da digitalização as garantias do sigilo de *correspondência* e de *telecomunicação* aparentemente "fusionaram-se em um [único] 'sigilo da telecomunicação'". Por sua vez, o sigilo *postal*, contrariamente aos sigilos da correspondência e telefônico, em princípio não se refere à "transmissão de conteúdos de comunicação" interindividual, mas às especiais ameaças de afetação do direito partidas da Empresa Postal Federal Alemã. Sem embargo, com bons motivos, entre outros, Kingreen e Poscher distinguem,[265] a partir dos três conceitos nucleares, três áreas de proteção distintas entre si. Com isso, pretendem identificar os alcances específicos de cada um sem desconsiderar a mutação constitucional provocada pela evolução tecnológica e tendo em vista as novas funções decorrentes, sobretudo, da transformação do sigilo postal após a privatização daquela empresa estatal.

Assim, diante das novas funções aludidas, essa tripartição, de fato, não se tornou obsoleta, razão pela qual em seguida identificam-se as situações fáticas e comportamentos individuais que fazem parte de cada um dos três sigilos positivados no Art. 10 I GG. Nesse sentido, a identificação de remetentes, destinatários ou intermediários da comunicação, potenciais titulares do direito fundamental, assim como dos destinatários da norma jusfundamental em si (órgãos estatais vinculados) e respectivas funções específicas da norma jusfundamental constituem-se em objeto, respectivamente, das análises a depender de sua subsunção sob um dos sigilos garantidos.

---

[263] Conceito e classificações com amplas referências à discussão alemã: Dimoulis e Martins (2020: 212–217). Pouco diferenciado porque muito genérica é a exposição a respeito de Hufen (2018: 89–90).

[264] Cf. por todos: Münch e Mager (2018: 118) e Classen (2018: 224).

[265] Cf. Kingreen e Poscher (2019: 252 s.).

2.1 Sigilo da correspondência

O sigilo da correspondência implica a confidencialidade do compartilhamento de informações, notícias, opiniões, enfim: quaisquer conteúdos transmitidos por escrito. Como clássico direito de resistência, veda ao poder público em sentido lato tomar ciência a respeito de tais conteúdos. A proteção se estende em princípio sobre todos os objetos enviados, tradicionalmente apenas pelos correios; hoje, sabidamente, também por empresas privadas, desde que estejam lacrados. Isso porque não se sabe se o conteúdo de um pacote fechado enviado contém ou não – e em que extensão – os conteúdos protegidos de comunicação escrita.[266]

A proteção não se limita à confidencialidade relativa ao conteúdo do objeto enviado, mas alcança em princípio as pessoas do remetente, do destinatário e "todas as circunstâncias da transmissão", inclusive a identidade do transmissor [intermediário] da comunicação. Contudo, se as empresas intermediárias podem ser titulares do direito fundamental, isso não é pacífico.[267] Por fim, vinculados não são apenas os órgãos estatais envolvidos no setor econômico postal. Aqui vem à pauta principalmente os órgãos de segurança, incluindo-se, sobretudo, os de inteligência.[268]

2.2 Sigilo postal entre obsolescência e reinterpretação de sua vinculatividade

O sigilo postal refere-se classicamente ao aspecto organizacional, mas não ao funcional. O constituinte de 1949 tinha em mente que a empresa estatal, que até o final do século passado monopolizava o serviço de entrega de correspondências e pacotes, detinha um grande potencial violador do direito fundamental pertinente aos aludidos aspectos da privacidade. Por isso, abrangia como também já referido não apenas o conteúdo de comunicados individuais escritos, mas quaisquer objetos enviados pela Empresa Postal Federal Alemã. Assim, protegido era todo o contexto do serviço, como, por exemplo, a abrangência de um comunicado dos correios sobre a entrega de um pacote a ser retirado em determinada agência da empresa.

Com a quebra do monopólio e aumento significativo de empresas concorrentes, além da transmissão do controle acionário daquela empresa à iniciativa privada, é inegável que o sigilo postal sofreu impacto quando comparado aos dois demais. Porém, esse dado não autoriza que sua proteção não seja mais justificada por conta da suposta ou real obsolescência.

---

[266] Cf. Kingreen e Poscher (2019: 253).

[267] Cf. Classen (2018: 225).

[268] Cf. Epping (2019: 358 ss.), Gusy (2018: 1062–1064), Kingreen e Poscher (2018: 254) e Schmidt (2019: 392).

Segundo o entendimento aqui referido,[269] a demanda de proteção subsiste a despeito das transformações no mercado de carregamento e entrega de correspondências e pacotes. Agora, a análise do aludido aspecto organizacional cede espaço para um foco no aspecto funcional. Isso pode ter como consequência a polêmica afirmação de alguns de se vincular as empresas privadas concorrentes à empresa de correios alemã aos direitos fundamentais. Segundo a opinião majoritária,[270] essa transformação justifica a discussão, sob a égide da dimensão jurídico-objetiva do direito fundamental, das chamadas reservas de configuração legislativa e afirmação de deveres estatais de tutela conforme se verá ao final das presentes "notas introdutórias" (cf. adiante: **IV.**).

2.3 Sigilo da telecomunicação

Indubitavelmente é essa terceira categoria de sigilo que revela os maiores problemas hermenêuticos e práticos.

Em primeiro lugar, como nos dois primeiros já estudados, também aqui o sigilo refere-se tanto ao conteúdo quanto ao contexto do processo de comunicação interindividual. A diferença está na peculiaridade técnica do meio de transmissão, especialmente em relação ao sigilo das correspondências, pois se trata de comunicação sem suporte físico, transmitida por cabo, pelo qual trafegam ondas eletromagnéticas, ou hodiernamente sem cabo.

Tanto o tipo de transmissão ou a tecnologia específica utilizados quanto a forma de expressão (classicamente: voz; hoje: texto, voz, imagem fixa ou em movimento, gravada ou "ao vivo") são abrangidos. Sem embargo da possibilidade (cada vez menor) de uso da telefonia fixa ou do trânsito de textos por telegramas e telégrafos, a comunicação digital ocupa, como principal forma de comunicação interindividual, o centro da tutela do sigilo da telecomunicação. A despeito do texto, alguns autores tendem a afirmar uma mutação constitucional provocada pela revolução informático-digital e a prestigiar a liberdade de telecomunicação ou "sigilo da telecomunicação",[271] alçando-a à categoria de título de capítulo, como epígrafe que pode ainda ser subclassificada nas três categorias analisadas.

---

[269] Contudo, os autores admitem que "o sigilo postal perde tanto mais significado ao lado do sigilo da correspondência, quanto mais as empresas jurídico-privadas sucedâneas da Empresa Postal Federal Alemã sofrerem concorrência de outras empresas privadas". [Kingreen e Poscher (2019: 254)]. Cf. Classen (2018: 225): "Quando essas [empresas estatais e de economia mista] não mais existirem [no futuro], a norma se tornará obsoleta".

[270] Cf. novamente Classen (*ibid.*).

[271] Cf. Classen (2018: 224–229). Embora acentuem a privacidade ou a confidencialildade na troca de informações como bem jurídico protegido, a maioria dos autores não opta por essa proeminência do gênero "telecomunicação" sobre os sigilos da correspondência e postal. Cf., por muitos, Epping (2019: 354–357), Manssen (2019: 177–179) e Petersen (2019: 86 s.) e, mais profundamente, os comentários ao Art. 8 I GG de Gusy (2018: 1070–1080) que destaca a mutação da *função* das três variantes.

Devido às suas peculiaridades, a proteção do sigilo em tela alcança os processamentos de dados e informações que o Estado pode faticamente – até licitamente – acessar. Assim, a não acessibilidade por terceiros de terminais de sistemas técnico-informáticos (computadores pessoais, *smartphones*) torna-se relevante como conteúdo abrangido, pouco importando que tais instrumentos também possam servir a uma comunicação em massa (protegida pelos direitos fundamentais de comunicação social do Art. 5 I 2 GG). Em outras palavras, a chamada "convergência dos meios de comunicação" não afasta a tutela específica do Art. 10 I GG quando o instrumento for usado para comunicar conteúdos a um único destinatário ou a um número *determinado* de destinatários. Assim, e-mails são protegidos indubitavelmente pelo Art. 10 I GG, pouco importando o número eventualmente muito elevado de destinatários, os chats e novos serviços oferecidos por plataformas tais quais pelo Facebook são igualmente protegidos. Os cada vez mais frequentes grupos virtuais também se enquadram na categoria. Critério diferenciador é a especial confiança por aquele que se expressa de que sua mensagem não chegará a terceiros que não constem do determinado rol de destinatários.

Outra peculiaridade central e praticamente muito relevante da proteção do sigilo em pauta é a abrangência dos dados de comunicação arquivados por empresas prestadoras de serviço de transmissão. "Isso atinge conteúdos de comunicação, tais como se encontrem nas caixas postais eletrônicas gravadas no prestador de serviço".[272] Todos os chamados metadados relativos a todas circunstâncias da comunicação (identificação dos interlocutores, duração e horários) são protegidos. Dessa categoria fazem parte também os chamados endereços dinâmicos de IP, "porque, para a sua investigação, é necessário recorrer a concretos dados de conexão".[273]

Por sua vez, excluídos da área de proteção do sigilo da telecomunicação são os conteúdos que já se encontrem no domínio do destinatário.[274] Assim, uma apreensão de terminal e ulterior acesso aos metadados ou a conteúdos transmitidos não sofrem obstáculos pelo sigilo em tela. O princípio norteador da delimitação da área de proteção do Art. 10 I GG é, também em face dos direitos fundamentais concorrentes já discutidos, a duração do processo comunicativo. Esse processo é o elemento específico da área de proteção do sigilo da telecomunicação.[275]

---

[272] Kingreen e Poscher (2018: 249). Cf. Gusy (2018: 1079).

[273] Kingreen e Poscher (2018: 249), com referência a BVerfGE 130, 151 (181) [= **Decisão # 83**].

[274] Cf. *ibid*. Por isso também que o uso de sinal do telefone móvel por autoridade investigativa para localização de investigado não é resistido pelo Art. 10 I GG. Cf. Gusy (2018: 1079).

[275] Cf. *ibid*., p. 249–250. Cf. Epping (2019: 354) que silencia quanto à titularidade das prestadoras de serviços de telecomunicação. Em sentido contrário à primeira opinião citada, Manssen (2019: 179).

No que tange ao alcance subjetivo (área de proteção pessoal ou subjetiva, titularidade), assim como ocorre no caso nas demais modalidades, são excluídas as empresas intermediárias prestadoras do serviço de transmissão de comunicação à distância, embora em princípio a pessoa jurídica de direito privado possa ser titular, a depender da concreta situação (aplicação do Art. 19 III GG), e até algumas pessoas jurídicas de direito público tais como mantenedoras de universidades e empresas do sistema público de radiodifusão.[276]

No que tange ao vínculo de tais empresas ou da estatal de telefonia *Deutsche Telekom AG*, elas são, pelo menos em parte, vinculadas pela via do papel fiscalizador dos direitos fundamentais em face da atuação privada de órgãos da Administração Pública indireta.[277]

II. Intervenções estatais

Como ocorre com qualquer direito fundamental, também aqui as áreas de proteção do direito fundamental tripartite podem ser atingidas por ações (mais raramente: omissões) de órgãos pertencentes às três funções estatais. Com efeito, da previsão de uma competência executiva, passando pelo controle judicial, sem embargo de reservas judiciais, até a execução da medida tudo deve ser controlado. Contudo, são as intervenções concretas, "na ponta", por atuação de órgãos da Administração Pública direta ou indireta e até de particulares no desempenho de função pública delegada, as mais problemáticas e carecedoras de cumprimento de intenso ônus argumentativo.

A intervenção mais clássica nos sigilos analisados é a interceptação (antigamente: "telefônica") por órgão estatal de um diálogo entre ausentes, pelo menos quando se tratar do sigilo da telecomunicação. Com o avanço das tecnologias de informação cresceram exponencialmente as possibilidades de o Estado – Poder Executivo, especialmente os órgãos de segurança – atingir o sigilo protegido pelo Art. 10 I, 3. variante GG. Mas, analogamente, vem à pauta a possibilidade de se atingirem todos os três sigilos quando o poder público não apenas tiver acesso a conteúdo (ouve a conversa, abre a correspondência, tem ciência sobre objetos enviados pelos correios ou empresas a eles sucedâneas). Em aproximação ao direito objetivo de proteção de dados, trata-se de verificar intervenções estatais quando os destinatários normativos ou os intermediários coletarem "o fato e as circunstâncias da comunicação protegida" e a partir daí dispuserem dos resultantes dados, ao arquivá-los, classificá-los e entregá-los a terceiros. Até mesmo medidas fáticas ou proibições legais da produção

---

[276] De resto, algumas empresas intermediárias podem avocar a tutela no caso genérica e subsidiária do Art. 12 I GG (liberdade profissional). Cf. Münch e Mager (2018: 119).

[277] Cf. Kingreen e Poscher (2019: 254. e 256).

pelos próprios titulares de mecanismos garantidores da confidencialidade como a criptografia representam intervenções.[278]

Discute-se se medidas empresariais que sirvam ao propósito da transmissão da própria comunicação e do combate a estorvos ao bom funcionamento do serviço representam intervenções estatais. Como tais podem ser consideradas, por exemplo, a abertura de correspondência quando faltarem dados do remetente e do destinatário e o uso de identificador de chamadas anônimas. Enquanto jurisprudência e literatura especializadas até há pouco consideravam tais medidas uma legítima restrição *a priori* da área de proteção, o TCF atribuiu qualidade interventiva ao uso de identificadores de chamadas telefônicas.[279]

Por fim, a intercepção do processo comunicativo, os registros e os ulteriores usos e disposições de dados levantados são perpetrados cada vez mais por pessoas jurídicas de direito privado que, em si, não são vinculadas aos direitos fundamentais em geral, como também não ao direito fundamental do Art. 10 I GG. Por isso, o foco jurídico-dogmático se divide entre a necessária proteção diante de agressões arbitrárias provenientes de tais particulares e o papel de tais empresas como meros executores da legislação e das ordens judiciais sobre ela baseadas. No primeiro caso, enxerga-se, por exemplo, no § 85 TKG uma intervenção legislativa protetiva.[280] No segundo caso, atribui-se ao Estado a intervenção ainda que executada por particular.[281]

III. Limite constitucional do Art. 10 II 1 e 2 GG e justificação constitucional de sua imposição

Originalmente, o Art. 10 I GG foi tutelado com o limite consubstanciado na reserva legal simples do Art. 10 II 1 GG transcrita no início deste capítulo. Em 1968, como resultado de uma reforma constitucional bastante impactante, foi inserido o Art. 10 II 2 GG.[282] Declaradamente, essa chamada "legislação emergencial" teria sido suscitada no contexto da Guerra Fria pela necessidade de se prevenirem ataques de Estados estrangeiros pertencentes ao então existente "Pacto de Varsóvia". Entretanto, além de aos inimigos externos, com a inserção dessa reserva legal e a promulgação da

---

278 Cf. Kingreen e Poscher (2019: 256), com referência às opiniões contrárias de Gusy (2018) e Hermes (2013-a).

279 Cf. Kingreen e Poscher (2019: 256 s.).

280 Cf. *ibid*. Sobre o § 85 TKG, mais adiante (sob **IV.**).

281 Um exemplo palpável do uso pelo Estado de particulares intermediários, tais como as empresas que oferecem plataformas para as redes sociais eletrônicas, é a Lei para Melhoria da Execução do Direito nas Redes Sociais (NetzDG) promulgada em 01.09.2017 (em vigor desde 01.10.2017). Cf. crítica técnica e de política legislativa por Schulz (2017) e geral de Wieduwilt (2017). Cf. também crítico diante do óbvio e empiricamente já realizado e comprovado risco do chamado *overblocking* e correspondente efeito de censura pelas empresas como medida defensiva contra sanções previstas na lei: Nolte (2017). Em sentido oposto de anuência em princípio à lei, cf. Eifert (2018: 9 ss.).

282 Cf. por todos: Münch e Mager (2018: 121) que, contudo, chamam a reserva legal de "qualificada".

legislação nela baseada (concretização infraconstitucional da reserva legal), respondia-se aos desafios infligidos por grupos radicais de esquerda endereçados não apenas à segurança pública, mas especialmente também à própria "ordem fundamental democrático-liberal" criada pela *Grundgesetz* duas décadas antes dela. Certamente, essa foi a emenda constitucional mais polêmica da história da *Grundgesetz*. O TCF confirmou sua constitucionalidade em decisão de 1970, igualmente, uma das mais polêmicas, desta vez, da própria jurisprudência do TCF.[283]

Não apenas em razão da diferença histórica de inserção no texto constitucional, mas de peculiaridades relevantes dogmaticamente, as duas reservas legais estabelecidas por cada um dos dois períodos do Art. 10 II GG devem ser apresentadas separadamente a seguir.

1. Reserva legal simples do Art. 10 II 1 GG

Como reserva legal simples, na qual o constituinte originário se limita a determinar quais limites podem ser traçados "apenas com base em uma lei", o dispositivo em epígrafe permite que o legislador persiga os mais diversos propósitos, desde que lícitos, e se valha, igualmente, de quaisquer meios, desde que lícitos.[284] Trata-se de um direito fundamental de resistência a intervenções estatais que, em geral, são ensejadas por exercício de funções ligadas à segurança pública, a investigações criminais e à consecução de elementos probatórios para a persecução penal.

Dessa reserva, ou seja, de tal discricionariedade a ele aberta, o legislador alemão se valeu, entre outras, em muitas leis jurídico-postais.[285] É uma reserva muito ampla. Por isso, enseja junto ao seu exame um ônus argumentativo maior por parte do Estado legislador e das funções executivas e, sobretudo, judiciais, além da correspondência a standards de Estado de direito, como especialmente à garantia da determinalidade ou taxatividade de leis penais (cf. Art. 103 II GG).[286]

Atualmente, muitas leis de combate à criminalidade organizada autorizam uma bastante ampla vigilância estatal, com uso sistemático de tecnologias capazes, inclusive, de se antecipar a processos de criptografia. Devem ser especialmente examinadas quanto à sua proporcionalidade. Isso porque, embora os principais alvos de investigação sejam suspeitos do cometimento de crimes graves que tenham o condão de afetar bens jurídico-constitucionais, pode haver terceiros (como frequentemente há) que, por motivos os mais diversos, tenham mantido, de modo

---

283 Cf. BVerfGE 30, 1 (27 ss.) – *Abhörurteil* [= **Decisão I/#1.**]. A Emenda inseriu uma ressalva também na garantia da via jurisdicional do Art. 19 IV com um período àquele adicionado, o Art. 19 IV 3 GG. Cf. mais detalhes a seguir, no texto.

284 Cf., em geral: Dimoulis e Martins (2020: 192 ss.).

285 Com farta documentação, cf. Kingreen e Poscher (2019: 257–258).

286 A respeito, v. Martins (2019-b: 243–281): notas introdutórias e pertinentes decisões [= **Vol. III, Cap. 18**].

frequente ou eventual, interlocução com alvos de investigação (v. a seguir: **Decisão # 87**).

Por fim, são polêmicas algumas normas processuais penais que autorizam restrições extraordinárias no sigilo de correspondência (Art. 10 I, 1. variante GG) quanto aos titulares sob custódia estatal, notadamente em prisão cautelar.[287] Tanto o TCF quanto a literatura especializada rejeitam a possibilidade de interceptar, abrir e ler a correspondência de saída ou de chegada dos detidos com fulcro no § 119 III StPO, segundo o qual: "Se a intercepção de telecomunicação for ordenada [...], deverá ser informada aos interlocutores do acusado imediatamente após o estabelecimento da ligação [telefônica]. A informação pode ser prestada pelo próprio acusado. O acusado deve ser tempestivamente alertado sobre a obrigação de informar [o interlocutor] antes do início da telecomunicação". Questiona-se se se trata em geral de uma base legal suficientemente determinada para uma intervenção executiva de tamanha intensidade.[288] Sua justificação não pode, todavia, ser excluída de plano (cf. adiante, sob **3.**).

2. Reserva legal do Art. 10 II 2 GG

Como mencionado, a referida reforma de 1968 inseriu o segundo período ao Art. 10 II GG. Embora uma primeira impressão aponte para o sentido contrário, ou seja, que o constituinte estabeleceu, diferentemente do caso do primeiro período, uma reserva legal qualificada, em verdade ele fez tão somente "expandir" a reserva legal simples do Art. 10 II 1 GG.[289] Mas essa primeira impressão é corroborada pelo fato de o constituinte derivado reformador ter se referido, primeiro, a um elemento característico do meio interventivo escolhido, qual seja, autorizou o legislador a autorizar os órgãos executivos a se valerem de instrumentos e medidas de vigilância e escuta sem comunicá-lo aos atingidos, nem mesmo *a posteriori*. Em segundo lugar, os propósitos lá mencionados são propósitos que, diante das peculiaridades do tema em geral regulamentado no Art. 10 GG, estão implícitos no Art. 10 II 1 GG.

Dogmaticamente, não se trata, porém, de uma reserva legal qualificada porque não basta a referência, como aqui, a um meio de intervenção, especialmente porque se trata, pelo contrário, de um meio de intervenção que não restringe a livre escolha de meios potencialmente idôneos e até necessários ao alcance de um propósito lícito, mas que positiva, de fato, uma ampliação das possibilidades interventivas. Em compensação, restringe o universo de propósitos lícitos a um rol taxativo: da defesa

---

[287] Cf. com referências comprobatórias: Kingreen e Poscher (2019: 257–258).

[288] Cf. *ibid*.

[289] Entendimento de Kingreen e Poscher (2019: 258–259). A maioria dos autores, contudo, entendem tratar-se de uma reserva legal qualificada. Cf. Münch e Mager (2018: 121). Em relação a todo o Art. 10 II GG, Classen (2018: 227–228) menciona uma reserva legal simples que teria sido completada por uma "regra especial [...] para o acesso de serviços de notícias [inteligência]".

da ordem democrático-liberal, proteção da União ou pelo menos de um Estado-membro. Mas essa restrição não "qualifica" a reserva como um todo no sentido da categoria da reserva legal qualificada, porque o meio expandido, segundo seu expresso teor, no mínimo, neutraliza o efeito de restrição à discricionariedade legislativa tipicamente decorrente de uma reserva legal qualificada.[290]

Como aludido, o dispositivo inserido teve sua constitucionalidade contestada perante o TCF, que confirmou sua constitucionalidade em sua assim chamada "Decisão da Escuta" (*Abhörurteil*), de 1970.[291] Essa decisão, que não foi unânime, sofreu duras críticas, pois o Art. 10 II 2 GG teria permitido, segundo os críticos e o voto divergente,[292] que o Art. 79 III GG restasse relativizado, na medida em que "ele não excluiria" o risco "de serem modificados, de modo imanente ao sistema, elementares princípios constitucionais".[293] Com base em tal reserva legal, foi promulgada a lei chamada "G10" que autorizou as medidas executivas de vigilância e escuta, ao mesmo tempo em que buscou compensar a não comunicação sobre o fato da interceptação e escuta aos atingidos com a criação de uma Comissão Parlamentar responsável por acompanhar e avaliar o uso de tais medidas e redigir um relatório anual circunstanciado.[294]

3. Reserva judicial como limite do limite e proporcionalidade das intervenções legislativas e judiciais

Tanto no caso da reserva legal simples geral do Art. 10 II 1 quanto no da reserva legal simples específica (ampliada) do Art. 10 II 2 GG, o TCF fixou rigorosas exigências

---

290 Alguns autores, como Schmidt (2019: 396), não entram no mérito de classificar expressamente a reserva como simples ou qualificada, mas ao intitularem o Art. 10 II 2 GG como "reserva legal ampliada", aproximam-se do ora defendido.

291 BVerfGE 30, 1 [= **Decisão I/#1.**].

292 Cf. BVerfGE 30, 1 (33–47). Foi a primeira grande decisão do TCF a comunicar a relação de votos e a possibilitar a publicação dos fundamentos dos votos divergentes. A decisão do Segundo Senado do TCF, publicada em 15.12.1970 que se seguiu à audiência pública realizada em 07.07.1970, confirmou a constitucionalidade da Décima Sétima Lei de Emenda à Constituição que inseriu o Art. 10 II 2 GG por maioria de 5 a 3 votos. A maioria no Senado não vislumbrou uma violação do parâmetro do Art. 79 III GG. Na introdução do voto divergente consignado conjuntamente pelos juízes *Geller*, Dr. v. *Schlabrendorff*, Dr. *Rupp*, não faltou contundência ao descartar a novação no texto constitucional: "Não podemos concordar com a Decisão de 15 de dezembro de 1970. O Art. 10 II 2 GG, na redação dada pela Décima Sétima Lei de Emenda à Constituição, é incompatível com o Art. 79 III GG e, portanto, nulo".

293 Referências em Kingreen e Poscher (2019: 259).

294 Cf. § 15 G10. Diferentemente do que o nome de etimologia latina ("*Kommission*") indicaria no vernáculo (falso cognato), trata-se de um órgão ligado ao Executivo federal (porém, no contexto e em face das peculiaridades do regime parlamentarista de Governo em relação ao presidencialista). É também distinta do Grêmio ou Comitê de Controle de medidas fundadas na G10 previsto no § 14 G10 (aqui sim: puramente parlamentar). A primeira exerce um controle substitutivo ao da reserva judicial. Embora *a posteriori* e não seja um órgão judicante, deve desempenhar uma função de filtro-limite semelhante àquela exercida pelo juiz.

ao exame de proporcionalidade. Semelhantemente a como procedeu no caso da reserva legal do Art. 8 II GG estudada no capítulo anterior, o rigor começa na avaliação abstrata do propósito de intervenção autorizado pelo legislador e concretamente perseguido por órgãos administrativos e executivos da área de segurança interna (segurança pública) e, especialmente, de segurança externa. Especialmente no caso do segundo período, por autorizar intervenções secretas, com a agravante de tais ocorrerem à revelia do titular do direito atingido, "o legislador precisa especialmente definir pressupostos e extensão do conteúdo das restrições de modo claro e reconhecível pelo indivíduo [...]"[295]. O propósito a ser perseguido, mesmo com base na reserva legal simples geral do Art. 10 II 1 GG, deve ser de grau hierárquico constitucional ou ao menos próximo do propósito nomeado no Art. 10 II 2 GG da proteção da ordem constitucional democrático-liberal. A adequação não deve ser verificada com simples referência à tradicionalmente afirmada ampla margem discricionária legislativa e prerrogativa do legislador para firmar prognósticos, até porque se trata de um âmbito em que há um inventário relativamente robusto de dados empíricos coletados. Em razão disso, mais rigorosa ainda deve ser a busca por alternativas adequadas, mas menos impactantes (subcritério necessidade no sentido estrito de "imprescindibilidade").

Foi nesse contexto que o TCF paulatinamente derivou critérios restritivos à aplicação do limite da interpretação sistemática com os parâmetros jusfundamentais do direito à autodeterminação informacional, paralelamente às reservas judiciais previstas como elemento qualificador das reservas legais autorizadoras de buscas em domicílio (desde que mediante ordem judicial) mais recentemente adicionadas à inviolabilidade do domicílio Art. 13 GG. Uma reserva judicial – que qualifica uma reserva legal, diminui a margem discricionária, primeiro, do legislador que, em tese, deve regulamentar sua hipótese de concretização, da Administração e do próprio Judiciário – é de fato um filtro semelhante a um limite do limite geral representado pelo critério da proporcionalidade.[296] Não obstante, o controle judicial prévio de uma medida tão restritiva deve se pautar na eficácia de irradiação do direito fundamental,

---

295 Classen (2018: 227).

296 A dogmática jusfundamental alemã foi bastante pródiga ao acrescentar ao exame da justificação constitucional da intervenção estatal alguns limites dos limites não escritos ao rol positivado no Art. 19 I e II GG (vedação de lei para o caso particular e dever de citação – Art. 19 I 1 e 2 GG; e vedação de afetação do conteúdo essencial – Art. 19 II GG), tais como: a taxatividade derivada do princípio do Estado de direito, o próprio princípio da proporcionalidade e a reserva parlamentar. Nesse sentido, considerado uma instância não política, autônoma e independente segundo o *ethos* profissional e todas as prerrogativas constitucionais, o juiz de direito, ao apreciar pedido de quebra de sigilo pela autoridade policial ou de inteligência, deve exercer uma função de controle derivável do outro limite do limite que é a proporcionalidade e representa também um "clássico elemento de proteção organizacional e procedimental". Cf. Kingreen e Poscher (2018: 44, 124, 135, 252 e 280 s.). Todavia, expressamente, o constituinte previu a reserva judicial apenas nos Art. 13 e 104 GG.

sob pena de o juiz violar o direito fundamental se ignorá-la ou não compreender corretamente o alcance da proteção e de seus limites. Portanto, apenas se tratará de um filtro minimamente eficaz se, concretamente, o juiz realizar também um exame de autocontenção.[297] Deverá rejeitar pedido que até seja procedente com base exclusivamente na aferição dos fatos e das balizas legais ordinárias, mas que não represente a *ultima ratio*.

No caso da interceptação, abertura e leitura de correspondências de pessoas sob custódia, especialmente em regime de prisão cautelar, a intervenção será proporcional apenas se servir ao propósito de se impor o regimento interno da Casa de Detenção, sendo adequada e necessária ao seu alcance.

Especialmente no caso da G10, baseada no Art. 10 I 2 GG (como no referido caso das leis similares com fulcro no Art. 10 I 1 GG), o TCF exige que haja fundadas suspeitas da prática de crimes graves, sancionados com elevadas penas de reclusão. Como sempre, o TCF desloca parte do exame da adequação e necessidade para a chamada proporcionalidade em sentido estrito, o que lhe abre uma problemática margem de ponderação relativizadora da necessária autocontenção que deve marcar toda Corte constitucional que tenha a pretensão de ser guardiã, mas não senhora, da Constituição. Todavia, como em grande parte os fundamentos trazidos sob a égide da proporcionalidade em sentido estrito podem ser reconstruídos como partes do exame de adequação e/ou necessidade, não há maiores prejuízos.[298]

IV. Efeito horizontal indireto, deveres estatais de proteção e "reservas de configuração"

Como particulares podem ser sucedâneos, e de fato são, tanto da empresa estatal dos correios, como da antiga empresa pública de telefonia, os novos intermediários[299] da comunicação que prestam um serviço segundo as regras de mercado e que podem se valer de direitos fundamentais como a liberdade de comunicação social ou profissional-empresarial, surge novamente a questão da existência e modo do seu vínculo ao direito fundamental do Art. 10 I GG.

Vinculados diretamente ao direito fundamental em tela segundo opinião tanto quanto observável unânime eles não são.[300] Como aludido, funcionam, porém, como

[297] Cf., por último, com várias referências ao direto comparado alemão: Martins (2019-a: 46 s., 50).

[298] Na discussão brasileira, a crítica foi, com amparo no direito comparado alemão, exarada e fundamentada principalmente por Dimoulis e Martins (2020: 268–282).

[299] Cf. os estudos jurídico-dogmáticos sobre tais intermediários – e seus papeis ambivalentes – produzidos a partir de pareceres técnicos de Schulz e Dankert (2016) e, novamente, Schulz (2018). No vernáculo, à luz da análise da Lei Geral de Proteção de Dados nacional, cf. Martins (2019-c).

[300] No que tange ao estado da arte da discussão, cf. por todos: Hufen (2018: 293 s.) que com propriedade afirma que pelo menos o sigilo da correspondência é bem jurídico protegido pelas cláusulas gerais sobre o dano e sua reparação dos §§ 823, 826 BGB (*ibid.*, p. 294).

executores de graves medidas interventivas determinadas em lei e/ou ordens judiciais.

Assim como ocorre no direito à inviolabilidade do domicílio, desde há muito até mesmo o legislador penal enxergou a necessidade de se tutelar o bem jurídico aqui protegido pelo Art. 10 I GG também em face de terceiros particulares. Em que medida o legislador penal está a cumprir um dever estatal de tutela decorrente diretamente de norma constitucional, isso pode restar em aberto.[301] Mais relevante aqui é a figura da "reserva de configuração" que, em não se constatando um específico dever de tutela, pode derivar do mandato geral de legislação confiado ao legislador ordinário para regulamentar direitos fundamentais com vistas ao fomento de sua proteção. Daí falar-se em "reserva de configuração", mas não em reserva legal.

Com efeito, aqui não se trata de um limite ao direito fundamental em tela, mas de sua configuração, conformação ou, como alguns preferem para tais direitos que em si não sejam carecedores de configuração – ao contrário do caso dos direitos cujas áreas de proteção têm marca normativa, institutos jurídico-privados e garantia processuais penais estudados no **Vol. III** da presente obra –, de *concretização* de direito fundamental.[302] Igualmente, do direito fundamental à liberdade científica (**Vol. II, Capítulo 12**) deriva-se pelo menos em parte uma reserva de configuração.

No que tange ao seu fundamento constitucional que não seja o do – já deixado de lado – dever estatal de tutela, tais reservas de configuração, que são, de resto, implícitas, esse pode ser enxergado na necessária normatização das relações jurídico-privadas suscitadas pela abordada sucessão dos atores. A reserva de configuração foi pontualmente concretizada na Lei de Telecomunicações, especificamente no § 85 TKG que criou às empresas privadas de telecomunicações a obrigação de garantia da prestação universal e normalmente ininterrupta e segura do serviço. Nos termos do § 85 I 2 TKG: "A empresa deve levar em consideração os interesses dos usuários finais e, no quadro das possibilidades técnicas, restringir as interrupções ou restrições ao serviço [pontualmente] atingido". Como sempre na dogmática dos direitos fundamentais, o cumprimento de um explícito mandato legislativo em observância de determinações de objetivos constitucionais ou mesmo de um implícito dever estatal

---

[301] V., contudo, Classen (2018: 228 s.) representativo de uma tendência a afirmar o dever estatal de tutela a partir de uma suposta "base da atuação positiva do Estado", como faz com praticamente todos os direitos de liberdade. Apenas em relação aos quatro direitos fundamentais tratados no presente volume, cf. *ibid.*, 142 s., 165, 228 s., 233 s. Cf. os fundamentos teóricos e dogmáticos dessa tese na parte geral da obra: *ibid.*, p. 89–110.

[302] Especialmente os direitos fundamentais ao casamento e à família. Cf. as notas introdutórias e excertos das pertinentes decisões do TCF em Martins (2019-b: 5–33 e 34–112) [= **Vol. III, Capítulo 12**]. Sobre a teoria jusfundamental pressuposta à dogmática geral, cf. o texto introduzido na penúltima edição da obra de Kingreen e Poscher (2019: 54–57) sob a epígrafe "função de configuração" e *ibid.* (p. 81–82) com os aspectos sistemáticos-dogmáticos da figura, além de Dimoulis e Martins (2020: 190–192).

de tutela – ou, como aqui, de uma implícita "reserva de configuração" – fomenta, no contexto de relações jurídicas triangulares (sujeito A – Estado – sujeito B), de um lado, o exercício de uma das posições jusfundamentais-subjetivas, mas, de outro, normalmente significa intervenção estatal na liberdade empresarial do Art. 12 I GG.[303]

B. Decisões do TCF

87. BVerfGE 100, 313 (*Telekommunikationsüberwachung I*)

Reclamação Constitucional contra Ato Normativo

14.07.1999[304]

MATÉRIA

As Reclamações Constitucionais ajuizadas diretamente contra atos normativos foram julgadas por *Urteil* publicado oito meses após a audiência pública da qual participaram, além dos próprios Reclamantes, o Governo Federal, o BND (Inteligência), o Comissário Federal de Proteção de Dados, os Comissários de Proteção de Dados de *Berlin* e *Hamburg*, o Comitê G10, a Comissão G10 e três especialistas, professores catedráticos.[305] Objeto foram alguns dispositivos legais que autorizavam polêmicas medidas de **vigilância da telecomunicação** (*Telekommunikationsüberwachung I*).[306]

Em 28 de outubro de 1994, a Câmara Federal promulgou uma lei intitulada "Lei de Combate à Criminalidade"[307] que derrogou a Lei de Restrição do Sigilo da Correspondência, Postal e de telecomunicação, promulgada em 1968, por ocasião da aprovação de proposta de emenda constitucional que integrou o pacote de Medidas Constitucionais de Emergência, referida pela sigla G10 em referência ao direito fundamental atingido pela inserção no Art. 10 II GG de uma reserva legal qualificada.[308] Essa lei de 1994 derrogou partes do Código Penal e de Processo Penal,

303 Em seus comentários ao Art. 10 GG, Pagenkopf (2018-a: 505–507) destaca a fragilidade do postulado do dever de proteção objeto de tal reserva de configuração tal qual criado na jurisprudência do TCF, especialmente o risco de permitir que o direito infraconstitucional acabe influenciando o direito constitucional em notória violação da hierarquia normativa (*ibid.*, p. 506). Cf. também, com riqueza de detalhes e fontes, os correspondentes comentários de Hermes (2013-a: 1199–1201).

304 Audiência pública realizada nos dias 15 e 16.12.1998.

305 Professor Dr. *Pfitzmann*, Professor Dr. *Waibel* e Professor Dr. *Wiesbeck*.

306 Também conhecida pela sigla TKÜ. O algarismo romano designa tratar-se da primeira de três decisões do TCF sobre essa medida investigativa. Cf. BVerfGE 113, 348 (*Vorbeugende Telekommunikations-überwachung*) e BVerfGE 129, 208 (*TKÜ-Neuregelung*).

307 Cf. BGBl. I, p. 3186.

308 Décima Sétima Lei de Emenda da *Grundgesetz* de 24.06.1968, BGBl. I, p. 709.

além de outras leis, impactando substancialmente na G10. Em 5 de julho de 1995, o Primeiro Senado do TCF deferiu o pedido cautelar de um dos Reclamantes para o efeito de suspender parcialmente a aplicabilidade da lei.[309]

Na agenda programática do legislador constava uma resposta aos perigos decorrentes da internacionalização da criminalidade organizada e de ameaças terroristas. Para tanto, a lei autorizava medidas de vigilância do tráfego de informações, especialmente das transmitidas sem cabo, a serem determinadas por órgãos de cúpula da Administração Pública federal, como o Ministro do Interior, a partir de requerimento de um dos quatro tipos de órgãos de inteligência existentes na República Federal da Alemanha.[310]

Na fundamentação do Projeto-lei, apresentado pela bancada da coligação CDU/CSU e FDP que compunha o Governo Federal no início do quarto mandato do Chanceler *Helmut Kohl*, declarou-se a necessidade de se conseguir informações nos campos do terrorismo internacional, do tráfico de drogas para a Alemanha, do comércio ilegal de armas de guerra e das atividades internacionais de lavagem e falsificação de dinheiro. Tais atividades criminosas estariam cada vez mais ameaçando a segurança e o funcionamento do Estado e, com isso, a segurança dos próprios cidadãos.

A precípua intenção era ampliar os propósitos que poderiam ser perseguidos mediante restrição do sigilo da telecomunicação então previstos no § 3 I 2 G10. Resultava do § 1 I G10 a competência do *Serviço Federal de Notícias/Inteligência* (a seguir: BND)[311] para monitorar e gravar telecomunicações. Houve sensível ampliação do rol de pessoas potencialmente atingidas (suspeitos investigados). Algumas salvaguardas da lei, especialmente a obrigação de ulterior comunicação da medida investigativa ao seu alvo prevista no § 3 VIII G10, foram restringidas. Por exemplo, essa obrigação de notificação passaria a caducar segundo o novo § 3 VIII 2 G10 se os dados pessoais resultantes das medidas de vigilância tivessem sido apagados pelo BND no prazo de três meses, ou pelas autoridades que os tivessem recebido em prazo adicional de três meses. Foram ampliados os poderes do BND para transmitir dados a outras autoridades (incluindo o Ministério Público, forças de segurança policiais e outros órgãos de proteção da Constituição) bem como seus poderes de recepção e utilização de dados que fossem regulamentados na G10. Por fim, autorizava-se a destruição de dados obtidos e ordenava-se parcialmente a exclusão da via judicial.

---

[309] Cf. BVerfGE 93, 181.

[310] Na esfera federal: BND, VerfSch e MAD (respectivamente: serviço de inteligência praticada no exterior, de inteligência interna e inteligência militar). Na esfera estadual há, nos 16 Estados-membros, os órgãos de proteção à Constituição estritamente separados dos órgãos de segurança e policiais.

[311] *Bundesnachrichtendienst – BND*, com missão, competências e poderes definidos em lei específica. Cf. BNDG de 20.12.1990 (BGBl. I, p. 2954, 2979), por último derrogada pelo Art. 4 da Lei de 30.06.2017 (BGBl. I, p. 2097).

Antes de promulgada a lei em tela, a chamada "vigilância estratégica" era apenas admitida para coletar informações sobre fatos cujo conhecimento fosse imprescindível ao reconhecimento tempestivo do perigo de ataque armado à República Federal da Alemanha e ao seu combate. Em decisão de 20 de junho de 1984,[312] o TCF confirmou a constitucionalidade das medidas de vigilância baseadas em versão já revogada dos §§ 1 I, 3 I G10, desde que atendidos pressupostos derivados do princípio da proporcionalidade.[313] Contudo, tendo em vista o desenvolvimento tecnológico e descolamento do eixo dos problemas geopolíticos enfrentados pela Alemanha, não se tratava mais das mesmas matérias fática e jurídica. No que tange à conjuntura fática, a vigilância das telecomunicações podia ser restringida geograficamente e o propósito fomentado pela lei era a obtenção de uma determinada categoria de informações em princípio relativas a questões objetivas, mas não a pessoas. As chances de alguém ser de fato atingido seriam alegadamente remotas, e fosse alguém atingido, garantir-se-ia o anonimato.

Nas razões daquela decisão, a conclusão mais relevante a ser trazida à comparação com a conjuntura submetida à apreciação do TCF na presente decisão foi que, embora as regras da derrogada G10 não tivessem violado a vedação de excesso, não seria compatível com o igualmente derrogado Art. 10 GG (antes da inserção do parágrafo 2) aplicar medidas de vigilância previstas no § 3 com a finalidade de combater perigos ligados à segurança pública interna.[314] Também estaria presente um abuso inconstitucional do poder de controle quando, mediante uso das informações mais ou menos aleatoriamente obtidas, tais informações fossem utilizadas intencionalmente na alimentação de uma coletânea de indícios no sentido do

---

[312] Cf. BVerfGE 67, 157 (*G10*).

[313] Cf. BVerfGE 67, 157 (173–180) que teve lá, sob tópico **C.II**, uma aplicação da adequação "de manual" com exames mais minuciosos do que a média (*ibid.*, p. 173–176) e da necessidade (p. 173–176), além da sempre presente "ponderação global" ao final (p. 176–178).

[314] Implicitamente aludido aqui está o mandamento e princípio informacional constitucional da separação entre órgãos de inteligência (em sua maioria: federais), de um lado, e órgãos de segurança pública e persecução penal (fundamentalmente estaduais), de outro. Colabora com esse o princípio constitucional do vínculo ao propósito do levantamento dos dados pessoais. Sobre tais princípios, cf. Pieroth *et al.* (2016: 27–28 e 217) e Martins (2019-c: 65–71). O fundamento constitucional do primeiro não é, contudo, unanimidade. Em detalhes, cf. Götz e Geis (2017: 177–179) com referência a BVerfGE 97, 198 (217): "Para as autoridades policiais federais especiais previstas no Art. 87 I 2 GG, entretanto, surge a questão de um mandamento de separação. O Estado de direito, o princípio federativo e a proteção dos direitos fundamentais podem proibir certas autoridades de se fundirem entre si ou de lhes confiarem tarefas incompatíveis com sua missão constitucional". Para Götz e Geis (2017: 177), nessa passagem o TCF teria posto o mandamento em tela "em um *obter dictum* mediante [mera] referência ao princípio do Estado de direito". Cf. também Gusy (2017: 21) e Thiel (2016: 43) para quem diante dos desafios hodiernos que levaram à criação do chamado Arquivo Antiterrorismo em 2006 (constitucionalidade confirmada em BVerfGE 133, 277 [= **Decisão I/#12**]) esse mandamento não implica bloqueio a uma ampla cooperação.

derrogado § 2 G10. Isso implicaria, segundo o TCF naquela decisão, uma vigilância realizada ao arrepio dos pressupostos restritivos daquela então vigente norma.[315] Contudo, à época o risco de ser contornado o propósito da lei teria sido excluído por conta de "condições fáticas e precauções procedimentais".

Os cinco Reclamantes das três Reclamações Constitucionais impugnaram diversos dispositivos da lei que teriam violado seus direitos fundamentais não apenas do Art. 10 I GG (sigilo da telecomunicação), mas também dos Art. 2 I c.c. Art. 1 I GG (autodeterminação informacional); Art. 5 I 2 GG (liberdade de imprensa) e Art. 19 IV GG (garantia da via jurisdicional). Atuariam científica ou jornalisticamente nas áreas relacionadas aos novos poderes de vigilância e, assim, alegaram em apertada síntese o seguinte:

A primeira Reclamação consignada por um professor catedrático de direito penal e processual penal impugnou a expansão dos poderes interventivos do BND no § 3 I 2 n. 2–6 G10 e a nova regra da obrigação de notificação do § 3 IV G10. Como usuário do tráfego internacional de telecomunicações, seria atingido com elevada probabilidade em seu direito fundamental decorrente do Art. 10 GG porque suas pesquisas na área do direito penal de entorpecentes ensejavam contatos privados e profissionais com o exterior. Com esse objeto e por conta das palavras-chave usadas pelos órgãos de inteligência, fatalmente cairia no "arrastão de dados insuspeitos"[316] produzido pela aplicação das novas hipóteses legais. Por se tratar de intervenção secreta, não lhe restaria alternativa senão impugnar diretamente o ato normativo.

A lei impugnada teria violado seus direitos fundamentais decorrentes do Art. 10 e do "Art. 1 I, Art. 2 I GG", pois, toda vez que fosse completada uma conexão de telecomunicação (voz ou telefax) via satélite ou rádio, sua comunicação poderia ser acessada, gravada e eventualmente investigada sem nenhuma suspeita concreta segundo as mencionadas palavras-chave contidas em um mandado igualmente secreto. Mesmo se o chamado controle estratégico pudesse contribuir ao esclarecimento geral e prévio de algumas situações de perigo, inúmeras comunicações teriam de ser monitoradas em razão desse propósito. Em face dos muitos equipamentos de interceptação de sinais de rádio e satélites usados na transmissão de conversas privadas ou profissionais, o alcance da vigilância representaria, contrariamente à opinião do Governo Federal, uma vigilância completa não mais justificável constitucionalmente. Ademais, demonstrou em detalhes a desproporcionalidade das medidas previstas na nova lei. Ao final de sua argumentação, enfatizou que o mandamento constitucional da separação entre

---

315 Cf. BVerfGE 67, 157 (181 ss.)

316 Medida policial standard prevista em praticamente todas as leis estaduais de segurança pública ou policiais para a prevenção de perigos graves. Cf., com referências a todos os dispositivos das leis estaduais, Götz e Geis (2017: 201).

serviço de informações e a tarefa da polícia e órgãos de persecução penal estaria comprometido.[317]

A segunda e a terceira Reclamações Constitucionais foram apresentadas por jornalistas e uma editora de jornal. Primeiro, dois jornalistas[318] arguiram violações de seus direitos fundamentais decorrentes do Art. 10 I GG, do Art. 2 I c.c. 1 I GG (autodeterminação informacional) e do Art. 19 IV GG (garantia da via judicial). Semelhantemente à linha de argumentação do primeiro Reclamante, contudo, com óbvia ênfase na violação dos direitos fundamentais mais específicos de sua área de atuação que eram a liberdade de imprensa e a autodeterminação informacional, sustentaram que não estariam mais presentes os pressupostos fáticos com base nos quais o TCF teria considerado compatível com a *Grundgesetz* o derrogado § 3 G10. Não seria mais possível restringir ou definir o âmbito geográfico do qual proviriam os perigos.

Com o rápido avanço das tecnologias da informação, logo surgiria a possibilidade de se disponibilizar a qualquer órgão estatal legitimado pela lei uma seleção totalmente automática do material gravado e os dados e informações obtidos poderiam ser facilmente personalizados. No mais, a dissolução do Pacto de Varsóvia e respectiva resolução dos riscos à segurança nacional nele implícitos, aliada à mencionada mudança das condições técnicas, teria feito com que o controle estratégico não fosse mais compatível com a Constituição, até mesmo no caso de um ataque armado de guerra. O deslocamento do propósito qualificado da reserva legal inserida no Art. 10 II GG ao combate à criminalidade e à garantia da segurança interna representaria nítida extrapolação da reserva legal qualificada. As situações de perigo contempladas pela lei não guardariam mais nenhuma relação com os interesses de política externa vislumbrados pelo constituinte derivado. Por fim, o receio de informantes dos Reclamantes, órgãos da imprensa, de terem suas conversas interceptadas, gravadas, selecionadas e eventualmente entregues a outros órgãos estatais atingiria intensamente os trabalhos das redações jornalísticas. A configuração das regras de uso e envio de dados teria revelado que, desde o início, o uso dos dados pelos órgãos de inteligência, de segurança e de persecução penal fora o propósito não declarado da lei.

Manifestaram-se a respeito da Reclamação Constitucional nos autos do processo os seguintes órgãos: o Ministro Federal do Interior em nome do Governo Federal, o Governo do Estado de *Bayern*, o Comissário Federal para a Proteção de Dados e os Comissários para a Proteção de Dados de oito dos dezesseis Estados-membros, quais

---

317 Cf. as referências já trazidas na nota 314.

318 Um deles não teve sua Reclamação admitida por não ter demonstrado suficientemente como teria sido atingido em seus direitos fundamentais; não pelo fato de ser estrangeiro residente no exterior.

sejam: *Bayern*, *Berlin*, *Brandenburg*, *Bremen*, *Hamburg*, *Nordrhein-Westfalen*, *Saarland* e *Schleswig-Holstein*.

Com uma extensa argumentação, o Ministro Federal do Interior propugnou em nome do Governo Federal pela inadmissão, alternativamente pelo indeferimento das Reclamações Constitucionais. Seriam inadmissíveis as Reclamações porque dados empíricos teriam revelado que a probabilidade de os Reclamantes serem atingidos pela lei era, de fato, ínfima. Assim: "O exame estratégico das telecomunicações não significaria 'vigilância' do tráfego de telecomunicação dos Reclamantes".

No mérito, o Ministro alegou que as novas regras não afetariam o chamado "mandamento da separação" (das tarefas, competências e funções de órgãos de inteligência em relação aos órgãos de segurança pública interna e de persecução penal). Em que pesem dúvidas quanto ao fundamento constitucional do mandamento em tela, as novas regras não o teriam atingido porque a lei não teria concedido ao BND nenhuma competência que, por força constitucional, fosse reservada a órgãos policiais. "No caso do mandamento de separação, tratar-se-ia, pelo contrário, de se averiguar sob quais pressupostos as informações obtidas com uma já ocorrida (legítima) intervenção no sigilo da telecomunicação poderiam ser utilizadas para propósitos processuais-penais e preventivos". Toda a longa argumentação que se segue tenta demonstrar em detalhes a procedência dessa opinião.

Por sua vez, o Governo de *Bayern* sustentou que as Reclamações seriam improcedentes. Segundo ele, a nova lei seria imprescindível e urgente tanto por razões ligadas à credibilidade política externa quanto à segurança interna da República Federal da Alemanha. Em síntese: não seria necessário elevar os patamares da transmissão e utilização dos dados obtidos até chegarem ao alto nível do conceito processual-penal da "suspeita suficiente".[319]

De modo mais diferenciado e analítico, tanto o Comissário Federal para Proteção de Dados quanto os comissários estaduais apresentaram pareceres que concluíram pela parcial inconstitucionalidade. Porém, destacaram que alguns dispositivos poderiam ser interpretados conforme a Constituição, enquanto outros seriam absolutamente incompatíveis com o Art. 10 I GG porque a intervenção legislativa não estaria coberta pela reserva legal qualificada do Art. 10 II GG.

Em seu julgamento de procedência parcial das Reclamações Constitucionais, o TCF constatou que sete dispositivos da lei eram incompatíveis, em sua maioria, com o direito fundamental ao sigilo das telecomunicações do Art. 10 I, 3. variante GG, mas alguns também com os direitos fundamentais à liberdade de imprensa, do Art. 5 I 2,

---

[319] Cf. BVerfGE 100, 313 (348).

1. variante GG, e a garantia da via jurisdicional, do Art. 19 IV GG.[320] Na fundamentação, o TCF parte da interpretação dos parâmetros constitucionais aplicáveis. Dos direitos fundamentais arguidos pelos Reclamantes, o TCF exclui da apreciação apenas a autodeterminação informacional por considerar o Art. 10 I *lex specialis* em relação àquele. Em primeira linha, o Art. 10 I GG protegeria os conteúdos da comunicação e o uso do meio de comunicação deveria ser confidencial em todos os aspectos e etapas, ou seja, a proteção alcança também o processamento de informações e dados relativos à comunicação e, assim, as exigências decorrentes do direito fundamental são especialmente dirigidas à alienação estatal-interorgânica dos dados que forem obtidos mediante suspensão do sigilo da telecomunicação. Restrições ao direito fundamental deveriam atender aos pressupostos do Art. 10 II GG, sobretudo: ter fundamento em lei que persiga propósito lícito e autorizado por aquele dispositivo constitucional e, de resto, observar o critério da proporcionalidade, especialmente os detalhados critérios desenvolvidos na Decisão do Censo de 1983.[321]

No mais, uma efetiva proteção jusfundamental exigiria a tomada de conhecimento pelo atingido a respeito das medidas de vigilância aplicadas a ele. Quanto ao momento da notificação, dever-se-ia levar em consideração os legítimos propósitos perseguidos pelos dispositivos específicos. O Art. 10 GG ordenaria também um controle feito por órgão estatal independente a ser exercido em todas as fases do processo da vigilância. Finalmente, os dados teriam de ser destruídos tão logo seu respectivo propósito fosse alcançado. A proteção em tese não deveria se limitar a telecomunicações travadas apenas no interior do Estado, i.e., no interior da RFA, mas atingiria telecomunicações feitas no exterior quando interceptadas por equipamentos do BND alocadas no país, caso em que há uma conexão entre a comunicação do/para o exterior e a atuação estatal no país. Não obstante, em razão da não admissão da Reclamação Constitucional do Reclamante estrangeiro, o TCF não decidiu, conclusivamente e em detalhes, a questão da tutela de comunicações de interlocutores estrangeiros no exterior.[322] Seguem detalhados exames dos demais

---

[320] a) § 3 I 2, n. 5 G10 X sigilo da telecomunicação (Art. 10 I GG); b) § 3 III 2 G10 X sigilo da telecomunicação; c) § 3 IV G10 X sigilo da telecomunicação e liberdade de imprensa (Art. 5 I 2 GG); d) § 3 V 6 i.V.m. § 3 III 1 G10 X sigilo da telecomunicação e liberdade de imprensa; e) § 3 VII 1 G10 X sigilo da telecomunicação, na extensão em que falta uma obrigação de caracterização (atribuição de rótulo para os órgãos receptores; f) § 3 VIII 2 G10 X sigilo da telecomunicação e garantia da via jurisdicional (Art. 19 IV GG); g) § 9 II 3 GG X sigilo da telecomunicação.

[321] Cf. BVerfGE 65, 1 e Martins (2016: 55–63) [= **Decisão I/#4**].

[322] Tivesse sido admitida a Reclamação Constitucional, tendo em vista sua "função objetiva", ou seja, seu significado no quadro do processo constitucional objetivo ("significado geral" no sentido do § 90 II 2 BVerfGG), o TCF certamente teria enfrentado a questão mesmo se o Reclamante tivesse desistido de sua Reclamação. Embora como órgão judicante careça de pedidos para decidir, em sua qualidade de órgão constitucional controlador da constitucionalidade de normas abstratas e suas intepretações e aplicações por qualquer órgão estatal, em todo caso o TCF não sofre os mesmos vínculos aos pedidos formulados

parâmetros: da garantia da via jurisdicional e da liberdade de imprensa, em seu conteúdo especial do sigilo da fonte e das redações.

Na sequência, "o" parâmetro constitucional constituído analiticamente falando pelos três direitos fundamentais retro interpretados foi sendo aplicado a cada norma problemática da G10. Na primeira delas, do § 3 I 2 G10, na qual se encontra um rol dos crimes cuja investigação poderia embasar uma medida de vigilância prevista na lei, o TCF confirmou a constitucionalidade da definição do poder de vigilância do BND feita no § 1 I, § 3 I 1 e 2, n. 1—6 G10, declarando-os como estando "essencialmente em harmonia" com o Art. 10 GG. Considerou incompatível com o Art. 10 I GG apenas o n. 5 do segundo período do § 3 I G10 que trouxe o crime de falsificação de papel moeda ao rol dos crimes que em tese podem suscitar uma medida de vigilância prevista na G10.

No transcorrer da fundamentação e ao final, o TCF mais uma vez desistiu de declarar o efeito de nulidade das normas inconstitucionais, limitando-se à declaração de incompatibilidade. Por fim, estabeleceu critérios para o prosseguimento da aplicação da lei até que a Câmara Federal a derrogasse, a fim de promulgar normas plenamente compatíveis com o parâmetro constitucional. Fixou como prazo o dia 30 de junho de 2001. Em 26 de junho de 2001, portanto, tempestivamente, a Câmara Federal promulgou uma lei que derrogou amplas partes da G10. Em sua atual redação, a G10 impõe barreiras significativas aos órgãos de inteligência quando do uso das ainda muito graves medidas interventivas previstas na lei.[323]

EMENTAS

1. O Art. 10 GG protege não apenas contra a tomada de conhecimento pelo Estado de contatos telefônicos. Sua proteção estende-se também sobre o processamento de informação e dados, que se siga à tomada de conhecimento em si permitida, e sobre o uso que se faça das informações obtidas.

---

perante instâncias judiciais ordinárias, o que foi especialmente sedimentado na Decisão sobre a reforma ortográfica no final dos anos 1990. Cf. BVerfGE 98, 218 (248) e sua análise crítica por Schlaich e Korioth (2018: 43–44). Críticos em face desse "direito constitucional 'objetivo' no processo de Reclamação Constitucional" expressaram-se Hillgruber e Goos (2004: 59–67). Por sua vez, Sachs (2010: 22) afirma de modo estritamente técnico que, em tese, vale o princípio processual dispositivo que define o objeto do processo tanto em face do princípio do impulso oficial (*ne eat iudex ex officio*) quanto, em tese, também da máxima *ne ultra petita*, mas faz referência a várias exceções previstas da Lei Orgânica do TCF (BVerfGG). Mais pacífico é o entendimento de que no controle abstrato cujo objeto são, porém, como no presente caso da Reclamação Constitucional contra Ato Normativo, normas gerais e abstratas, mesmo que o órgão que o proponha dele desista, o TCF pode prosseguir até a decisão de mérito. Cf. Fleury (2009: 21). Em relação ao processo cautelar, o TCF é vinculado especificamente "não à redação e ao conteúdo, mas tão somente ao objetivo do pedido". Cf. com referências a cinco julgados do TCF: Berkemann (2005: 585).

[323] Cf. Lei do Artigo 10 de 26.11.2001 (BGBl., I p. 1254, 2298; 2007, I p. 154) por último derrogada pelo Art. 12 da Lei de 17.08.2017 (BGBl. I p. 3202).

2. O conteúdo espacial da proteção do sigilo das telecomunicações não se restringe ao interior do país. Ao contrário, o Art. 10 GG é aplicável sempre que uma comunicação telefônica ocorrida no exterior for, por sua interceptação e avaliação no interior do país, suficientemente ligada à ação estatal doméstica.

3. O Art. 73 n. 1 GG atribui à União a competência para a regulamentação da interceptação, avaliação e alienação de dados de telecomunicações por meio do BND. Contrariamente, o Art. 73 n. 1 GG não autoriza o legislador federal a atribuir competências ao BND que sejam destinadas ao impedimento e persecução de crimes como tais.

4. Caso o legislador autorize o BND a intervir no sigilo da telecomunicação, o Art. 10 GG o obriga a tomar medidas de precaução contra aqueles perigos que resultem do levantamento e uso de dados pessoais. Disso faz parte especialmente o vínculo do uso de informações obtidas ao propósito que justifica sua interceptação.

5. A autoridade do BND decorrente do § 1, § 3 G10 para o reconhecimento antecipado de certos perigos graves provenientes do exterior à República Federal da Alemanha e para informar o Governo Federal, a fim de monitorar, registrar e avaliar o tráfego de telecomunicações, é em princípio compatível com o Art. 10 GG.

6. A transmissão a outros órgãos administrativos de dados pessoais que o BND obteve da vigilância das telecomunicações em prol de seus propósitos é compatível com o Art. 10 GG, porém, pressupõe que eles sejam imprescindíveis às suas finalidades, que as condições para mudanças de propósito (BVerfGE 65, 1 [44 ss., 62]) sejam observadas e que os limites legais de transmissão observem o princípio da proporcionalidade.

Decisão [*Urteil*] do Primeiro Senado de 14 de julho de 1999

Com base na audiência pública de 15 e 16 de dezembro de 1998

– 1 BvR 2226/94, 1 BvR 2420/95, 1 BvR 2437/95 –

No Processo das Reclamações Constitucionais

1. do Sr. Professor Dr. [...] – contra o Art. 1 § 3 I 1 e 2 n. 2 até 6, III, IV, V, VII e VIII da Lei do Artigo 10 *Grundgesetz*, de 13 de agosto de 1968 (BGBl., I p. 949), na redação dada pela Lei de Combate à Criminalidade de 28 de outubro de 1994 (BGBl. I p. 3186), derrogada pela Lei de 17 de dezembro de 1997 (BGBl. I p. 3108), – 1 BvR 2226/94 –;

2. a) da Sra. Dr. [...], **b)** do Sr. [...] – contra o Art. 1 § 1 I, § 3 I, II 3, III até VIII; § 7 IV; § 9 VI da Lei do Artigo 10 *Grundgesetz* de 13 de agosto de 1968 (BGBl. I, p. 949), na redação dada pela Lei de Combate à Criminalidade de 28 de outubro de 1994 (BGBl. I, p. 3186), derrogada pela Lei de 17 de dezembro de 1997 (BGBl. I, p. 3108), – 1 BvR 2420/95 –;

3. a) da T... Ltda, **b)** do Sr. Dr. [...] – contra o Art. 1 § 3 I 1 e 2, n. 2 ao 6, II ao VIII da Lei do Artigo 10 *Grundgesetz* de 13 de agosto de 1968 (BGBl. I, p. 949), na redação dada pela Lei de Combate à Criminalidade de 28 de outubro de 1994 (BGBl. I, p. 3186), derrogada pela Lei de 17 de dezembro de 1997 (BGBl. I, p. 3108), – 1 BvR 2420/95 –

Dispositivo:

1. O § 3, Parágrafo 1, Períodos 1 e 2, Número 5; Parágrafo 3; Parágrafo 4; Parágrafo 5, Período 1; Parágrafo 7, Período 1 e Parágrafo 8, Período 2 e o § 9, Parágrafo 2, Período 3 da Lei de Limite ao Sigilo da Correspondência, Postal e de Telecomunicações (Lei do Artigo 10 *Grundgesetz*) (G10), na redação dada pela Lei de Derrogação do Código Penal, do Código de Processo Penal e de outras Leis (Lei de Combate à Criminalidade) de 28 de outubro de 1994 (Diário Oficial de Leis Federais I, página 3186), derrogada pela Lei Auxiliar à Lei de Telecomunicações (BegleitG) de 17 de dezembro de 1997 (Diário Oficial de Leis Federais I, página 3108) são incompatíveis com o Artigo 10 da *Grundgesetz*. O § 3, Parágrafo 3, Período 1; Parágrafo 4 e Parágrafo 5, Período 1 é, além disso, incompatível com o Artigo 5, Parágrafo 1, Período 2 da *Grundgesetz* e o § 3, Parágrafo 8, Período 2 é, no mais, incompatível com o Artigo 19, Parágrafo 4 da *Grundgesetz*.

2. De resto, são indeferidas as Reclamações Constitucionais dos Reclamantes 1), 2a) e 3).

3. A Reclamação Constitucional do Reclamante 2b) não é admitida.

4. A República Federal da Alemanha deve ressarcir os Reclamantes 1), 2a) e 3) na metade de suas custas necessárias.

RAZÕES

A.

As Reclamações Constitucionais referem-se aos poderes de vigilância do BND, registro e avaliação do tráfego de telecomunicações assim como para a transmissão dos dados por intermédio deles obtidos a outros órgãos e a outras regulamentações da Lei de Restrição do Sigilo da Correspondência, Postal e da Telecomunicação, modificada em 1994 pela Lei de Combate à Criminalidade.

I.1. – 4.; **II.1. – 3.**; **III.1.a) – b)aa) – bb)**, **2. – 4.**; **IV.** [...]

B.

As Reclamações Constitucionais são à exceção daquela do Reclamante 2b) admitidas.

I.

Reclamação Constitucional contra uma lei pode ser ajuizada apenas por quem for atingido própria, atual e imediatamente pelas normas atacadas (cf. BVerfGE 90, 128 [135]; jurispr. pacífica). Se o atingimento [do titular pelo ato] ocorrer somente quando da aplicação da lei, as Reclamações Constitucionais não podem ser direcionadas [já] contra a lei, mas apenas contra o ato de execução. No entanto, faltará a possibilidade de contestar o ato de execução se o atingido não puder saber a respeito. [...].

II.

A maioria das Reclamações Constitucionais cumprem esses pressupostos.

1. Em regra, os Reclamantes não podem obter ciência de várias das medidas relacionadas a eles previstas no § 1 I, § 3 G10.

[...].

2. Os Reclamantes 1), 2a), 3a) e 3b) demonstraram suficientemente a possibilidade de uma violação de seus direitos fundamentais.

a) – d) [...].

3. Ao contrário, o Reclamante 2b) não demonstrou suficientemente uma própria e imediata afetação pelos dispositivos legais por ele impugnados. Ele é cidadão uruguaio com domicílio no Uruguai. Segundo seu relato, na ausência da Reclamante 2a) é ele quem cuida das telecomunicações dela. Sem menção a outros detalhes não decorre disso a imprescindível probabilidade de que seus direitos fundamentais sejam atingidos pelas medidas que se baseiam nos dispositivos impugnados.

C.

As normas impugnadas não são em todo seu conteúdo compatíveis com a *Grundgesetz*.

I.

Medida para o exame de constitucionalidade é, sobretudo, o Art. 10 GG. Ao lado desse, a autodeterminação informacional decorrente do Art. 2 I em conexão com o Art. 1 I GG não é aplicável. Relativamente ao tráfego de telecomunicações o Art. 10 GG contém uma garantia especial que afasta a norma genérica (cf. BVerfGE 67, 157 [171]). Quando se tratar da possibilidade de proteção judicial contra medidas segundo o § 3 G10 e não da limitação da garantia da via judicial no § 9 VI G10, devem ser, no mais, examinadas com base no parâmetro do Art. 5 I 2 GG.

1. O Art. 10 GG protege o sigilo da telecomunicação.

a) O sigilo da telecomunicação abrange antes de tudo o conteúdo da comunicação. O poder público em princípio não deve ter a possibilidade de obter conhecimento sobre o conteúdo do intercâmbio de pensamentos e informações verbais ou escritos processados por aparelhos de telefonia. O Art. 10 GG não faz uma diferença entre comunicação de conteúdo privado e outras, por exemplo, comerciais ou políticos (cf. BVerfGE 67, 157 [172]). A proteção do direito fundamental é relativa, ao contrário, a todas as comunicações intercambiadas pelo meio da técnica telefônica.

Todavia, a proteção de direito fundamental não se esgota no resguardo do conteúdo da comunicação contra a tomada de conhecimento pelo Estado. Ela abrange igualmente as circunstâncias da comunicação. Delas faz parte especialmente saber se, quando e quão frequentemente entre quais pessoas ou terminais telefônicos ocorreu trânsito de telecomunicação ou fora tentado (cf. BVerfGE 67, 157 [172]; 85, 386 [396]). Também nesse ponto o Estado em princípio não pode reivindicar conhecimento. O uso do *medium* de comunicação deve ser confidencial como um todo.

Na medida em que o direito fundamental em princípio retira do acesso estatal cada etapa do processo comunicativo, pretende-se ao mesmo tempo manter as condições de uma telecomunicação livre por excelência. Com a outorga do direito fundamental à inviolabilidade do sigilo da telecomunicação deve ser evitado que o intercâmbio de opiniões e informações mediante equipamento de telecomunicação deixe de ser realizado ou ocorra segundo forma e conteúdo de modo diferente porque os partícipes tenham de contar com que órgãos estatais envolvam-se na comunicação e obtenham constatações sobre as relações ou conteúdo da comunicação.

A livre telecomunicação que o Art. 10 GG assegura sofre impactos negativos, no mais, quando se temer que o Estado possa utilizar constatações sobre circunstâncias e conteúdos de telecomunicação em outros contextos infligindo desvantagem aos interlocutores (cf. com um todo: BVerfGE 65, 1 [42 s.]; 93, 181 [188]). Por isso, o Art. 10 GG protege não apenas contra a ciência pelo Estado sobre telecomunicações que os interlocutores da comunicação queriam guardar para si. Ao contrário, o efeito de proteção se estende também sobre o processo de informação e o processamento de dados que se segue ao conhecimento das ocorrências de comunicação e o uso que será feito das constatações obtidas (em relação ao direito à autodeterminação informacional: BVerfGE 65, 1 [46]).

b) Restrições do sigilo da telecomunicação até são possíveis segundo o Art. 10 II GG. Elas carecem, entretanto, não apenas como qualquer restrição de direito fundamental de uma regulamentação legal que persiga um legítimo propósito relativo ao bem comum e, de resto, observe o princípio da proporcionalidade. Do Art. 10 GG derivam-se também exigências especiais ao legislador que se relacionam justamente ao processamento de dados pessoais que tenham sido obtidos mediante intervenções no sigilo das telecomunicações. Nesse ponto, podem ser aplicadas à garantia especial do Art. 10 GG, em larga extensão, as medidas que o TCF desenvolveu na Decisão do Censo a partir do Art. 2 I em conexão com o Art. 1 I GG (cf. BVerfGE 65, 1 [44 ss.]).

Faz parte dessas exigências que os pressupostos e conteúdo das restrições resultem da lei de modo claro e reconhecível ao particular. Principalmente o propósito, em relação ao qual intervenções no sigilo das telecomunicações podem ser perpetradas, precisa ser determinado para um âmbito específico e de modo preciso, e o material de dados levantado precisa ser adequado e necessário a esse propósito.

Uma coleção em estoque de dados anônimos para propósitos indeterminados ou ainda não determináveis seria incompatível com essas exigências. Arquivamento e uso de dados conseguidos são, assim, em princípio vinculados ao propósito definido pela lei autorizadora da tomada de conhecimento.

Uma vez que a comunicação não perde a proteção de seu sigilo garantida pelo Art. 10 GG pelo fato de que outro órgão estatal já tenha conseguido conhecimento sobre a telecomunicação, as exigências de direito fundamental relacionam-se também com a alienação dos dados e informações, que tenham sido obtidos com o levantamento do sigilo da telecomunicação. Isso vale tanto mais quando se tratar, no caso concreto, da entrega, em regra, não de uma expansão dos órgãos ou pessoas que serão informados sobre a comunicação, mas de uma entrega dos dados em outro contexto de uso que implique aos atingidos mais consequências sob circunstâncias mais graves do que as do contexto original de uso.

É certo que o princípio do vínculo ao propósito não exclui totalmente modificações do propósito. Contudo, elas carecem, por sua vez, de uma base legal que seja formal e materialmente compatível com a *Grundgesetz*. Disso faz parte que as mudanças de propósito sejam justificadas por interesses da coletividade as quais sobrepujem os interesses protegidos por direito fundamental. O novo propósito de uso precisa se relacionar com as tarefas e poderes dos órgãos aos quais os dados são transmitidos, e que sejam regulamentados normativamente de modo suficientemente claro. Por fim, não podem ser incompatíveis entre si o propósito de uso para o qual o levantamento ocorreu e o propósito modificado (cf. BVerfGE 65, 1 [51, 62]).

O vínculo ao propósito apenas pode ser garantido se também depois da interceptação permanecer reconhecível que se trata de dados que se originam de intervenções no sigilo da telecomunicação. Uma correspondente caracterização [colocação de um rótulo identificador da origem dos dados] é, portanto, ordenada constitucionalmente.

No mais, o Art. 10 GG assegura aos titulares de direito fundamental um direito ao conhecimento a respeito das medidas de vigilância das telecomunicações que os tenham atingido. Isso é uma necessidade de efetiva proteção do direito fundamental. Com efeito, sem tal conhecimento os atingidos nem podem afirmar a ilicitude da interceptação e tomada de conhecimento de seus contatos telefônicos, nem exercer vários direitos à eliminação ou correção [dos dados]. Esse direito não se restringe à garantia da via judicial decorrente do Art. 19 IV GG. Antes disso, trata-se de um específico direito de proteção de dados que pode ser afirmado em face de órgãos estatais de processamento de informações e dados.

Como a garantia do conhecimento deve ser confirmada em detalhes, a *Grundgesetz* não predetermina. A Constituição manda apenas que uma notificação sempre ocorra quando levantamentos de dados ocorrerem secretamente, mas direitos de obter ciência da interceptação não tenham sido deferidos, ou quando os direitos dos atingidos não forem adequadamente considerados (cf. BVerfGE 30, 1 [21, 31 s.]). No entanto, também a obrigação de cientificar sujeita-se à reserva legal do Art. 10 II GG. Se o conhecimento da intervenção no sigilo da telecomunicação tiver como consequência que ela se torne inócua, então não se pode mais constitucionalmente questionar o fato de a garantia de conhecimento ter de ser restringida. Dadas certas circunstâncias, basta que a intervenção seja noticiada aos atingidos somente *a posteriori* (cf. BVerfGE 49, 329 [342 s.]).

Por causa da imperceptibilidade das intervenções no sigilo da telecomunicação, da não transparência aos atingidos das fases sequenciais do processamento de dados, da possibilidade de restringir a notificação, e das lacunas de proteção jurídica que assim surgem, o Art. 10 GG ordena, no mais, um controle por meio de órgãos [da Administração direta] e órgãos auxiliares estatais independentes e não vinculados a quaisquer ordens (cf. BVerfGE 30, 1 [23 s., 30 s.]; 65, 1 [46]; 67, 157 [185]). Não obstante, como o controle deve ser configurado, a Constituição não prescreve. O legislador está livre para escolher uma forma que lhe pareça idônea, ainda que essa seja tão somente suficientemente efetiva. Faz parte da efetividade que o controle se estenda a todas as fases do processo da vigilância da telecomunicação. Carecedores de controle são tanto a licitude quanto o cumprimento das precauções legais para a proteção do sigilo da telecomunicação.

Por fim, porque a interceptação, o registro do tráfego telefônico e o uso das assim obtidas informações são vinculados a determinados propósitos, os dados obtidos precisam ser destruídos tão logo não sejam mais necessários aos propósitos determinados ou para a proteção judicial.

c) Não se esclareceu até hoje na jurisprudência constitucional quão abrangente é a proteção do Art. 10 GG no seu aspecto espacial. A questão sobre se ela, como pensa o Governo Federal, atua apenas em caso de uma suficiente relação territorial com a República Federal da Alemanha e, por isso, não pode valer para o tráfego de telecomunicação estrangeiro ou para pessoas que morem no exterior, ainda não foi formulada dessa maneira porque o poder público normalmente pode ser exercido apenas no território do Estado. Em geral, as fronteiras do Estado eram ao mesmo tempo a fronteira do poder estatal. Apenas o desenvolvimento da técnica possibilitou que o poder estatal pudesse estender sua atividade ao território de outros Estados sem precisar estar lá presente corporalmente por meio de um representante orgânico. Entre outros, especialmente o uso de satélites viabiliza a compreensão de processos comunicativos fora da Alemanha sem a reivindicação de território estrangeiro.

Ponto de partida para a resposta da questão da vigência espacial do Art. 10 GG é o Art. 1 III GG que determina em geral a abrangência da vigência dos direitos fundamentais. Entretanto, do fato de essa norma prever um vínculo abrangente do Legislativo, Executivo e Judiciário aos direitos fundamentais ainda não se deriva uma determinação definitiva do alcance de vigência espacial dos direitos fundamentais. A *Grundgesetz* não se satisfaz em fixar a ordem interna do Estado alemão, mas determina também, em linhas gerais, sua relação com a comunidade internacional dos Estados. Nesse ponto, ela parte da necessidade de uma delimitação e consenso com outros Estados e ordens jurídicas. Primeiro, deve ser considerado o conteúdo da responsabilidade e responsabilização de órgãos estatais no alcance de vínculos a direitos fundamentais (cf. BVerfGE 66, 39 [57 ss.]; 92, 26 [47]). De outro lado, o direito constitucional deve ser harmonizado com o direito internacional público. Este exclui uma vigência de direitos fundamentais em matérias com relações estrangeiras. Seu alcance deve ser, ao contrário, investigado a partir da própria *Grundgesetz* mediante observância do Art. 25 GG. No caso, modificações e diferenciações podem ser permitidas ou ordenadas a depender da cabível norma constitucional (cf. BVerfGE 31, 58 [72 ss.]; 92, 26 [41 s.]).

A proteção do sigilo da telecomunicação no Art. 10 GG tem como objetivo – em consonância com as normas de direito internacional público (cf. Art. 12 da Declaração Geral dos Direitos Humanos de 10 de dezembro de 1948; Art. 8 da Convenção Europeia para Proteção dos Direitos Humanos e Liberdades Fundamentais de 4 de novembro de 1950; sobre isso: EGMR, NJW 1979, p. 1755 [1756]) – manter a telecomunicação livre de vigilância indesejada e não percebida e fazer com que os titulares de direito fundamental possam se comunicar de modo independente. Ela se conecta ao instrumento de comunicação e quer enfrentar aqueles perigos para a confidencialidade que resultem justamente do uso desse *medium*, que é mais facilmente exposto ao acesso estatal do que no caso da comunicação direta entre presentes (cf. BVerfGE 85, 386 [396]). Técnicas modernas como a tecnologia de [transmissão via] satélites e ondas de rádio permitem tal acesso também no tráfego comunicativo estrangeiro com equipamentos de vigilância que estejam alocados no território da República Federal da Alemanha.

Desse modo, produz-se já mediante o acesso e registro do tráfego de telecomunicações com auxílio de equipamentos de recepção instalados sobre território alemão uma relação técnico-informacional com os respectivos envolvidos na comunicação e um contato territorial correspondente às peculiaridades dos dados e informações. Também a avaliação dos processos de telecomunicação atingidos por meio do BND acontece em território alemão. Sob essas circunstâncias, uma comunicação no exterior é conectada com a ação estatal no interior [do seu território], de tal modo a fazer com que o vínculo pelo Art. 10 GG exista até mesmo quando alguém quiser pressupor uma suficiente relação territorial. Devem ser aqui tampouco julgadas as atividades de serviço secreto que não estejam sujeitas à G10, quanto decidido sobre o que deve valer para os interlocutores estrangeiros [envolvidos na comunicação interceptada que se encontrem] no exterior. Segundo o Art. 19 III GG, de todo modo não se aplica o Art. 10 GG a pessoas jurídicas estrangeiras.

2. Além disso, partes das regulamentações impugnadas têm de ser medidas como base no Art. 19 IV GG.

[...].

3. A proteção do Art. 10 GG em princípio baseada na qualidade de sigilo da comunicação pode ser, finalmente, complementada mediante outras garantias de direito fundamental que são aplicáveis por causa do contexto e conteúdo de uma comunicação ou em face das consequências danosas do uso de informações obtidas em novos contextos de uso.

Quando os Reclamantes que atuam na imprensa afirmam que foram tolhidos nessa atividade pelas normas atacadas, vem à pauta a liberdade de imprensa decorrente do Art. 5 I 2 GG. Esta não se relaciona apenas à difusão de notícias e opiniões em um órgão de imprensa, mas inclui também aqueles pressupostos e atividades auxiliares sem as quais a imprensa não poderia cumprir sua função. Isso vale nomeadamente para a manutenção do sigilo das fontes de informação e a relação de confiança entre imprensa e informantes (cf. BVerfGE 20, 162 [176, 187 ss.]; 50, 234 [240]; 77, 65 [74 s.]) assim como para a confidencialidade do trabalho das redações (cf. BVerfGE 66, 116 [130 ss.]), que são como um todo indispensáveis à consecução e processamento de informações.

Essa proteção pode ocorrer, todavia, apenas depois da tomada de conhecimento estatal sobre dados e informações que foram obtidos mediante a vigilância da telecomunicação. Com efeito, em face de intercepção alheia ao alvo [das investigações] antes da tomada de conhecimento falta ao BND a possibilidade de verificar que se trata de comunicações relativas à imprensa e consequentemente também a possibilidade de se observarem os específicos efeitos de proteção da liberdade de imprensa. Ao contrário, esse direito fundamental deve ser considerado junto ao arquivamento, uso e alienação dos dados e informações.

II.

As regulamentações impugnadas possibilitam intervenções nos referidos direitos fundamentais em várias perspectivas.

1. A vigilância e o registro de telecomunicações internacionais não vinculadas por cabo pelo BND intervêm no sigilo da telecomunicação.

Uma vez que o Art. 10 I GG pretende proteger a confidencialidade da comunicação, qualquer tomada de conhecimento, registro e uso de dados de comunicação por meio do Estado é uma intervenção em direito fundamental (cf. BVerfGE 85, 386 [398]). No caso da tomada de conhecimento de ocorrências de telecomunicação interceptadas por funcionários do BND, a qualidade de intervenção está indubitavelmente presente. Porém, também as fases de operação anteriores precisam ser avaliadas no seu contexto determinado pelo propósito de vigilância e uso.

Intervenção é, destarte, já o acesso [ou interceptação] em si, desde que ele torne a comunicação disponível ao BND e construa a base da comparação seguinte com os vocábulos de busca. Falta uma intervenção somente quando as operações de telecomunicação entre terminais alemães forem, em um primeiro momento, acedidas de modo involuntário por conta exclusiva da técnica, mas então imediatamente após o início da captação excluídas, sem deixar rastros. Por sua vez, não se retira a qualidade de intervenção se os dados acessados não puderem ser atribuídos imediatamente a determinadas pessoas. Assim como a audiência pública corroborou, também nesses casos pode ser estabelecida uma identificação sem maiores dificuldades.

A intervenção prossegue com o arquivamento dos dados acessados por meio do qual o material será guardado e disponibilizado para buscas por palavras-chave. Mesmo a busca [dos dados arquivados mediante palavras-chave] tem caráter de intervenção como ato de seleção para ulterior avaliação. Isso vale independentemente de processar-se automaticamente ou ser realizada por funcionários do BND que, para esse propósito, tomam conhecimento do conteúdo da comunicação. O próximo [passo do] arquivamento após acesso e seleção, i.e., a guarda dos dados com vistas ao propósito de sua avaliação, é igualmente uma intervenção no Art. 10 GG.

O exame prescrito no § 3 IV G10 sobre se os dados pessoais obtidos mediante a vigilância da telecomunicação em prol dos propósitos que legitimam essas medidas são imprescindíveis têm qualidade de intervenção, porque se trata de um ato de seleção junto ao qual as gravações ou serão introduzidas para futuro uso, mantidas para futuro uso, ou então destruídas.

Na medida em que o BND, no quadro de sua obrigação de compor relatório diante do Governo Federal, transmite dados que obteve mediante vigilância da telecomunicação, trata-se também de uma intervenção porque então se expande o círculo daqueles que passam a conhecer as comunicações e que podem fazer uso desse conhecimento. Igualmente, representam intervenções a transmissão pelo BND das gravações obtidas mediante vigilância regulamentadas no § 3 V, III G10 aos órgãos destinatários dos dados e o exame regulamentado no § 3 VII G10 pelos órgãos destinatários.

Na delimitação da obrigação de reportar a restrição do sigilo da telecomunicação pelo § 3 VIII 1 e 2 G10 está igualmente presente uma afetação do direito fundamental.

2. A limitação da obrigação de reportar no § 3 VIII 1 e 2 e a exclusão da via judicial no § 9 VI G10 afetam, no mais, a garantia da via judicial do Art. 19 IV GG. Além disso, a obrigação de destruição de dados pessoais determinada pelo § 3 VI e 7, § 7 IV G10 pode ter efeito deletério sobre o controle judicial das medidas [de vigilância efetivamente adotadas].

3. No mais, na extensão em que podem ser atingidas pelas medidas que decorram do fundamento legal do § 1 I, § 3 I G10 também as relações de telecomunicação de empresas de imprensa ou de jornalistas, uma afetação do direito fundamental à liberdade de imprensa está implícita no poder de exame do BND conforme o § 3 IV G10, na obrigação de relatar ao Governo Federal, na autorização para transmissão [dos dados então obtidos] a outros órgãos segundo o § 3 V, III e em seu poder de exame segundo o § 3 VII G10.

III.

A autorização para a vigilância e registro do tráfego de telecomunicação segundo o § 1 I, § 3 I 2 n. 1–6 G10 encontra-se, essencialmente, em harmonia com o Art. 10 GG. Não obstante, incompatível com esse direito fundamental é a regra do § 3 I 2 n. 5 G10, segundo a qual as medidas são permitidas também para a coletânea de notícias sobre fatos cujo conhecimento seja necessário para se reconhecer tempestivamente um perigo de falsificações de papel moeda cometidas no exterior e para que tal perigo seja enfrentado.

1. No aspecto formal, as normas do § 1 I e do § 3 I G10 não enfrentam questionamentos jurídico-constitucionais. A União tem a competência legislativa para a matéria lá regulamentada. Sua competência resulta do Art. 73 n. 1 GG, que lhe atribui a legiferação exclusiva sobre questões externas assim como sobre a defesa [do território nacional].

a) – **b)** [...].

2. As regras no § 1 I, § 3 I G10 cumprem também as exigências que o Art. 10 GG direciona à taxatividade e clareza normativas de autorizações de intervenção no tráfego de telecomunicação.

O legislador determinou especialmente os propósitos para os quais as relações de telecomunicação podem ser vigiadas e as informações assim obtidas utilizadas de modo suficientemente preciso e com clareza normativa. As situações de perigo cujo reconhecimento precoce é objetivo da observação e vigilância são suficientemente exatas e ainda mais bem esclarecidas por meio da menção a outras leis. A extensão da vigilância é determinada mediante restrição ao tráfego internacional não conectado a cabo. Uma determinação mais detalhada dos pressupostos sob os quais a vigilância pode ocorrer não foi possível em face da tarefa e do modo de trabalho de serviços de inteligência.

3. Todavia, no aspecto material, o § 3 I 2 n. 5 G10 limita o sigilo da telecomunicação desproporcionalmente. De resto, o § 3 I 2 G10 não atende as exigências do princípio da proporcionalidade.

a) O propósito de reconhecer tempestivamente e enfrentar os perigos elencados nos números 1 ao 6 da norma representa um interesse legítimo do bem coletivo. É certo que os perigos recém trazidos à lei nos números 2 ao 6 não têm o mesmo peso que aqueles reconhecidos desde o início como um motivo legítimo para vigilâncias da telecomunicação, qual seja, de um ataque armado à República Federal da Alemanha (cf. BVerfGE 67, 157 [178]). Enquanto tal ataque coloca em xeque a existência do Estado, o bem-estar da população e a ordem liberal por ele escolhida como um todo, trata-se, no caso dos recém contemplados perigos, de tais que não tangenciam, em regra de modo tão elementar, a existência do Estado e de sua ordem. Também eles atingem, contudo, ainda que de modo mais ameno, bens coletivos relevantes cuja violação poderia ter como consequência graves danos à paz interna e externa e aos bens jurídicos de indivíduos.

b) A vigilância da telecomunicação com base no § 3 I G10 é adequada ao alcance do propósito da lei.

A adequação não é afastada pela grande amplitude de difusão dos métodos de acesso que prometem resultados apenas em relativamente poucos casos. Ao nível da lei basta que exista a possibilidade abstrata de alcance do propósito, e que, portanto, as medidas permitidas não sejam desde o início inidôneas, mas que possam ser fomentadoras do resultado desejado (cf. BVerfGE 90, 145 [172]). Este é o presente caso.

Também ao nível da aplicação leva-se suficientemente em consideração a exigência de adequação. De um lado, a vigilância transcorre em uma sequência de fases procedimentais que concretizam as medidas e que podem fomentar sua idoneidade. A determinação e ordem de limitações das relações de tráfego de comunicação devem suscitar um quadro de limitação para as medidas de vigilância. Elas ocorrem em processos regulamentados a cujos elementos pertencem, especialmente, o pedido a ser fundamentado pelo BND (§ 4 II n. 2 e III G10), a fixação dos conceitos de busca (palavras-chave), que já segundo o texto legal precisam ser adequados ao alcance dos objetivos do controle da telecomunicação (§ 3 II 1 G10), assim como o controle (prévio) por um comitê de deputados e a Comissão da G10 (§ 3 I 1, § 9 II G10). De outro lado, a execução de uma vigilância sujeita-se ao controle ulterior da Comissão da G10 segundo o § 9 G10. O Comitê de Deputados previsto no § 9 I G10 deve ser informado sobre a execução da lei pelo Ministro Federal a cada seis meses.

A possibilidade de criptografar notícias não compromete a idoneidade das medidas de vigilância. É certo que entrementes, como o expert *Pfitzmann* expôs na audiência pública, podem ser adquiridas a preços módicos técnicas de criptografia, as quais isolam o conteúdo da comunicação de modo efetivo contra qualquer tomada de conhecimento por terceiros e não permitem perceber no momento do uso de métodos esteganográficos nem mesmo que se trata de comunicações criptografadas. O uso de técnicas de criptografia pressupõe, entretanto, que remetentes e destinatários do comunicado disponham da senha. Isso acontece normalmente nos casos em que os interlocutores se relacionem permanentemente. Na conexão de negócios ou no caso de contatos tão somente esporádicos ou muito difusos em regra não se utilizam essas técnicas.

Não obstante, é plausível que, em alguns dos enumerados âmbitos de perigo, justamente as pessoas ou organizações-alvo por conta de seu elevado grau de organização possam se safar do uso de modernas infraestruturas da vigilância da telecomunicação, enquanto terceiros que não podem utilizar técnicas de criptografia – como jornalistas em face de suas condições de trabalho – podem ser atingidos por elas. O próprio BND sustentou que o modesto resultado nos campos do terrorismo internacional e do comércio de drogas pode ser explicado entre outros pela utilização de palavras codificadas. O Governo Federal enfrentou a objeção da falta de adequação na audiência pública com o argumento de que, de acordo com as experiências práticas, relativamente poucas relações de comunicação à distância interceptadas transcorriam de modo criptografado.

Destarte, a questão sobre se a vigilância com vistas ao reconhecimento antecipado dos respectivos perigos fracassa na efetiva utilização de técnicas de criptografia deve ser avaliada, em todo caso segundo o estado atual da arte, não abstratamente, mas apenas com base em experiências práticas. Ao nível legal, as medidas permitidas não são de plano inidôneas. Ao nível da aplicação, o BND e as instâncias de controle a serem convocadas diante das [obrigatórias] precauções jurídico-processuais devem observar se, apesar da possibilidade de criptografia em cada âmbito de perigo que sejam objeto de uma ordem, continua presente a idoneidade das medidas.

c) A lei é necessária ao alcance de seu propósito. Um meio igualmente eficaz, mas que afete menos os titulares de direito fundamental, não está disponível. Especialmente, não promete um resultado semelhante o trabalho conjunto com aqueles Estados [estrangeiros] nos quais se encontrem as fontes de perigo. Isso se deve, primeiro, ao fato de que o trabalho conjunto já pressupõe correspondentes constatações. Por outro lado, fundamenta-se na circunstância de que os perigos em muitos casos são provocados justamente por órgãos estatais no exterior ou que contem com sua tolerância.

d) a restrição do tráfego de telecomunicação segundo o § 1 I, § 3 I G10 (interceptação, gravação, arquivamento, pesquisa) são em essência proporcionais em sentido estrito. Tão somente a restrição para o propósito do reconhecimento de falsificações de papel moeda cometidas no exterior (n. 5) não cumpre essa exigência.

aa) O princípio da proporcionalidade exige que os ônus impostos à liberdade protegida jusfundamentalmente não estejam em uma relação desproporcional com os propósitos do bem coletivo, aos quais serve a restrição de direito fundamental. Dependência e vínculo comunitários da pessoa até têm como consequência que o indivíduo tenha de tolerar restrições de seus direitos fundamentais se isso for justificado por interesses gerais preponderantes (cf. por exemplo: BVerfGE 65, 1 [44] com mais referências). O legislador tem, entretanto, de construir uma compensação adequada entre os interesses gerais e individuais. Nesse sentido, é relevante do lado do direito fundamental saber sob quais pressupostos, quais e quantos titulares de direito fundamental com que intensidade estejam expostos. Critérios são, portanto, a configuração dos limites de intervenção, o número dos atingidos e a intensidade das restrições. Essa intensidade depende, por sua vez, de saber se os partícipes da conversa, como pessoas, permanecem anônimas, quais conversas e quais conteúdos podem ser atingidos (a respeito por exemplo – com base no parâmetro do Art. 2 em conexão com o Art. 1 I GG – BVerfGE 34, 238 [247]) e quais desvantagens são ameaçadas aos titulares de direito fundamental por causa das medidas de vigilância, ou que possam ser temidas por eles não sem motivo. Do lado dos interesses comunitários é decisivo o peso dos objetivos e interesses aos quais serve a vigilância da telecomunicação. Depende entre outros de quão grandes sejam os perigos a serem reconhecidos com auxílio da vigilância da comunicação à distância e quão provável é sua realização.

bb) A afetação do sigilo da telecomunicação por meio da norma impugnada é grave.

No entanto, não assiste razão ao entendimento do Reclamante 1) segundo o qual o legislador teria revogado totalmente a confidencialidade da comunicação protegida pelo Art. 10 GG e, portanto, atingido o conteúdo essencial do direito fundamental no sentido do Art. 19 II GG. Uma "vigilância global e genérica", que a *Grundgesetz* não permitiria também para propósitos do esclarecimento de fatos ocorrido no exterior (cf. BVerfGE 67, 157 [174]), não acontece, assim como não acontece uma interceptação incondicional [genérica e desmotivada] de todos os contatos telefônicos de determinados titulares de direito fundamental. Pelo contrário, a vigilância e a gravação do tráfego de telecomunicação permanecem restritas tanto jurídica quanto faticamente.

Uma restrição decorre, em primeiro lugar, de ser objeto da vigilância segundo o § 3 I 1 G10 apenas o tráfego internacional não conectado a cabo. O tráfego doméstico permanece poupado pelas medidas. O trânsito conectado a cabo pode ser incluído na restrição apenas para o reconhecimento do perigo de um ataque armado, mas não em face dos demais novos perigos recepcionados na lei (§ 3 I 3 G10). O tráfego não conectado a cabo, ou seja, sobre ondas de rádio ou satélite responde atualmente por algo em torno de 10 por cento de todo o tráfego de telecomunicações, contudo, segundo o expert *Wiesbeck*, aumentará no futuro por causa do progresso da técnica.

Se um determinado processo de comunicação transcorre ou não via conexão a cabo é, segundo as exposições dos experts, definido automaticamente de acordo com a capacidade e esgotamento das vias de transmissão e, consequentemente, nem é previsível para os parceiros de comunicação nem para o BND. Já por causa dessas razões, não se deve temer uma interceptação total, pelo menos não do tráfego internacional de telecomunicações. O indivíduo até tem mesmo de contar, junto a cada contato telefônico com o exterior, com a possibilidade de uma interceptação pelo BND. Contudo, apenas excepcionalmente se chega, de fato, a uma interceptação.

Dentro dos contatos telefônicos não conectados a cabo, a intercepção é, no mais, evitada pela circunstância de que, conforme a informação do expert *Wiesbeck*, o assim chamado *Uplink* pode ser tão somente limitadamente observado, em essência, portanto, apenas o assim chamado *Downlink* é cooptado. Segundo a exposição do expert, uma combinação de ambas as partes da comunicação é até tecnicamente possível, pressuporia, porém, uma cooperação onerosa entre os equipamentos de recepção na área de *Uplink* e *Downlink*. Em sede de conclusão, esses fatos têm como efeito que, no caso de satélites com cobertura focalizada, as partes acessíveis de uma única comunicação à distância são limitadas e que resultados de ambos os lados podem ser gravados apenas no caso de satélites mais antigos com coberturas mais amplas.

Limitações resultam, no mais, da exigência da determinação e ordem de restrições do trânsito de comunicação que pressupõem novamente uma apresentação suficiente da situação de perigo pelo BND e – em face da capacidade limitada – a expectativa de um produto suficiente. Como se revelou, elas podem de fato desenvolver seu efeito limitador na práxis. De fato, diante dos campos de perigo do terrorismo internacional e do tráfico de drogas, as ordens não foram prorrogadas por causa do modesto resultado da vigilância prevista no § 5 III 2 G10.

Por outro lado, entrementes também as teses com base nas quais o TCF em 1984 classificou a gravidade da afetação do direito fundamental como relativamente pequena (BVerfGE 67, 157) não procedem mais. O Tribunal julgou à época que a determinação e ordem exigidas pela lei sob avocação do Comitê de Deputados conduziam a uma delimitação geográfica estreita dos territórios vigiados e igualmente a uma delimitação estreita das vias de comunicação vigiadas (cf. BVerfG, *idem*, p. 174). A vigilância estratégica foi considerada proporcional porque serviria a um propósito especialmente relevante, qual seja, de impedir um ataque armado à República Federal, a possibilidade de o indivíduo ser atingido pelo controle seria extremamente pequena e, no caso de atingi-lo, ela o oneraria em princípio apenas marginalmente por causa do mantido caráter anônimo dos interlocutores da comunicação (cf. BVerfG, *idem*, p. 178 s.).

A vigilância da telecomunicação até carece segundo o § 3 I e § 5 I G10, como antigamente, de uma determinação e ordem do competente Ministro Federal e da anuência do Comitê de Deputados segundo o § 9 G10. Ocorre que o efeito de restrição da intervenção dessas precauções mediante modificação do contexto fático e jurídico enfraqueceu-se sobremaneira. Enquanto a vigilância estratégica da telecomunicação vigia com base em uma redação original da G10 tão somente para o perigo de um ataque armado à República Federal da Alemanha e tal perigo segundo o entendimento político partia somente do bloco oriental, o esclarecimento restringia-se ao território [dos Estados signatários] do Pacto de Varsóvia. Além disso, a ordem sempre atingia, sob as condições técnicas então existentes, algumas vias de transmissão, os assim chamados corredores, como, por exemplo, certos cabos juntados para a chegada de conversas à distância a esse território.

Entrementes, os perigos a respeito dos quais as informações devem ser obtidas foram, quantitativamente falando, significativamente ampliados graças à adição dos números 2 ao 6. Consequentemente, não há mais de se falar em restrição por conta de um único ponto problemático. A área, na qual as medidas de vigilância vêm à pauta, foi, portanto, geograficamente ampliada de modo significativo. A amplitude das relações de telecomunicação acessadas mediante observação de rádios satélites aumentou notavelmente. Sob essas circunstâncias, a delimitação da vigilância serve, sobretudo, aos conceitos de busca autorizados na ordem, no sentido do § 3 II G10, que dirigem a seleção de contatos telefônicos cooptados.

Por fim, a anonimidade da comunicação não é mais garantida do mesmo modo como antigamente. Certo é que os conceitos de busca não podem, segundo o § 3 II 2 G10 – desconsiderando-se a exceção no período 3 que não se encontra aqui para exame – conter características de identificação que levem a uma interceptação objetivada de determinados tráfegos de telecomunicação. Essa proibição aparta aqueles terminais, aos quais ela vale, contra uma identificação dos seus possuidores, mas não mais do mesmo modo como antigamente. A razão se deve, de um lado, ao fato de, condicionado pelo desenvolvimento tecnológico, também os dados de conexão serem coletados e armazenados. De outro lado, a individualização se explica porque os novos perigos trazidos à lei diferentemente do perigo de guerra são mais claramente relacionados a sujeitos e, segundo a exposição do BND, porque apenas no contexto da individualização dos interlocutores da comunicação alcança-se o resultado pretendido.

Na práxis hodierna, o BND exerce vigilância, segundo suas informações dadas na audiência pública, preponderantemente sobre o tráfego de telex e telefax por satélites de comunicação. Tráfegos de telefone são acessados apenas em medida muito reduzida e comunicações por rádio nunca foram até hoje acessadas. Segundo os comentários expostos na audiência pública é intencionada a extensão da observação a E-mail. No estágio atual, caíram segundo os dados do BND – em sede de conclusão não substancialmente questionados na audiência pública – diariamente cerca de 15.000 trânsitos de telecomunicação nos aparelhos de conversão. Destes, 14.000 são classificados com base no entendimento jurídico de que o Art. 10 GG e a Lei G10 não seriam cabíveis como atribuição de tarefa do § 1 BNDG. De resto, tendo em vista a Lei G10 são considerados relevantes por volta de 700 trânsitos, 70 contêm palavras pesquisadas e são processados pelos funcionários, 20 parecem suspeitos e seguem para a avaliação. A quantidade atual do acesso não é legalmente prescrita, mas, sobretudo, condicionada pelas capacidades técnicas e pessoais e, por isso, ampliável sem violação jurídica.

Junto à intensidade da afetação de direito fundamental é considerável que cada partícipe do trânsito internacional de telecomunicação fique exposto a medidas de vigilância sem que isso pudesse ser de alguma forma relacionado com seu comportamento, ou que fosse por ele ensejado. Em face do conteúdo são acessadas completamente comunicações de todo tipo. A tomada de conhecimento por meio de funcionários do BND não é excluída. Nesse contexto, não permanece sem efeitos que, por causa do estágio atual da técnica, os conceitos de busca possam cumprir apenas de modo incompleto sua função pensada pelo legislador de tornar dispensável o acesso humano ao material obtido até que a consulta [ao banco de dados] ocorra.

[...].

Tendo em vista a intensidade da intervenção em direitos fundamentais deve ser, no mais, considerada a falta de anonimidade dos partícipes da comunicação. A referência a pessoas nas informações [obtidas] não permanece restrita à fase do acesso e da gravação. Pelo contrário, na práxis ela se mantém. Segundo as exposições do BND isso é em parte necessário em todo caso no contexto da avaliação para que as constatações possam ser analisadas e classificadas. Arquivos temporários que possibilitem recorrer aos dados de conexão tão somente quando uma referência a determinada pessoa revele-se necessária também para o cumprimento das tarefas do BND não são utilizados, embora sejam em princípio tecnicamente viáveis.

As desvantagens que objetivamente devem ser esperadas ou temidas podem aparecer já com a tomada de conhecimento. O temor de uma vigilância com o perigo de uma gravação, avaliação ulterior, variada transmissão e demais usos por outros órgãos pode conduzir, já de antemão, a uma falta de isenção na comunicação, a distúrbios de comunicação e a adequações de comportamento, aqui especialmente para se evitarem determinados conteúdos de diálogos ou termos. No caso, não deve ser levada em consideração apenas a afetação individual de inúmeros titulares individuais de direitos fundamentais. Ao contrário, a vigilância secreta do trânsito da telecomunicação atinge também a comunicação da sociedade como um todo. Por isso, o TCF reconheceu ao – nesse ponto comparável – direito à autodeterminação informacional também uma relação com o bem geral que vai além do interesse individual (cf. BVerfGE 65, 1 [43]).

cc) Por outro lado, há de se considerar que as restrições do direito fundamental servem à proteção de bens coletivos de elevado grau hierárquico.

Medidas de vigilância previstas no § 3 I 1 2 n. 1 G10 devem fomentar reconhecimentos sobre fatos relevantes à política de defesa nacional, a fim de que perigos de ataques armados à República Federal da Alemanha possam ser tempestivamente reconhecidos. Certo é que a situação de ameaça modificou-se com a dissolução do Pacto de Varsóvia. Contudo, a lei não é vinculada à constelação histórica que estava na pauta do legislador quando de sua promulgação. Pelo contrário, ela permanece aplicável também se o perigo, que ela deve enfrentar, tiver se deslocado. No caso do perigo de guerra, é isso o que acontece. Também depois da dissolução do Pacto de Varsóvia, esse perigo não foi afastado.

Nos novos campos de vigilância, perigos maiores desenvolveram-se por causa do crescimento da criminalidade internacional organizada, especialmente no âmbito do comércio ilegal de armas de guerra e drogas ou da lavagem de dinheiro. Mesmo que essas atividades não possam ser equiparadas em termos de importância totalmente a um ataque armado, os interesses de política externa e de segurança nacional da República Federal são por elas tangenciados em larga medida. Perigos nos campos citados também não estão tão distantes. Na área da proliferação [de armas nucleares ou dos meios para sua produção], o Governo Federal apresentou exemplos suficientes e em geral conhecidos.

Os perigos cujas fontes estão em grande escala no exterior e que devem ser reconhecidos com a ajuda das autorizações, têm elevado peso. Isso vale sem modificações para o perigo de um ataque armado, mas também, como suficientemente demonstrado pelo BND, para a proliferação e comércio de armamentos ou para o terrorismo internacional. Igualmente, o objetivo que se encontra por detrás da tarefa do esclarecimento do exterior de entregar ao Governo Federal informações que sejam do interesse de política externa e de segurança nacional da República Federal da Alemanha tem um grande significado para sua capacidade de ação política externa e sua imagem política externa.

dd) Em uma ponderação que inclua esses aspectos, não pode ser questionado constitucionalmente o § 3 I 2 n. 1 a 4 e n. 6 G10.

Ao contrário do entendimento do Reclamante 1), já da falta de barreiras à operação não decorre a desproporcionalidade das autorizações de vigilância e de gravação e das medidas legalmente previstas, como representam tradicionalmente o perigo concreto, no âmbito do combate a perigos, e a suspeita suficiente de crime, no âmbito da persecução penal. De fato, a observação da telecomunicação acontece sem suspeita. Porém, a intervenção no direito fundamental não se esgota no risco geral de alguém ser exposto a uma suspeita injusta. No contexto da determinação e ordem, qualquer pessoa pode ser sem mais, ao contrário, objeto de medidas de vigilância.

Contudo, os propósitos diferentes justificam que os pressupostos da intervenção na G10 sejam determinados de modo distinto do que no direito policial ou processual penal. Como propósito da vigilância pelo BND, vêm à pauta, por causa da competência legislativa da União do Art. 73 n. 1 GG, apenas as informações provenientes do exterior, tendo em vista determinadas situações de perigo relevantes à política externa e de segurança nacional. Essas situações caracterizam-se pelo fato de que se trata da segurança externa da República Federal, de as situações de perigo terem surgido no exterior e por não terem como objeto preponderantemente situações de perigo e suspeita relacionadas a pessoas e pelo fato de a obtenção das respectivas informações dificilmente ocorrer de outro modo. Para se chegar a informações sobre o exterior que sejam em termos de política externa e de segurança nacional importantes para a República Federal da Alemanha, o BND tem, no caso, exclusivamente a tarefa de juntar as necessárias informações, de avaliá-las e, pela via da obrigação de reportar, municiar o Governo Federal com suportes de informação e decisórios.

É certo que mesmo os grandes perigos, os quais devem ser enfrentados com ajuda da vigilância do trânsito de telecomunicação, não iriam justificar constitucionalmente uma vigilância da telecomunicação com propósitos do esclarecimento vindo do exterior sem qualquer tipo de pressuposto e limitações. Porém, a lei não desistiu de tais pressupostos. No § 3 I 1 e 2 G10 encontram-se, ao contrário, determinados critérios materiais e precauções jurídico-processuais. Faz parte especialmente dos pressupostos materiais que podem ser coletadas apenas notícias sobre fatos cujo conhecimento seja necessário ao reconhecimento tempestivo das situações de perigo. Em âmbito jurídico-processual, a determinação e ordem pressupõem, entre outros, a exposição compreensível no pedido do BND do porquê as relações de telecomunicação atingidas poderiam esclarecer tempestivamente um dos relevantes perigos.

Mediante consideração das precauções que foram positivadas na G10 não parecem inadequados o acesso e gravação aos propósitos da informação do Governo Federal. O número das relações de telecomunicação acessadas, mesmo não sendo pequeno [em si], é pequeno quando comparado ao número total de todos ou apenas dos contatos telefônicos internacionais. No caso, ganha relevância especialmente a proibição contida no § 3 II 2 G10 de uma vigilância cujo alvos sejam terminais individuais. Sem tal proibição, não teria sido assegurada a proporcionalidade em face da ausência de suspeita da intervenção, da amplitude dos contatos telefônicos então acessados e da possibilidade de identificação dos partícipes. Sobre a constitucionalidade do § 3 II 3 G10, o TCF não precisa decidir porque o Reclamante cuja Reclamação Constitucional é admitida, não foi atingido por essa norma. Mesmo quando a livre comunicação, que o Art. 10 GG pretende proteger, puder ser atingida mediante acesso e gravação de ocorrências de comunicação à distância, esse perigo alcança seu peso completo apenas mediante a avaliação subsequente e, sobretudo, a entrega das informações obtidas a terceiros. Assim, pode ser suficientemente combatido ao nível [do uso] das autorizações de avaliação e transmissão.

ee) Não obstante, em relação ao perigo da falsificação de papel moeda cometida no exterior incluído no número 5 da norma, a proporcionalidade em sentido estrito não foi observada.

Na falsificação de papel moeda nem se trata de um perigo que segundo sua gravidade aproxime-se de um ataque armado ou que atingisse bens jurídicos de tal monta como as demais hipóteses de perigo inseridas pela Lei de Combate ao Crime no § 3 G10, nem se atribui a ele, em todas as suas formas de cometimento, aquele potencial de perigo que é próprio dos demais tipos normativos. Falsificações de papel moeda não configuram perigos conectados necessariamente com o exterior e não representam necessariamente um perigo relevante à existência e segurança da República Federal. Isso não exclui que, em casos particulares, falsificações de papel moeda em grande estilo que tenham ocorrido no exterior comprometam a estabilidade da moeda da República Federal e, com isso, a força econômica do país com tal gravidade que o aproximem dos outros [mencionados] perigos. Mas a norma não prevê uma delimitação a tais casos. A extensão do perigo e a gravidade da afetação do direito fundamental ficam nesse ponto fora de proporção.

O § 3 I 2 n. 5 G10 certamente pode receber mediante correspondentes delimitações uma redação compatível com a *Grundgesetz*. Por isso, ele não deve ser declarado nulo, mas apenas incompatível com *Grundgesetz*. O legislador fica obrigado a estabelecer uma situação constitucional.

IV.

A norma do § 3 IV G10, que obriga o BND a avaliar se os dados pessoais obtidos mediante vigilância da telecomunicação para propósitos que legitimam essas medidas são necessários, não pode ser em si impugnada jurídico-constitucionalmente. Mas ela não observa suficientemente a exigência do vínculo ao propósito decorrente do Art. 10 GG e a proibição de excesso, sendo nesse ponto incompatível com o sigilo da telecomunicação e a complementar liberdade de imprensa.

O § 3 IV G10 até satisfaz o princípio do vínculo ao propósito na medida em que exige que o BND avalie os dados pessoais provenientes de intervenções no sigilo da telecomunicação quanto à sua correspondência ao propósito. Além disso, observa-se esse princípio porque o § 3 VI 1 G10 ordena a eliminação ou apagamento dos dados se do exame tiver resultado sua dispensabilidade em face dos propósitos do BND. A lei não oferece, contudo, suficiente garantia para que, relativamente aos dados não eliminados ou não apagados, reste garantido o vínculo ao propósito que justifica a coleta do dado. Outras possibilidades de uso além do reconhecimento precoce dos perigos elencados na lei e uma correspondente informação do Governo Federal não são excluídas. As regulamentações contidas na Lei do BND sobre o processamento e uso de dados pessoais não podem fechar essa lacuna. A aplicação do vínculo geral ao propósito do § 14 da Lei de Proteção de Dados exclui o § 11 BNDG. Além disso, o § 3 IV G10 não observa a obrigação de caracterização decorrente do Art. 10 GG, sem a qual o objeto da proteção de direito fundamental nas demais fases do processamento não é mais identificável.

A norma atacada não prevê também um limiar que se torne correspondente à proibição de excesso para a avaliação ulterior. O § 3 III G10, que apresenta algumas exigências ao uso dos dados, não se refere ao BND. Com seu propósito de uso do impedimento, esclarecimento e persecução de crimes direciona-se, ao contrário, àqueles órgãos aos quais o BND, de acordo com § 3 V G10, deve transmitir informações [colhidas no processo investigativo de inteligência]. A lei não contém normas que garantam que o BND possa avaliar apenas os dados provenientes da vigilância da telecomunicação que tenham uma suficiente relevância em termos de inteligência para os campos de perigo nomeados nos §§ 1 I, 3 I G10. A falta de tal limite também adquire importância em face do Art. 5 I 2 GG, porque garantiria que o BND levasse em consideração os especialmente importantes interesses da proteção do informante e da confidencialidade do trabalho da redação.

Uma interpretação conforme a Constituição da norma não vem à tela porque ela não estaria em harmonia com as exigências que o Art. 10 GG faz à clareza e à taxatividade de normas. Uma vez que a norma é tão somente carecedora de complemento, as deficiências não implicam sua nulidade, mas apenas incompatibilidade com a *Grundgesetz*. O legislador é obrigado a produzir uma situação compatível com a Constituição.

V.

Também a obrigação do BND de apresentar relatórios ao Governo Federal decorrente do § 12 BNDG – e que aqui é impugnada apenas na extensão em que ela permanecer intocada pelos limites do § 3 III 1 G10 nos termos do § 3 III 2 G10 – não vem acompanhada de garantias suficientes do sigilo da telecomunicação.

O Art. 10 GG (e – quando se tratar de comunicações que se subsumam na liberdade de imprensa – Art. 5 I 2 GG) estende seu efeito sobre a obrigação de relatar, pois a informação ao Governo Federal pertence àqueles propósitos em prol dos quais se concede ao BND o direito à vigilância da telecomunicação. A proteção não se torna dispensável, por exemplo, por não serem relevantes dados pessoais no momento do cumprimento da obrigação de reportar. A obrigação exige do BND não apenas a composição de análises de situação. Ele é autorizado, como expressamente destaca o § 12 BNDG, também à transmissão de dados pessoais.

Até não se pode questionar que o § 3 III 2 G10 excepciona a obrigação de relatar das restrições de uso do § 3 III 1 G10 nos termos do § 12 BNDG, pois as restrições lá previstas não são compatíveis com as tarefas do BND. Contudo, é incompatível com o Art. 10 GG que não seja previsto um vínculo aos propósitos que legitimem o controle da telecomunicação do § 1 I e do § 3 I 1 2 G10. No mais, está presente na falta da obrigação de caracterização dos dados pessoais uma violação do Art. 10 GG.

Faltam correspondentes garantias também em face do Governo Federal. O efeito de proteção do Art. 10 GG não se restringe ao BND como órgão de coleta de dados, mas compreende igualmente o Governo Federal como órgão de recebimento de dados. Em face dele a necessidade de proteção dos titulares de direito fundamental é até maior do que em face do BND. Com efeito, enquanto este permanece limitado à observação e avaliação de operações, sem disponibilizar de competências executivas, o Governo Federal tem, como órgão político e ápice do Executivo estatal ao nível federal, meios de transformar seu conhecimento em medidas que possam onerar significativamente as pessoas atingidas pela vigilância da telecomunicação.

O Governo Federal, à cuja informação os dados se destinam, não pode assim usá-los aleatoriamente. Pelo contrário, a tomada de conhecimento do conteúdo e das circunstâncias dos contatos telefônicos é a ele tão somente permitida para a finalidade do reconhecimento tempestivo dos perigos nomeados no § 3 I 2 n. 1 a 6 G10 para a tomada de medidas idôneas ao seu combate. Por isso, também a ele não é permitida a guarda ou o uso desses dados para outros propósitos.

Uma vez que a norma atacada em si analisada não contradiz a Constituição, senão é apenas carecedora de complemento, também aqui essa deficiência não acarreta sua nulidade, mas apenas sua incompatibilidade com a *Grundgesetz*. O legislador é obrigado à produção de uma situação compatível com a Constituição. Em que lugar [da legislação] ele atenderá essa obrigação, a *Grundgesetz* deixa à sua discricionariedade.

VI.

A regra do § 3 V 1 em conexão com o III 1 G10 que obriga o BND a transmitir os dados obtidos a outros órgãos para cumprimento de suas tarefas não é, igualmente, completamente compatível com as premissas do Art. 10 GG e com o Art. 5 I 2 GG que é àquele complementar.

1. Não obstante, o propósito da regra não enfrenta objeções jurídico-constitucionais. Os dados e informações que o BND tiver obtido no cumprimento de suas tarefas a partir da vigilância do tráfego de telecomunicação devem ser utilizáveis no impedimento, esclarecimento ou na persecução de crimes, na extensão em que se referirem a comportamentos puníveis de determinadas pessoas. A *Grundgesetz* atribui [implicitamente] ao impedimento e esclarecimento de crimes uma elevada importância. Por isso, o TCF reiteradamente destacou as necessidades incontornáveis de uma persecução penal efetiva e de combate à criminalidade, enfatizou o interesse público em uma investigação a mais completa possível no processo penal – para a prisão de criminosos e a absolvição de inocentes – e chamou o esclarecimento efetivo justamente de crimes graves como uma missão essencial de um Estado de direito (cf. BVerfGE 77, 65 [76] com mais referências; 80, 367 [375]).

2. O legislador também cumpriu a exigência de fixar os propósitos, em face dos quais os dados pessoais podem ser transmitidos e depois usados, de modo preciso e específico quanto ao seu âmbito (cf. BVerfGE 65, 1 [46]). Uma transmissão aos órgãos destinatários individualmente enumerados no § 3 V G10 é, segundo essa norma, apenas permitida quando for imprescindível ao cumprimento de suas tarefas. A norma se conecta às tarefas de inteligência, às tarefas administrativas e de vigilância e às tarefas da prevenção de crimes, combate a perigos ou da persecução penal que sejam respectivamente atribuídas aos órgãos destinatários. O § 3 III 1 G10 restringe, ademais, no quadro das tarefas desses órgãos, os propósitos do uso à prevenção, ao esclarecimento ou à persecução dos crimes listados no catálogo.

3. Os propósitos são, no mais, compatíveis com o propósito original que justificou a coleta dos dados sob restrição do sigilo da telecomunicação (cf. BVerfGE 65, 1 [62]).

A vigilância da telecomunicação insuspeita que o BND pode promover é até permitida apenas para o controle estratégico. Seu caráter compõe-se do fato de ela não objetivar medidas em face de determinadas pessoas, mas de ser relativa a situações de perigo internacionais a respeito das quais o Governo Federal deve ser informado. Somente esse propósito assim delimitado de uso justifica a extensão e profundidade das intervenções em direito fundamental. Caso elas tivessem como alvo *ab initio* propósitos da prevenção e persecução de crimes, a autorização não poderia ser harmonizada com o Art. 10 GG (cf. BVerfGE 67, 157 [180 s.]). Restrições obrigatórias por direito fundamental à implementação de certos métodos de coleta não podem ser contornadas pelo fato de que os dados que forem coletados com tal método de modo lícito em prol de propósitos de uso determinados tenham se tornado acessíveis de igual modo também para propósitos que não justificariam o uso de tal método.

O Art. 10 GG não inviabiliza, todavia, toda transmissão a órgãos aos quais não caiba uma vigilância da telecomunicação, ou aos quais essa vigilância não poderia ter sido confiada. Uma vez que o BND acessa com base no método a ele autorizado um elevado número de operações de telecomunicação que desde o início sejam irrelevantes aos órgãos destinatários, deve ser, entretanto, assegurado que não se abra a esses o acesso a todo o banco de dados. Ao contrário, não contraria o propósito originário o fato de aquelas constatações que – embora coletadas sob outros aspectos – sejam relevantes à prevenção, ao esclarecimento ou à persecução de crimes, após um exame cuidadoso sejam entregues aos órgãos nomeados no § 3 V G10. Com as condições da regra de transmissão – limite de transmissão tanto segundo o § 3 V 1 quanto o § 3 III 1 G10, exame específico por um servidor com capacitação ao ofício de juiz no § 3 V 2 G10 – foram cumpridas as exigências a serem aqui feitas.

4. Por sua vez, com a proibição de excesso as normas atacadas não podem ser harmonizadas plenamente.

a) Não obstante, não falta a adequação e necessidade da regra ao alcance do propósito. É óbvio que a entrega de dados a órgãos, a cujas tarefas pertencem a prevenção, esclarecimento ou persecução de crimes, beneficia o cumprimento dessas tarefas. No círculo dos destinatários não foram incluídos órgãos que para o alcance do propósito legal não possam contribuir em nada. Aqueles órgãos que não são incumbidos das tarefas da persecução penal, mas que exercem apenas funções de inteligência ou administrativas têm, no quadro de suas tarefas, em todo caso, a possibilidade de prevenir crimes.

Não se vislumbra um meio mais ameno que prometa o mesmo sucesso. Os órgãos administrativos destinatários não poderiam conseguir com as competências que lhe foram atribuídas aquelas informações das quais dispõe o BND por conta de sua ampla autorização para promoção da vigilância da telecomunicação. De resto, o legislador assegura a [observância do critério da] necessidade na medida em que a limita à obrigação de remissão dos dados necessários ao [estrito] cumprimento das tarefas do destinatário.

b) Mas o legislador não cumpriu suficientemente as exigências que decorrem do princípio da proporcionalidade em sentido estrito a regulamentações restritivas de direito fundamental.

aa) Esse princípio proíbe intervenções em direito fundamental que por sua intensidade estejam fora de proporção em relação ao significado da matéria e dos ônus a serem tolerados pelo cidadão (cf. BVerfGE 65, 1 [54]). Significado dos direitos fundamentais e das restrições de direito fundamental devem ser, ao contrário, trazidos a uma relação adequada. Em uma ponderação geral entre o peso da intervenção e o peso e urgência das razões que a justifiquem precisa ser ainda observada a fronteira da exigibilidade (cf. BVerfGE 67, 157 [173, 178]; jurispr. pacífica).

O peso da intervenção resulta do fato de que, na transmissão dos dados pessoais, reside uma nova quebra do sigilo da telecomunicação que pode ter como consequência afetações maiores do que aquelas da primeira intervenção. O efeito da transmissão de dados não se esgota na ampliação do círculo de pessoas que tomam conhecimento das circunstâncias e dos conteúdos da telecomunicação. De fato, à tomada de conhecimento podem seguir medidas contra os atingidos pela vigilância. Enquanto o BND não pode de modo algum tomar medidas relacionadas a pessoas determinadas e também o Governo Federal, a quem ele deve informar sobre determinadas situações de perigo, não age contra os partícipes da comunicação no quadro de suas estratégias políticas de oposição [aos perigos], os órgãos, aos quais os dados devem ser transmitidos nos termos do § 3 V 1 G10, irão normalmente introduzir investigações contra os atingidos que podem conduzir a novas investigações e, se o caso, à instauração de processos penais.

Concretamente, para a aferição da intensidade da afetação é relevante saber que o BND obteve as informações com auxílio de um método que, por causa de seu caráter insuspeito e sua difusão, afeta de modo especialmente grave o sigilo da telecomunicação e que é compatível com o Art. 10 GG tão somente porque serve apenas a propósitos estratégicos e porque uma identificação dos partícipes da comunicação dá-se somente para a interpretação das sempre parciais informações e que, por isso, são sempre carecedoras de interpretação. Sob essas circunstâncias, a adequação da transmissão pode ser somente afirmada se os interesses aos quais ela serve forem preponderantes em face do sigilo da telecomunicação e se a suposição de que os dados sejam relevantes para esses interesses e que os atingidos com grande probabilidade estejam envolvidos em crimes tiver uma base [empírica] segura. Caso falte essa adequação, restam ultrapassadas as fronteiras do exigível.

Obrigatoriamente ordenada é, assim, a presença de uma elevada importância do bem jurídico respectivamente trazido à pauta. [...].

Quanto mais importante for o bem jurídico, mais também poderá ser deslocado o limiar da transmissão, antecipando-se a uma violação ameaçada do bem jurídico. [...].

bb) Esse equilíbrio dos elementos típico-normativos que legitimam a transmissão não foi sempre alcançado pelo legislador. Até não existem objeções contra o § 3 V em conexão com o III G10, na extensão em que ele permite a transmissão de dados em relação a pessoas contra as quais foram ordenadas restrições do sigilo da telecomunicação segundo o § 2 G10. Por sua vez, a configuração do tipo normativo no caso da alternativa da suspeita não foi suficientemente delimitada. Isso resulta da combinação do catálogo de crimes, do fundamento fático para a suspeita de crimes e da extensão temporal da ameaça ao bem jurídico.

O catálogo de crimes, para cujas prevenções, esclarecimento e persecução, o BND obteve dados pessoais mediante vigilância da telecomunicação e pode transmitir a outros órgãos é composto de modo excepcionalmente heterogêneo. Ele não se restringe a crimes, mas inclui também contravenções. De um lado, contém crimes cujo cometimento prejudica bens comunitários supremos ou até ameace como um todo a capacidade do Estado para proteger bens jurídicos. Em parte, eles correspondem, em seu peso, a crimes que segundo o § 2 G10 justificam a ordem de medidas de vigilância da telecomunicação contra determinadas pessoas ou até que a sobrepujem. Faz parte desses, por exemplo, a provocação de uma explosão mediante energia atômica (§ 310b StGB). Ao contrário, outros correspondem ao campo da criminalidade mediana como, por exemplo, o definido igualmente pelo § 138 StGB crime de falsificação de matrizes de euro-cheques em casos menos graves (§ 152a II StGB) ou da fraude de subvenção no § 3 III 1 G10 (§ 264 StGB).

No mais, comparada a base fática que justifica a suposição de uma suspeita de crime com aquelas exigidas, por exemplo, no § 100a StPO para vigilâncias da telecomunicação, a primeira foi fixada de modo ameno. Enquanto naquela "fatos determinados" precisam fundamentar a suspeita de que alguém tenha cometido crimes ou, caso a tentativa seja punível, tenha tentado cometer, ou o tenha preparado mediante um crime, bastam "indícios fáticos" para a transmissão segundo o § 3 V em conexão com o III G10. Por fim, acontece uma extensão da transmissão em um quase não limitado campo preliminar ao cometimento de crimes por meio da inclusão do estágio de planejamento que pressupõe a tentativa punível segundo o § 100a StPO.

Do exposto resultam para a prevenção de crimes, de um lado, e o esclarecimento e persecução de crimes, de outro, diferentes consequências que novamente deitam suas raízes em uma urgência diferente da transmissão de dados para o propósito da proteção de bem jurídico. Enquanto a prevenção de crimes faz parte do combate a perigos e protege o bem jurídico atingido contra uma violação ameaçada, ou seja, deve impedir que se suceda, trata-se, no caso da persecução penal, de um sancionamento estatal de uma violação de bem jurídico já ocorrida, não mais evitável. Se o contato telefônico interceptado pelo BND indicar tanto o planejamento quanto a execução de crimes do catálogo do § 3 III 1 G10, isso pode consequentemente levar à avaliação jurídica contraditória da transmissão segundo § 3 V G10.

[...].

Uma interpretação conforme a Constituição não vem à pauta. Opõe-se a ela [à sua realização aqui] o fato de o legislador poder superar a inconstitucionalidade de diversas formas. Nisso o TCF não pode se intrometer. De outro lado, uma interpretação conforme a Constituição não seria compatível com as exigências de taxatividade e clareza que a *Grundgesetz* direciona a normas com as quais se autorizam a entrega e modificação dos dados pessoais obtidos com uma intervenção em direito fundamental. O legislador é obrigado a criar uma regulamentação compatível com a Constituição.

VII.

O § 3 VII G10 é incompatível com o Art. 10 GG.

Tomada em si a norma certamente não deve ser questionada. Ela obriga os órgãos destinatários a avaliar se precisam, em conformidade com o parágrafo 5, dos dados transmitidos para os propósitos definidos no parágrafo 3. No caso, trata-se de um passo de escolha que corresponde à etapa regulamentada no § 3 IV G10. Esse dispositivo cumpre a tarefa de garantir a determinação e o vínculo a propósito determinado no § 3 III 5 G10 e, assim, observar as exigências do Art. 10 GG. Diferentemente do § 3 IV G10, a norma expressamente veda também, no período 3, o uso ulterior dos dados desnecessários, mas, por causa de um custo impeditivo, não imediatamente deletados. No mais, os interesses jusfundamentais, especialmente aqueles da liberdade de imprensa, podem ser suficientemente contemplados que se encontra no quadro da característica típica "necessita" no período 1 da norma.

Como no caso das correspondentes autorizações do BND, faltam obrigações de caracterização que o legislador deve criar aos órgãos destinatários no contexto do vínculo a propósito como proteção preventiva. Sem uma obrigação desse tipo, poderiam ser os dados e as informações provenientes de avisos da G10, segundo a avaliação de sua relevância definida no § 3 VII G10, arquivados e se misturar com outros dados e informações, de tal modo a que sua origem no controle de telecomunicação não seria mais reconhecível. A restrição de uso prescrita no § 3 III G10 seria, portanto, contornada.

Uma interpretação conforme a Constituição não é possível aqui. O legislador é obrigado a produzir uma situação compatível com a Constituição.

VIII.

A regulamentação da obrigação de notificar no § 3 VIII 2 G10 é incompatível com a *Grundgesetz*.

1. Não obstante, não se pode objetar constitucionalmente que uma notificação no § 3 VIII 1 G10 tenha sido prescrita apenas limitadamente. O Art. 10 II 2 em conexão com o Art. 19 IV 3 GG permite que se desista de uma notificação se a restrição do sigilo da telecomunicação servir à proteção da ordem fundamental democrático-liberal, ou à existência, ou à segurança da União ou de um Estado-membro. Segundo a jurisprudência do TCF isso vale, contudo, apenas sob a premissa de que uma informação ulterior tenha de ser dada, tão logo uma ameaça ao propósito da medida e uma ameaça da existência ou da segurança da União ou de um Estado-membro possam ser excluídas (cf. BVerfGE 30, 1 [31 s.]). Restrições que sirvam ao reconhecimento prévio do perigo de um ataque armado (§ 3 I 1 e 2, n. 1 G10) não são, nesse sentido, constitucionalmente problemáticas.

Para os perigos adicionados com a Lei de Combate à Criminalidade no n. 2 ao 6 dessa norma, esses aspectos não têm aplicabilidade. Nesse ponto aplica-se, todavia, o Art. 10 II 1 GG, que permite a limitação para outros propósitos. As razões de manutenção do sigilo podem residir no fato de que o cumprimento da tarefa restaria ameaçado caso as informações [levantadas pelo serviço de inteligência] ou também os métodos aplicados fossem revelados, que no caso concreto (ainda) devem ser mantidos em sigilo (cf. BVerfGE 57, 250 [284]). Além do cumprimento da tarefa orgânica podem ser considerados, presentes certos pressupostos, desvantagens amplas ao bem-estar da União ou de um Estado-membro que, no caso da garantia de cientificação [do atingido], sejam previsíveis como interesse contrário. No âmbito do serviço de inteligência, isso pode ser o caso, por exemplo, do envolvimento de serviços estrangeiros de inteligência ou na área da defesa contra espionagem (veja a respeito: OVG Berlin, NVwZ 1987, p. 817 [819]). Ademais, como interesse legítimo pode valer também a proteção de fontes de informações (cf. BVerfGE 57, 250 [284]).

2. Por sua vez, o § 3 VIII 2 G10 viola o Art. 10 e o Art. 19 IV GG.

Segundo essa norma, não se realiza a notificação se dentro de três meses forem destruídos os dados pelo BND ou por um órgão destinatário. Com isso, a regra se refere isoladamente ao momento da destruição. O que se passa com os dados dentro do prazo de três meses não é relevante para a notificação. Na práxis, isso tem como efeito, como se concluiu na audiência pública, que as notificações não são feitas pelo BND. Ele opera com a norma de tal modo como se ela fundamentasse uma obrigação de destruição dentro do prazo de três meses.

As razões para uma prática administrativa sobre a qual a regra se baseia não têm o condão de justificar uma exclusão da obrigação de notificação de modo tão amplo. É certo que, em face do grande número de interceptações e da circunstância de o material obtido revelar-se em larga medida irrelevante, pode haver razões que justifiquem uma desistência da notificação. Para tanto, não basta a mera passagem do tempo porque ela não permite nenhum tipo de conclusão de que os dados interceptados dentro desse tempo não passaram por outros usos.

Independentemente de a intervenção contra a qual em princípio a proteção judicial precisa ser possível já estar presente na interceptação dos dados, é o uso que normalmente tem efeitos especialmente danosos ao atingido. Sob tais circunstâncias, uma desistência da notificação poderia ser justificada se pelo menos os dados interceptados, na qualidade de irrelevantes, sem as demais fases, fossem imediatamente destruídos. Sem uma ressalva de tal tipo, o § 3 VIII 2 G10 restringe, portanto, de modo desproporcional o Art. 10 e o Art. 19 IV GG.

Como mediante uma correspondente emenda a norma pode ser harmonizada com os direitos fundamentais, ela não deve ser declarada nula, mas apenas incompatível com a *Grundgesetz*. O legislador é obrigado a estabelecer uma situação compatível com a Constituição.

IX.

A norma sobre a exclusão da via judicial no § 9 VI G10 é, pelo contrário, compatível com a *Grundgesetz*.

Ela tem como base constitucional o Art. 10 II 2 GG. Junto a restrições que sirvam à proteção da ordem fundamental democrático-liberal ou à existência ou segurança da União ou de um Estado-membro, aquele dispositivo permite a exclusão da via judicial, desde que em seu lugar ocorra uma revisão por órgão [da Administração direta] ou órgão auxiliar investido da função pela representação popular [Câmara Federal]. Essa norma inserida no Art. 10 GG mediante alteração constitucional de 1968 foi declarada pelo TCF compatível com o Art. 79 III GG (cf. BVerfGE 30, 1 [26 ss.]).

O § 9 VI G10 encontra-se no quadro do Art. 10 II 2 GG. A exclusão da via judicial restringe-se a ordens previstas no § 2 e § 3 I e 2 n. 1 G10 e não compreende os tipos normativos de perigo nos números 2 ao 6 dessa norma. O controle parlamentar é assegurado no § 9 G10. De resto, abre-se aos atingidos, nos termos do § 5 V 3 G10, a via judicial depois da notificação. O § 9 VI G10 é declarado inaplicável.

A questão se com isso a via judicial é aberta também nos casos do § 2 e § 3 I 2 n. 1 G10, quando os atingidos receberam uma notificação, não é aqui relevante em seus aspectos jurídico-constitucionais. Por força constitucional deve ser tão somente verificado que, na interpretação do § 5 V 3 G10, a notificação não pode ser transformada em um pressuposto da abertura da via judicial. Mesmo se de outro modo o atingido ficar sabendo da intercepção de seu tráfego de telecomunicações, ele poderá se valer da via judicial. A proteção judicial seria inutilmente reduzida se, em tais casos, dependesse-se igualmente de uma notificação.

X.

As normas sobre a destruição dos dados no § 3 VI e VII 2 e 3 e no § 7 IV G10 são, igualmente, compatíveis com a *Grundgesetz*.

Elas levam em consideração a exigência decorrente do Art. 10 GG pela qual dados que provenham de intervenções no sigilo da telecomunicação devem ser destruídos tão logo não forem mais necessários aos propósitos que justificaram a intervenção. Não é vislumbrável que as normas tenham ficado aquém da proteção mínima ordenada.

Também sob o aspecto do Art. 19 IV GG as regras não podem ser impugnadas. [...].

[...].

XI.

A norma do § 9 II 3 G10, que prescreve o controle das medidas de restrição pela Comissão, é incompatível com o Art. 10 GG. Ela não garante suficientemente que o controle abranja o processo da interceptação e uso dos dados como um todo. Sem tal controle, as normas autorizadoras atacadas não poderiam subsistir. O § 9 II 3 G10 até determina que a Comissão decida sobre admissibilidade e necessidade de medidas restritivas. Permanece, todavia, incerto o que deve ser entendido sob a epígrafe das medidas restritivas. A norma subsequente do § 9 II 4 G10, segundo a qual o Ministro Federal deve incontinenti revogar as ordens que a Comissão tenha declarado inadmissíveis ou desnecessárias, poderia ser entendida de tal maneira a que a autorização de controle se relacione apenas à ordem ministerial.

Tal entendimento, que não pode ser harmonizado com o Art. 10 GG, não fica apenas no âmbito do possível. Pelo contrário, o Governo Federal lhe deu expressão em um ofício à Comissão de 9 de dezembro de 1996. A Comissão o seguiu apesar de seu entendimento divergente e desde então desiste de controles nos casos do § 3 III, 5, 6 e 8 G10. Por causa das rigorosas exigências de taxatividade no âmbito da lida com dados pessoais, a norma carece, portanto, da clarificação de seu alcance que o legislador deve efetuar.

Além disso, tendo em vista que a atividade de vigilância do BND foi muito ampliada pela Lei de Combate à Criminalidade, deve-se providenciar que a Comissão seja fortalecida com recursos humanos que possam viabilizar o cumprimento de sua tarefa de modo efetivo. Ademais, deve ser assegurado que também no âmbito da Administração Pública estadual exista um controle suficiente quando os dados obtidos mediante suspensão do sigilo da telecomunicação forem transmitidos a órgãos estaduais em conformidade com o § 3 V G10.

XII.

Na extensão em que, com base nesta Decisão, o legislador for obrigado a estabelecer uma situação compatível com a Constituição, cabe-lhe para tanto como prazo final o dia 30 de junho de 2001.

Nesse interstício, o § 3 I 2 n. 5 G10 pode continuar sendo tão somente aplicado quando partir de falsificações de papel moeda feitas no exterior um perigo que ameace a estabilidade da moeda na República Federal da Alemanha. O § 3 III 2 G10 deve ser aplicado com a ressalva de que os dados pessoais contidos no relatório ao Governo Federal sejam rotulados [tenham sua origem e propósito precisamente identificados] e que permaneçam vinculados aos propósitos que justificaram sua coleta. O § 3 IV G10 deve ser aplicado com a ressalva de que os dados sejam rotulados e que não sejam usados para outros propósitos que não os mencionados no § 3 I G10.

O § 3 V 1 em conexão com o III 1 G10 é aplicável com a ressalva de que dados pessoais possam ser transmitidos apenas sob os pressupostos da ordem cautelar concedida em 5 de julho de 1995 e que a transmissão seja reduzida a termo em ata.

Nesse ponto, o TCF desiste de mudar novamente a situação jurídica ora existente com base na ordem cautelar para o curto período de transição até uma nova regulamentação, embora assim, provisoriamente, também tais partes da norma não possam ser aplicadas, as quais o legislador na nova regulamentação pode novamente promulgar, sem se violar a *Grundgesetz*. Caso, ao contrário, permaneça aplicável a norma declarada inconstitucional em sua forma atual até uma nova regulamentação, seriam possíveis transmissões de dados que violariam direitos fundamentais. Na audiência pública não apareceu nada que pudesse conectar a ordem cautelar no passado com desvantagens de vulto à República Federal da Alemanha. Isso foi decisivo junto à ponderação das consequências. Caso o legislador considere a situação jurídica vigente do período de transição como dificilmente suportável, cabe a ele modificá-la por meio de uma nova regulamentação tão rapidamente quanto possível.

O § 3 VII G10 deve ser aplicado com a ressalva de que os dados se submetam a uma obrigação de caracterização [atribuição do rótulo]. O § 3 VIII 2 G10 é aplicável sujeitando-se à ressalva de que antes da destruição não tenha ocorrido nenhum tipo de uso dos dados. O § 9 II 3 G10 é aplicável sujeitando-se à ressalva de que a autorização de controle da Comissão também se aplique às medidas previstas no § 3 III, 5, 6 e 8 G10.

Papier, Grimm, Kühling, Jaeger, Haas, Hömig, Steiner

88. BVerfGE 130, 151 (*Zuordnung dynamischer IP– Adressen*)

Reclamação Constitucional contra Ato Normativo

24.01.2012

MATÉRIA

Objeto direto da Reclamação Constitucional foram os §§ 111–113 TKG. Como no caso de outras Reclamações Constitucionais movidas diretamente contra leis que ampliavam poderes e competências de órgãos investigativos no âmbito das tecnologias da informação, a presente Reclamação ajuizada em 2005 e, portanto, mais de 6 anos antes de seu julgamento, recebeu atenção privilegiada tanto da literatura jurídica especializada quanto contou com uma relativamente ampla cobertura de tradicionais e novos veículos de comunicação social.[324] Após a Decisão e parcial sucesso dos Reclamantes, um deles sentiu-se motivado à propositura de Reclamação perante a Corte Europeia de Direitos Humanos contra a proibição de

[324] Na categoria das opiniões técnicas, cf. por muitos: Meinicke (2012), Schnabel (2012) e Dalby (2013). No que tange à grande e tradicional imprensa, cf. por exemplo: Frankfurter Allgemeine Zeitung – FAZ (2012), Spiegel Online (2012) e bastante críticos Prantl (2012): "De vez em quando só um instável sinal de paragem" e Rath (2012).

venda anônima de *prepaid-cards* para celulares. Essa também acabou por receber atenção especial da grande mídia devido à pessoa do Reclamante, militante político bastante engajado no combate à crescente política de vigilância estatal das telecomunicações e internet em geral.[325]

Os dispositivos impugnados da Lei de Comunicações (*Telekommunikationsgesetz* – TKG) autorizavam, entre outros, especialmente a polêmica informação sobre a **atribuição de endereços de IP dinâmicos** (*Zuordnung dynamischer IP-Adressen*) que, na prática, uma vez atendidas as condições determinadas nos dispositivos, garantiam a identificação de usuários de terminais telefônicos móveis, notadamente de celulares pré-pagos e o rastreamento de páginas da internet visitadas.

Em face disso, os Reclamantes que, como muitos, utilizavam cartões de celular pré-pagos e serviços de acesso à Internet afirmaram que teriam sido violados seus direitos fundamentais decorrentes do Art. 10 I, Art. 2 I c.c. Art. 1 I e do Art. 3 I GG pelo arquivamento de seus dados e sua possível transmissão no quadro dos procedimentos de informação, previstos nos §§ 112 e 113, com base nas obrigações de arquivamento de dados das empresas de telecomunicação. Não era improvável que pessoas por eles conhecidas pudessem estar envolvidas em procedimento investigativo. Nele, seus números de telefone poderiam estar sendo examinados. Não teriam como tomar conhecimento de consultas aos bancos de dados de assinantes de tais serviços arquivados nos termos dos §§ 112 e 113 TKG. Impor-lhes a busca de informações junto a todos os órgãos estatais legitimados à consulta violaria o limite da exigibilidade. Os dispositivos dos §§ 111 a 113 TKG não poderiam ser comparados com o arquivamento e transmissão de outros dados, tais como dados de registro de residentes e dados de registro de veículos. Os dispositivos do § 113 TKG seriam de relevância prática, especialmente junto à persecução de violações de direitos autorais na Internet graças a endereços de IP dinâmicos.

O 111 TKG obriga empresas prestadoras de serviços de telecomunicações a recolher e arquivar os números de telecomunicações que atribuem ou disponibilizam (números de telefone, códigos de acesso, números de terminais móveis e códigos de caixa de correio eletrônico), além de dados pessoais dos assinantes, como nomes, endereços e datas de nascimento.

Os §§ 112, 113 TKG criam a base para dois diferentes procedimentos com vistas ao fornecimento de informações a partir dos dados arquivados nos termos do artigo § 111 TKG. No primeiro deles trata-se de procedimento automatizado regulamentado pelo § 112 TKG. Determina que os dados sejam disponibilizados pelos prestadores de serviços de telecomunicações de tal maneira que possam ser acessados sem que as empresas saibam. A Agência Federal de Telecomunicações deve consultar os dados

[325] Cf. Legal Tribune Online (2012).

em procedimento automatizado a requerimento dos órgãos concretamente legitimados, incluindo especialmente os órgãos policiais e de persecução penal e transmiti-los a eles. As informações podem ser sempre fornecidas quando forem necessárias ao cumprimento das tarefas legais daqueles órgãos elencadas no § 112 II TKG.

Por sua vez, o procedimento manual regulado no § 113 I 1 TKG obriga as próprias empresas de telecomunicações a fornecerem as informações. Não apenas as empresas que oferecem serviços de telecomunicações ao público (por exemplo, companhias telefônicas ou provedores) são obrigadas a fornecer informações, mas também todos aqueles que prestam serviços de telecomunicações como atividade secundária (por exemplo, também hospitais ou hotéis). Na prática são atingidos todos os Administradores de TI de empresas dos mais variados ramos (os assim chamados *Corporate Networks*). Para tanto, basta apenas que disponibilizem uma rede interna WLAN (sem fio).

Na literatura especializada, com fundamento na exposição de motivos da lei para o § 112 TKG na redação vigente em 2004,[326] afirmou-se que até 400.000 fornecedores teriam sido atingidos pelo § 113, ao passo que no caso do § 112 TKG apenas algumas centenas de obrigados foram atingidos.[327]

O § 113 I 2 TKG regula um dever especial de fornecer informações sobre códigos de segurança de acesso, tais como senhas ou números de identificação pessoal (PIN). Nesse caso, são legitimados a receber informação os órgãos de persecução penal, de segurança pública ou policiais e os serviços de inteligência.

Na interpretação do § 113 TKG, é uma prática generalizada, mas controversa, que sejam acessadas também as informações relativas ao proprietário de um endereço de Protocolo de Internet dito dinâmico (endereço de IP dinâmico). Trata-se aqui de números de telecomunicação com os quais especialmente os particulares costumam navegar na Internet.

A consulta dos dados pelos órgãos estatais legitimados na lei é regida por seus próprios fundamentos jurídicos, decorrentes das leis técnicas específicas; fundamentos em geral considerados suficientes para o levantamento dos dados, não se vislumbrando a necessidade de um fundamento legal à parte.[328]

---

326 Cf. BT-Drucks. 15/2316, p. 95.

327 Cf. as referências do próprio TCF no relatório da Decisão a Bock (2006: § 112, n. 5).

328 Ou seja, bastariam aqui os fundamentos positivados na BNDG, BVerfSchG, MADG e nas leis estaduais de proteção da Constituição. No âmbito do combate a perigos como escopo do direito de segurança pública, matéria de iniciativa legislativa estadual, a maioria dos Estados autorizou apenas o recebimento da informação sobre a localização do aparelho de comunicação (casos de *Berlin* e *Nordrhein-Westfalen*), mas não a escuta e gravação, ou ambos (14 Estados-membros restantes). Cf. Pieroth *et al.* (2016: 268).

Manifestaram-se nos autos da Reclamação os seguintes órgãos: O Governo Federal, o Tribunal Administrativo Federal, o Comissário Federal para a Proteção de Dados e Liberdade de Informação, o Comissário Estadual para a Proteção de Dados e Direito de Acesso aos Arquivos de *Brandenburg* e o Comissário para a Proteção de Dados e Liberdade de Informação de *Berlin*.

Primeiro, o Governo Federal apresentou vários dados empíricos e estatísticos com o objetivo de demonstrar a imprescindibilidade dos procedimentos automático e manual de informações dos vários órgãos legitimados. Em um segundo tópico de seu parecer, levantou dúvidas quanto à admissibilidade da Reclamação, "pelo menos em grande parte", por lhe faltar o atingimento próprio, direto e atual, além de arguir falta de interesse processual específico por conta da subsidiariedade da Reclamação Constitucional. Quanto à fundamentação de mérito, arguiu de plano a inaplicabilidade do parâmetro do Art. 10 I GG. Ressaltou que se trata de uma intervenção apenas no direito à autodeterminação informacional, intervenção que no seu entender restaria, contudo, plenamente justificada tendo em vista principalmente a pouca intensidade da intervenção em face dos muito relevantes propósitos perseguidos pelas determinações legais.

O Sexto Senado Recursal do Tribunal Federal Administrativo fez referência a uma decisão sua.

Todos os Comissários de Proteção de Dados consideraram a lei violadora do direito à autodeterminação informacional, sobretudo em face da falta de taxatividade dos dispositivos impugnados e estabelecimento de condições muito frágeis ao exercício de poderes tão invasivos.

Em síntese, o TCF apresentou os seguintes fundamentos sustentadores do dispositivo da Decisão:

O levantamento e arquivamento de dados de telecomunicações segundo o § 111 TKG e a sua utilização no procedimento de consulta automatizado, tal como regulamentado no § 112 TKG, são constitucionais. A intervenção no direito à autodeterminação informacional aqui perpetrada tem um peso apenas limitado. Ela é justificada em face da desejada melhoria do desempenho do Estado no exercício de suas funções. De acordo com o "modelo de porta dupla" (transmissão e consulta dos dados), o § 112 TKG requer um fundamento à parte de autorização para que as autoridades acessem os dados, não sendo suficientes as normas gerais de levantamento de dados pelos órgãos legitimados a consultar as informações arquivadas pelas empresas.

A norma também não é desproporcional à luz do desenvolvimento tecnológico e da prática atuais quando possibilita, em determinadas circunstâncias, a identificação de endereços de IP estáticos. Como esses endereços atualmente são em regra atribuídos apenas a instituições e grandes usuários, mas não a usuários pessoas físicas, a possibilidade de consultar tais números tem menor peso. No entanto, o legislador tem a obrigação de acompanhar a situação e, se necessário, de a remediar. Contudo, os endereços IP dinâmicos não são abrangidos pelo § 111 TKG, de tal sorte que o § 112 TKG não permite a desanonimização.

A Reclamação constitucional também não teve êxito na extensão em que se dirigiu contra a regra contida no § 113 I 1 TKG sobre o fornecimento de informações gerais pelos prestadores de serviços de telecomunicações no procedimento de informação manual. Entretanto, essa norma deve ser interpretada conforme a Constituição, de tal modo que para a consulta de dados sejam necessários fundamentos especiais de autorização determinados nas leis específicas. Além disso, ela não autoriza a atribuição de endereços de IP dinâmicos. Durante um período de transição, o mais tardar até 30.6.2013, poderá a norma continuar sendo aplicada independentemente desses requisitos. Por sua vez, o § 113 I 2 TKG não é compatível com o direito à autodeterminação informacional. Essa norma refere-se aos códigos de segurança de acesso (senhas e códigos PIN) que protegem o acesso aos equipamentos terminais e, portanto, protegem as pessoas contra o acesso por quaisquer terceiros aos seus dados ou processos de telecomunicações correspondentes. No entanto, o acesso a esses dados não é necessário ao desempenho efetivo das tarefas dos órgãos estatais na extensão prevista no § 113 I 2 TKG. Tendo em conta as finalidades nele perseguidas, o levantamento dos dados de acesso somente será necessário se também estiverem reunidas as condições para a sua utilização. Em sua atual redação, isso não é suficientemente assegurado no dispositivo do § 113 I 2 TKG.

Não obstante, o TCF determinou a continuidade temporária da vigência da norma até 30.06.2013,[329] desde que os códigos de segurança possam ser levantados apenas sob as mesmas condições em que possam ser utilizados nos termos das pertinentes normas (por exemplo, as do direito processual penal).

EMENTAS

1. Na correlação de números de telecomunicação com seus titulares está presente uma intervenção no direito à autodeterminação informacional. Por sua vez, na

---

329 No início de janeiro de 2013, o Governo Federal apresentou à Câmara Federal seu Projeto de Lei Derrogatória da Lei de Telecomunicações e Nova Disciplina da Prestação de Informações de Dados Arquivados. Cf. BT-Drucks. 17/12034. Em 20.06.2013, o processo legislativo foi exitosamente encerrado com a promulgação da lei, com alteração determinada por seu Art. 1 não apenas da Lei de Telecomunicações. Os Art. 2–8 alteraram, respectivamente, os dispositivos do Código de Processo Penal, de cada lei dos três órgãos policiais federais e de cada lei dos serviços de inteligência interna e externa. No Art. 9, o legislador cumpriu o dever de citação ao indicar o Art. 10 GG como por ela atingido e, no Art. 10, determinou o início da vigência para o dia 01.07.2013. Cf. BGBl. I, p. 1602 (n. 30).

correlação de endereços dinâmicos de IP está presente uma intervenção no Art. 10 I GG.

2. O legislador tem de conseguir, na criação de um procedimento de informação, as bases legais tanto da transmissão quanto da consulta dos dados.

3. O procedimento automático dos §§ 112, 111 TKG é compatível com a Constituição. Para a consulta [dos dados] o § 112 TKG pressupõe bases autorizadoras específicas.

4. O procedimento manual de informação dos 113 I 1, 111, 95 I TKG é, em interpretação conforme a Constituição, compatível com a *Grundgesetz*. De um lado, carecem-se de bases legais qualificadas que criem elas mesmas uma obrigação de informação das empresas de telecomunicação. De outro, a norma não pode ser aplicada à correlação de endereços dinâmicos de IP.

5. Os órgãos de segurança podem exigir as informações das senhas de acesso (§ 113 I 2 TKG) apenas se estiverem presentes os pressupostos legais para seu uso.

Decisão [*Beschluss*] do Primeiro Senado de 24 de janeiro de 2012

– 1 BvR 1299/05 –

No processo da Reclamação Constitucional 1. Do Sr. B., 2. Dos Srs. B. [...] – contra o § 95 III e IV, §§ 111, 112, 113 da Lei de Telecomunicações (TKG) de 22 de junho de 2004 (BGBl. I, p. 1190).

Dispositivo:

1. O § 113, Parágrafo 1, Período 2 da Lei de Telecomunicações de 22 de junho de 2004 (Diário Oficial de Leis Federais I, página 1190) é incompatível com o Artigo 2, Parágrafo 1 em conexão com o Artigo 1, Parágrafo 1 da *Grundgesetz*.

Transitoriamente, o mais tardar, contudo, até 30 de junho de 2013, a norma continua valendo com a condição de os dados elencados na norma poderem ser coletados apenas se estiverem presentes os pressupostos de seu uso.

2. Na extensão em que a Reclamação Constitucional impugna o § 113, Parágrafo 1, Período 1 da Lei de Telecomunicações de 22 de junho de 2004 (Diário Oficial de Leis Federais I, página 1190), ela é indeferida, sob a condição de ser ela interpretada conforme a Constituição em consonância com as razões desta Decisão (**C.IV.1.** – **3.**) e pode, assim, ser aplicada somente se conectada a bases legais qualificadas para a consulta de dados, mas não para a correlação [identificação] de endereços dinâmicos de IP.

Transitoriamente, contudo, o mais tardar até 30 de junho de 2013, a norma pode ser aplicada independentemente dessas condições.

3. Na extensão em que a Reclamação Constitucional impugna o § 95, Parágrafo 3 e 4 da Lei de Telecomunicações de 22 de junho de 2004 (Diário Oficial de Leis Federais I, página 1190), ela não é admitida.

4. De resto, a Reclamação Constitucional é indeferida.

5. A República Federal da Alemanha deve ressarcir os Reclamantes um terço de suas custas necessárias.

RAZÕES

A.

Objeto da Reclamação Constitucional é, essencialmente a constitucionalidade dos §§ 111–113 da Lei de Telecomunicações (TKG).

I.1.a) – e), 2. – 3.; II. – III.1.a) – g), 2. – 5. [...]

B.

A Reclamação Constitucional é em sua maior parte admitida.

I.

1. Entretanto, não admitida é a Reclamação Constitucional quando nela se argui uma violação do Art. 3 I GG. [...].

2. [...].

II.

De resto, a Reclamação Constitucional é admitida.

1. – 3. [...].

C.

A Reclamação Constitucional é parcialmente procedente.

Contudo, improcedente é a Reclamação Constitucional na extensão em que o Reclamante impugna o § 111 e o § 112 TKG. A Reclamação Constitucional não é bem-sucedida na extensão em que ela impugna o § 113 I 1 TKG em si. O § 113 I 1 TKG deve ser, entretanto, interpretado conforme a Constituição, de tal modo a que dele solitariamente ainda não resulte uma obrigação de informação da operadora de telecomunicação; pelo contrário, carece-se de uma norma técnico-jurídica específica de consulta que crie, autonomamente e de modo normativamente claro, uma obrigação da operadora. No mais, o § 113 I 1 TKG deve ser, por força constitucional, de tal maneira interpretado a que a norma não autorize a uma correlação de endereços dinâmicos de IP. Por fim, a Reclamação Constitucional é também procedente na extensão em que ela impugna o § 113 I 2 TKG.

I.

Parâmetro é, fundamentalmente, o direito à autodeterminação informacional de acordo com o Art. 2 I em conexão com o Art. 1 I GG.

1. As normas impugnadas não intervêm no sigilo da telecomunicação do Art. 10 I GG. Diferente vale, todavia, no caso do § 113 I TKG, na extensão em que seja entendido como autorização para a correlação de endereços dinâmicos de IP.

a) O Art. 10 I GG garante o sigilo da telecomunicação, que protege a transmissão não corpórea de informações a recipientes individuais com auxílio do tráfego de telecomunicações contra a tomada de conhecimento pelo poder público (cf. BVerfGE 125, 260 [309] com mais referências). Nesse sentido, deve ser evitado que o intercâmbio de informações e opiniões mediante equipamentos de telecomunicação deixe de ocorrer ou que forma e conteúdo de seu transcurso sejam alterados porque os partícipes tenham de contar com que órgãos estatais interceptem a comunicação e consigam informações sobre as relações e os conteúdos da comunicação (cf. BVerfGE 100, 313 [359]; 107, 299 [313]).

aa) O Art. 10 I GG compreende não apenas os conteúdos da comunicação. Protegida é, ao contrário, a confidencialidade das circunstâncias detalhadas do seu transcurso aos quais pertencem, especialmente, se, quando e quão frequentemente entre quais pessoas e instituições de telecomunicação tenha ocorrido ou sido tentado o trânsito telecomunicativo (cf. BVerfGE 67, 157 [172]; 100, 313 [358]; 107, 299 [312 s.]; 125, 260 [309]; jurispr. pacífica). Uma intervenção no Art. 10 I GG estará, nesse sentido, também presente quando, mediante o acionamento de instrumento de captação sem a ciência dos partícipes do telefonema, a ligação tenha sido de tal sorte estabelecida que a chamada possa ser rastreável (cf. BVerfGE 85, 386 [395 ss.]) ou a ocultação dos números da chamada seja suspensa (cf. § 101 TKG).

O Art. 10 I GG protege, entretanto, tão somente a confidencialidade de transcursos de telecomunicação concretos. Diante disso, sua proteção em geral não se estende sobre todas as informações que se relacionem ao comportamento de telecomunicação ou com as relações como um todo entre as operadoras dos serviços de telecomunicações e seus clientes. Especialmente, o sigilo da telecomunicação não protege a confidencialidade das respectivas circunstâncias da disponibilização de prestações de serviços de telecomunicações como, por exemplo, a correlação entre os números de telefone distribuídos pelas operadoras e os proprietários do terminal.

bb) A correlação de um número de telefone a um proprietário de terminal também não tangencia o Art. 10 I GG quando ela possibilitar indiretamente a um órgão estatal reconstruir os conteúdos e as circunstâncias de chamadas concretas e as correlacionar com uma pessoa determinada. A correlação de números de telefone até não deve se restringir a informações sobre qual possuidor do terminal está por detrás de um número, como isso ocorre, por exemplo, quando órgãos estatais descobrem números de telefone que lhes cheguem às mãos na forma de gravações. Pelo contrário, com tal correlação podem ser indiretamente individualizados também conteúdo e circunstâncias de um telefonema, como, por exemplo, quando o conteúdo e o momento de um determinado telefonema feito pelo número pesquisado forem conhecidos pelo órgão graças a investigações anteriores. Também a possibilidade de tal conteúdo informativo não leva, contudo, a que a correlação entre número de telefone e possuidor do terminal deva ser medida com base no Art. 10 I GG. Com efeito, as informações sobre conteúdo e circunstâncias do ato de telecomunicação atingido não são conseguidas nesse caso mediante a intervenção nas próprias operações de telecomunicação confidenciais, mas resultam apenas de sua combinação com constatações as quais os órgãos chegaram de outro modo – seja mediante próprias investigações, seja por meio de informações de terceiros, especialmente mediante denúncias de uma das partes envolvidas na telecomunicação. Por meio do Art. 10 I GG protege-se a confidencialidade do uso do instrumento técnico utilizado para a transmissão de notícias, mas não a confiança recíproca dos interlocutores da comunicação. O sigilo da telecomunicação não protege contra a revelação do conteúdo e circunstâncias de um ato de comunicação por parte do interlocutor da comunicação (cf. BVerfGE 85, 386 [399]; 106, 28 [37]). Pelo contrário, a mera correlação entre número telefônico e um possuidor de terminal não tangencia a confidencialidade da concreta operação de comunicação em si e não intervém, portanto, no Art. 10 I GG.

Isso vale tanto para identificadores de conexão ou identificadores de caixas postais eletrônicas como para números de telefone. Mas também nada diferente vale para endereços estáticos de IP. Certo é que a correlação de um endereço estático de IP a um possuidor de terminal determinado – mais precisamente: a um entroncamento de rede do possuidor de terminal –, em regra, indiretamente noticia uma determinada operação telecomunicativa do atingido, uma vez que tais endereços, mesmo que outorgados estaticamente, são registrados na prática apenas na relação com operações telecomunicativas concretas e se tornam objeto de correlações individualizáveis. Entretanto, também aqui as informações sobre uma correspondente notícia como tal restringem-se somente à correlação abstrata entre números e possuidores de terminal.

cc) Por sua vez, diferentemente ocorre junto à correlação identificável entre endereços dinâmicos de IP que revelam uma especial proximidade a operações telecomunicativas concretas. Essa faz parte da área de proteção do Art. 10 I GG. Não obstante, também aqui isso não resulta do simples fato de que a atribuição de um endereço dinâmico de IP sempre se relacione necessariamente a uma operação telecomunicativa determinada, sobre a qual, portanto, ela indiretamente forneça informação. Com efeito, nesse ponto também a própria informação relaciona-se a dados que são atribuídos abstratamente ao possuidor de terminal. Não existe, nesse ponto, uma diferença fundamental em relação à correlação de endereço estático de IP. A aplicabilidade do Art. 10 I GG fundamenta-se nesse caso no fato de as empresas de telecomunicação precisarem olhar os dados de conexão correspondentes para a identificação de um endereço dinâmico de IP em uma fase intermediária, tendo, portanto, acesso a operações telecomunicativas concretas. Essas conexões telecomunicativas arquivadas à parte pelas operadoras sujeitam-se ao sigilo da telecomunicação, independentemente de terem de ser elas, por causa de obrigação legal, arquivadas em estoque pelas operadoras (cf. BVerfGE 125, 260 [312 s.]) ou se [efetivamente] foram arquivadas por ela com base contratual. Na medida em que o legislador obriga as empresas de telecomunicação a acessar esses dados e avaliá-los para o cumprimento de tarefas estatais, está presente nisso uma intervenção no Art. 10 I GG. Esse não será o caso apenas quando as operadoras devam elas mesmas entregar os dados de conexão, mas também quando elas precisarem usá-los como pré-consulta para uma informação.

b) Nesse sentido, o § 111 e o § 112 TKG não tangenciam o sigilo da telecomunicação. Por sua vez, o § 113 I TKG intervém no Art. 10 I GG na extensão em que, com base nele, sejam concedidas informações sobre endereços dinâmicos de IP. De resto, também o § 113 I TKG não deve ser medido com base no Art. 10 I GG.

O arquivamento determinado pelo § 111 I 2 TKG atinge exclusivamente a correlação abstrata de números, identificadores de terminais e identificadores de caixas postais eletrônicas a certos possuidores de terminal detalhadamente individualizados. Ele não intervém, portanto, no Art. 10 I GG. Segundo os parâmetros retro apresentados, isso vale independentemente da questão se devem ser considerados como identificadores de terminal, infraconstitucionalmente, segundo o § 111 I 1 TKG também os endereços estáticos de IP. Conexões concretas não são objetos de uma obrigação de arquivamento de acordo com o § 111 I 2 TKG.

Também informações previstas nos §§ 112 e 113 TKG não intervêm no sigilo de telecomunicação. Para informações em face dos dados arquivados segundo o § 111 TKG, isso resulta como consequência das explicações anteriormente apresentadas. Porém, nada diferente vale também quando, além disso, o § 113 I TKG estender-se aos dados arquivados pelas operadoras em conformidade com o § 95 I TKG. Com efeito, segundo essa norma, os assim chamados dados cadastrais (cf. § 3, n. 3 TKG) arquivados pelas operadoras de modo lícito (cf. § 3 n. 3 TKG) não dizem nada sobre as conexões telecomunicativas concretas.

O § 113 I TKG suscita nesse ponto uma intervenção no Art. 10 I GG quando ele, segundo a práxis atual, é aplicado em parte para possibilitar uma correlação de endereços dinâmicos de IP a seus possuidores (cf. OVG Münster, Decisão de 17 de fevereiro de 2009 – 13B 33/09 –, MMR 2009, p. 424; OLG Zweibrücken, Decisão de 26 de setembro de 2008 – 4 W 62/08 –, MMR 2009, p. 45 s.; LG Köln, Decisão de 14 de outubro de 2008 – 106 Qs 24/08 –, CR 2008, p. 803 [804]). Isso porque, na medida em que as empresas de telecomunicação têm de prestar informação a respeito, elas são primeiro obrigadas a acessar os dados de trânsito arquivados por elas segundo o § 96 TKG e avaliá-los. Entretanto, uma vez que esses dados se submetem à proteção do sigilo de telecomunicação, uma obrigação a seu uso imposta pelo Estado deve ser medida com base no Art. 10 I GG.

2. As normas atacadas intervêm no direito à autodeterminação informacional.

a) – **b)** [...].

II.

A obrigação de arquivamento do § 111 TKG para a construção de uma base de dados para o procedimento de informação regulamentado no § 112 e § 113 TKG não deve ser objetado constitucionalmente.

1. O § 111 TKG não está eivado de vícios constitucionais formais. A União tem a competência legislativa para a disciplina segundo o Art. 73 I n. 7 GG.

[...].

2. Também materialmente falando satisfaz o 111 TKG as exigências jurídico-constitucionais. A extensão da obrigação de arquivamento é – desde que presente o pressuposto de bases legais suficientes para a consulta e demais usos dos dados – compatível com as exigências do princípio da proporcionalidade.

a) O § 111 TKG tem como propósito manter uma base de dados confiável para informações que permitam a determinados órgãos estatais correlacionar números de telecomunicação a possuidores de terminal individuais. A melhoria do cumprimento de tarefas estatais desse modo perseguida, especialmente no âmbito da persecução penal, do combate a perigos e das atividades de inteligência é um propósito legítimo que em princípio pode justificar uma intervenção no direito à autodeterminação informacional.

[...].

b) A atividade de coleta e arquivamento dos dados compreendidos no § 111 TKG é adequada ao alcance do objetivo legislativo. Mediante o § 111 TKG cria-se uma base de dados que no quadro dos §§ 112, 113 TKG pode correlacionar os números de telecomunicação ao possuidor do [respectivo] terminal. Ainda que não se possa vislumbrar a partir desses dados quem concretamente de fato usa ou usou a respectiva conexão como partícipe telecomunicativo, pelo menos como ponto de apoio a futuras investigações, entretanto, os correspondentes dados são notoriamente adequados. Não é necessário que o objetivo legislativo seja em todos os casos de fato alcançado, pois a adequação exige tão somente o fomento do alcance do propósito (cf. BVerfGE 63, 88 [115]; 67, 157 [175]; 96, 10 [23]; 103, 293 [307]; 125, 260 [317 s.]). Por isso, à regra também não falta adequação [apenas] porque os criminosos que queiram contornar a regra usem serviços de telecomunicação em parte de modo anônimo, sob nomes falsos ou com cartões de telefonia móvel adquiridos por terceiros, ou porque os dados existentes fornecidos pelos usuários no âmbito de serviços de e-mail permaneçam sem checagem, podendo ser, assim, falsos.

c) a obrigação de arquivamento do § 111 TKG é necessária para viabilizar informações confiáveis. É certo que os dados compreendidos no § 111 I TKG em grande parte já são de todo modo arquivados pelas operadoras para o processamento de suas relações contratuais segundo o § 95 TKG. O § 111 I TKG assegura, contudo, a disponibilidade dos dados também nos casos nos quais seu arquivamento não seja necessário ao processamento contratual pela operadora, como especialmente no caso de clientes que usem cartões de telefonia móvel pré-pagos.

d) O § 111 TKG não viola as exigências da proporcionalidade em sentido estrito. Mesmo pelo fato de a norma ordenar sem ensejo e preliminarmente uma coleta e arquivamento de dados de telecomunicação com grande difusão, trata-se de uma intervenção de gravidade restrita tendo em vista que o conteúdo informado dos dados coletados não é tão amplo.

aa) Porém, a intervenção não deixa de ser relevante. [...].

bb) Não obstante, a intervenção nesse quesito não tem peso muito elevado. Especialmente, não representa um peso elevado que os dados sejam coletados preventivamente. Com efeito, mesmo que o § 111 TKG tenha uma grande amplitude, tendo em vista o conteúdo, o acesso restringe-se a dados limitados que em si ainda não fornecem esclarecimento sobre atividades concretas de indivíduos e cujo uso o legislador regulamentou estabelecendo propósitos mais detalhadamente determinados. Em tais casos, também um arquivamento preventivo não é, sem mais, uma intervenção especialmente grave porque ela ocorre sem ensejo. É certo que um arquivamento preventivo de dados deve permanecer sempre uma exceção e é carecedor de fundamentação (cf. BVerfGE 125, 260 [317]). Mas não pode ser de plano excluído que também coletâneas preventivas de dados podem ter sua legitimidade como bases do cumprimento de diversas tarefas estatais, como elas são conhecidas até hoje na forma de registro de domicílio ou no âmbito dos veículos automotores com a central de registro de automóveis e o registro central de carteiras de motorista (cf. § 2 da Lei Geral de Registro de Domicílios – a seguir: MRRG –; § 33 e § 50 da Lei de Trânsito Automobilístico – a seguir: StVG –). Aqui é irrelevante que o Estado esteja obrigando particulares a coletarem dados por ele.

[...].

cc) A possibilidade da correlação dos dados compreendidos no § 111 TKG serve ao efetivo cumprimento de tarefas pelos órgãos mais especificamente determinados nas normas de uso. Ela é justificada constitucionalmente pelo fato de que o Estado pode ter, a partir de um ensejo, um interesse legítimo no esclarecimento de determinadas operações telecomunicativas e ser atribuído a esse interesse um peso significativo em prol do cumprimento de certas tarefas, em alguns casos até um peso preponderante. Não pode ser contraposto a isso que a comunicação imediata sem meios telecomunicativos não sofra intervenções semelhantes. Com efeito, no mencionado caso a situação se apresenta de modo diferente. Uma vez que a comunicação imediata não se vale de meios técnicos de comunicação que possibilitam uma interlocução independente da percepção pública em qualquer distância e tempo real, nem se tem no caso um substrato comparável nem uma comparável necessidade de corresponde registro. As tradicionais competências investigativas, tais como o interrogatório de testemunhas ou a apreensão de documentos, contribuem aqui mais ao esclarecimento do que no caso de comunicação intermediada por serviços eletrônicos. No entanto, é correto que também as possibilidades dos meios telecomunicativos modernos não oferecem justificativa para previamente registrar de preferência todas as atividades do cidadão e torná-las, destarte, reconstruíveis (cf. BVerfGE 125, 260 [323 s.]). Mas, também, em se considerando a concomitância de outros dados existentes, não é disso que se trata no caso da instauração de um registro de números de telecomunicação.

3. Uma vez que o conteúdo dos dados a serem arquivados segundo o § 111 TKG – sem prejuízo das exigências jurídico-constitucionais aqui aplicáveis direcionadas a uma configuração proporcional de seu uso futuro – é inquestionável constitucionalmente, podendo a República Federal da Alemanha, portanto, ao mesmo tempo, observar o direito europeu comunitário, outras questões relativas ao Direito da União Europeia não são relevantes para a Decisão da Reclamação Constitucional.

III.

Igualmente, o § 112 TKG não deve ser objetado jurídico-constitucionalmente. O § 112 TKG regulamenta o uso dos dados arquivados segundo o § 111 TKG na forma de um procedimento de informação automático junto ao qual a Agência de Redes Federais deve transmitir os dados mediante requerimento a determinados órgãos mencionados no § 112 II TKG. A norma é a base legal não apenas da obrigação de disponibilização dos dados como arquivos de clientes para o acesso desses dados e para sua transmissão, mas não para a consulta em forma de requerimento pelos órgãos estatais legitimados. Todavia, ela pode ser entendida – em consonância com a práxis atual – de tal sorte que para uma requisição prevista no § 112 IV TKG podem bastar as autorizações gerais de coleta de dados dos órgãos legitimados à obtenção de informações. Não se contrapõe a isso nem a ordem de competências da *Grundgesetz* nem o princípio da proporcionalidade.

1. O § 112 TKG não viola a ordem de competências [legislativas] da *Grundgesetz*. [...].

a) – b)aa) – bb)(1) – (3) [...].

2. O § 112 TKG satisfaz as exigências do princípio da proporcionalidade. A norma serve à efetivação do cumprimento de tarefa dos órgãos mencionados no § 112 II

TKG, sendo para tanto adequada e necessária. Ela é também proporcional em sentido estrito.

a) [...].

b) Apesar do peso não irrelevante da intervenção, a regra revela-se proporcional. Pelo menos os órgãos legitimados à consulta permanecem numericamente limitados. Junto a propósitos em relação aos quais são-lhes participadas informações segundo o § 112 II TKG, trata-se de tarefas centrais da garantia de segurança pública. Em face do significado crescente dos meios de comunicação eletrônicos e dos mutáveis comportamentos comunicativos das pessoas em todos os âmbitos, os órgãos dependem em larga medida da possibilidade a mais descomplicada possível de poder correlacionar individualmente os números de telecomunicação. Trata-se, nesse ponto, de uma decisão do legislador que não pode ser questionada constitucionalmente quando ele permite a transmissão dessas informações a fim de esclarecer crimes e perigos, observar desenvolvimentos ameaçadores da Constituição em prol da informação do Governo e da opinião pública, ou ajudar em situações de necessidade. Porque tais investigações frequentemente têm de ser feitas rapidamente e sem o conhecimento do atingido, cumpre para elas um procedimento informacional automático um papel especial. Também a efetivação do trabalho dos tribunais é um interesse cujo peso é levado em consideração em tal regra.

De importância central para a ponderação é a força de revelação limitada dos dados (veja retro: **C.II.2.d)bb**): Eles dão ciência tão somente da correlação de números telefônicos individuais a seus possuidores. Mesmo que no quadro dos contextos concretos de coleta possam deles derivar informações sensíveis, permanece o conteúdo da informação dessas notícias em si limitado e depende, de resto, de mais investigações cuja juridicidade deve ser avaliada segundo outras normas.

c) Segundo o estágio atual do desenvolvimento tecnológico e da práxis, a norma também não é desproporcional na medida em que ela – a depender da interpretação do conceito de "identificador de terminal" no § 111 I TKG – circunstancialmente possibilitar a identificação de endereços estáticos de IP. Com efeito, atualmente em toda regra não são atribuídos a usuários particulares como clientes individuais endereços estáticos de IP, de tal sorte que pelo menos esses não são aqui atingidos. Pelo contrário, a clientes individuais são atribuídos endereços de IP normalmente apenas para uma respectiva sessão, ou seja, apenas endereços dinâmicos de IP. Estes não são, contudo, abrangidos pelo conceito de identificador de terminal, de tal sorte que o § 112 TKG nesse quesito não possibilita uma desanonimização. A atribuição de endereços estáticos de IP cuja correlação na práxis hoje é de todo modo publicamente acessível, restringe-se essencialmente a instituições e grandes usuários.

Sob essas circunstâncias, a possibilidade de uma consulta de tais números tem apenas um peso reduzido.

Não obstante, o § 112 TKG pode receber um peso de intervenção significativamente maior se, no futuro, endereços estáticos de IP – por exemplo, com base no Protocolo de Internet Versão 6 – em larga medida passarem a ser a base da comunicação por internet. Com efeito, para a questão do peso da intervenção da identificação de um endereço de IP – mesmo que nesse ponto vários direitos fundamentais sirvam de [potenciais] parâmetros – precipuamente não é relevante se um endereço de IP é atribuído tecnicamente de modo dinâmico ou estático, mas saber qual significado fático tem a criação de tal correspondente obrigação de informar. Se, entretanto, na práxis também a pessoas particulares forem atribuídos em larga medida endereços estáticos de IP, isso potencialmente pode acarretar que, de modo genérico ou ao menos em larga medida, poderão ser pesquisadas as identidades de usuários da internet e as operações comunicativas na rede poderão ser desanonimizadas não apenas em um tempo restrito, mas também permanentemente. Tal possibilidade ampla de desanonimização da comunicação na internet vai além do efeito do tradicional registro de número de telefones. A informação sobre a correlação de um endereço de IP a um possuidor de terminal até revela uma certa semelhança com a identificação de um número de telefone. Também aqui não podem ser outros possíveis conteúdos de informação – ultrapassando a mera correlação do endereço de IP –depreendidos da própria informação, mas resultam apenas da relação com informações que o órgão já tenha obtido de outro modo ou que por causa de próprias bases legais poderia obter. Igualmente, em termos de ônus ao atingido a correlação de um endereço de IP a um possuidor de terminal não pode ser equiparada à identificação de um número de telefone porque a primeira possibilita o conhecimento de informações essencialmente muito mais amplas em termos de extensão e conteúdo (cf. BVerfGE 125, 260 [342]). Em face desse potencial informativo aumentado, uma possibilidade genérica da identificação de endereços de IP seria permitida constitucionalmente apenas dentro de limites estritos (cf. BVerfGE 125, 260 [343 s., 356 ss.]). Cabe ao legislador nesse ponto uma obrigação de observar e, se o caso, aperfeiçoar [a situação jurídica].

d) O § 112 TKG também não é desproporcional ou indeterminado porque ele não apresenta mais exigências concretizadoras às normas de consulta do direito aplicável em razão da matéria.

[...].

IV.

O § 113 I 1 TKG não pode ser objetado jurídico-constitucionalmente. Não obstante, a norma carece de uma interpretação conforme a Constituição. Tanto a partir de razões jurídicas de competência quanto de Estado de direito, o § 113 I 1 TKG deve ser de tal sorte interpretado a que ele solitariamente não baste para fundamentar obrigações de informar das empresas de telecomunicação. Ao contrário, ele pressupõe para o embasamento definitivo de uma obrigação de informar fundamentos autorizadores próprios no âmbito jurídico específico – se o caso, jurídico-estadual, que sustentem, elas mesmas [isoladamente consideradas], de modo normativamente claro, uma obrigatoriedade dos operadores de serviços de telecomunicação em face dos órgãos legitimados à consulta. Além disso, o § 113 I 1 TKG não pode ser interpretado de tal modo a que permita uma correlação de endereços dinâmicos de IP.

1. O § 113 I TKG é coberto pela competência legislativa da União conforme o Art. 73 I n. 7 GG, desde que seja interpretado conforme a Constituição.

[...].

2. Também mediante observância do princípio da clareza normativa, ao qual se atribui uma específica função nos casos de intervenções no direito à autodeterminação informacional, o § 113 I TKG deve ser de tal modo interpretado a que ele pressuponha, para a consulta de dados em forma de uma requisição de informação destinada indiretamente a terceiros particulares, bases legais específicas que fundamentem autonomamente uma obrigação de informar das empresas de telecomunicação. Assim, carece-se também para matérias legislativas federais de normas de consulta qualificadas que vão além de uma simples autorização de coleta de dados.

a) Quando uma norma legal autorizar uma intervenção no direito à autodeterminação informacional, o mandamento de taxatividade e clareza tem a função específica de assegurar uma delimitação suficientemente precisa do propósito de uso das informações atingidas. Desse modo, fortalece-se o mandamento constitucional do vínculo ao propósito da informação coletada (cf. BVerfGE 118, 168 [187]; 120, 378 [408]). Ensejo, propósito e volume da respectiva intervenção devem ser fixados pelo legislador de modo específico em termos de âmbito, preciso e claro normativamente (cf. BVerfGE 100, 313 [359 s., 372]; 113, 348 [375]; 125, 260 [328]; jurispr. pacífica). Junto a formas escalonadas ou divididas em várias intervenções do intercâmbio de informações, estende-se o mandamento da clareza normativa sobre todas essas fases.

b) – **c)** [...].

3. O § 113 I 1 TKG carece, ademais, de uma interpretação conforme a Constituição no sentido de que não pode ser visto nele uma base legal para a correlação de endereços dinâmicos de IP.

Um recurso ao § 113 I 1 TKG para a identificação de endereços dinâmicos de IP é vedada já porque a identificação deve ser qualificada como intervenção no Art. 10 I

GG (veja retro: **C.I.1.a)cc**). Para tais intervenções vale o mandamento de citação conforme o Art. 19 I 2 GG, segundo o qual o legislador deve nomear o direito fundamental no qual esteja intervindo com menção do artigo [da *Grundgesetz*]. Faltou isso no presente caso.

[...].

4. Partindo-se das premissas anteriormente apresentadas, o § 113 I 1 TKG é compatível com a *Grundgesetz*. Sobretudo, ele satisfaz as exigências do princípio da proporcionalidade. O § 113 I TKG é o fundamento do processo de informação que, para apoio dos cumprimentos de suas tarefas, possibilita aos órgãos de segurança a correlação de números de telecomunicação. Para esse fim, a norma não é apenas adequada e necessária como também foi configurada de modo equilibrado e jurídico-constitucionalmente defensável.

a) Não obstante, o § 113 I 1 TKG abre o processo de informação manual muito amplamente. Ele permite informações para o propósito do combate a perigos, a persecução de crimes ou ilícitos administrativos assim como para o cumprimento de missões de inteligência. No caso, a norma não recebe limites de intervenção específicos que delimitem seu alcance detalhadamente. Pelo contrário, permite informações no caso particular sempre que necessárias ao cumprimento das tarefas elencadas.

Contudo, tendo em vista que o conteúdo informativo em si limitado dos dados em tela assim como seu grande significado para um efetivo cumprimento de tarefas, a amplitude da norma não pode ser jurídico-constitucionalmente questionada. No caso, deve ser considerado que ela de modo algum permite informações até os mínimos detalhes. Pelo contrário, constitui-se um efeito de limitação que as informações previstas no § 113 I 1 TKG, no caso particular, tenham de ser requeridas e que sejam imprescindíveis. Relacionada ao combate de perigos, no qual o legislador justamente não incluiu a prevenção a perigo, resulta em uma interpretação inteligível a exigência da presença de um "perigo concreto" no sentido das cláusulas policiais gerais como pressuposto de tais prestações de informação. Esse patamar [nível de gravidade para permissão da intervenção] é certamente baixo e abrange também a suspeita de perigo [concreto]. Igualmente, essa exigência não restringe informações de plano a obrigados no sentido do direito geral de polícia e de ordem pública. Contudo, em face do módico peso de intervenção, ela não é assim tão sem fronteiras a tal ponto de ser desproporcional. Especialmente, são viabilizadas informações não como meio geral para uma execução administrativa legal, mas pressupõe, no caso particular, um caráter marcado por direito de segurança pública da respectiva tarefa. Relacionada aos serviços de informação que, em princípio, agem antecipada e independentemente de perigos concretos, até falta um semelhante limiar de intervenção. Mas isso se justifica a partir das suas tarefas restritas que não são direcionadas imediatamente a medidas policiais, mas apenas a uma obrigação de relatar em face de órgãos estatais responsáveis e da opinião pública. De resto, deriva-se da exigência de necessidade no caso particular também aqui que uma informação segundo o § 113 I 1 TKG deve ser ordenada para o esclarecimento de uma ação ou de um grupo determinados, carecedores de observação de inteligência. Na medida em que as informações se relacionarem à persecução de crimes e ilícitos administrativos, resultará da exigência de necessidade no caso particular que deva estar presente ao menos uma suspeita inicial.

Como um todo, esses patamares até não são elevados, mas ainda aceitáveis jurídico-constitucionalmente. Nesse ponto, na comparação com o § 112 TKG deve ser observado que um procedimento de informação manual para o órgão consultor provoca certo ônus procedimental que poderia contribuir para que o órgão busque a informação apenas se presente uma suficiente necessidade.

b) O § 113 I 1 TKG não é desproporcional porque ele inclui na obrigação de informação além dos dados compreendidos no § 111 I TKG também os dados prescritos pelo § 95 TKG. O legislador não é, em princípio, impedido de permitir o acesso a outros – pelo § 111 TKG não compreendidos – dados de telecomunicação que as empresas de telecomunicação arquivam para a execução de seus contratos. O § 111 TKG objetiva assegurar um inventário mínimo de dados. Assim, não se exclui que também outros dados possam ser relevantes ao cumprimento de tarefas estatais em um setor dinâmico como o da telecomunicação e [como tais] terem se tornado acessíveis. Se e em que extensão as obrigações de informação podem ser estendidas também a outras informações além das relacionadas com a telecomunicação não carece aqui de decisão. Com efeito, os Reclamantes não apresentaram substancialmente de que modo eles seriam atingidos nesse caso.

c) Por fim, também o grande círculo dos obrigados a informar não fundamenta objeções. A regulamentação legal é perceptivelmente destinada a poderem ser correlacionados, se possível, todos os números de telecomunicação com seus respectivos possuidores de terminal (e, além disso, se possível seus usuários). Isso é procedente em face do objetivo de uma efetivação das possibilidades de investigação. O fato de serem incluídos, nesse ponto, operadores comerciais, tais como hotspots ou hotéis não viola o princípio da proporcionalidade. Também as exigências contidas no § 113 I 1 TKG assim como a carga procedimental que estão implícitas em tais procedimentos de informação asseguram que se recorram aos dados apenas quando se tratar de informações com certo vulto.

V.

A Reclamação Constitucional é fundamentada na extensão em que ela impugna o § 113 I 2 TKG.

1. Porém, o § 113 I 2 TKG não é submetido a objeções constitucionais somente por em geral permitir um acesso aos dados da garantia de acesso referidos na norma. Trata-se aqui também de uma intervenção no direito fundamental à autodeterminação informacional que é, segundo princípios gerais, passível de ser justificada. No caso, diante das exigências decorrentes da atribuição de competências e do princípio do Estado de direito destinadas à relação com o ramo do direito infraconstitucional, vale o mesmo que para o § 113 I 1 TKG (veja retro: **C.IV.1.** – **3.**).

2. Todavia, o § 113 I 2 TKG não satisfaz as exigências decorrentes do princípio da proporcionalidade. O Estado tem, de fato, um legítimo interesse em tornar os dados mencionados no § 113 I 2 TKG acessíveis aos respectivos órgãos para cumprimento de sua tarefa. O acesso desses dados não é, contudo, na extensão dada pelo § 113 I 2 TKG, necessário ao cumprimento efetivo das tarefas desses órgãos.

O § 113 I 2 TKG é relativo a dados que como códigos de acesso (senhas, PIN ou PUK) garantem o acesso a aparelhos terminais e instalações de arquivamento e, assim, protegem os titulares contra o acesso aos correspondentes dados e operações telecomunicativas. A norma torna-os acessíveis aos órgãos e os coloca na situação de sobrepujar as correspondentes barreiras. Ela regulamenta a cessão da informação sobre esses códigos independentemente dos pressupostos para seu uso. A questão sobre quando os órgãos farão uso dos códigos de segurança, e quando podem ser acessados os dados e operações de telecomunicação por eles protegidos define-se, ao contrário, segundo bases legais autônomas, como o § 113 I 3 TKG expressamente esclarece para intervenções no sigilo da telecomunicação. No caso, diferenciam-se as exigências vigentes segundo o tipo da intervenção tanto no aspecto formal quanto material. Quando, por exemplo, o uso do código de segurança possibilitar uma busca online ou a vigilância de uma operação ainda não finalizada de telecomunicação, isso pressupõe, segundo premissas mais detalhadas do direito infraconstitucional específico, o cumprimento de rigorosas exigências materiais e uma ordem ou confirmação judicial (cf. §§ 100a, 100b StPO; BVerfGE 120, 274 [332]). Por sua vez, quando depois de uma apreensão de telefone móvel forem lidos os dados nele arquivados, para tanto podem ser suficientes patamares menores de intervenção (cf. BVerfGE 115, 166 [193 ss.]). Assim, não se carece, por exemplo, juspenal-processualmente, na apreensão sob *periculum in mora*, de uma ordem judicial (cf. § 98 I StPO) e, igualmente, apenas presentes outros determinados pressupostos, de uma corroboração judicial *a posteriori* (cf. § 98 II StPO).

Não existe uma razão vislumbrável por que os órgãos devam poder consultar os dados de acesso regulamentados no § 113 I 2 TKG independentemente das exigências destinadas ao seu uso e, portanto, se o caso, sob pressupostos mais leves. A coleta dos dados de acesso regulamentados no § 113 I 2 TKG é, considerando-se os propósitos lá perseguidos, tão somente necessária se estiverem presentes também os pressupostos de seu uso. Isso não é assegurado suficientemente pela regra do § 113 I 2 TKG em sua redação atual, porque a consulta do código de acesso – relacionado, por exemplo, a processo investigativo jurídico-penal – deve ser sempre admissível já sob os pressupostos do § 161 I StPO, mesmo se o uso desejado com a consulta dos dados for vinculado a pressupostos mais abrangentes, como, por exemplo, a uma ordem judicial prévia. Não obstante, o princípio da proporcionalidade também não obriga, pelo contrário, a submeter sem exceções a coleta dos dados de acesso aos pressupostos que precisam estar presentes para a possibilidade de intervenção mais intensa ("máxima") de seu uso. Necessária a uma persecução penal efetiva e combate a perigos é tão somente vincular a concessão da informação sobre tais códigos de acesso àqueles pressupostos que, na situação de consulta concretamente relacionados ao intencionado propósito de uso, devam ser cumpridos.

VI.

Com base nas razões da petição da Reclamação não existem mais objeções à presença da proporcionalidade das normas impugnadas. [...].

Das exigências do princípio da proporcionalidade resulta que, para as informações previstas no § 112 e § 113 TKG – também ao nível das normas de consulta em âmbito jurídico específico, onde tais regras deveriam ser alocadas em termos de competência jurídico-material (cf. BVerfGE 125, 260 [346 s.]) – não há exigência de cobertura total de notificação dos atingidos pela informação. Se obrigações de notificar ou outras medidas como a prevalência da coleta de dados junto aos atingidos para casos determinados podem ser obrigatórias já nas normas de consulta, não é objeto do presente processo.

D. – I.

A inconstitucionalidade do § 113 I 2 TKG não leva a uma declaração de nulidade, mas apenas à verificação de sua incompatibilidade com a *Grundgesetz* combinada com a ordem de que ele pode ser aplicado transitoriamente, o mais tardar, porém, até 30 de junho de 2013, desde que estiverem presentes, no caso particular, os pressupostos de um uso dos dados nele compreendidos.

A mera declaração de incompatibilidade combinada com a aprazada vigência da regulamentação inconstitucional vem à pauta se a invalidação imediata da norma impugnada retirar a base da proteção de bens prevalecentes do bem-estar coletivo e uma ponderação com os direitos fundamentais atingidos demonstrar que a intervenção deve ser tolerada por um período transitório (cf. BVerfGE 33, 1 [13]; 33, 303 [347 s.]; 109, 190 [235 s.]). Esse é o presente caso. Se o § 113 I 2 TKG fosse declarado nulo, não restaria suficientemente assegurado também diante de casos nos quais os órgãos públicos legitimamente podem ter acesso a dados de telecomunicação a fim de impedir ou perseguir relevantes violações de bens jurídicos para os quais estejam aqui aptos. Uma vez que a inconstitucionalidade do § 113 I 2 TKG relaciona-se a uma intervenção de peso limitado e a Constituição não se opõe totalmente a prestações de informações, como as que são criadas com essa norma, isso não deve ser tolerado também nesse interstício. Ao contrário, basta ordenar a continuada vigência transitória da norma e fazê-la ser acompanhada da medida segundo a qual os dados mencionados na norma apenas possam ser coletados se os pressupostos de seu uso estiverem presentes.

Uma regulamentação transitória é por causa das mesmas razões também diante das exigências constitucionais dirigidas à interpretação do § 113 I 1 TKG, que, em face da práxis atual – pela qual o legislador se orientou em suas várias derrogações da Lei de Telecomunicações e do Código de Processo Penal (cf. BTDrucks. 14/7008, p. 7; 16/5846, p. 26 s.; 16/6979, p. 46) – na lida com a norma implica restrições de vulto. Caso essas exigências fossem imediatamente eficazes, informações sobre números de telecomunicação não seriam mais possíveis em numerosos casos até a promulgação de novas e normativamente claras regulamentações da consulta do ramo específico do direito. Igualmente, endereços dinâmicos de IP não mais poderiam ser identificados até uma nova regulamentação. Em face do significado de tais informações para o esclarecimento de perigos e crimes, não se encontram as desvantagens de tal conclusão em relação de proporção com a aceitação provisória de uma práxis que formalmente até não corresponde às exigências jurídico-constitucionais, mas que essencialmente é passível de justificação jurídico-constitucional. Por isso, é obrigatório que, em um período transitório, o mais tardar, contudo, até 30 de junho de 2013, tolere-se a aplicação do § 113 I 1 TKG também sem normas de consulta específicas sobre a base de simples autorizações de coleta de dados. Até lá, a norma pode ser usada como base legal da identificação de endereços de IP.

II.

Em relação à questão sobre se a correlação de endereços dinâmicos de IP com fulcro no § 113 I TKG deve ser permitida transitoriamente, a Decisão foi tomada por 6 votos a 2.[330]

---

[330] Segundo o § 30 II 2 BVerfGG, na redação que lhe foi dada por lei derrogadora de 1970, cabe à livre discricionariedade dos (dois) Senados do TCF tornar pública ou não a relação de votos na sessão de deliberação e julgamento cujo transcurso deve ser secreto segundo o § 30 I 1 BVerfGG. Por sua vez, nos termos do § 30 II 1 BVerfGG, também cabe ao(s) juiz/juízes autor(es) do(s) voto(s) divergentes(s) "quanto à Decisão [ao seu dispositivo] ou à sua fundamentação" a opção de fazer ou não publicá-lo(s) em anexo à decisão propriamente dita consignada pelos oito integrantes do Senado (§ 30 II 1, 2. subperíodo BVerfGG). Antes de 1970, a publicização de ambos, a relação de maioria e a publicação de voto divergente não eram legalmente previstas. O principal objetivo é garantir a independência e autonomia da Corte constitucional e fomentar a autoridade de suas decisões ao não expor divergências ocorridas na sessão sigilosa de deliberação e julgamento: "o voto divergente revela em parte a deliberação do

A Decisão sobre o ressarcimento das custas baseia-se no § 34a II BVerfGG.

Kirchhof, Gaier, Eichberger, Schluckebier, Masing, Paulus, Baer, Britz

---

Tribunal, mas não enfraquece a autoridade da sua decisão" [Schlaich e Korioth (2018: 37)]. Cf. no mesmo sentido, Pestalozza (1991: 291)]. Boa parte da literatura especializada posicionou-se crítica a essa novidade inserida apenas em dezembro de 1970 na Lei Orgânica do TCF. Cf., com vastas referências, Schlaich e Korioth (2018: 36–39) que, embora ponderados, enfileiram-se aos críticos. Anuente posicionou-se também Pestalozza (1991: 292 s.). Ponderando mais detidamente entre vantagens e desvantagens manifestaram-se Benda e Klein (2001). Em todo caso, eles têm mais significado para a discussão científica do que para efetivas mudanças na jurisprudência. Nesse sentido, cf. Henneke (2005: 490 s.) que aponta apenas um caso [(BVerfGE 85, 264 (314) baseado na BVerfGE 73, 40 (103 ss., 117)]. Sobre a localização sistemática do voto divergente na decisão, v. Martins (2018-c: 61–62).

Capítulo 22.

Liberdade de locomoção (Art. 11 I GG)

Grundgesetz

Artigo 11 (Liberdade de locomoção)

(1) Todos os alemães gozam da liberdade de locomoção em todo o território federal.

(2) Esse direito somente pode ser limitado por lei ou com base em uma lei, e apenas nos casos nos quais faltem meios de subsistência suficientes e disso possam decorrer encargos especiais à coletividade, ou nos quais a limitação seja necessária à defesa perante um perigo que ameace a existência ou a ordem fundamental democrático-liberal da União ou de um Estado-membro, ao combate ao risco de epidemias, catástrofes naturais ou acidentes particularmente graves, à proteção da juventude contra seu abandono, ou a fim de se prevenirem ações criminosas.

A. Notas Introdutórias

A liberdade de locomoção ou direito à livre circulação protegida no Art. 11 I GG quase não foi contemplada pelo constituinte originário de 1949. Acabou encontrando finalmente respaldo no texto da *Grundgesetz* apenas porque foi submetida à detalhada reserva qualificada do Art. 11 II GG que assimilou, por seu teor, as objeções à conveniência político-constitucional da outorga do direito por excelência.[331] Os antecedentes históricos revelam que a soberania relativa dos antigos Estados soberanos (monarquias constitucionalistas), que se federalizaram, tornou a garantia

[331] Cf. as exposições bem documentadas de Hufen (2018: 301 s.); Münch e Mager (2018: 104) e Kingreen e Poscher (2019: 260).

imprescindível a fim de se coibirem possíveis discriminações de migrantes internos pelos legisladores estaduais.

Hoje, especialmente após a queda do Muro de Berlin como símbolo máximo do direito à livre circulação, é considerado por muitos, pelo menos em seu sentido estrito (exclusão do polêmico direito de viajar ao exterior e/ou emigrar, a seguir: **I.3**), uma obviedade. Em sua aplicação conjunta com o Art. 33 I GG é entendido como um forte marco para a "solidariedade intrafederal".[332]

I. Área de proteção

A "liberdade de locomoção" como alcunha do direito fundamental em tela é expressão relativamente ambígua, apesar de ser comum a todos os direitos fundamentais tais cunhos textuais mais ou menos "lapidares", ou seja, marcados por frases muito exíguas. Não obstante, o direito fundamental em tela pode ser analisado mediante delimitação de – pelo menos – quatro aspectos (a seguir: **1 a 4**).[333] Por fim, a liberdade negativa de locomoção apresenta uma demanda de discussão (**5.**). Comum a todos os aspectos é a titularidade restrita a cidadão alemão. Cidadãos europeus são titulares na exata extensão em que o direito da União Europeia o exigir (Art. 20 I AEUV).[334]

1. Fixação de local de permanência e domicílio

O direito fundamental do Art. 11 I GG abrange precipuamente a autodeterminada escolha de permanência e/ou domicílio em qualquer lugar do território federal. Trata-se de dois conceitos nucleares da tutela. São seus elementos caracterizadores: o elemento comum da vontade e o elemento diferenciador do tempo do demorar-se no local escolhido.

Assim, "permanência significa ficar temporariamente" em um local, enquanto o domicílio segundo a definição legal civil é o estabelecimento permanente do titular em determinado local, sua escolha como centro da vida (§ 7 BGB). Protege-se, destarte, a fundação, suspensão e mudança do domicílio, além da opção por ter mais de um domicílio.[335]

---

[332] Kingreen e Poscher, *ibid*.

[333] Quadripartição baseada na exposição de Kingreen e Poscher (2018: 260–262).

[334] Cf. Kingreen e Poscher (2018: 255). Nesse dispositivo do "Tratado sobre o Funcionamento da União Europeia" criou-se o instituto da cidadania ligada diretamente à União Europeia. No Art. 20 II a), foi garantido a tais cidadãos o "direito de livremente locomover-se e fixar permanência no território dos Estados-Membros". Esse direito fundamental a todos os cidadãos europeus é reiterado no Art. 21 AEUV, frequentemente citado na literatura especializada. Cf. por exemplo: Münch e Mager (2018: 106). No mais, o Art. 18 AEUV contém uma vedação de discriminação. Cf. Schmidt (2019: 401–402).

[335] Cf. Kingreen e Poscher (2019: 261) e Schmidt (2019: 399–400).

Como problemática tem sido apontada a delimitação entre esse segundo aspecto do direito fundamental do Art. 11 I GG, que é a permanência, com o direito fundamental garantido pelo Art. 2 II 2 GG, segundo o qual "a liberdade da pessoa é inviolável". Isso porque a localização sistemática desse direito fundamental no Art. 2 GG como um todo – que tutela além dele os direitos fundamentais da personalidade e geral de ação (Art. 2 I GG), os direitos fundamentais à vida e à integridades física (Art. 2 II 1 GG) – revela que o conceito de liberdade aqui não deve ser entendido no sentido geral e subsidiário, tal qual aparece no art. 5º, *caput*, 2º subperíodo, 2ª variante da CFB, mas de liberdade de deslocamento da pessoa. Sugeriu-se como fórmula decisiva: quando "a permanência acontecer em prol do deslocamento", trata-se da incidência do Art. 2 II 2 GG; quando "o deslocamento acontecer em prol da permanência", trata-se da incidência do Art. 10 I GG.[336] As saídas de casa corriqueiras para encontrar amigos ou se divertir fariam parte da liberdade da pessoa, mas não da liberdade de locomoção.

Decisivos para a delimitação são, portanto, a autodeterminada duração, o significado e o escopo do titular. Nesse sentido, por exemplo, a estadia em uma barraca de *camping* será coberta pelo Art. 2 II 2 GG se significar para o titular um breve descanso a fim de retomar fôlego indispensável ao prosseguimento da jornada. Já a permanência na barraca por mais de um dia faz com que a conduta seja coberta já pelo Art. 11 I GG.[337]

Outra sugestão é reservar ao Art. 2 II 2 GG a garantia da liberdade de deslocamento da pessoa em face da aplicação de sanções penais restritivas da liberdade, reservando-se ao Art. 11 I GG a maior parte dos casos de restrição da liberdade de deslocamento da pessoa. Em todo caso, muito questionável é a assunção de uma concorrência entre os dois direitos fundamentais, ideal ou principalmente aparente, especialmente quando se considera o primeiro *lex specialis*, com a consequência de se contornar assim, inadvertidamente, os rigores da reserva legal qualificada do Art. 11 II GG a ser adiante estudada.[338]

---

336 Fórmula extraída da exposição de Kingreen e Poscher (2019: 261). Profícua é também a fórmula de delimitação sugerida por Ipsen (2019: 176): embora trate do assunto sob a epígrafe "concorrências entre direitos fundamentais", nega com razão tratar-se de uma concorrência: "O direito fundamental da liberdade pessoal [...] protege a *liberdade de estar em movimento*, ou seja, a possibilidade (natural) de ação para partir do local em que se está. Por sua vez, o objeto de proteção do Art. 11 I GG é a *liberdade de movimento da ida*, ou seja, a possibilidade de ação para se dirigir a [determinado] local de permanência. Uma vez que os dois direitos fundamentais têm objetos de proteção diferentes, não resulta um problema de concorrência" (destaque no original, porém em negrito).

337 Exemplo extraído de Kingreen e Poscher (2019: 261).

338 Com referências a essa equivocada tese da possível especialidade do Art. 2 II 2 GG, mas igualmente a recusando: Schmidt (2019: 404). Porém, sua conclusão é improcedente: "Por isso, mais certo é admitir ao menos uma concorrência ideal com o Art. 2 II 2 GG. Bem defensável é também partir de uma especialidade do Art. 11 GG". Em sentido contrário, cf. novamente Ipsen (2019: 176). Destacam a

2. Locomoção em sentido estrito

Segundo uma opinião dominante, mesmo a locomoção em sentido estrito ou deslocamentos do titular de um ponto geográfico "A" ao ponto geográfico "B" deve ser entendida no sentido de sua imprescindibilidade para a troca do local de estadia com o propósito de permanência provisória ou fixação de domicílio conforme já retro discutido. Critério é o ponto de chegada.[339]

Assim, livre deve estar tão somente algum caminho para se alcançar o ponto geográfico onde se pretende estar. Essa liberdade de transitar com o escopo de se chegar à meta geográfica não abrange, portanto, a livre escolha de um determinado caminho ou de um determinado meio de deslocamento.[340]

3. Liberdade de entrada e imigração; liberdade de saída ao exterior e emigração

A liberdade de fixação de domicílio implica o direito às migrações (internas: interestaduais, inter-regionais e intermunicipais) por todo o território federal. Questionável sempre foi se engloba movimentos migratórios para além das fronteiras da República Federal da Alemanha.[341] Como se trata de um direito fundamental cuja titularidade é restrita a cidadão alemão, a entrada e imigração não revela maiores problemas, como surpreendentemente (da perspectiva do estudioso estrangeiro como o autor da presente obra) é o caso da liberdade de saída do território federal e de emigração.[342]

No que tange à entrada e à imigração ao território federal, ambas correspondentes, respectivamente, às faculdades estudadas sob o tópico 1 de apenas permanecer ou de fixar domicílio, a opinião dominante defende sua abrangência na área de proteção, até porque por poder ser exercido apenas por cidadão alemão, logicamente a não abrangência acarretaria o resultado indefensável de que o titular perderia o próprio direito de locomoção ao sair do território nacional.[343] Contra tal opinião voltam-se algumas poucas exposições que partem do deveras enxuto teor do dispositivo que determina que a liberdade de locomoção pode ser exercida por

proximidade com o *habeas corpus* (Art. 104 c.c. Art. 2 II 2 GG) e a competência policial de expulsar pessoas de determinado local como elemento casuístico diferenciador: Münch e Mager (2018: 105–106). Com propriedade, Classen (2018: 139) traz a regra para o limite no Art. 11 II GG, o que ajuda a deduzir que o direito fundamental do Art. 11 GG como um todo diz respeito apenas a problemas provocados por permanências duradouras.

339 Cf. Kingreen e Poscher (2019: 261).

340 Cf. Kingreen e Poscher (2019: 262).

341 Cf. entre outros: Ipsen (2019: 173–174), Münch e Mager (2018: 106), Hufen (2018: 303) e Schmidt (2019: 400–401).

342 Cf. as referências da nota anterior.

343 Cf. Münch e Mager (2018: 106).

cidadãos alemães "em" todo território federal[344] ("im" equivalente à contração da preposição com artigo masculino, no vernáculo: "no"), uma preposição em alemão que plasticamente indica que algo acontece dentro de algo (que indica também especialmente um "situar", um estado fixo, caso dativo), no caso do território federal, mas não um movimento de fora para dentro (ou direção contrária, de dentro para fora, no caso da saída ao exterior e emigração).

Contudo, nesse contexto, livre locomoção significa "a liberdade para alcançar o escolhido local-alvo".[345] Na interpretação genética resta claro que com o Art. 11 I GG o constituinte quis garantir aos (descendentes de) alemães domiciliados no leste europeu a entrada no território federal.[346] Assim, o direito de entrada dos alemães não decorre diretamente da nacionalidade, mas do Art. 11 I GG, razão pela qual vale para eles a reserva legal qualificada do Art. 11 II GG antes mesmo da entrada no território nacional alemão.[347]

No que tange à liberdade de saída ao exterior e de emigração, é considerada pela jurisprudência do TCF desde a Decisão *Elfes* e opinião majoritária na literatura especializada abrangida tão somente pela liberdade geral de ação lastreada na tutela subsidiária do Art. 2 I GG.[348] Também as liberdades de partida e de emigração seguem o esquema mencionado da intenção de mera permanência ou de fixação em princípio definitiva de domicílio no exterior.

Ao contrário da entrada e imigração (até porque restrita a cidadão alemão, o que diminui o risco de entender cobertos por direito fundamental estrangeiros que se encontrem em uma corrente migratória de massas), a opinião dominante não inclui a saída e emigração na proteção.[349] Novamente (e aqui com mais propriedade uma vez que os titulares já se encontram no território federal) a preposição "em" é mencionada para fundamentar a tese de que o deslocamento garantido com vistas à permanência ou fixação definitiva de domicílio (emigração) não vai além das fronteiras do país. No mais, aqui também são apontados dados que instruem uma

---

344 Cf. Schmidt (2019: 400–401) que, como Kingreen e Poscher (2019: 262), destaca elementos de interpretação histórica e genética que conduzem a essa conclusão.

345 Kingreen e Poscher (2018: 256).

346 Cf. *ibid*.

347 Opinião não unânime. Cf. Kingreen e Poscher (2019: 262) que fazem referência a Isensee (1974: 62).

348 Cf. BVerfGE 6, 32 (*Elfes*). Síntese e excertos em: Martins (2016: 51–55) [= **Decisão I/# 3**]. Cf. Ipsen (2019: 173 s.) que faz elucidativa referência aos antecedentes normativo-constitucionais históricos: § 136 PKV; Art. 11 PrVerfUrk e Art. 112 I WRV garantiam expressamente a liberdade de emigração. Como a *Grundgesetz* não contém um substituto específico, resta apenas a proteção subsidiária do Art. 2 I GG (liberdade geral de ação). Cf. mais a seguir, no texto.

349 Cf. por todos: Classen (2018: 138). Críticos dessa posição, principalmente: Michael e Morlok (2016: 185–186): "Conceito do Estado Constitucional aberto" e Hufen (2018: 303): "Assim, o teor não exclui, de modo algum, a livre locomoção para dar o 'passo por sobre a fronteira'".

interpretação genética, além do cânone complementar da interpretação histórica (uso de antecedentes históricos, documentos normativos não mais vigentes). Desde o século XIX, a liberdade de emigração havia se tornado independente em relação à liberdade de locomoção, o que ganhou respaldo na Constituição de *Weimar* (Art. 111 e 112 WRV). Por fim, no Conselho Parlamentar (última fase do processo constituinte da *Grundgesetz*) "foi expressamente rejeitado incluir a liberdade de emigração entre os direitos fundamentais".[350] Todavia, isso se deu por razões históricas, as quais, juntas, compõem o contexto do receio dos constituintes de que, diante da grande destruição da economia provocada pela Segunda Guerra, os nacionais alemães seriamente tenderiam a cogitar emigrar. À época, a possibilidade de emigração de parte substancial dos cidadãos, que teria tornado inviável a reconstrução do Estado sob a égide da *Grundgesetz*, não podia ser, de fato, excluída. Portanto, o receio pelo menos não era totalmente infundado.

4. Liberdade do titular para trazer consigo pertences pessoais

Do até aqui exposto decorre que, pressupondo-se a titularidade do direito fundamental em tela, um sujeito de direito pode deslocar-se com vistas à permanência em outro local ou mudança de domicílio; para alguns, inclusive, se a escolha recair sobre localidade estrangeira. Pressupondo-se a tutela do deslocamento, a área de proteção do Art. 11 I GG abrange a faculdade de trazer consigo objetos de sua propriedade, exceto a propriedade empresarial, abrangida apenas pelo Art. 12 I GG.[351]

5. Liberdade ao exercício negativo do direito fundamental

Direitos fundamentais de liberdade individual abrangem normalmente também a modalidade de exercício negativo. Ser obrigado a comportar-se de modo (apenas, em toda regra) "permitido" por norma jusfundamental pode representar uma intervenção e, como tal, potencial violação do mesmo direito fundamental.

No caso da liberdade de locomoção, protege-se a escolha por seu titular de não alterar o local de sua estadia ou domicílio. Como a liberdade de locomoção refere-se a ponto de chegada com vistas à permanência provisória ou fixação de domicílio, a

---

[350] Kingreen e Poscher (2019: 262). Cf. novamente aqui: Ipsen (2019: 173 s.).

[351] Cf. Kingreen e Poscher, *ibid*. Cf. BVerfG, NJW 1992, 1093. Opinião contrária defende Ipsen (2019: 174) para quem na decisão citada o TCF se equivocou ao considerar como parâmetro decisório apenas o Art. 12 I GG. Na decisão, tratava-se da obrigação legalmente prescrita a tabeliães de residirem no local de seu cartório. Como os dois direitos fundamentais do Art. 11 12 GG têm limites bem distintos entre si, a fixação do parâmetro aplicável é imprescindível para se chegar a uma conclusão correta sobre a constitucionalidade da norma do § 10 II 1 BNotO. Abstratamente, Hufen (2018: 304) identifica as seguintes relações de concorrências aparentes: como direito de liberdade específico, o Art. 11 I prevalece sobre o Art. 2 I GG, assim como na sua relação com o Art. 12 I GG, no que tange à liberdade de estabelecimento de domicílio profissional.

opção por permanecer, por não se deslocar, é inerente à liberdade e apresenta um ponto de vulnerabilidade e uma demanda protetiva específica. Em outras palavras, logicamente, a permanência, contrário de deslocamento, é abrangida, caso não se queira esvaziar completamente o sentido do Art. 11 I GG.[352]

Em razão dessa acepção de exercício negativo do direito fundamental, expulsões ou deportações de alemães devem ser medidas com base no parâmetro do Art. 11 I GG. No caso de extradições, o Art. 16 II 1 GG apresenta um específico limite do limite.[353]

Ao contrário do que defende uma opinião minoritária, não se garante, no Art. 11 I GG, um direito geral a um lar.[354] Uma exclusão problemática da área de proteção é a proibição de permanência “em locais do território federal, nos quais regulamentações para o ordenamento ou uso do solo forem contrárias a uma permanência duradoura”, o que redundou na atribuição de uma marca normativa ao direito fundamental.[355]

II. Intervenções estatais

Quaisquer impedimentos ou afetações do livre deslocamento com vistas à permanência ou fixação de domicílio representam intervenções estatais que podem provir, como quase sempre, de atos normativos de responsabilidade do legislador formal ou material e/ou de suas interpretações e aplicações pelos órgãos das funções executiva e judicial. Entre as possíveis intervenções legislativas, ganharam destaque na literatura especializada as obrigações legalmente prescritas de residência, consideradas por alguns intervenção na liberdade de locomoção, ainda que se admitindo uma intervenção também no supostamente concorrente direito fundamental à liberdade profissional. Há, porém, quem entenda tratar-se de intervenção apenas no último.[356]

Fala-se na necessidade da presença de uma afetação imediata, rejeitando-se, portanto, o alcance do “novo” conceito de intervenção estatal, com referência ao

---

[352] Cf. Kingreen e Poscher (2019: 263).

[353] Cf. Kingreen e Poscher, *ibid*.

[354] Opinião minoritária é representada, sobretudo, por Baer (1997). Essa discussão foi tangenciada pelo TCF na **Decisão # 90**. Cf. adiante a síntese da matéria e os excertos da decisão.

[355] Cf. Kingreen e Poscher (2019: 263) e **Decisão # 90.**

[356] Cf. por todos, a referência ao debate e, em sede de conclusão, propugnando pela ausência de intervenção no direito em comento: Münch e Mager (2018: 107): “Na minha opinião, trata-se de uma regra do exercício profissional [...]. De resto, com a livre escolha da respectiva profissão, aceita-se a restrição da locomoção, portanto, anui-se a ela”. Em sentido, contrário, cf. sobretudo, Kingreen e Poscher (2019: 263): “uma intervenção é a obrigação de residência que faz o local do domicílio depender da profissão”. Admitem implicitamente uma concorrência ideal. Distinguem dessa, todavia, a hipótese dos “mandamentos de localização” como no caso de advogados que possam atuar apenas em determinadas comarcas.

escopo do titular que deve estar presente: permanecer por algum tempo ou fixar domicílio no local-alvo escolhido.[357] Porém, alguns exemplos mostram que para tanto basta uma afetação indireta. Principalmente as obrigações de residência para alguns profissionais podem representar intervenção no Art. 11 I GG, além de atingirem também a liberdade profissional do Art. 12 I GG (caso de concorrência ideal). Nesse sentido, o TCF reconheceu uma intervenção no Art. 11 I GG no indeferimento de pedidos de prestação de ajuda social fundamentado no fato de os assim chamados "repatriados tardios" não terem fixado domicílio em local predeterminado.[358]

III. Limites constitucionais e justificação constitucional de sua aplicação

1. Reserva legal qualificada do Art. 11 II GG

Como aludido, a reserva legal do Art. 11 II GG é qualificada. Há um complexo de características que a qualificam, de modo a tornar mais restrita a discricionaridade legislativa.

Assim, em primeiro lugar, a lei formal ("por lei") ou apenas em sentido material ("com base em uma lei")[359] pode limitar apenas o direito em prol dos seguintes propósitos:

i. combate à diminuição de meios de subsistência já insuficientes e consequentes encargos especiais à coletividade (reserva social);[360]

ii. defesa diante de um perigo que ameace a existência ou a ordem fundamental democrático-liberal da União ou de um Estado-membro (reserva do estado de necessidade/defesa);

iii. combate ao risco de epidemias, catástrofes naturais ou acidentes particularmente graves (reserva de catástrofe);

iv. proteção da juventude contra seu abandono (reserva de proteção da juventude) e

---

[357] Cf. Kingreen e Poscher (2019: 263).

[358] Cf. **Decisão # 89.** Crítico a essa posição do TCF, cf. Schmidt (2019: 402): "não necessariamente convincente [...]. A proteção nesse caso também não é necessária porque o emigrante tardio é suficientemente protegido em caso de indeferimento de ajuda social pelo Art. 2 I c.c. princípio do Estado social. Propugna pelo não reconhecimento de intervenções indiretas *'desse tipo'*" (destaque no original).

[359] Porém, a lei em sentido material (decretos, resoluções, portarias) não pode regulamentar os aspectos mais "essenciais" da autorização da intervenção. Presentes algumas condições relativas à intensidade da intervenção esse é um mandamento que decorre da chamada "teoria da essencialidade" (*Wesentlichkeitslehre*), a qual em face de alguns casos e direitos fundamentais acarreta uma reserva parlamentar (*Parlamentsvorbehalt*) que como visto também configura um limite do limite. A respeito, em detalhes e com fartas fontes germânicas, v. Dimoulis e Martins (2020: 192 ss., 204).

[360] Essa classificação é adotada especialmente por Münch e Mager (2018: 107). Cf. também, de modo analítico, Ipsen (2019: 174–176) que, todavia, fusionou as duas últimas em uma única reserva qualificada pelo propósito "proteção da juventude diante do abandono e prevenção criminal".

v. prevenção de ações criminosas (reserva criminal).

Esses cinco complexos propósitos devem ser interpretados em sentido mais estrito possível, levando-se em consideração o contexto de sua gênese. Consequentemente, o exame da proporcionalidade dos meios escolhidos para a respectiva persecução deve ser rigoroso.

No que tange aos propósitos definidos como "reserva de catástrofe" (iii.) e "reserva criminal" (v.), pauta-se em critérios de Estado de direito consagrados no direito policial e de segurança pública junto ao conceito do perigo iminente.[361] Especialmente no último caso que estabelece a reserva criminal ao prever medidas de "prevenção", o intérprete obviamente não pode deixar de dela derivar maiores exigências à cláusula de autorização geral policial e aos chamados "poderes especiais".[362]

A concretização legislativa de tais reservas esbarra em parâmetros formais de atribuição de competência. Segundo o Art. 73, n. 3 GG, a competência para tratar do assunto "liberdade de locomoção" é do legislador federal. Porém, a reserva criminal, por ser relativa a medidas de prevenção geral, cai na esfera do direito policial e de segurança pública que é assunto do legislador estadual.[363]

2. Outros limites

Outros limites decorrem de dispositivos constitucionais que fazem referência expressa ao Art. 11 GG. Do Art. 17a GG que, excepcionalmente, trata de um dever fundamental, no caso, ao serviço militar (obrigatório), depreende-se o limite decorrente, especificamente, do Art. 17a II GG, segundo o qual: "Leis que sirvam à defesa [do território federal], incluindo-se a proteção da população civil, podem determinar que os direitos fundamentais da liberdade de locomoção (artigo 11) e da inviolabilidade do domicílio (artigo 13) sejam restringidos".[364]

Por sua vez, dois dispositivos pertencentes ao título das disposições finais e transitórias que mencionam, no primeiro caso, diretamente, e, no segundo caso,

---

[361] No caso da primeira mencionada, o legislador concretizou apenas a reserva relativa aos perigos de epidemia, por exemplo. Deixou o combate a catástrofes naturais diretamente ao estado de defesa de índole constitucional. Cf. Pagenkopf (2018-b: 523) e Wollenschläger (2013: 1234 s.).

[362] Cf. com vastas referências às leis estaduais policiais e de segurança pública: Götz e Gleis (2017: 65–67). Apesar da dificuldade apontada de delimitação com o Art. 2 II 2 GG, pelo menos os poderes de "expulsão" e "proibição de permanência" podem representar intervenções então cobertas pela quinta variante do Art. 11 II 2 GG.

[363] Cf. Schmidt (2019: 403).

[364] Sobre o assunto, v. as anotações com várias referências normativas de Ipsen (2019: 175).

implicitamente, a liberdade de locomoção (Art. 117 II e 119 GG) exauriram sua aplicabilidade pela promulgação das leis federais lá mencionadas.[365]

B. Decisões do TCF

89. BVerfGE 110, 177 (*Freizügigkeit von Spätaussiedlern*)

Reclamação Constitucional contra Decisão Judicial (diretamente) e Ato Normativo (indiretamente)

17.03.2004[366]

MATÉRIA

Provocado pela Reclamação Constitucional contra decisões judiciais administrativas e os dispositivos normativos aplicados em suas decisões denegatórias de prestação de ajuda social por inobservância de uma peculiar condição, o TCF teve de examinar o possível alcance e limites do direito fundamental à **liberdade de locomoção de "repatriados tardios"** (*Freizügigkeit von Spätaussiedlern*).[367] Especialmente, teve de responder à questão sobre se seria em princípio compatível com o direito fundamental da liberdade de locomoção que "os repatriados tardios que fixem residência permanente em local diferente do que lhes foi atribuído não

---

365 Cf. Kingreen e Poscher (2019: 264).

366 Audiência pública realizada em 05.11.2003.

367 Conceito do alemão oficial-administrativo burocrático de complexa tradução. Na falta de um melhor, utilizou-se o pouco preciso termo "repatriado" que carece aqui de uma explicação. Primeiro, a matriz conceitual "*Aussiedler*" diz respeito a uma específica categoria de imigrantes de etnia alemã: vindos especificamente de países do leste europeu para os quais foram ou seus antepassados expulsos do território alemão ou que permaneceram, como minoria étnica, em território que pertencera ao Reich Alemão antes do final da Segunda Guerra. A Lei Federal de Exilados e Refugiados (BVFG), originalmente promulgada em 1953 (derrogada por lei de 10.08.2007, BGBl. I, p. 1902, última redação pelo Art. 3 da Lei de 06.05.2019 – BGBl. I, p. 646), prevê tal categoria ao lado de outras. Na categoria de *Aussiedler* do § 1 II, n. 3 BVFG encontram-se pessoas nessa condição que chegaram na RFA até 31.12.1992 provenientes de países do leste europeu. Contém uma lista taxativa de países cujos territórios correspondem a "territórios orientais da Alemanha, então controlados por Estados estrangeiros". Nos termos do § 4 I BVFG são *Spätaussiedler*, "em regra" os "repatriados" que, atendidos certos requisitos, tivessem chegado na RFA a partir de 01.01.1993, desde que vindos das repúblicas que haviam composto a extinta União Soviética. O § 4 II BVFG prevê uma exceção a essa regra para abarcar também os repatriados provenientes dos Estados listados no caso dos *Aussiedler*, como aludido elencados no § 1 II, n. 3 BVFG. Por simplificação, adota-se a seguir, nas próprias anotações e na tradução dos excertos da Decisão, a locução "repatriados tardios" sem aspas.

recebam a assistência para subsistência nos termos da Lei Federal de Assistência Social".[368]

A Reclamação Constitucional refere-se ao § 3a da Lei de Determinação de Residência Temporária para Repatriados Tardios (WoZuG).

Sobre seu contexto histórico, pode-se, em síntese, apresentar o seguinte:

Antes e depois da abertura da chamada "Cortina de Ferro", aumentou significativamente o fluxo de imigrantes de etnia alemã cujos antepassados emigraram da Alemanha por conta das crises econômicas e guerras mundiais da primeira metade do século XX, vindos para a Alemanha ocidental e, depois da "Queda do Muro", para a Alemanha unificada, especialmente da Europa centro-oriental e da União Soviética, mas também da antiga Alemanha Oriental (RDA). Os municípios queixavam-se de uma carga desigualmente distribuídas entre eles, especialmente no que tange à consecução de moradia adequada. Em resposta, o Governo Federal promulgou a *Lei de Alocação de Residências*. A lei previa a atribuição dos (agora chamados) repatriados tardios aos Estados-membros, que podiam transferi-los a um município específico. Segundo a redação original da lei, a atribuição de um local de residência era limitada a dois anos. Depois desse prazo, cessava o vínculo obrigacional por ela criado, ou seja, o dever do imigrante de residir no município ao qual fora atribuído.

Quando o imigrante pertencente a essa categoria se mudava para outro município de modo ilegal, isso não implicava relevantes consequências jurídicas, especialmente não para o seu direito à assistência social. Mesmo depois de 1989, o número de imigrantes permaneceu elevado. Ocorreu, entretanto, que os repatriados tardios se mudaram de modo demasiadamente intenso para certas regiões. Particularmente afetadas foram localidades dos Estado-membros *Niedersachsen, Nordrhein-Westfalen e Baden-Württemberg*. Em muitos municípios, esses imigrantes chegavam a representar 20% da população. Devido à carga financeira desigual de prestações sociais, os municípios exigiram um sistema de distribuição eficaz dos recursos. Em um projeto de lei, o Governo Federal propôs a criação de um dever de ressarcimento ao então atingido titular da obrigação prestacional contra o titular anterior do município ao qual o emigrante fora regularmente atribuído.

Segundo a regra da lei finalmente aprovada, os repatriados tardios que se mudassem da cidade para a qual foram atribuídos não deveriam receber mais benefícios previstos na Lei de Promoção do Emprego do titular da obrigação de assistência social da localidade para o qual se mudaram, restando garantida apenas a assistência mínima obrigatória prevista na Lei Federal de Assistência Social. Já por

[368] Cf. TCF, Comunicado à Imprensa n. 32/2004, de 17.03.2004.

ocasião da decisão, o prazo inicial de dois anos do vínculo ao local atribuído estava derrogado, substituído por um prazo de três anos, contados a partir da data de registro do imigrante em uma instituição federal de acolhida inicial. Nos termos da Quarta Lei Derrogadora da Lei sobre a Determinação de um Local de Residência Provisória para Repatriados Tardios, foi mitigada a regra impugnada pelos Reclamantes: Se um emigrante tardio se mudasse para procurar trabalho, informando-o tempestivamente à instituição de assistência social anterior, essa podia assegurar a assistência social no novo local de residência, mas apenas por trinta dias, no máximo três meses no total, dentro do período relativo ao vínculo de três anos.

Os Reclamantes 1) e 2), mãe e filho, são alemães. Chegaram à Alemanha como repatriados tardios em 1996 e foram designados para a cidade de *Elze*, em *Niedersachen*. O Reclamante 2) frequentou a escola em *Hildesheim*. Sua mãe não conseguiu encontrar trabalho em *Elze*. Por ocasião da decisão, ambos ainda recebiam ajuda social para cobrir os gastos de subsistência. Em 1998, mudaram-se para *Hildesheim*. Contudo, a cidade de *Hildesheim* rejeitou o pedido de assistência social de ambos porque ainda estavam vinculados ao município de *Elze* segundo a atribuição baseada no dispositivo impugnado. Seus recursos administrativos e administrativo-judiciais não foram providos.

Com sua Reclamação Constitucional arguiram violações pelas decisões e o dispositivo da lei que as fundamentara do princípio da igualdade, do princípio do Estado social e, em particular, do direito fundamental à liberdade de locomoção. No seu entendimento, a intervenção nesse direito fundamental perpetrada, em primeira linha, pelo legislador não estaria coberta pela hipótese da reserva legal qualificada do Art. 11 II GG.

A respeito da Reclamação Constitucional pronunciaram-se o Ministério Federal do Interior, em nome do Governo Federal e do Comissário Federal para Questões de Imigrantes e Minorias Nacionais, os Estados-membros de *Schleswig-Holstein* e *Mecklenburg-Vorpommer* e o Tribunal Administrativo Federal.

Primeiro, o Governo Federal compartilhou dados estatísticos que, segundo ele, comprovariam que a lei à época já estaria atingindo seus precípuos propósitos de assegurar uma distribuição equitativa dos ônus sociais provocados por uma grande onda imigratória dos repatriados tardios provenientes, em sua maioria, da antiga União Soviética e sua melhor e mais rápida integração na RFA. Entre outros, a medida de atribuição impediria a formação de bolsões desses repatriados tardios que, por serem, na maioria das vezes, filhos ou netos de pessoas que efetivamente emigraram, não dominavam o idioma alemão.

No mais, faltariam, no caso, os pressupostos de admissão da Reclamação. Eles não estariam presentes, na medida em que a atribuição de local para estabelecimento do domicílio inicial dentro do território federal alemão não representaria uma intervenção *direta* no Art. 11 I GG. Mas, mesmo em sendo admitida a Reclamação Constitucional, ela seria improcedente. A intervenção seria especialmente justificada por se tratar de um meio adequado e porque o meio interventivo aludido nos debates do ressarcimento dos custos transferidos, além das muitas dificuldades administrativas, impactaria até na estrutura de financiamento da ajuda social.[369] A tendência era que os imigrantes optassem por municípios bem estruturados, ou seja, o município atribuído com menos estrutura poderia ser ainda obrigado a ressarcir um município mais abastado.

Os governos estaduais também optaram por essa linha argumentativa com pequena variação de acentos nas suas respectivas abordagens.

Na audiência que antecedeu a Decisão (daí, como visto, tratar-se de *Urteil*), alguns especialistas participaram a convite do Primeiro Senado do TCF.

Na opinião do Comissário do Governo Federal para Assuntos de Migrantes e Minorias Nacionais, uma distribuição equilibrada de repatriados tardios protege a paz social nos municípios. Antes de 1996, as principais áreas de povoamento dos repatriados tardios teriam se concentrado predominantemente em regiões estruturalmente pobres.

A Assembleia Alemã de Cidades informou que desde 1997 não teriam sido criados polos de fixação de repatriados tardios. Muitos deles permaneceram no local a eles atribuído, mesmo após o encerramento do prazo do vínculo. No entanto, persistiam os polos que já tinham se formado. Para os municípios, um número confiável de repatriados tardios seria muito importante ao planejamento das suas infraestruturas, especialmente das suas escolas e creches. Alguns municípios também ofereceriam medidas de integração voluntária, por exemplo, cursos de línguas adicionais após o curso de seis meses financiado por fundos federais, a fim de se aliviarem ulteriores dificuldades da integração. Haveria também o risco de surgimento de ressentimentos sociais. Por exemplo, um afluxo desproporcional de imigrantes de etnia alemã poderia provocar sentimentos de ameaça na população já há muito estabelecida no local.

Segundo o diretor-presidente da Conferência para a Pastoral do Imigrante da Igreja Protestante na Alemanha, muitos repatriados tardios não teriam, no momento de sua chegada na Alemanha, ciência a respeito das consequências jurídico-sociais-assistenciais do estabelecimento de domicílio em local diverso do que lhe fora atribuído. Na avaliação do diretor-presidente, eles teriam vindo de outro círculo cultural, teriam tido com o Estado em seu país de origem experiências substancialmente diferentes daquelas vigentes na Alemanha. A individualidade dos

[369] BVerfGE 110, 177 (184 s.).

imigrantes seria muito pouco desenvolvida, sendo ponto de referência social a família em sentido amplo, a comunidade religiosa ou a comunidade da aldeia.

Se os repatriados tardios não fossem autorizados a se mudar para localidades próximas de seus parentes já admitidos, restariam frustradas suas ideias sobre o futuro. Eles estariam chocados por haver medidas de distribuição e atribuição de pessoas a determinadas localidades na Alemanha. Nesse contexto, especialmente os mais velhos estariam se lembrando dos tempos de sua expatriação. Em suma, a coerção inerente ao processo de atribuição seria antes um obstáculo do que um fomento à integração. A angustiante espera pela conclusão do procedimento de admissão de cinco, às vezes seis anos seria, destarte, prorrogada por mais três anos. Haveria sinais de desânimo. Esperariam apenas o fim do vínculo para mudarem de residência. Ninguém gostaria de se integrar em local que não corresponda à sua preferência.

Finalmente, na opinião da última expert ouvida, a atribuição não teria um impacto significativo na integração no mercado de trabalho. Se os repatriados tardios encontrariam ou não emprego, isso dependeria da situação do mercado de trabalho no local a eles atribuído. Entretanto, a atribuição dificultaria o acesso às redes de outros repatriados tardios e membros da família. Por um lado, a inclusão em tais redes facilitaria a integração, a consecução de uma moradia, a procura por emprego. Por outro lado, contudo, promoveria a segmentação. Na melhor das hipóteses, um dos objetivos de política social da atribuição poderia ser confirmado: Uma imigração desproporcional fatalmente teria acarretado queixas dos antigos habitantes. Por fim, não haveria evidências de qualquer influência do vínculo no aprendizado da língua alemã; independentemente do seu local de residência, as famílias teriam continuado a falar russo por longo tempo.

O TCF admitiu a Reclamação Constitucional, mas a julgou improcedente. Segundo sua fundamentação, em síntese, as decisões judiciais impugnadas são lastreadas em um fundamento legal compatível com a *Grundgesetz*, notadamente com o Art. 11 I GG. Firmou, contudo, que a então vigente situação jurídica não seria plenamente constitucional por ausência de uma regra clara quanto à possibilidade de alteração da atribuição do local de domicílio para repatriados tardios.[370]

EMENTAS

1. O Art. 11 II GG possibilita ao legislador limitar o direito fundamental à liberdade de locomoção quando entrarem pessoas carecedoras de apoio em número

---

370 Essa Lei de Determinação de Local Provisório de Domicílio para Repatriados Tardios, em sua última redação dada por lei de 10.08.2005 (BGBl. I, p. 2474), exauriu sua vigência em 31.12.2009. Cf. Ipsen (2019: 174, n. rod. 12).

permanentemente elevado na República Federal da Alemanha e surgirem para a União, os Estados-membros e municípios cargas elevadas decorrentes da acomodação, apoio e integração.

2. É compatível com o Art. 11 I GG que repatriados tardios que tenham ficado em lugar diferente daquele a eles atribuído em princípio não recebam auxílio para a subsistência segundo a Lei Federal de Auxílio Social (§ 3a Lei de Atribuição de Domicílio).

Decisão [*Urteil*] do Primeiro Senado de 17 de março de 2004

Com base na audiência pública de 5 de novembro de 2003

– 1 BvR 1266/00 –

No processo da Reclamação Constitucional I. da Sra. M..., II. do Sr. M. [...] – 1. Diretamente contra a) a Decisão do Superior Tribunal Administrativo de *Niedersachen* de 13 de junho de 2000 – 4 L 1576/00 –, b) a Decisão do Tribunal Administrativo de Hannover de 4 de abril de 2000 – 15A 2867/99 –, 2. Indiretamente contra o § 3a I, Período 2 da Lei de Determinação de um Domicílio Provisório para Emigrantes e Migrantes de 6 de julho de 1989 (BGBl. I, p. 1378) na redação dada pela Segunda Lei Derrogatória da Lei de Determinação de um Domicílio Provisório para Repatriados Tardios de 26 de fevereiro de 1996 (BGBl. I, p. 223).

Dispositivo:

Indefere-se a Reclamação Constitucional.

RAZÕES

A.

A Reclamação Constitucional é relativa à regulamentação legal segundo a qual repatriados tardios que tenham ficado em lugar diferente daquele a eles atribuído em princípio não recebam auxílio para subsistência segundo a Lei Federal de Auxílio Social.

I.1. – 5.; II. – IV.1. – 2.; V.1. – 4. [...]

B.

A Reclamação Constitucional é admitida.

I.

Não falta aos Reclamantes o interesse processual de agir (cf. aqui: BVerfGE 81, 138 [140]). [...].

II.

A admissibilidade também não deixa de estar presente por causa do princípio da subsidiariedade. [...].

1. [...].

2. Sob as especiais circunstâncias do caso concreto não pode ser contraposto aos Reclamantes que eles não se opuseram judicialmente aos indeferimentos de seu pedido de modificação da atribuição. O competente órgão administrativo esclareceu em seu comunicado de indeferimento, ao qual não foi juntada a informação [de interesse dos Reclamantes] quanto à possibilidade de questionamento judicial, que em seu entendimento para tal modificação não haveria uma base legal. [...].

A Decisão [desse ponto] de **B.II.2** foi tomada por 7 votos a 1.[371]

C.

Todavia, a Reclamação Constitucional é improcedente. A regra impugnada não viola o direito fundamental dos Reclamantes à liberdade de locomoção (**I.**). Uma violação de seus direitos de igualdade também não está presente (**II.**).

I.

O direito fundamental dos Reclamantes à liberdade de locomoção (Art. 11 I GG) não foi violado.

1. O § 3a I 2 WoZuG/1996 afeta, no entanto, os Reclamantes de nacionalidade alemã em seu direito fundamental decorrente do Art. 11 I GG.

a) Foi tangenciada a área de proteção material. A livre locomoção no sentido do Art. 11 I GG abrange o direito de fixar permanência e domicílio em qualquer lugar do território federal (cf. BVerfGE 2, 266 [273]; 80, 137 [150]). Fazem parte dele a entrada na Alemanha com o propósito de fixar domicílio (cf. BVerfGE 2, 266 [273]; 43, 203 [211]) e a livre locomoção pelos Estados-membros, municípios e dentro de um município. O § 2 I e o ora impugnado § 3a WoZuG/1996 referem-se à fundação do domicílio em um Estado, assim como em um município desse Estado subsequentemente à entrada na Alemanha.

b) A exclusão do auxílio para subsistência provocada pela norma atacada atinge o direito fundamental à livre locomoção decorrente do Art. 11 I GG.

---

[371] Sobre a faculdade discricionária dos dois Senados do TCF na decisão pela publicação ou não dessa relação de votos, cf. as referências normativas, jurisprudenciais e da literatura especializada trazidas às notas 274 e 313.

aa) A Lei de Atribuição de Domicílio até não impede diretamente ao Reclamante a escolha de outro lugar de domicílio diferente daquele atribuído. Ela apenas conecta a tal escolha uma consequência social-jurídica desvantajosa. Direitos fundamentais podem ser afetados, entretanto, também por medidas indiretas. A *Grundgesetz* não vincula a proteção em face de afetações do direito fundamental ao conceito de intervenção, não definindo o conteúdo desta. Também as medidas estatais que tenham efeito indireto ou fático podem afetar direitos fundamentais e devem ser, por isso, por força constitucional, suficientemente justificadas (cf. BVerfGE 105, 279 [300 s.]). Em seu objetivo e efeito, tais medidas podem equipar-se a uma intervenção direta e normativa e têm então de ser tratadas como tal (cf. BVerfGE 105, 252 [273]).

bb) Esse é o caso aqui presente. A regra impugnada exclui a concessão do auxílio para subsistência caso o novo emigrante escolha seu lugar de domicílio divergentemente da atribuição. As prestações previstas na Lei de Auxílio Social são restritas ao auxílio que em razão das circunstâncias for então [considerado] estritamente obrigatório. Assim, para os beneficiários de auxílio social a regra conecta à livre locomoção uma desvantagem econômica sensível, a fim de vincular o titular do direito fundamental ao lugar atribuído. Nisso há uma afetação indireta do direito fundamental cuja constitucionalidade deve ser medida com base no Art. 11 I GG (cf. também Pernice, in: Dreier, Grundgesetz, vol. 1, 2. ed. 2004, Art. 11, n. à margem 22; cf. também – sobre a livre locomoção de estrangeiros protegida pelo Art. 2 I GG – BVerfG, 1. Câmara do Primeiro Senado, DVBl. 2001, p. 892 [893 s.]). Em sede de conclusão é também o entendimento da jurisprudência dos demais tribunais (cf. Hess. VGH, NVwZ 1986, p. 860 [861]; Bad.-Württ. VGH, NDV 1982, p. 365; cf. também Bay. VGH, 12CE 96. 1751, 14 de agosto de 1996 [juris]).

2. a afetação do direito fundamental decorrente do Art. 11 I GG é, todavia, constitucional. O § 3a I 2 WoZuG/1996, que foi promulgado com base no fundamento de competência do Art. 74 I n. 7 GG, observa as exigências direcionadas a uma restrição legal da livre locomoção no Art. 11 II, variante 1 GG. O legislador podia optar por tal restrição a repatriados tardios carecedores de auxílio social porque eles não dispõem de uma base vital econômica suficiente e, em havendo liberdade de locomoção irrestrita, resultariam à coletividade elevadas cargas [financeiras].

a) Uma base vital econômica suficiente falta a um titular de direito fundamental quando ele não puder satisfazer com suas próprias forças sua mínima necessidade vital (cf. BVerfGE 2, 266 [278]; BVerwGE 3, 130 [139]; 6, 173 [175]). A atribuição segundo o § 2 I WoZuG, ao qual se refere o § 3a I 2 WoZuG/1996, atinge apenas repatriados tardios que não tenham emprego e não disponham de outras maneiras de obtenção de renda asseguradora da própria manutenção e, assim, sejam dependentes de auxílio do poder público.

b) O Art. 11 II, variante 1 GG possibilita ao legislador uma limitação do direito fundamental à livre locomoção quando pessoas carentes de apoio entrarem em número continuamente elevado na República Federal da Alemanha e disso resultarem elevadas cargas à União, aos Estados-membros e municípios. Entre essas cargas encontram-se especialmente a providência de teto, subsequentes custos infraestruturais e a construção e ampliação de instituições de cuidado de crianças, da formação escolar, de cultura e esporte e equipamentos de fornecimento e saneamento públicos. Acresçam-se nos casos em tela medidas de integração como, por exemplo, oferta de cursos de língua, auxílio à integração e preparação para que a população receba as pessoas imigradas e as inclua na comunidade local. Presentes esses pressupostos, o Art. 11 II, variante 1 GG outorga ao legislador a autorização para, mediante restrição ao direito fundamental à livre locomoção, distribuir os ônus pelos Estados-membros e distritos comunitários e, assim, especialmente contrapor-se a uma sobrecarga sobre alguns municípios.

Tais cargas especiais à coletividade surgiram por causa do fluxo de repatriados tardios na República Federal. No interregno do forte aumento do fluxo desde 1987 entraram na República Federal três milhões de repatriados [*Aussiedler*] e repatriados tardios [*Spätaussiedler*]. Em toda regra, eles eram e são no momento da entrada carentes de auxílio social. Sua integração torna necessárias medidas infraestruturais de grande vulto. A necessidade de integração mantém-se elevada. Repatriados tardios provêm de outro círculo cultural e sistemas sociais e têm grandes dificuldades de se integrar no novo contexto e de encontrar um emprego. Isso foi corroborado por experts ouvidos na audiência pública. A integração é mais dificultada ainda por insuficientes conhecimentos de língua. Mesmo os repatriados tardios que entraram no início dos anos 1990, ainda predominantemente de origem alemã, por muitos anos não tiveram oportunidade de praticar a língua alemã por causa da perseguição em seus países de origem. Os parentes de repatriados tardios de origem não alemã, que hoje constituem o número bem preponderante dos imigrantes, não falam regularmente alemão. Todas essas circunstâncias provocaram, desde o início, um elevado custo de integração.

c) A regra do § 3a I 2 WoZuG/1996 observa também o princípio da proporcionalidade.

aa) A regra é adequada a alcançar a desejada distribuição proporcional de cargas. Unanimemente defenderam o Governo Federal, os Estados-membros e, na audiência pública, também a Assembleia das Cidades Alemãs que foram observadas as atribuições desde a entrada em vigor da norma no ano de 1996. Não teriam surgido novos assuntos imigratórios para repatriados tardios. As cargas do auxílio social distribuem-se de modo igualitário. Aos municípios seria possível fazer um planejamento preliminar de suas medidas infraestruturais e integrativas.

Igualmente, o entendimento do legislador, segundo o qual a atribuição e sua aplicação com meios jurídico-sociais seriam um caminho idôneo de fomento à integração de repatriados tardios, não pode ser impugnado constitucionalmente. De fato, isso é enxergado de modo variado pelos envolvidos. De um lado, afirma-se que repatriados tardios teriam provavelmente um incentivo maior para aprender alemão se no seu cotidiano precisassem usar essa língua. [Fatalmente] seriam relatados déficits linguísticos permanentes se grandes grupos de imigrantes vivessem juntos porque em tal caso as pessoas poderiam satisfazer sua necessidade de comunicação com outros imigrantes da mesma língua. Especialmente crianças e jovens aprenderiam nos jardins da infância, escolas e instituições para adolescentes mais rapidamente a língua alemã se a maioria, em um grupo etário, utilizasse essa língua, mesmo se na família falassem continuadamente a língua de seu país de origem. Ademais, estariam vizinhança, associações e todo o ambiente social mais preparados a receber indivíduos do que grandes grupos de repatriados tardios. Por outro lado, defendeu-se na audiência pública, por parte de especialistas, o entendimento de que a atribuição impediria o acesso às “redes” dos repatriados tardios que já tivessem entrado há mais tempo. Esse acesso seria importante para a busca de moradia e locais de trabalho, para apoio financeiro e ajuda no contato com órgãos públicos.

Na apreciação dos efeitos de uma nova regulamentação outorga-se ao legislador uma ampla margem discricionária (cf. BVerfGE 50, 290 [332 ss.]). Isso vale especialmente quando uma necessidade aguda de legislar – tal como aconteceu em 1996 segundo o entendimento de todos os entes territoriais envolvidos – deva ser atendida rapidamente. Com a regra ora impugnada, o legislador não ultrapassou esse quadro de avaliação discricionária. O legislador é, contudo, obrigado em tais casos a observar o desenvolvimento subsequente e especialmente os efeitos da regulamentação e, se o caso, corrigi-la no futuro (cf. BVerfGE 95, 267 [314 s.]). Tal pesquisa e avaliação dos efeitos da atribuição o Governo Federal anunciou para o ano de 2005.

bb) A regulamentação atacada é também necessária. Não há uma via perceptível que onere menos os repatriados tardios, mas que cumpra os objetivos declarados de igual modo. Principalmente na determinação da duração do tempo da atribuição cabe ao legislador uma margem discricionária. Pelo menos no caso dos Reclamantes, ele ainda não a ultrapassou. Os objetivos perseguidos pela atribuição não poderiam ser alcançados se o interstício fosse muito curto. Da oitiva dos especialistas depreende-se que o processo da integração na sociedade alemã e no mercado de trabalho da República Federal da Alemanha dura tipicamente mais do que três anos.

O legislador também não foi obrigado constitucionalmente a prever, em vez da atribuição como meio mais ameno, uma regra com base na qual os custos do auxílio social suportados pelo município, segundo o § 97 I 1 BSHG, fossem ressarcidos pelo órgão prestador do auxílio social ao município atribuído. O sistema supramunicipal de ressarcimento financeiro nos termos do § 3b WoZuG e do § 107 I BSHG é segundo a configuração legal e fatores práticos feito sob medida para casos particulares, mas não é apropriado à compensação de custos de auxílio social em uma larga escala, como aqueles que apareceriam no caso dos repatriados tardios se fosse assegurado auxílio para subsistência também aos locais de domicílio não atribuídos. Procedimentos de ressarcimento são custosos e podem levar a lides administrativas. Antes de tudo, o princípio da distribuição da carga que embasa a Lei de Atribuição de Domicílio não se restringe de modo algum a custos de auxílio social. As demais cargas, retro apresentadas (cf. **C.I.2.b**) por sua natureza são praticamente irrecuperáveis em um procedimento de ressarcimento entre os municípios.

cc) A aprazada atribuição de domicílio a um determinado local, a cuja imposição a regra impugnada serve, é também exigível dos atingidos repatriados tardios. A afetação do direito fundamental por ela ensejada encontra-se, procedendo-se a uma ponderação global, em uma relação proporcional diante das vantagens surgidas à coletividade com a regra (cf. BVerfGE 76, 1 [51]; 83, 1 [19]).

Não obstante, a livre locomoção dos atingidos foi [de fato] sensivelmente afetada. O § 3a I 2 WoZuG/1996 praticamente impede mudanças de domicílio dos repatriados tardios em regra dependentes do auxílio público. O bloqueio dura vários anos. Nesse tempo, os repatriados tardios são vinculados a um local de domicílio que eles mesmos não escolheram. Pelo menos na distribuição intraestadual quase não se leva em consideração, como revelou a audiência pública, desejos [do imigrante] de ser designado a um local determinado. As quotas de recepção fixadas por entes territoriais municipais têm ampla prevalência. Como consequência da atribuição, os vínculos à grande família, existentes na maioria dos casos, aos determinados grupos religiosos ou à comunidade rural antes existentes, não podem ser mantidos. A flexibilidade na procura de moradia e emprego – também sob observância da regra do § 3a II 3 WoZuG vigente desde 2000 – é restrita nesse interregno. Acresça-se que muitos repatriados tardios não podem aceitar com motivos plausíveis a restrição de sua livre locomoção depois da entrada em um país cuja ordem jurídica foi configurada pela *Grundgesetz* de modo liberal.

Do outro lado tem-se, junto ao objetivo da distribuição de cargas um importante interesse de bem-estar coletivo. A República Federal teve de lidar nos anos passados com uma imigração de alguns milhões de pessoas. A desejada meta da integração com a atribuição deve beneficiar também os próprios atingidos. A atribuição é limitada no tempo. Se o novo imigrante encontrar um emprego de tempo integral e moradia em lugar diferente daquele atribuído, então assim termina o vínculo (§ 2 IV WoZuG/1996). Ademais, facilita-se a busca de emprego desde a derrogação da Lei de Atribuição de Domicílio no ano 2000 por meio do § 3a II 3 WoZuG.

3. O TCF deve examinar se o indeferimento do pedido do Reclamante de lhe ser atribuída a cidade H. baseia-se em fundamentos legais constitucionais. Ele não foi atacado judicialmente e, assim, tornou-se formalmente coisa julgada. O presente processo dá, todavia, ensejo à seguinte referência jurídico-constitucional:

a) Como verificado, o direito fundamental do Art. 11 I GG não foi violado pela distribuição e atribuição de repatriados tardios que entraram no país com fulcro no direito vigente. Os Estados-membros e municípios precisam quanto antes tomar conhecimento sobre se e em que volume devem reservar hospedagem e apoio no sentido do § 1 I WoZuG. Também as pessoas atingidas precisam ter conhecimento o quanto antes a respeito de sua próxima permanência. Ambas as partes precisam de segurança de planejamento. Por isso, nas presentes circunstâncias deve ser aceito constitucionalmente que não se pode, na prática, em sua plenitude, levar em consideração os elementos do § 2 II WoZuG – desejos do recebido, relações próximas de parentesco e possibilidade da integração profissional – quando da distribuição.

b) Não obstante, em face do direito fundamental à livre locomoção do Art. 11 I GG não implicam objeções constitucionais o fato de o legislador não adotar precauções para o caso de a manutenção da atribuição provocar aos atingidos uma situação especialmente onerosa e, por isso, ser relacionada a uma dificuldade inaceitável. Isso vale sobretudo, mas não apenas, quando seu desejo de mudança da atribuição for acompanhado de relevantes interesses de direito fundamental, como, por exemplo, tais do Art. 6 I GG, no caso do desejo de moradia conjunta com parentes, ou tais do Art. 12 I 1 GG, no caso do início de uma atividade remunerada de tempo não integral. A fim de se evitarem tais casos difíceis, o legislador é obrigado constitucionalmente a possibilitar uma mudança da atribuição a pedido, sob pressupostos a serem por ele precisamente determinados. Nesse sentido, deveria ser considerado se a mudança do lugar de domicílio ao mesmo tempo acarreta uma mudança do titular da prestação de auxílio social. Sobre tais pedidos deve-se decidir, em um processo administrativo, que atenda a exigências decorrentes [do princípio] do Estado de direito. Também para tanto deve o legislador contribuir mediante regulamentações idôneas. Em face da rápida distribuição no momento da entrada no território nacional deve haver espaço para um exame posterior da situação pessoal que impeça ao mesmo tempo que o novo emigrante se torne mero objeto de um procedimento estatal de distribuição.

II.

Também não foram violados os direitos de igualdade do Reclamante decorrentes do Art. 3 I e III GG.

1. O Art. 3 III 1 GG não foi tangenciado. Repatriados tardios não sofrem desvantagens por causa de sua etnia ou proveniência. A atribuição e sua imposição segundo o § 3a I

2 WoZuG/1996 pressupõem a característica não problemática em termos de direito à igualdade da necessidade de auxílio social.

2. Igualmente, o Art. 3 I GG não foi violado. Não obstante, existe um tratamento desigual em face de outros alemães carecedores de auxílio social que entrem na Alemanha ou que dentro da Alemanha troquem seu domicílio e não sejam atingidos pelas restrições do Art. 11 I GG. Esse tratamento desigual é, todavia, suficientemente justificado segundo os princípios paradigmáticos para tal exame de igualdade (cf. BVerfGE 100, 195 [205]; 97, 169 [180 s.]). Repatriados tardios entram em grande número na Alemanha. Eles têm uma especial necessidade de integração. Ambos [os mencionados aspectos] diferenciam-nos de outros alemães que entraram pela primeira vez ou novamente e sejam dependentes de auxílio público. Assim, também não é indicado prever para esse grupo um procedimento de atribuição que equanimemente distribua as cargas e que enseje a integração. Também as mudanças de beneficiários do auxílio social dentro da Alemanha não abrem questionamentos práticos que tornariam necessário um sistema de atribuição.

3. O Art. 3 I GG também não foi violado em relação aos Reclamantes pelo fato de que estrangeiros carecedores de auxílio social em geral não se sujeitam a um procedimento de atribuição. Valem para eles, igualmente, restrições à livre locomoção (§ 120 V 2 BSHG; cf., entretanto, também: BVerwGE 111, 200 [201 ss.]). Quando estrangeiros carecedores de auxílio social são mais bem posicionados do que os repatriados tardios, isso é, contudo, justificado suficientemente. Repatriados tardios são até hoje o único grupo de imigrantes que revelam as características gerais e unificadas, tendo um direito de entrada na Alemanha. No caso de estrangeiros sem o status de cidadão europeu, a ordem jurídica em princípio parte da tese de que eles vivam apenas transitoriamente na Alemanha e que futuramente retornem a seus países de origem (cf. BTDrucks. 11/6321, p. 41; 14/7387, p. 56). Isso vale também para os legitimados ao asilo político (§ 73 I 1 AsylVfG). Por sua vez, entraram na Alemanha nos últimos anos quase três milhões de pessoas com um direito de permanência ilimitada. Seus problemas de integração também são de natureza diferente do que aos daqueles estrangeiros, aos quais o direito vigente – sem prejuízo de sua [eventual] carência de auxílio social – tenha garantido um direito de permanência na Alemanha temporalmente ilimitado e que não estejam sujeitos a um procedimento de atribuição.

III.

As decisões judiciais impugnadas baseiam-se, portanto, em um fundamento legal constitucional. Elas estão em ordem.

Papier, Jaeger, Haas, Hömig, Steiner, Hohmann-Dennhardt, Hoffmann-Riem, Bryde

90. BVerfGE 134, 242 (*Garzweiler*)

Reclamação Constitucional contra Decisão Judicial (diretamente) e Ato Normativo (indiretamente)

17.12.2013[372]

MATÉRIA

O TCF decidiu – aqui novamente por *Urteil*, após uma bastante "midiática" audiência pública,[373] duas Reclamações Constitucionais contra decisões administrativas e administrativo-judiciais no contexto da admissão do plano de instalação de uma mineração de linhito a céu aberto intitulado "**Garzweiler**", em alusão ao nome de um distrito no Estado-membro de *Nordrhein-Westfalen*.

A mineração de linhito faz parte do plano energético estratégico da Alemanha, no chamado "mix energético", ou seja, compõe a carteira de matrizes energéticas do país sabidamente muito industrializado. Para ser economicamente viável, a exploração do minério concedida pelo poder público a empresas especializadas nos termos do direito de planejamento energético exige a reserva de amplas áreas, muitas vezes ocupadas por comunidades de pessoas então obrigadas a se mudar. Por essa razão, discutiu-se intensamente se existe um "*Recht auf Heimat*" (literalmente: "direito ao lar"), no sentido da garantia de manutenção do entorno sociocultural dos indivíduos e comunidades. Em termos de tutela jusfundamental vêm à pauta, pelo menos em tese, os direitos fundamentais à liberdade de locomoção e à propriedade. O primeiro deles em suma porque, como visto nas notas introdutórias, a norma do Art. 11 I GG abrangeria o direito a permanecer domiciliado em determinado local. No caso do segundo, a decisão administrativa de desocupação pode implicar, na prática, os mesmos efeitos da desapropriação.

A base jurídica da mineração do linhito é constituída por decisões administrativas amparadas no direito estadual de planejamento e no direito federal de mineração.

Ao nível do planejamento regional, a extração de linhito é planejada com base nos chamados "planos de extração de linhito". A empresa mineradora é autorizada apenas por meio do plano principal de exploração com fundamento na Lei Federal de Mineração; tal plano refere-se normalmente a período não superior a dois anos. Para

---

372 Audiência pública realizada em 04.06.2013.

373 Cf. TCF, Comunicado à Imprensa 20/2013, de 03.04.2013. No dia anterior à audiência pública, o comunicado apresentava uma síntese da matéria e roteiro dos pontos de discussão. Ele seguiu em parte a estrutura da própria decisão publicada após quase sete meses, ao mesmo tempo em que apresentou as regras para inscrição e credenciamento de representantes da imprensa, além de ter esclarecido questões sobre tiragem de fotos e filmagens. De resto, anunciou que haveria a cobertura da audiência por dois times de televisão pertencentes a uma empresa pública e outra privada de radiodifusão.

os projetos globais, que são planejados por períodos consideravelmente mais longos, os chamados "planos operacionais gerais" devem ser elaborados pela empresa mineradora e aprovados pela autoridade competente.[374]

Na prática, o uso das áreas pela empresa mineradora baseia-se, em grande medida, no acordo entre empresa e proprietário do terreno. No entanto, caso seja necessário fazer uso do terreno coercitivamente, a Lei de Minerações prevê também a possibilidade de desapropriação em favor da empresa mineradora (a chamada "cedência [compulsória] de terras").[375]

O primeiro Reclamante (1 BvR 3139/08) era proprietário de um terreno com um edifício residencial no distrito de *Immerath*, pertencente à cidade de *Erkelenz*. O objeto do processo principal é o "Plano de Exploração da Mina a Céu Aberto *Garzweiler* I/II", de 5 de outubro de 1987 (com alterações e aditamentos de 31 de Agosto de 1995 para o período de 2001 a 2045), que foi aprovado pela Secretaria de Minas em 22 de Dezembro de 1997 e cuja área de planeamento abrange *Immerath*. A ação movida pelo Reclamante contra essa decisão administrativa perante os tribunais administrativos foi julgada improcedente.

Na Reclamação Constitucional, afirma especialmente uma violação do seu direito fundamental à liberdade de locomoção decorrente do Art. 11 GG. Segundo sua fundamentação, o Art. 11 I GG abrangeria também o direito de permanecer domiciliado em determinado local livremente escolhido e um "direito ao lar".[376] Com a admissão do plano geral de operações, declara-se em face das pessoas atingidas que vivem na área afetada que nenhum interesse público superior poderia impedir o projeto, incluindo o uso do local e casas. Para aquelas pessoas, isso significaria viver na expectativa "da chegada das escavadoras".[377] Assim, a intervenção no direito fundamental à liberdade de locomoção a ser por elas suportada não se justificaria constitucionalmente nem pelas razões enumeradas no Art. 11 II GG nem por limites constitucionais imanentes.

O segundo Reclamante é a Associação Regional de *Nordrhein-Westfalen* de União pelo Meio Ambiente e pela Proteção da Natureza (BUND), uma entidade sem fins lucrativos. Em 1998, adquiriu a propriedade de um terreno no distrito de *Hochneukirchen*. O terreno, que teria pouco menos de um hectare, encontrava-se dentro da área de mineração do Plano de Operação da Mina a Céu Aberto *Garzweiler* I/II, aprovado por decisão de 22 de dezembro de 1997. O Reclamante cultivara a terra

[374] Cf. BVerfGE 134, 242 (245 ss.). Cf. também as descrições em Frenz (2014).

[375] Conceito bastante central no debate anterior e posterior à decisão. Cf. com muitas referências: Frenz (2014) e Von Rochow (2014).

[376] Sobre o conceito, v. fundamentalmente Baer (1997: 30 ss.).

[377] Cf. BVerfGE 134, 242 (257).

com várias árvores frutíferas como parte da campanha "Futuro em vez de linhito – BUND-Pomar contra *Garzweiler*". Por uma ordem de desocupação de terras de 9 de junho de 2005, baseada nos §§ 77 e 79 da Lei Federal de Mineração (BBergG), o Governo do Distrito de *Arnsberg* retirou do Reclamante a propriedade da terra. A ação do Reclamante contra a decisão sobre a cessão de terras foi julgada improcedente por todas as instâncias judiciais-administrativas.

Com sua Reclamação Constitucional, afirma especialmente uma violação do seu direito fundamental à propriedade decorrente do Art. 14 I GG. Considera que as normas do direito objetivo de mineração sobre a cessão de terrenos da Lei de Mineração (§§ 77 e 79) seriam inconstitucionais. Se uma empresa mineradora pretender utilizar uma propriedade, praticamente não haverá nenhuma possibilidade de o proprietário atingido opor seu direito fundamental à propriedade. Os §§ 77 e 79 BBergG permitiram a desapropriação independentemente de um benefício macroeconômico ou de uma necessidade fática, ambos que em regra constituem precípuos pressupostos.

Manifestaram-se nos autos da Reclamação Constitucional o Governo Federal, o Governo de *Nordrhein-Westfalen*, o Governo do Distrito de *Arnsberg*, o Governo do Distrito de *Köln*, o Governo de *Rheinland-Pfalz*, as partes do processo original, a Secretaria Federal do Meio Ambiente, a Associação "Matérias-Primas e Mineração", a Confederação das Indústrias da Energia e da Água, o Instituto para o Direito Alemão e Internacional de Minas e Energia da Universidade Técnica de *Clausthal* e a Ordem Federal dos Advogados.

À exceção da Ordem Federal dos Advogados, todos se manifestaram pela constitucionalidade das normas impugnadas e das decisões administrativas nela baseadas. A ponderação determinada pelas normas impugnadas entre os direitos fundamentais dos atingidos – especialmente do direito de propriedade do Art. 14 I GG, uma vez que não entendiam ser o Art. 11 I GG tangenciado – e o propósito da lei consubstanciada na execução de políticas energéticas governamentais faria parte da margem de discricionariedade do legislador. Igualmente, sua interpretação e aplicação não teriam sido inconstitucionais.

Da audiência pública participaram com sustentações orais os Reclamantes, o Deputado *Oliver Krischer* (membro Câmara Federal Alemã), o Governo Federal, o Governo Estadual de *Nordrhein-Westfalen*, o Governo do Distrito de *Arnsberg* e as partes do processo original. Como experts foram ouvidos a Secretaria Federal do Meio Ambiente, a Agência Federal de Redes, o Governo do Distrito de *Köln*, a cidade de *Erkelenz*, a Ordem Federal dos Advogados, a Associação dos Advogados Alemães, o Instituto de Direito Alemão e Internacional de Minas e Energia da Universidade

Técnica de *Clausthal*, o Instituto de Direito de Minas e Energia da Universidade de *Bochum*, a Associação "Matérias-Primas e Mineração" e o Instituto Ecológico.

Em sua decisão, o Primeiro Senado do TCF admitiu a julgamento ambas as Reclamações Constitucionais. Julgou procedente a segunda na extensão de sua admissibilidade, mas improcedente a primeira que fora movida pela pessoa física. Em síntese, segundo seu comunicado à imprensa, reforçou a "proteção judicial" contra projetos de grande porte envolvendo "atingidos por reassentamento e desapropriação".[378] Já na fase de aprovação do projeto faz-se necessário ponderar todos os interesses públicos e privados a favor e contra o plano. Essa ponderação geral é tarefa precípua das autoridades administrativas. Deve ser revista especialmente pelos tribunais administrativos; o TCF se limita ao controle dos aspectos jurídico-constitucionais. A proteção judicial aos atingidos deve ser garantida desde a fase da aprovação do projeto. A aprovação do Plano de Operação de Mineração a Céu Aberto *Garzweiler* cumpre as exigências constitucionais, mas não o faz aquela – nela baseada, concreta – desapropriação de terreno pertencente ao segundo Reclamante, a associação de proteção da natureza. Em relação ao primeiro Reclamante, o Primeiro Senado do TCF examinou em detalhes a relevância do Art. 11 I GG como parâmetro de avaliação da constitucionalidade da autorização do plano da atividade mineradora,[379] mas negou a presença de uma intervenção estatal nele.

A Decisão teve uma considerável repercussão geral não apenas na opinião pública especializada – jurídica – como contou com ecos, por vezes moderadamente críticos, na imprensa em geral.[380] Trata-se de um tema muito complexo de delimitação entre política energética do Executivo e seu controle com fulcro em parâmetros jusfundamentais. Por mais intensas que possam ser consideradas tais intervenções que fazem com que comunidades inteiras tenham de ser reassentadas em prol de um objetivo considerado condizente com o bem-estar coletivo, a *Grundgesetz* não garantiu o chamado "direito ao lar" na acepção retro mencionada. Jusfundamental-dogmaticamente falando, o TCF criou um pressuposto jurídico à abrangência do direito fundamental à liberdade de locomoção: a fixação (permanência) domiciliar em um determinado local depende das condições normativas gerais relativas à

---

[378] É o que o TCF trouxe já no título de seu comunicado. Cf. BVerfG, Comunicado à Imprensa 76/2013, de 17.12.2013.

[379] Dos excertos adiante traduzidos da Decisão, privilegiou-se o tópico **C.II.**, ainda que o exame tenha sido concluído com a não abertura da área de proteção do Art. 11 I GG para a proteção de conduta pretendida pelo Reclamante.

[380] A crítica ponderada entre prós e contras resta muito clara no título escolhido para a matéria publicada pelo jornal berlinense Die Tageszeitung – taz (2013): "Indeferida a interrupção de *Garzweiler* II: O Tribunal Constitucional indefere uma interrupção de *Garzweiler* II, BUND [um dos Reclamantes] e moradores fracassam. Porém, o tribunal fortalece a proteção judicial de moradores."

exploração de áreas não urbanas e urbanas.[381]

EMENTAS

1. – 4. [...].

5. O direito fundamental à livre locomoção não faculta escolher e permanecer em lugares do território federal, nos quais regulamentações para o ordenamento e uso do solo vedem uma estadia permanente se valerem geral e abstratamente e não existirem para intencionalmente restringir a livre locomoção de pessoas ou grupos de pessoas determinados.

6. [...].

Decisão [*Urteil*] do Primeiro Senado de 17 de dezembro de 2013

Com base na audiência pública de 4 de junho de 2013

– 1 BvR 3139, 3386/08 –

No processo das Reclamações Constitucionais I. do Sr. P. – [...] – contra a) a Decisão do Tribunal Federal Administrativo de 29 de setembro de 2008 – BVerwG 7B 20.08 –, b) a Decisão do Superior Tribunal Administrativo do Estado de *Nordrhein-Westfalen* de 21 de dezembro de 2007 – 11A 1194/02 –, c) a Decisão do Tribunal Administrativo de Aachen de 10 de dezembro de 2001 – 9 K 691/00 –, d) a Notificação da Secretaria Superior de Mineração de *Nordrhein-Westfalen* de 24 de fevereiro de 2000 – 07.1-1999-174 –, e) a Notificação de Alvará da Secretaria de Mineração de 22 de dezembro de 1997 – g 27-1.2-3-1 – 1 BvR 3139/08 –, II. Da União para Meio Ambiente e Proteção da Natureza Alemanha Seccional Estadual de *Nordrhein-Westfalen* e.V. [...] – 1. Diretamente contra a) a Decisão do Tribunal Federal Administrativo de 29 de setembro de 2008 – BVerwG 7B 20.08 (7B 21.08) –, b) – e) [...], 2. Indiretamente contra o § 77 e o § 79 BBergG – 1 BvR 3386/08 –.

Dispositivo:

1. Indefere-se a Reclamação Constitucional 1 BvR 3139/08.

2. A Resolução de Cessão [compulsória] de Terras do Governo Distrital de *Arnsberg* de 9 de junho de 2005 – 81.04.2 r 204-1-1 –, a Decisão do Tribunal Administrativo de [...] violam os direitos fundamentais do Reclamante do Processo 1 BvR 3386/08 decorrentes do Artigo 14, Parágrafo 1, Período 1 e Artigo 19, Parágrafo 4, Período 1 da *Grundgesetz*.

---

[381] Algo que é típico de direitos fundamentais cuja área de proteção tem marca normativa, mas não de direito com marca puramente comportamental como é o caso do Art. 11 I GG. Crítica tacitamente exarada também por Kingreen e Poscher (2019: 263). No mais, cf. **Introdução ao Vol. 3**.

3. O Reclamante do Processo 1 BvR 3386/08 deve ser ressarcido pelo Estado *Nordrhein-Westfalen* em três quartos e pela República Federal da Alemanha em um quarto de suas custas necessárias ao processo de Reclamação Constitucional.

RAZÕES

As Reclamações Constitucionais impugnam decisões judiciais e administrativas no contexto da realização de um projeto de mineração de linhito em *Nordrhein-Westfalen*. O Reclamante do Processo 1 BvR 3139/08 impugna a permissão do Plano Geral Empresarial da Mineração a Céu Aberto *Garzweiler* I/II, o Reclamante do Processo 1 BvR 3386/08 impugna uma cessão [coercitiva] de terras que foi editada em prejuízo de um terreno de sua propriedade.

A.I.1. – 2.a) – b)aa) – bb); II.1. – 2.a) – c); III.1.a) – g), 2.; IV.1.a) – e)aa) – bb)(1) – (2), cc), f)aa) – dd), g), 2.a)aa) – bb)(1) – (5), b) – c); V.1.a) – d), 2. – 6.a) – b), 7. – 11.; VI. [...]

B.

A Reclamação Constitucional da União para o Meio Ambiente e Proteção da Natureza Alemanha Associação Estadual *Nordrhein-Westfalen* e.V. (1 BvR 3386/08 – cessão de terras) é essencialmente admitida (**I.**) e parcialmente procedente (**II.**).

I.

[...]

1. – 2.a) – b), 3. [...].

II.

A Reclamação Constitucional também é, na extensão de sua admissão, procedente. Foram violados os direitos fundamentais do Reclamante decorrentes do Art. 14 I 1 e Art. 19 IV 1 GG, respectivamente em conexão com o Art. 19 III GG.

[...].

1. – 2.a) – b)aa)(1) – (2), bb)c) – d)aa) – bb), e)aa) – bb), f), 3.a)aa)(1) – (2), bb) – dd), b) – d)aa)(1) – (3)bb)(1) – (2), 4.a) – d)aa) – bb), 5. – 6. [...].

III.1. – 2. [...]

C.

A Reclamação Constitucional do Reclamante P. (1 BvR 3139/08 – Plano Geral Empresarial) é admitida (**I.**), mas improcedente (**II.**).

I.

[...]

II.

A aprovação de um Plano Geral Empresarial para a *Tagebau Garzweiler* I/II não intervém no direito fundamental à livre locomoção (**1.**) e, em sede de conclusão, também não viola o direito fundamental de propriedade do Reclamante (**2.**).

1. O direito fundamental à livre locomoção (**a**) não protege o Reclamante em face da necessidade suscitada pela aprovação do Plano Geral Empresarial de entregar seu imóvel domiciliar e de ter de mudar-se em razão da Mineração a Ceu Aberto *Garzweiler* I/II, porque o Art. 11 I GG não se estende até a resistência contra medidas estatais de regulamentação do uso do solo, que em última instância levem a entrega involuntária do domicílio (**b**). O direito fundamental à livre locomoção não viabiliza também um direito autônomo ao lar sem que isso signifique ao atingido uma lacuna de proteção (**c**). Esse entendimento do direito fundamental à livre locomoção corresponde, em sede de conclusão, à jurisprudência da Corte Europeia de Direitos Humanos (**d**).

a) O Art. 11 GG garante o reconhecimento da configuração vital livre e autodeterminada de todos os alemães em todo o território federal. Com a livre escolha de um lugar de permanência e residência protege-se por ele o próprio planejamento e configuração vital diante de intromissões estatais.

aa) O direito fundamental à livre locomoção encontra-se historicamente alicerçado na tradição da Idade Média da livre locomoção reservada aos homens livres (cf. Durner, in: Maunz/Dürig, GG, Art. 11, n. à margem 6 [August 2012]). Nas constituições alemãs do século XIX e do início do século XX, o direito à livre locomoção foi então garantido aos cidadãos do Estado; à época, era intimamente ligado à liberdade profissional e comercial (cf. § 133 da Constituição da Igreja de Paulo de 1849 e Art. 111 WRV assim como o § 1 da Lei de Livre Locomoção da União Germânica Setentrional de 1867 [Diário Oficial da União Germânica Setentrional 1867, p. 55]; igualmente, também ainda a primeira versão de um direito fundamental à livre locomoção no Conselho Parlamentar, cf. Quinta Sessão da Comissão de Questões Fundamentais, 29 de setembro de 1948, in: Der Parlamentarische Rat 1948–1949, Atos e Atas, vol. 5/I, Comissão de Questões Fundamentais, p. 88 ss.). Sem prejuízo da garantia da liberdade profissional como direito fundamental autônomo no Art. 12 GG, a garantia da livre escolha de lugar de permanência e residência em uma sociedade de divisão de trabalho especializado e complexa é condição fundamental de uma livre escolha profissional e garantia autorresponsável da subsistência. O direito fundamental à livre locomoção garante também, independentemente de suas relações com a escolha profissional, a livre escolha do lugar de permanência e residência como expressão da configuração vital autodeterminada. Ele reconhece o direito à livre escolha para, em qualquer tempo, dirigir-se, em princípio, a qualquer lugar no território federal, sem impedimentos e sem permissão oficial e lá poder permanecer.

bb) Livre locomoção no sentido do Art. 11 I GG significa o direito de fixar, em qualquer lugar do território federal, permanência e domicílio (cf. BVerfGE 2, 266 [273]; 43, 203 [211]; 80, 137 [150]; 110, 177 [190 s.]). Faz parte aqui a entrada na Alemanha com o propósito de fundação de domicílio (cf. BVerfGE 2, 266 [273]; 43, 203 [211]; 110, 177 [191]) e a livre locomoção pelos Estados-membros, municípios e dentro de um município (cf. BVerfGE 110, 177 [191]; veja também: BVerfGE 8, 95 [97]).

O direito fundamental à livre locomoção garante não apenas a liberdade de ida a um lugar no território federal, ele protege também a paragem no lugar escolhido em liberdade de locomoção e, portanto, em princípio também contra mudanças forçadas de domicílio. Entrementes é reconhecido pela jurisprudência que o Art. 11 I GG, ao lado da liberdade de circulação, também protege o direito de, no exercício dessa liberdade, permanecer livre de coerções estatais para deixar [provisoriamente] um lugar escolhido ou dele se mudar (cf. a impugnada e, nesse ponto, também inquestionável Decisão do Tribunal Administrativo Federal de 29 de setembro de 2008 – BVerwG 7B 20.08 –, NVwZ 2009, p. 331 Tz. 7; BbgVerfG, Decisão de 18 de junho de 1998 – VfGBbg 27/97 –, LKV 1998, p. 395 [406] e Decisão de 28 de junho de 2001 – VfGBbg 44/00 –, juris, n. à margem 35) e corresponde ao entendimento unânime na literatura jurídico-científica (cf. somente: Durner, in: Maunz/Dürig, GG, Art. 11, n. à margem 91 [Agosto de 2012]; Gnatzy, in: Schmidt-Bleibtreu/Hofmann/Hopfauf, GG, 12. ed. 2011, Art. 11, n. à margem 8; F. Wollenschläger, in: Dreier, GG, vol. I, 3. ed. 2013, Art. 11, n. à margem 37; Guckelberger, in: Festschrift für Wilfried Fiedler, 2011, p. 123 [135]; Hailbronner, in: Isensee/Kirchhof, HStR VII, 3. ed. 2009, § 152, n. à margem 46; Jarass, in: *idem*/Pieroth, GG, 12. ed. 2012, Art. 11, n. à margem 3; Kunig, in: von Münch/Kunig, GG, vol. 1, 6. ed. 2012, Art. 11, n. à margem 18; Pernice, in: Dreier, GG, vol. I, 2. ed. 2004, Art. 11, n. à margem 17; Ziekow, in: Berliner Kommentar zum GG, vol. 1, Art. 11, n. à margem 58 [2002]; respectivamente com mais referências).

O direito de fixar permanência ou domicílio em qualquer lugar do território federal poderia ser esvaziado e desvalorizado se o direito fundamental não abrangesse também o direito de ficar ou morar em um lugar livremente escolhido. Caso contrário, não haveria para as cidadãs e os cidadãos uma proteção constitucional comparável ao direito de migrar diante de medidas estatais que, imediatamente após a percepção do direito de livre locomoção, determinassem a não entrada ou a expulsão do lugar escolhido.

b) Não obstante, o direito fundamental à livre locomoção não autoriza que se fixe permanência ou que se fique em lugares no território federal nos quais regulamentações da ordem ou uso do solo obstaculizem uma estadia permanente e, assim, que já excluam ou restrinjam a migração ou, caso elas sejam levantadas apenas *a posteriori*, obriguem finalmente à saída. Tais regulamentações não tangenciam a área de proteção do Art. 11 I GG, em todo caso não quando elas valerem geral e abstratamente e não atingirem propositalmente a livre locomoção de pessoas ou grupos de pessoas determinadas.

aa) O Art. 11 I GG garante um direito a migrar e permanecer em princípio apenas onde qualquer um possa fixar permanência e domicílio. Ao contrário, o Art. 11 I GG não assegura a criação e manutenção dos pressupostos jurídicos e fáticos de uma moradia permanente. A configuração dos pressupostos jurídicos para um uso do solo permitido concretamente ligado a uma permanência em um determinado lugar não tangencia, assim, em princípio, a área de proteção da livre locomoção, mas configura os pressupostos de exercício desse direito fundamental (essencialmente acontece o mesmo da Decisão impugnada do Tribunal Federal Administrativo de 29 de setembro de 2008 – BVerwG 7B 20.08 –, NVwZ 2009, p. 331 Tz. 8 s.; ademais: BbgVerfG, Decisão de 28 de junho de 2001 – VfGBbg 44/00 –, juris, n. à margem 36, assim como: Durner, in: Maunz/Dürig, GG, Art. 11, n. à margem 121 [agosto de 2012]; Gnatzy, in: Schmidt-Bleibtreu/Hofmann/Hopfauf, GG, 12. ed. 2011, Art. 11, n. à margem 11a; Gusy, in: von Mangoldt/Klein/Starck, GG, vol. 1, 6. ed. 2010, Art. 11, n. à margem 29; Rittstieg, in: AK-GG, 3. ed. 2001, Art. 11, n. à margem 31; Pieroth/Schlink/Kingreen/Poscher, Grundrechte, 29. ed. 2013, n. à margem 867; Stern [Sachs], Staatsrecht, vol. IV/1, 2006, p. 1142; outro entendimento, por exemplo: Guckelberger, in: Festschrift für Wilfried Fiedler, 2011, p. 123 [142]; Randelzhofer, in: Bonner Kommentar zum GG, Art. 11, n. à margem 43 [outubro de 1981]). Às normas que desse modo configuram os pressupostos do exercício do direito fundamental pertencem, no direito de livre locomoção necessariamente dependente do uso do espaço, nomeadamente, as normas sobre o uso do solo como, por exemplo, no direito de construção, da ordem geográfica, do planejamento infraestrutural, da proteção da natureza e paisagística ou – como aqui – do direito da mineração.

Essa classificação das normas que regulamentam o uso do solo fora da área de proteção da livre locomoção vale não apenas para restrições da migração, mas para aquelas regulamentações que ensejem uma emigração ou o abandono de um local de estadia permanente ou que até mesmo o obrigue. Igualmente como, por exemplo, no impedimento de uma mudança baseado no direito de zoneamento urbano, também a desapropriação de um imóvel residencial para uma planejada medida de infraestrutura é uma consequência das condições existentes ou modificadas do direito de livre locomoção, mas não tangencia a área de proteção desse direito fundamental. O contrário poderá então valer se tais regulamentações não valerem geral e abstratamente, mas tiverem diretamente como alvo a restrição da livre locomoção de pessoas ou grupos de pessoas determinados. Contudo, visivelmente, não está presente aqui tal configuração.

bb) Gênese (**(1)**) bem como propósito de proteção e sistemática (**(2)**) embasam esse entendimento do direito à livre locomoção.

(1) A gênese do Art. 11 GG mostra que a discussão sobre a positivação desse direito fundamental na *Grundgesetz* e sua configuração foi fortemente marcada pelos grandes desafios da Alemanha Ocidental em face do grande número de fugitivos nas áreas de ocupação americana, britânica e francesa e da expectativa de chegada de outros alemães. Não se tratava, em primeira linha, da questão sobre se, dadas as condições à época, poderia ser por excelência concedido um direito à livre locomoção a todos os alemães (cf. Terceira e Quinta Sessão da Comissão de Questões Fundamentais, de 21 e 29 de setembro de 1948, in: Der Parlamentarische Rat 1948–1949, Atos e Atas, vol. 5/I, Comissão de Questões Fundamentais, p. 59 e 89; Vigésima Terceira Sessão da Comissão de Questões Fundamentais, de 19 de novembro de 1948, in: *Der Parlamentarische Rat 1948–1949*, Atos e Atas, vol. 5/II, Comissão de Questões Fundamentais, p. 613; Quadragésima Quarta Sessão da Comissão de Questões Fundamentais, 19 de janeiro de 1949, in: *Der Parlamentarische Rat 1948–1949*, Atos e Atas, vol. 14/2, Comissão Principal, p. 1390 ss.). Não podem ser depreendidos de nenhum lugar dos materiais constituintes a respeito do Art. 11 GG indícios de que com o direito à livre locomoção e sua regra de limites propositalmente estritos [reservas legais do Art. 10 II GG] as possibilidades jurídicas já existentes e praticadas àquela época [dos trabalhos constituintes] do planejamento e configuração do uso do solo – por exemplo, mediante a construção de barragens ou a construção de ruas e trilhos de trens – deveriam ser sensivelmente restringidas. A discussão detalhada da problemática dos limites na Trigésima Sexta Sessão da Comissão de Questões Fundamentais em 27 de janeiro de 1949 (cf. *Der Parlamentarische Rat 1948–1949*, Atos e Atas, vol. 5/II, Comissão de Questões Fundamentais, p. 1038 ss.) aponta, ao contrário, para a conclusão de que no Conselho Parlamentar as ausentes condições fáticas e jurídicas para uma fixação de domicílio – exemplo: falta de moradia em um território destruído – não foram entendidas como restrição ao direito fundamental à livre locomoção (cf. a respeito os argumentos do Deputado *von Mangoldt*, *ibid.*, p. 1044 s.).

(2) O direito fundamental à livre locomoção desenvolve seu conteúdo de proteção liberal, na medida em que ele garante a todos os alemães a possibilidade de sem impedimentos de restrições estatais poder migrar de lugar em lugar e lá fixar permanência e domicílio, seja para propósito do exercício profissional, seja para outros motivos livremente escolhidos da configuração da própria vida. Essa livre locomoção não é enfraquecida em seu conteúdo garantista liberal mediante a consideração de regulamentações geralmente válidas do uso do solo e não exige, destarte, uma isenção em face delas.

O Art. 11 I GG não garante a idoneidade ou admissibilidade de direito de solo da permanência desejada ou da exercida escolha de domicílio. Se as regras gerais do uso ou ordenamento do solo e sua execução fossem entendidas como intervenções na área de proteção do direito fundamental à livre locomoção, praticamente não seria possível, tendo em vista os limites estreitos do Art. 11 II GG, um direcionamento racional do desenvolvimento habitacional e outros tipos de uso do solo com auxílio do direito de ordenamento geográfico de zoneamento e os demais instrumentos do planejamento técnico geográfico. A configuração das possibilidades de restrição do direito à livre locomoção no Art. 11 II GG advoga contra um entendimento da área de proteção que incluísse os pressupostos jurídicos do uso do solo. Segundo ele, o direito à livre locomoção pode ser limitado apenas mediante lei ou com base em uma lei e somente em casos nos quais uma base vital suficiente não exista e que provocassem à coletividade graves prejuízos ou nos quais fosse imprescindível à lida de um perigo iminente, à existência ou à ordem fundamental democrático-liberal da União ou de um Estado-membro, ao combate de perigo de epidemia, catástrofes naturais ou sinistros especialmente graves, para a proteção da juventude contra abandono ou prevenir ações criminosas. Nenhum dos casos elencados compreende constelações nas quais, por causa de planejamentos geográficos relevantes do uso do solo pelo Estado, pessoas fossem impedidas de migrar ou obrigadas a desistir de um domicílio ou a dele se mudar. Não existe também nenhum indício de que os grandes projetos geográficos ou outros planos geográficos relevantes não sejam mais permitidos ou devam ser extremamente dificultados sob a vigência da *Grundgesetz*.

c) O Art. 11 I GG não garante um direito autônomo ao lar, no sentido de um contexto social e urbano permanentemente conectado com o domicílio escolhido (nesse sentido, [contudo] Baer, NVwZ 1997, p. 27 [30 ss.]; Pernice, in: Dreier, GG, vol. I, 2. ed. 2004, Art. 11, n. à margem 17).

O Conselho Parlamentar rejeitou conscientemente, com vistas às consequências de fuga e expulsão, contemplar um direito próprio ao lar na *Grundgesetz* (cf. Quadragésima Segunda Sessão da Comissão Principal de 18 de janeiro de 1949, in: Der Parlamentarische Rat 1948–1949, Atos e Atas, vol. 14/2, Comissão Principal, p. 1293 ss. e Conselho Parlamentar, Relatório estenográfico, 9. Sessão, 6 de maio de 1949, p. 175). Se um domicílio escolhido e possuído, a depender da consolidação temporal em face dos contatos a ele ligados e vínculos no contexto espacial e seu enraizamento no contexto concreto de zona urbana, tiver uma qualidade especial para o possuidor do domicílio, então isso dá ao direito de permanência que flui do Art. 11 I GG um peso mais elevado, desde que a área de proteção desse direito fundamental seja tangenciada por excelência (veja retro: **b**). Justamente os amplos reassentamentos tais como, por exemplo, aqueles provocados por minerações a céu aberto em vastos terrenos têm como consequência cargas excepcionais infligidas a relações sociais desenvolvidas e vínculos geográfico-locais, uma vez que podem acarretar o desaparecimento de toda uma comunidade, incluindo-se todas as construções a ela pertencentes e instalações de infraestrutura. Tudo isso deve ser adequadamente considerado no quadro de um exame da proporcionalidade de uma intervenção no direito fundamental à livre locomoção ou, caso esse direito fundamental não tenha sido tocado, no direito fundamental então atingido (veja a respeito, a seguir: **2.a**).[382]

Não resulta ao atingido uma lacuna de proteção jurídico-constitucional pelo fato de a *Grundgesetz* não prever um direito autônomo ao lar e porque uma coação à desistência da permanência e do domicílio causada por medidas do ordenamento do solo e regra do uso do solo não significa uma afetação da área de proteção do Art. 11 I GG. As especiais cargas dos atingidos implícitas na perda das relações sociais e das relações com as edificações urbanas são consideradas no quadro da proteção do direito fundamental decorrente do Art. 14 I e III GG, desde que se trate de intervenções na propriedade (a respeito, a seguir: **2.a**), caso contrário via Art. 2 I GG.

d) Essa interpretação do Art. 11 GG não incorre em contradição com a jurisprudência da Corte Europeia de Direitos Humanos. [...].

2. O Reclamante não teve violado seu direito fundamental de propriedade.

[...].

a) – b)aa) – bb)(1) – (3), c)aa) – bb)(1) – (2)(a) – (b)(aa) – (cc), cc) – dd)(1) – (2)(a) – (b), ee)(1) (a) – (b), (2) – (3)(a) – (e) [...].

D.

A Decisão sobre se o Superior Tribunal Administrativo no Processo 1 BvR 3139/08 procedeu a uma ponderação global que tenha suficientemente avaliado os efeitos da migração (**C.II.2.c.ee(3)(d)**), foi tomada por 5 votos a 3.[383]

Kirchhof, Gaier, Eichberger, Schluckebier, Masing, Paulus, Baer, Britz

---

[382] Como resta claro a seguir no texto, o tópico 2.a) não foi trazido aqui por se referir especificamente ao parâmetro do Art. 14 GG (direito fundamental de propriedade), a ser examinado no **Vol. V** da presente obra. Cf. no original: BVerfGE 134, 242 (330–357).

[383] Aqui o Primeiro Senado do TCF optou por revelar em face de uma das razões determinantes apenas que não se tratou de decisão unânime e a relação dos votos da maioria versus minoria. Entretanto, os três juízes que divergiram da maioria por considerarem que o Superior Tribunal Administrativo não observou o parâmetro constitucional plenamente optaram por não o revelar à comunidade jurídica e à opinião pública em geral. Sobre tal discricionariedade amparada no chamado sigilo de deliberação, cf. a discussão e referências trazidas à nota 330.

Capítulo 23.

Inviolabilidade do Domicílio (Art. 13 I GG)

Grundgesetz

Artigo 13 (Inviolabilidade do domicílio)

(1) O domicílio é inviolável.

(2) Buscas podem ser ordenadas somente pelo juiz; em havendo *periculum in mora*, também pelos demais órgãos previstos nas leis e tão somente na forma nelas prescrita.

(3) [1]Se certos fatos embasarem a suspeita de que alguém tenha cometido um crime especialmente grave [como tal] individualmente definido em lei, podem ser utilizados para a persecução penal do delito, com base em uma ordem judicial, aparatos técnicos para a vigilância acústica de domicílios nos quais o acusado provavelmente se encontre, se a investigação do caso por outra via restar desproporcionalmente difícil ou não tiver chances de êxito. [2]A medida deve ter um prazo de validade. [3]A ordem será dada por um órgão judicial composto por três juízes. [4]Em havendo *periculum in mora*, ela poderá ser dada também por um juiz monocrático.

(4) [1]Em prol da defesa contra perigos iminentes à segurança pública, principalmente de um perigo coletivo ou de periclitação da vida, podem ser utilizados aparatos técnicos para a vigilância de domicílios somente com base em uma ordem judicial. [2]Em havendo *periculum in mora*, a medida também pode ser ordenada por outro órgão estatal determinado pela lei; uma decisão judicial deve ser requerida imediatamente [após a ordem do "outro órgão estatal"].

(5) [1]Se aparatos técnicos forem utilizados exclusivamente para a proteção de pessoas que atuam em uma investigação dentro de residências, a medida deve ser ordenada por um órgão definido em lei. [2]Outro tipo de uso das informações então obtidas somente é permitido para o propósito da persecução penal ou da defesa contra

perigos e, [ainda assim] tão somente se antes sua licitude for judicialmente verificada; em havendo *periculum in mora*, uma decisão judicial deve ser requerida imediatamente [após a implementação da medida].

(6) [1]O Governo Federal informará anualmente a Câmara Federal sobre o emprego de meios técnicos segundo o parágrafo 3 [Art. 13 III GG], bem como no âmbito de competência da União segundo parágrafo 4 [Art. 13 IV GG], quando carecedor de revisão judicial, segundo o parágrafo 5 [Art. 13 V GG]. [2]Um grêmio escolhido pela Câmara Federal exerce controle parlamentar com fundamento nesse relatório. [3]Os Estados-membros garantem um equivalente controle parlamentar.

(7) Intervenções e restrições podem ser perpetradas, de resto, apenas para a defesa diante de um perigo coletivo ou da periclitação da vida de algumas pessoas; com base em uma lei, também para a prevenção de perigos iminentes à segurança e ordem públicas, em especial em prol da solução da carência de espaço geográfico, do combate a epidemias ou da proteção de crianças e adolescentes em risco.

A. Notas Introdutórias

I. Introdução: aspectos terminológicos, política constitucional e desenvolvimento dogmático

O nome historicamente consolidado do direito fundamental à "inviolabilidade do domicílio" não deve induzir ao erro de que se trata de um direito fundamental absoluto, sem limites constitucionais.[384] Faz-se homenagem à expressão consolidada internacionalmente, além de se denotar, segundo uma opinião minoritária, que as qualificadoras das reservas legais nos parágrafos 2 a 7 valem também para intervenções menos gravosas lá não explicitamente mencionadas.[385] Como direito fundamental de liberdade negativa chamado por alguns com bastante de propriedade de "liberdade de domicílio"[386] tem limites expressos previstos nos parágrafos 2 ao 5 e 7 do Art. 13 GG.

---

[384] "Em verdade, todos os direitos fundamentais são invioláveis na medida em que, mesmo outorgados com limites (dentre os quais se destacam as reservas legais), não podem ter seu núcleo essencial atingido [nem sofrer intervenções desproporcionais que sobrepujem outros limites dos limites gerais ou especiais da outorga específica]. A determinação do seu conteúdo dá-se pela tentativa do intérprete de justificar a intervenção estatal, formalmente legitimada pelo limite constitucional ao direito, com base no critério da proporcionalidade" [Martins (2018-a: 305)].

[385] A opinião majoritária defende que para intervenções não elencadas vale um conceito estrito de inviolabilidade no sentido de "não restringível resistência a medidas arbitrárias" apenas, com consequente aumento da discricionariedade tanto do legislador quanto dos órgãos que interpretam e aplicam leis intervenientes. Cf.com referências a ambas as posições: Kühne (2018: 591).

[386] Cf. Hufen (2004).

Antes de uma emenda à *Grundgesetz*, inserida pela Lei de Emenda à Constituição de 1998, havia apenas 2 parágrafos contendo limites (Art. 13, II e III GG). A emenda inseriu quatro novos parágrafos (Art. 13, III a VI GG), sendo que o último deles é uma regra de organização que materialmente até pode ser interpretado como um limite do limite e provocou o deslocamento, com consequências jurídico-dogmáticas a serem mais bem investigadas, do parágrafo 3 para o 7.

A compatibilidade desses novos dispositivos do Art. 13 III a VI GG e de normas infraconstitucionais neles baseadas foi objeto de um controle abstrato suscitado pela chamada Reclamação Constitucional contra Ato Normativo ajuizada, entre outros membros da Câmara Federal, pela ex-Ministra da Justiça, Dr. *Sabine Leutheusser-Schnarrenberger*, que levou à Decisão conhecida como *Großer Lauschangriff* (cf. **Decisão # 93.**). Mesmo tendo o TCF confirmado a constitucionalidade dos dispositivos constitucionais inseridos por não vislumbrar uma violação do Art. 79 III GG (c.c. Art. 1 I GG), a decisão, que julgou parcialmente inconstitucional os referidos dispositivos infraconstitucionais, acrescentou à concretização infraconstitucional das novas reservas e, como se verá, até mesmo das duas reservas legais já antes existentes (Art. 13, II e III GG a.F.), outros requisitos muito mais rigorosos a serem cumpridos por aquelas.

II. Da área de proteção: do tema ou objeto geral (recorte da vida social) à proteção específica

Com uma disposição de teor dos mais lapidares do rol de direitos fundamentais da *Grundgesetz*, que se limita a declarar que o domicílio é inviolável, complica-se a tarefa do intérprete de definir o alcance da área de proteção sobremaneira. Com o devido cuidado para não interpretar a Constituição a partir de definições legais (infraconstitucionais), socorre-se em definições dos Códigos Civil e Penal.

O caráter exíguo do texto parece apontar para a inexistência de uma diferença entre o recorte da vida social sobre a qual incide o dispositivo em tela (área de regulamentação) e a definição da situação ou comportamentos individuais *prima facie* abrangidos pela área de proteção. Não obstante, vale a pena focar primeiro no tema ou área de regulamentação, mesmo que seu teor, ao contrário do que acontece na interpretação do Art. 8 I GG, não exclua *a priori* nenhuma situação ou conduta da área de proteção. Com esse cuidado prévio, promove-se uma mais precisa delimitação entre as áreas de regulamentação do direito em tela em face de outros direitos fundamentais que sequer estariam então concorrendo ideal ou aparentemente com o Art. 13 I GG.[387]

---

[387] Kühne (2018: 592 s.), por exemplo, chama a atenção para o fato de o conceito amplo de domicílio majoritariamente aceito e a falta de clareza quanto ao conceito de inviolabilidade em face dos limites constitucionais previstos nos parágrafos 2 a 7 do Art. 13 GG tornarem pouco claras as situações de concorrência com outros direitos fundamentais, especialmente de resistência a infiltrações técnico-

1. "Domicílio" entre interpretação histórica e sistemática do Art. 13 I GG

O estudo do desenvolvimento histórico do direito fundamental do Art. 13 GG revela sua grande proximidade com o direito ao livre desenvolvimento da personalidade. O TCF fala em "âmbito vital elementar" e que o Art. 13 I GG asseguraria ao seu titular "ser deixado em paz".[388] Nesse sentido, trata-se notoriamente de uma relação de especialidade em relação à tutela das esferas da personalidade do Art. 2 I c.c. Art. 1 I GG.

De fato, depois do *habeas corpus* da *common law* britânica e da liberdade religiosa, o direito fundamental à inviolabilidade do domicílio, tematicamente desenvolvido paralelamente à garantia contra prisão ilegal (*habeas corpus*), voltou-se contra possível arbítrio estatal em face da "esfera privada espacial" do indivíduo. No *Bill of Rights* da Constituição do Estado norte-americano de Virgínia, assegurou-se, em seu art. 10, uma proteção contra buscas autorizadas pelos *general warrants* ou mandados genéricos.[389]

No sentido estrito, o conceito de domicílio comporta as moradias de todo gênero, incluindo as alugadas ou mesmo as sublocadas. O título da posse é, em princípio, irrelevante, deve ser apenas "pacífica". Abrange as moradias provisórias, tais como quartos de hotel ou moradias móveis como o *trailer* ou o barco, a barraca e outros do gênero que sirvam de moradia. Determinante é o reconhecível propósito do possuidor de residir no local, estabelecendo-o como abrigo espacial de sua esfera privada. Para aferição desse propósito, há de se determinar, antes de tudo, se há alguma barreira física capaz de fechar ao público o acesso ao espaço protegido.[390] Kingreen e Poscher,[391] na esteira de Pieroth e Schlink,[392] continuam a enfatizá-lo.[393]

O propósito de proteção do Art. 13 I GG, cristalizado a partir do aludido longo

---

informacionais no domicílio. Segundo ele, isso implicaria o risco de degenerar a inviolabilidade do domicílio à qualidade de apenas direito residual em relação aos direitos derivados dos Art. 2, I; 5, I; 6 I e II, 10 I e até do Art. 12, I GG. Cf. *ibid*., p. 593. Mais diferenciado, embora tendencialmente considere o Art. 13 I GG especial em relação à proteção do sigilo que interessa ao desenvolvimento da personalidade derivada do Art. 2 I GG, cf. Hermes (2013-b: 1390–1391).

[388] Por todos, com referências a BVerfGE 27, 1 (6) e 103, 142 (150) [**Decisão # 92**], cf. Kingreen e Poscher (2019: 283).

[389] Cf. Hermes (2013-b: 1340 s.).

[390] Cf. Epping (2019: 342).

[391] Kingreen e Poscher (2019: 284).

[392] Pieroth e Schlink (2013: 235).

[393] Nesse ponto, são acompanhados praticamente pela unanimidade das exposições. Cf., por exemplo, Manssen (2019: 210); Papier e Krönke (2012: 182); Schildheuer (2017: 286 s.); Michael e Morlok (2017: 198) e Schmidt (2019: 438): "desde que elas [também] sirvam como meio para o desenvolvimento da privacidade". Na perspectiva do direito comparado brasileiro, cf. Martins (2016: 110) que identifica o aspecto da "privacidade espacial" no âmbito do comparado art. 5º, XI CFB como *lex specialis* em relação aos art. 5º, *caput*, 2º subperíodo, 2ª variante ("liberdade") e art. 5º X CFB.

desenvolvimento histórico, faz com que absolutamente central para a definição do conceito de domicílio seja o propósito do titular de estabelecer morada. Nesse sentido, fala-se em "vontade exteriormente reconhecível do indivíduo de acessibilidade somente privada de aposentos e locais", completada pelo "reconhecimento social dessa determinação social individual da esfera privada espacial.[394] Essa vontade está notoriamente presente no caso de quartos hotéis e de hospitais.[395]

Por sua vez, segundo o pacífico entendimento doutrinário e jurisprudencial alemão não são compreendidos no conceito em apreço os automóveis e as típicas grandes poltronas de praia (*Strandkörbe*), em que duas pessoas podem proteger-se tanto dos ventos frios e fortes quanto dos raios solares nas praias do Mar do Norte e do Mar Báltico.[396]

No sentido amplo, o domicílio inclui as partes externas de uma casa, como garagens, quintais e jardins, considerados também como pertencentes ao domicílio, ainda que nem sempre esteja presente o critério do fechamento ao público. Trata-se também no caso da proteção de tais "cômodos e áreas adstritas" da aplicação de um "conceito funcional de domicílio".[397] Esse conceito funcional atende a uma determinada demanda ou *necessidade de proteção* da privacidade espacial que é imprescindível ao desenvolvimento da personalidade".[398]

2. Área de proteção material *stricto sensu* e seu alcance

Estabelecidos os contornos constitucionais do conceito de domicílio como feito a partir do propósito de proteção do bem jurídico da privacidade espacial e, desse modo, da proteção da confiança que o titular do direito fundamental em tela pode depositar na ordem constitucional vigente de que essa privacidade espacial não será invadida, pelo menos não – em princípio – sem seu conhecimento, a atenção deve se voltar à verificação dos contornos dessa área de proteção material. Ou seja, para o estabelecimento da situação e comportamentos dos titulares que devem em princípio permanecer resguardados da intervenção estatal, há de se investigar as ainda existentes zonas cinzentas. Consequentemente, estabelecem-se os limites do alcance da área de proteção material.

---

394 Kingreen e Poscher (2019: 283).

395 Cf. Epping (2019: 342), com referência a interessante caso julgado pela Tribunal Federal sobre o caráter interventivo de uma escuta de conversas do paciente consigo mesmo. Segundo Schmidt (2019: 438), também as "casas de final de semana, casas de associações e [com referência a julgado do mesmo Tribunal Federal, até mesmo as] salas de clube", independentemente da tendência à permanência de curta ou curtíssima duração, *v.g.* apenas um pernoite.

396 Cf. Kluth (2017: 247) e Epping (2019: 342).

397 Cf. Michael e Morlok (2017: 199).

398 Cf. Schmidt (2019: 438–439).

O primeiro questionamento é se a proteção se estende a escritórios e demais dependências comerciais. Novamente na esteira da obra original de Pieroth e Schlink, Kingreen e Poscher[399] distinguem três situações objetivas nas quais o *animus* do titular do direito desempenha um papel relevante na determinação do alcance da proteção, quais sejam:

a) escritórios podem ser integrados ao próprio domicílio residencial e, destarte, retirados do acesso público do mesmo modo que a própria residência;

b) escritórios separados das residências que, no entanto, podem ser retirados do acesso público não controlado, como é o caso, por exemplo, dos consultórios médicos, cozinhas de restaurantes etc.[400]; e

c) espaços de acesso amplo ao público, dos quais a atividade empresarial justamente dependa, tais como supermercados e *shopping centers*.

Desde uma decisão de 1971, o TCF admite a extensão do conceito de "casa" a espaços empresariais que poderia abarcar, inclusive, espaços de amplo acesso ao público ao se avocar o direito regulamentar da casa, instituto chamado "*Hausrecht*" ("direito da casa" na tradução literal").[401] Sempre mediante menção ao entendimento constitucional tradicional aludido na citada decisão do TCF, parte dos autores sustenta o papel do trabalho de autônomos e profissionais liberais e de seu local de exercício no desenvolvimento e realização da privacidade espacial como partícipe do livre desenvolvimento da personalidade.[402] Não obstante, alguns autores recomendam aplicar tão somente o parâmetro genérico do Art. 2, I GG em razão do limite que o vocábulo "casa" teria imposto.[403]

3. Área de proteção pessoal (subjetiva)

Prima vista, podem ser titulares do direito fundamental decorrente do Art. 13 I, sem embargo de seu teor abstrato e puramente "objetivo", apenas pessoas físicas nacionais ou estrangeiras ("*Menschengrundrecht*"), uma vez que a natureza do direito é incompatível com o caráter artificial da pessoa jurídica.

Apesar dessa primeira aparência, a jurisprudência e a literatura especializada alemãs são praticamente unânimes em estender também à pessoa jurídica a

---

399 Cf. Kingreen e Poscher (2019: 284) e Pieroth *et al.* (2013: 236).

400 Cf. Schildheuer (2017: 290): "espaços mistos".

401 Cf., ainda que lá pautado no art. 5º, XIII CFB – liberdade profissional –, Martins (2017: 460, especialmente: n. rod. 90). Segundo Ipsen (2019: 77), tal "interpretação extensiva do conceito de casa é necessária porque não se pode claramente distinguir entre esfera privada-profissional e privada-pessoal".

402 Cf. Kingreen e Poscher (2019: 283) e Papier e Krönke (2012: 182).

403 Cf., por exemplo, Schmidt (2019: 440). Cf. a discussão bastante ponderada-equilibrada, mas, em última instância, que destaca a necessidade de proteção específica pelo Art. 13 I GG de Epping (2019: 342–344).

titularidade da inviolabilidade do domicílio aproximadamente pelas mesmas razões materiais da extensão do conceito de domicílio a espaços profissionais.[404]

Dificuldades podem ocorrer, no caso concreto, quando se tratar da presença no domicílio de hóspedes e crianças.

De resto, não há, como caso praticamente único na dogmática, a possibilidade de se exercer negativamente o direito fundamental em tela. Isso porque uma potencial lesão do direito apenas ocorre se a entrada no domicílio de órgãos e agentes públicos ocorrer sem o consentimento dos titulares do direito fundamental, caso em que não se o está exercendo negativamente, mas dele se abstendo.[405]

Porém, deve estar presente o consentimento de quem? Basta que um consinta ou há a necessidade de todos (incluindo crianças, empregados residentes e hóspedes) consentirem? Se bastar que um consinta, são todos os moradores igualmente legitimados a questionar judicialmente a constitucionalidade do ato ou apenas um? De fato, o conceito de consentimento pode revelar problemas no caso em regra da coabitação de várias pessoas, incluindo-se crianças e outros eventual ou definitivamente incapazes e dos referidos hóspedes e até pessoas que estejam apenas visitando algum morador da casa. Assim, justifica-se a pergunta se todos os moradores e pessoas que até furtivamente se encontrem na casa precisam consentir.

Talvez por falta de provocação específica, a jurisprudência do TCF parece não exigir a anuência de todos os moradores.[406] Tendo em vista alguns princípios, como o da máxima efetividade da proteção de direitos fundamentais e *in dubio pro libertate*, pode-se defender que qualquer *morador* ainda que provisório (hóspede) e crianças com maturidade mínima para aquiescer com a presença do agente estatal poderão, em tese, alegar violação de seu direito fundamental à inviolabilidade do domicílio, ainda que se encontrem na casa dos pais, de anfitriões, de patrões, entre outros.[407] Também com base no princípio da confiança, não há porque excluir os hóspedes de pensões e hotéis. O direito fundamental em pauta tutela o interesse de tais pessoas à

---

[404] Cf. por todos: Michael e Morlok (2017: 199). Silenciam eloquentemente a respeito Kingreen e Poscher (2017: 283–284).

[405] Cf. Dimoulis e Martins (2020: 175 s.). Exercício negativo de direito fundamental pressupõe a imponibilidade em tese de uma omissão pelo titular diante da imposição do exercício (positivo) do direito fundamental pelo Estado. Semelhantemente, ainda que alocando a opinião sob a epígrafe da intervenção (porquanto é delimitação negativa): Hufen (2018: 255).

[406] Cf. Kühne (2018: 595). No caso das chamadas "repúblicas", comunidades de moradia fundadas muito frequentemente por estudantes universitários, também todos devem anuir, desde que "não seja apenas um cômodo atingido". Cf. Schmidt (2019: 441).

[407] Todavia, não abrangidas são pessoas que se encontrem "por acaso" no domicílio, por exemplo, que estejam visitando familiares, amigos ou conhecidos. Contudo, em sendo tais pessoas atingidas por uma medida investigativa, de busca ou similares, podem se valer da proteção subsidiária da privacidade derivada do Art. 2 I c.c. Art. 1 I GG. Por todos, cf. Classen (2018: 230–231) com referência a BVerfGE 109, 279 (326) [**Decisão # 93**].

privacidade espacial. Não tem nada a ver com os direitos reais, sejam eles de propriedade, posse ou mera detenção de imóveis que tenham, contudo, como finalidade servir de moradia permanente ou provisória (incluindo-se as dependências adstritas), sem prejuízo dos espaços empresarias notoriamente subtraídos pelo titular do acesso ao público.[408]

III. Intervenções estais

1. Aspectos gerais em face das possibilidades fáticas e jurídicas de intervenção provenientes do exercício das três funções estatais

A "inviolabilidade" garantida deve ser entendida como a vedação de uma intervenção legislativa, administrativa ou judicial não justificada. Na área de proteção do direito à inviolabilidade do domicílio tal qual definida, vislumbra-se uma intervenção estatal, entre outras, nas seguintes situações:

i. Pelo Legislativo quando promulga norma que cerceie o *status* jurídico e as faculdades inerentes à inviolabilidade do domicílio, ao permitir, por exemplo, a instalação de aparelhos de escuta no domicílio em prol de investigações criminais, de proibições da fundação de segundo domicílio, prescrições sobre número de aposentos de uma "casa" etc. No caso das duas últimas mencionadas, há várias concorrências com outros direitos fundamentais, tratando-se de formas mais antigas de intervenção estatal, em geral ausentes da agenda política de legisladores contemporâneos. O problema contemporâneo é mesmo o uso de aparato tecnológico para a vigilância domiciliar;[409]

ii. Pelo Executivo (polícia) quando um de seus órgãos efetivamente entra ou permanece no domicílio sem a anuência do titular do direito, mesmo que a lei lhe atribua esse poder (discricionário), uma vez que tanto a lei abstrata, como sua interpretação e aplicação pela Administração e/ou pelo Judiciário deverão ser controladas quanto à respectiva constitucionalidade. No último caso, trata-se de uma

---

[408] Em geral, essa interpretação é a dominante. Cf. Classen (2018: 230), Hufen (2018: 253). Porém, alguns autores propõem uma análise mais diferenciada. Primeiro, não se deve confundir a posse aqui referida com as posses pacíficas de áreas de terras cercadas e possivelmente cultivadas, por exemplo, pelo proprietário agricultor ou qualquer possuidor, pois tais posses não têm nada a ver com privacidade. Nesse sentido, cf. Kingreen e Poscher (2019: 283) e Schmidt (2019: 439). Em segundo lugar, questiona-se se a legitimidade civilista da posse deveria ser um pressuposto, caso em que invasores e ocupantes de edifícios abandonados ou não usados por seus legítimos possuidores seriam excluídos de plano. Nesse sentido, cf. Ipsen (2019: 79). A opinião dominante não exclui de plano tais formas de posse da área de proteção, seja no caso de locatário que teve seu contrato de locação legitimamente rescindido até sua efetiva desocupação, seja no caso dos ocupantes, pelo menos após certo lapso temporal do início da ocupação. Nesse sentido: Classen (2018: 230) e Hufen (2018: 253). O último destaca com correção (*ibid.*): "Também os problemas da ocupação ilegal de edifícios são facilmente solucionáveis mediante os limites [exame e aplicação]".

[409] Cf. Kühne (2003: 598).

interpretação orientada pelos direitos fundamentais como subcaso da *interpretação conforme a Constituição*. A interpretação orientada pelos direitos fundamentais é critério para o uso conforme a Constituição de qualquer discricionariedade administrativa ou judicial;[410]

iii. Pelo Judiciário quando interpreta e aplica normas de direito infraconstitucional cuja concretização seja relevante ao exercício do direito fundamental em pauta (aplicação de normas interventivas, poder discricionário judicial).

Questiona-se, por fim, se está presente uma intervenção em caso de entrada de agentes públicos para prestar socorro. Ao contrário da aparentemente expressa exclusão da área de proteção da inviolabilidade do domicílio feita pelo constituinte brasileiro no Art. 5º, XI CF, a *Grundgesetz* não previu essa hipótese de exclusão de proteção *a priori*. Assim, se a motivação de prestar socorro do agente público for coberta pela hipótese de limite da reserva legal qualificada, mas subsidiária do Art. 13 VII GG, ao se enquadrar especificamente no – entre outros – lá presente elemento típico normativo do combate a periclitação da vida de pessoas individuais, trata-se a *contrario sensu* de uma intervenção. Outra possibilidade hermenêutica seria, em caso de impossibilidade de comunicação de pessoa em grave risco, pressupor sua anuência.[411]

2. Tipologia especial das intervenções estatais no Art. 13 I GG

Como aludido, a privacidade espacial pode ser atingida e as intervenções estatais nesse direito fundamental clássico não ocorrem apenas com a entrada física de agentes públicos ou suas autorizações legislativas (intervenção clássica), mas, especialmente, quando a invasão ocorrer por uso de aparatos técnicos a despeito da ciência do fato pelo titular, a fim de escutar e/ou visualizar o que ocorre no espaço considerado casa.[412] Essas novas intervenções têm grau de intensidade muito elevado, pois atingem diretamente o cerne ou núcleo do direito implícito na confiança do titular no respeito em princípio de sua esfera privada espacial.

De todo modo, as intervenções estatais podem ser classificadas nas três categorias a seguir que, em tese, são cobertas pelas reservas legais qualificadas do Art. 13 II-V e VII GG a serem mais bem analisadas sob o **tópico III**.

---

410 Cf. análises acompanhadas de amplas referências ao direito comparado alemão em Martins (2012: 89–119) e Martins (2017: 440–443 e 476–478).

411 Sobre os requisitos a serem cumpridos pela anuência entre os quais não se encontraria o caráter necessariamente expresso, cf. Windthorst (2013: 218 s.). Bem ponderado, cf. também Hermes (2013-b: 1385).

412 Cf. Martins (2018-a: 308).

2.1 Buscas

Segundo definição do próprio TCF, buscas são "pesquisas direcionadas pelo propósito e objetivo de órgãos estatais por pessoas ou coisas ou para a investigação de uma situação a fim de se descobrir algo que o possuidor do domicílio não queira espontaneamente revelar ou entregar".[413] Por essa definição seriam buscas também as visitas de inspeção perpetradas por autoridades de vigilância sanitária em cozinhas de restaurantes, por exemplo. Contudo, segundo a opinião pacífica, tais ações estatais não representam buscas. Por isso, sugeriu-se que a definição fosse tornada mais precisa ao trazer ao foco a procura por pessoas e coisas que se encontrem ou estejam até mesmo escondidas no domicílio. Uma busca é "caracterizada por ações que devam fomentar que se traga à tona o que está escondido".[414] Por fim, a apreensão ou o confisco das coisas encontradas não fazem mais parte do conceito de busca.[415]

2.2 Vigilâncias acústicas

Como aludido, as vigilâncias acústicas foram expressamente permitidas pelas reservas legais qualificadas a seguir estudadas. Trata-se do efetivo uso de meios técnicos nas hipóteses previstas naquelas reservas dos parágrafos 3 a 5 (Art. 13, III, IV e V GG). Podem ser distinguidas em razão do propósito que qualifica a reserva.

Como "grande ataque acústico" (*großer Lauschangriff*) com propósito de se promover a persecução penal, chama-se o uso de microfones escondidos instalados no – junto ao – domicílio e microfones direcionais (Art. 13 III GG).

Como "grande ataque acústico" (*großer Lauschangriff*) com propósito de se combater perigos (à segurança pública), chama-se o uso não apenas de meios de escuta, mas também de outros meios técnicos que permitam "ver" o que se passa no interior do domicílio. Trata-se, entre outros, do uso de câmeras de vídeo ou de luz infravermelha, de detectores de movimento e rastreadores (Art. 13 IV GG).[416]

Como "pequeno ataque acústico" (*kleiner Lauschangriff*) com propósito bem distinto das duas primeiras espécies, qual seja, o de proteger pessoas infiltradas (agentes investigativos) nas relações sociais de suspeitos de graves delitos em um

---

413 Kingreen e Poscher (2019: 284) com citação direta de passagem da BVerfGE 109, 279 (327, 374 s.) [**Decisão # 93.**]

414 Kingreen e Poscher (2019: 284).

415 Cf. Kingreen e Poscher (2019: 285) com menção a BverfGE 113, 29 (45). Classen (2018: 231) apresenta em sua análise de fonte extraída justamente dessa BverfGE uma relevante ressalva fática e crítica: a apreensão de objetos não compreendidos no mandado judicial de busca prevista no § 108 StPO, os chamados "achados aleatórios" que apontem para o cometimento de crimes diversos do investigado, não são considerados intervenções no Art. 13 I, mas tão somente no Art. 2 I GG. Por exatidão da fonte, cf. também BverfGE 113, 29 (45 ss., 60).

416 Cf. Schmidt (2019: 453).

contexto de organização criminosa (Art. 13 V GG), chama-se o uso de microfone e transmissores junto ao corpo do investigador.

2.3 Demais intervenções estatais

As hipóteses de intervenção estatal em um direito fundamental como sempre não podem ser conclusivamente catalogadas. Isso ocorre especialmente no caso do Art. 13 VII GG apesar da tentativa do constituinte derivado reformador de fazê-lo. Por isso, fala-se com propriedade em "demais intervenções".[417] O Art. 13 VII GG, correspondente como aludido ao Art. 13 III GG a.F. (vigente até 1998 e até então, ao lado do atual Art. 13 II GG, as únicas reservas legais previstas), abarca, subsidiariamente em relação ao Art. 13 II GG, todas as hipóteses de entrada, vistoria e permanência no domicílio (obviamente, sem o consentimento espontâneo do titular) para "outros propósitos que não o propósito da busca"[418] e também que não sejam as hipóteses das vigilâncias acústicas estudadas **sob 2**.

Por outro lado, em que pese o caráter subsidiário do Art. 13 VII GG, não representam intervenções estatais no Art. 13 I GG as chamadas intervenções substanciais, ou seja, aquelas que produzem o efeito da expulsão ou despejo do titular, como a apreensão do imóvel que serve como domicílio por causa de perigos os mais variados (incêndio, colapso da edificação e de epidemia). Assim, uma ordem de demolição, por exemplo, atinge o direito fundamental de propriedade (mesmo de locatários), mas não o Art. 13 I GG. O instituto da desapropriação é "*lex specialis* para a retirada de espaço residencial".[419]

IV. Justificação constitucional das intervenções estatais

A justificação constitucional das intervenções estatais no Art. 13 I GG segue a regra metodológica geral. Uma intervenção estatal para ser justificada constitucionalmente tem de corresponder formalmente a um dos limites expressos ou implícitos. No caso, encontram-se todos expressos com a consequência da exclusão do chamado direito constitucional colidente e sua concretização legislativa. No mais, a interpretação e aplicação da concretização precisa observar certos requisitos que visam a verificar a compatibilidade material da imposição concreta dos limites com o parâmetro jusfundamental em tela.

A peculiaridade do Art. 13 GG encontra-se no seu sexto parágrafo (Art. 13 VI GG), igualmente introduzido pela reforma de 1998, que pode ser entendido como mais um limite do limite, mesmo que com natureza de regra de organização (a seguir, sob **2.4**).

---

[417] Cf. Kingreen e Poscher (2019: 285).

[418] Kingreen e Poscher (2019: 285).

[419] *Ibid*.

1. Limites constitucionais e suas concretizações legislativas

Os limites constitucionais derivam das disposições do Art. 13 II-V e VII e do Art. 17a GG que, ao lado do Art. 11, menciona expressamente o Art. 13 GG.

1.1 Reservas legais qualificadas no Art. 13 GG

1.1.1 Buscas (Art. 13 II GG)

As buscas representam *lex specialis* em relação à reserva legal qualificada, mas geral, do Art. 13 VII GG.

Peculiar a essa reserva legal é, primeiro, que ela é qualificada pela fixação de uma rígida forma que deverá ser encontrada "nas leis", por órgãos competentes segundo as próprias. Ou seja, se não atendida a forma prescrita não se precisa prosseguir no exame. Restaria comprovada a hipótese de violação do Art. 13 I GG com a presença de uma intervenção estatal não justificada constitucionalmente.

Contudo, as formas são fixadas pelo legislador ordinário. São as leis gerais materiais e principalmente as processuais que precisam, todavia, prever em detalhes, de modo bem determinado ou taxativo, a competência de órgãos judiciais para a ordem judicial ou para o controle ulterior no caso da ordem emitida por outra autoridade em razão do *periculum in mora* mencionado na própria reserva legal em pauta.

1.1.2. Vigilâncias acústicas (Art. 13 III, IV e V GG)

As três reservas legais qualificadas inseridas pelo constituinte derivado reformador de 1998 são ricas em detalhes. Têm salvaguardas formais que foram consideradas suficientes ao controle do legislador infraconstitucional que recebeu por meio delas a autoridade constitucional para autorizar aos órgãos de segurança e de persecução penal o uso dos controversos instrumentos técnicos de vigilância para o combate à criminalidade organizada e às ameaças terroristas. Por serem tão detalhadas, repletas de salvaguardas e mecanismos de freios e contrapesos, o TCF não vislumbrou em sua Decisão paradigmática [**# 93.**] uma violação do Art. 79 III c.c. Art 1 I GG.[420]

O Art. 13 III GG orientado "ao propósito da persecução penal" permite em princípio o grande ataque acústico, "mediante lei, desde que atendidos determinados pressupostos formais e materiais".[421] Entre os principais pressupostos formais (os materiais são assunto do exame da proporcionalidade), destaquem-se: a fundada suspeita de que alguém tenha cometido um determinado crime especialmente grave e a reserva judicial. Os períodos 2 e 3 do parágrafo (Art. 13 III 2 e 3 GG) apresentam requisitos formais complementares direcionados à configuração da reserva judicial: ela deve ter um prazo de validade, ou seja, tem de ser executada dentro de prazo a

---

[420] Cf. por todos, a bastante analítica discussão por Münch e Mager (2018: 126–129).

[421] Kingreen e Poscher (2019: 287).

ser fixado pelo órgão judicial que deve ser um órgão colegiado composto (no mínimo) por três juízes togados. O Art. 13 III 4 GG contém uma exceção à determinação do período anterior (frase anterior: Art. 13 III 3 GG) em caso de *periculum in mora*. Porém, a literatura é unânime em afirmar que se deve interpretar muito restritivamente esse perigo na demora.[422]

Uma importante concretização dessa reserva legal qualificada é o conjunto das leis derrogadoras que compõem o Código de Processo Penal.

Por sua vez, os parágrafos seguintes (Art. 13 IV e V GG) permitem, primeiro, ao legislador autorizar o uso dos referidos aparatos técnicos para servir ao propósito do "combate a perigos". A reserva legal qualifica, de modo preciso, o que deve ser entendido como "combate a perigos": periclitação da segurança pública que como conceito-gênero do direito policial e de segurança pública não autoriza as intervenções de tamanha intensidade se não (o advérbio "principalmente" denota-o) para a proteção da situação e do bem jurídico-constitucional expressamente mencionados: "perigo coletivo" e "periclitação da vida".

Como leis concretizadoras vêm à pauta especialmente as leis estaduais policiais ou de segurança e ordem públicas que compõem o complexo do direito objetivo policial ou de segurança e ordem públicas. Também aqui existe a previsão de uma reserva judicial (Art. 13 IV 1 *in fine* GG). No Art. 13 IV 2 GG, o constituinte mais uma vez admite a possibilidade de outro órgão designado pela lei determinar o uso dos aparatos técnicos, desde que presente *periculum im mora*. No Art. 13 IV 2, 2. subperíodo GG, o constituinte positivou mais uma salvaguarda qualificadora da reserva legal: em sendo o caso (*ultima ratio*) de se colher a ordem de outro órgão estatal, "uma decisão judicial deve ser requerida imediatamente".

No caso da reserva legal do Art. 13 V GG ("pequeno ataque acústico" ou "pequena invasão acústica"), qualificada ostensivamente pelo propósito de proteção de agentes infiltrados no domicílio para investigação de crimes, o constituinte, primeiro (no Art. 13 V 1 GG), *não* determinou uma reserva judicial. Não obstante, o Art. 13 V 2, 1. subperíodo GG trata de "outro tipo de uso" das informações obtidas e define como únicos propósitos, em recurso sistemático ao Art. 13 III e IV GG, a "persecução penal ou da defesa contra perigos". Segundo o Art. 13 V 2, 1. subperíodo GG, essa autorização extraordinária, que tem o condão de autorizar intervenções em outros direitos fundamentais concorrentes, especialmente à autodeterminação informacional derivada do Art. 2 I GG, pressupõe o exame da licitude em si do tipo de uso pretendido. Novamente, a assunção do *periculum in mora* junto a questões

---

422 Cf. Classen (2018: 231 s.), Hufen (2018: 258), Jarass (2011-b: 373 e 377), Münch e Mager (2018: 127) e, com riqueza de detalhes do direito de segurança pública, Schmidt (2019: 449–450, 452 s.).

jurídicas controversas dispara o ônus da autoridade de requerer imediatamente a decisão do juiz natural.

Em todos os casos, todos os dispositivos das leis estaduais de segurança pública que permitam ataques acústicos com a finalidade de promover o combate *preventivo* de crimes já não passam por esse filtro formal de sua cobertura pela reserva legal qualificada.[423]

1.1.3. Demais intervenções (Art. 13 VII GG)

Como aludido, o Art. 13 VII GG funciona como uma reserva legal que, a despeito de ser qualificada, tem um papel subsidiário em relação ao limite autorizador de buscas nos termos do Art. 13 II GG. A exemplo do Art. 13 IV GG, são estabelecidos como propósitos o combate a "perigo coletivo" ou da "periclitação da vida de algumas pessoas".

A reserva legal cunhada com a expressão "com base em uma lei" aparece apenas no Art. 13 VII, 2. subperíodo GG, mas não no Art. 13 VII, 1. subperíodo GG. Deduzir desse teor que, na hipótese dos dois propósitos mencionados no primeiro período, não haja necessidade de lei concretizadora e autorizadora das intervenções seria obtuso, pois a exigência da criação pelo legislador de um fundamento legal decorre obviamente da ideia mínima de Estado de direito. "Apenas as exigências voltadas à taxatividade do fundamento legal são menores no caso do primeiro subperíodo do que no segundo".[424] Na interpretação sistemática com o Art. 13 II GG que se vale da locução "nas leis", a reserva legal qualificada do Art. 13 VII GG permite que ela seja concretizada, ao final, pelo legislador material mediante decretos e regulamentos.[425]

Finalmente, ao contrário de um equivocado entendimento do TCF,[426] os poderes de entrada e inspeção que têm órgãos fiscalizatórios submetem-se às condições formais (e materiais, a seguir) da intervenção derivadas do Art. 13 II e VII GG quando atingirem a área de proteção do Art. 13 I GG.

---

[423] Cf. Kingreen e Poscher (2019: 287).

[424] Kingreen e Poscher (2019: 287).

[425] Desde que observada a reserva parlamentar para a decisão sobre os pressupostos essenciais da intervenção legislativo-material. V. a respeito as referências trazidas à nota 359.

[426] Cf. BverfGE 32, 54 (75 ss.); 97, 228 (266). Para a crítica, cf. Kingreen e Poscher (2019: 289). Em seus comentários ao Art. 13 GG, Kühne (2018: 601–602) e Hermes (2013-b: 1388–1389) apontam como uma das expressões dessa tendência ao abuso hermenêutico pelo TCF a criação de reservas não positivadas e critérios para sua interpretação a expansão da área de proteção idônea a abarcar os ambientes comerciais e empresariais. Em outras palavras, fosse o conceito de domicílio restrito às residências e adjacências com a consequente exclusão dos ambientes empresarias, o TCF não precisaria mais exercitar pelo menos nesse caso sua vocação criativa não mais amparada no parâmetro constitucional.

1.2 Reserva legal do Art. 17a II GG

A reserva legal qualificada ao Art. 13 I GG por menção expressa ocupa o mesmo papel extraordinário já descrito no **Capítulo 22**.[427]

2. Limites aos limites

A função dogmática dos chamados limites aos limites é a apresentação de critérios da verificação da compatibilidade material de atos normativos em sentido amplo e os atos estatais ligados à sua interpretação e aplicação. É especialmente o Poder Judiciário que deve revisar amplamente todas as decisões administrativas que aparentemente tangenciem direitos fundamentais, tal como ocorre especialmente em face do Art. 13 I GG.

Sistematizam-se aqui quatro categorias. Além da sempre aplicável categoria do exame da proporcionalidade de atos das três funções estatais (**2.3**), deve-se enfrentar o mérito (não apenas a forma!) do uso das reservas judiciais (**2.1**), das leis e ordens judiciais quanto à sua determinalidade ou taxatividade (**2.2**) e, finalmente, a regra de organização prevista no Art. 13 VI GG (**2.4**).

2.1 Configurações das reservas judiciais

Não basta a lei interventiva prever uma reserva judicial. Também seu efetivo uso deve orientar-se pelo alcance dos pressupostos de proteção do direito fundamental atingido, especialmente no caso do muito vulnerável direito fundamental à inviolabilidade do domicílio.

O controle da constitucionalidade material processa-se, destarte, em dois tempos.

Primeiro, as leis concretizadoras das reservas judiciais prescritas no Art. 13 III, IV, V e VII GG precisam ser configuradas de tal sorte a reduzir ao máximo a discricionariedade judicial. Em que pese a relevância do chamado "direito judicial" (*richterliche Rechtsfortbildung*),[428] representaria uma violação do Art. 20 III GG e do princípio constitucional do Estado de direito (Art. 20 I GG) se as leis que autorizam as intervenções executivas mediante ordem judicial não contivessem mínimos critérios vinculativos da função jurisdicional.[429]

---

427 Cf. **Capítulo 22., sob III.2**.

428 Sobre o conceito de "direito judicial" (*Richterrecht*) e seu papel na dogmática dos direitos fundamentais desse que também é alcunhado "desenvolvimento judicial do direito" (*richterliche Rechtsfortbildung*), v. fundamentalmente: Schlaich e Korioth (2018: 225–227 e 396–412), especialmente já referido por Martins (2019-a: 37). Cf. também a contundente crítica, sobretudo à falta de método no uso da figura pelo TCF de Kingreen e Poscher (2019: 380) com referência, por último, a BVerfGE 138, 377 (291). Na referida passagem, porém, o TCF faz referência a cinco decisões precedentes [primeira: BverfGE 34, 269 (287 s.)] para, então, tratar dos seus limites constitucionais e verificar que tais limites foram ultrapassados no caso.

429 Risco enxergado especialmente por Hufen (2018: 241) no contexto da aplicação da teoria da essencialidade como limite ao "limite do direito fundamental" (*ibid*., p. 781) representado pelo direito judicial. Não bastasse o vínculo expresso do Judiciário a todos os direitos fundamentais determinado no

Esse princípio constitucional orientador da concretização delimitadora de discricionariedades judiciais excessivas encontra-se lastreado nas próprias reservas qualificadas do Art. 13 GG. Pode ser aplicado não somente na interpretação da norma constitucional original do Art. 13 II GG, mas, com os acréscimos das qualificações bem mais detalhadas[430] quanto a meios a serem utilizados e propósitos predeterminados pelo constituinte (derivado reformador), na interpretação das reservas judiciais do Art. 13 III, IV e V GG. A título ilustrativo, como configurações legislativas concretizadoras de reserva judicial respectivamente prevista nesses quatro parágrafos do Art. 13 GG, mencionem-se os seguintes:

- Com base na reserva legal qualificada do Art. 13 II GG: normas do Código de Processo Penal, especialmente os §§ 102 ss. StPO e normas do direito policial, de segurança e ordem públicas, como o § 31 PolG BW;
- Com base na reserva legal qualificada do Art. 13 III 3 e 4 GG: os novos §§ 100c e 100d StPO;
- Com base na reserva legal qualificada do Art. 13 IV 1 e 2 GG: muitos dispositivos das leis estaduais de segurança pública, muitos deles, no entanto, aplicados de modo inconstitucional para a prevenção e não para o combate de perigos iminentes, como, entre muitos, o §33a I, n. 2 bbgPolG;[431]
- Com base na reserva legal qualificada do Art. 13 V 2, 1. e 2. variantes GG: Segundo o Art. 13 V 1 GG, a ordem do uso de aparato técnico por agente infiltrado dentro de domicílios não carece imediatamente de ordem judicial, desde que o propósito seja aquele predeterminado pelo constituinte, qual seja, a proteção do próprio agente. Para ulterior uso de informações então obtidas, a reserva judicial tem por objeto o exame da licitude da medida antes que a informação seja processada pelos órgãos competentes interessados. A maioria

---

Art. 1 III GG, o Art. 20 III, 2. Subperíodo GG não apenas corrobora o princípio orgânico da prevalência não apenas da Constituição em face da função legislativa (Art. 20 III, 1. Subperíodo GG), como também da prevalência da lei ordinária que vincula Executivo e Judiciário. Em seus comentários a esse dispositivo constitucional, Jarass (2011-d: 505) afirma com toda propriedade que, ao contrário do vínculo à Constituição, às leis ordinárias em sentido formal e formal/material, ao direito da União Europeia, ao direito internacional público recepcionado na Alemanha e até ao direito consuetudinário, não existe "vínculo ao direito judicial".

[430] Esse nível de detalhamento levou autores como Ipsen (2019: 80) a expressarem uma crítica infundada. Para ele, a redação "nesse ponto totalmente infeliz [...] do Art. 13 III-V GG" poderia suscitar aquela também por ele – aqui corretamente atacada – falsa impressão de que as intervenções técnico-acústicas (executórias) seriam autorizadas diretamente pelos dispositivos constitucionais. Também não procede, pelo menos em parte, a crítica de que falte "clareza conceitual e sistemática ao Art. 13 III-V GG". Várias outras abordagens aqui referidas revelam a improcedência da contundente genérica crítica à novação constitucional. Além da possível (mas, por ora, desinteressante) crítica de conveniência político-constitucional, maiores dificuldades sistemáticas apresenta, como se verá, apenas o parágrafo 7.

[431] Cf. Pieroth *et al.* (2016: 263–264).

das leis estaduais preveem entre suas medidas-*standards* o uso de agente disfarçado infiltrado em dependências que gozam da proteção do Art. 13 GG.

Em segundo lugar, cabe indagar se a reserva judicial em si a partir de requerimento geralmente apresentado pelo órgão de persecução penal ou de segurança pública deva ser deferida de fato e, portanto, usada, levando à atualização da medida interventiva pelos órgãos investigativos. Para além dos requisitos materiais destinados a uma espécie de autoexame da autoridade judicial quanto à proporcionalidade da medida a ser por ela ordenada (a seguir, **2.3**), aqui na dúvida deve ser decidido, de modo consequente, contra o deferimento do pedido.

2.2 Taxatividade de leis e ordens judiciais

Também do princípio do Estado de direito em conexão com o direito igual a direito fundamental previsto no Art. 103 II GG decorre a exigência de taxatividade destinada tanto à intervenção legislativa quanto ao juiz no momento de decretar as medidas executivas de tal magnitude.

Como o TCF e a literatura especializada de modo uníssono reconhecem, cabe ao competente órgão judicial, na qualidade de órgão controlador dos órgãos do Executivo competentes para a persecução penal e combate a perigos, assegurar que a intervenção mantenha-se "mensurável e controlável". Disso resulta "que um mandado judicial de busca tem de ser suficientemente determinado e concreto no que tange ao conteúdo e alcance de aplicação".[432]

2.3 Proporcionalidade das intervenções legislativas, administrativas e judiciais

Aparentemente sobra pouco espaço a uma revisão no caso da justificação constitucional de intervenções legislativas, principalmente, mas também das intervenções administrativas e judiciais no Art. 13 I GG, uma vez que as qualificações das reservas legais foram, como visto, muito detalhadas. As qualificações referem-se, antes de tudo, à definição dos propósitos que em princípio autorizam a respectiva intervenção. Em segundo lugar, muito se prescreveu sobre os meios interventivos escolhidos.[433] Sabidamente (e amplamente referido na presente obra) o exame da proporcionalidade se processa mediante quatro subcritérios: a interpretação e verificação da licitude ou admissibilidade do propósito e do meio de intervenção e

---

[432] Münch e Mager (2018: 125) com referência, entre outras, a BverfGE 103, 142 (151 s.) [**Decisão # 92**].

[433] Ao contrário da opinião de Ipsen (nota 430) e outras críticas pontuais, pode-se correlacionar, esquematicamente, os seguintes *meios* e *propósitos* em face dos inseridos Art. 13 III-V: i. ordem judicial por órgão colegiado do uso de aparato técnico (presente *periculum in mora*, alternativamente juiz monocrático) na qual conste um prazo ➔ persecução penal de crimes especialmente graves [parágrafo 3]; ii. Ordem judicial (presente *periculum in mora*, outro órgão previsto em lei, submetendo-se à revisão judicial imediatamente) ➔ perigos iminentes à segurança pública (especialmente: perigo coletivo e periclitação da vida) [parágrafo 4]; iii. ordem por órgão definido em lei ➔ defesa de agente investigativo infiltrado [parágrafo 5, período 1]; iv. Licitude do levantamento de informação verificada por juiz ➔ uso de informações obtidas em outros processos [parágrafo 5, período 2].

dos exames relacionais da adequação e necessidade. Assim, cabe indagar se ainda sobra ao legislador um mínimo espaço discricionário cuja revisão poderia resultar na verificação de uma desproporcionalidade (violação da vedação de excesso).

A resposta é afirmativa. O constituinte derivado – a despeito de ter se valido de um texto que contrapõe meios e propósitos, de modo a produzir o salutar efeito de reduzir a discricionariedade da instância política ordinária, o que é em si uma virtude, tendo em vista tratar-se de autorizações para disciplina normativa de intervenções do Executivo potencialmente tão onerosas ao direito fundamental em tela – deixa para a configuração legislativa alguns aspectos muito relevantes. Primeiro, o legislador deve definir o catálogo, por exemplo, dos "crimes graves". Em segundo lugar, deve estabelecer requisitos formais rígidos. Finalmente, tem de criar organização e procedimentos concretos. Nesse sentido, cite-se como exemplo de concretização um dispositivo inserido na lei processual penal: o §100e StPO, intitulado "Procedimento nas Medidas dos §§ 100a até 100c".

No que tange às intervenções administrativas e judiciais, tem-se que as primeiras, de fato, limitam-se praticamente a executar ordem judicial, não sendo a autoridade responsável pela decisão interventiva. Exceções são as hipóteses autorizadoras da dispensa de ordem judicial prévia em razão da reiterada previsão da hipótese do *periculum in mora*.

Em relação às intervenções judiciais e ao exame de sua proporcionalidade que vá além do que já foi discorrido em face das exigências destinadas à configuração e ao efetivo uso das reservas judiciais, deve-se exaurir (*ultima ratio*) a investigação de meios idôneos aos propósitos constitucionais predeterminados.

2.4 Art. 13 VI GG

A regra organizacional do Art. 13 VI GG, apesar de sua natureza *prima facie* jurídico-formal, tem o condão de representar um eloquente limite ao limite ao Art. 13 I GG quando os relatórios e trabalhos do Grêmio Parlamentar estiverem normativamente comprometidos com o escopo de poupar ao máximo a liberdade domiciliar.

Em seus três períodos, o Art. 13 VI GG está "bem equipado" para cumprir esse escopo.

No Art. 13 VI 1 GG, estabeleceu-se o dever do Governo Federal de informar à Câmara Federal, com periodicidade anual, "sobre o emprego de meios técnicos previstos no parágrafo 3". As hipóteses do emprego dos meios técnicos segundo os parágrafos 4 e 5 são mencionadas. Trata-se de um relatório circunstanciado no qual todos os dados empíricos relevantes devem ser apresentados.

No Art. 13 VI 2 GG, prevê-se a criação de um "grêmio escolhido pela Câmara Federal". Sua tarefa é realizar um "controle parlamentar" com base no relatório produzido pelo Governo Federal previsto no Art. 13 VI 1 GG. Sob controle parlamentar entende-se um efetivo controle do risco de abuso da competência para determinar as medidas, especialmente da verificação da procedência da alegação de *periculum in mora* e de atos subsequentes à primeira dispensa da ordem judicial e das qualidades delas.

O Art. 13 VI 3 GG complementa a salvaguarda ao determinar que se assegure aos parlamentos estaduais a realização de um controle "equivalente".

V. Concorrências e novas funções?

1. Supostas, reais e aparentes concorrências

Identifica-se, por vezes, a inviolabilidade do domicílio com alguns dos direitos fundamentais da personalidade outorgados no Art. 2 I c.c. Art. 1 I GG. De fato, nesse dispositivo constitucional são tutelados, como aspectos da autodeterminação individual, além do aspecto da autoexposição (imagem e honra), mais ligados à esfera social da personalidade, também os aspectos da autopreservação ligados à esfera privada (intimidade e vida privada).

Defende-se, em geral, que se está sempre diante de um caso de concorrência aparente, em que o Art. 13 I GG protegeria um aspecto específico da vida privada e intimidade em geral. Por ser eivado de muita imprecisão e mistura entre várias áreas da vida ou de regulamentação, esse entendimento genérico não deve prosperar.[434] Protege-se, pelo Art. 13 I GG, a confiança jurídica do titular do direito no fato de que tudo o que se passar dentro dos limites de seu domicílio, autodeterminadamente definido, não será participado a terceiros que não se encontrem naqueles limites, por mais atinente ao interesse público que seja a informação. Trata-se, especificamente, com visto, tão somente da "privacidade espacial", que se distingue essencialmente da privacidade em geral, da intimidade e, sobretudo, do sigilo das comunicações, junto aos quais tem-se, quando muito, um caso de "concorrência ideal" que implica o dever de se aplicar, sucessivamente, ambos os parâmetros. Apesar do gênero comum da privacidade, tanto a tutela em si (área de proteção) quanto as possibilidades de intervenção e violação são bem distintas entre si.[435]

Várias outras concorrências poderiam ser verificadas a depender do caso concreto: com os direitos fundamentais de propriedade, liberdade de imprensa, com o sigilo das comunicações telefônicas etc. Isso apenas aumenta o dever de cuidado dogmático do intérprete. Em tais casos, em havendo concorrência, ou seja, hipótese em que uma situação ou determinado conjunto de comportamentos individuais seria abarcado por pelo menos dois direitos fundamentais, ela será, como visto, uma

---

[434] Cf. com pouca diferenciação ora criticada: Schmidt (2019: 454). Mais diferenciados a esse respeito são os comentários de Hermes (2013-b: 1390–1391) e Jarass (2011-a: 367).

[435] Cf. Hermes (2013-b: 1390 s.).

"concorrência ideal": o ato estatal questionado deverá passar no crivo dos dois direitos fundamentais concorrentes, não sendo o caso da solução pela aplicação da regra *lex specialis derrogat lex generalis*. Por isso, apenas quando se opera com um conceito mais restritivo de domicílio, pode-se pensar em uma concorrência aparente no sentido de ser a inviolabilidade do domicílio *lex specialis* em relação à tutela da autodeterminação informacional e privacidade do Art. 2 I c.c. Art. 1 I GG.[436]

2. Novas funções decorrentes da dimensão jurídico-objetiva do direito fundamental?

Trata-se de um direito fundamental clássico de resistência (ou defesa contra a) à intervenção estatal (*status negativus*), exercido originariamente contra a Administração e o poder de polícia do Estado. Sob a égide da *Grundgesetz* promulgada em 1949, vincula, desde então, vincula também a atividade legislativa ao limitar o legislador penal e o processual penal que devem observar o critério da proporcionalidade na aplicação dos limites constitucionais expressamente previstos nas reservas legais qualificadas analisadas em prol da capacidade funcional da persecução penal estatal.

Além dessa função clássica, não se deriva do Art. 13 I GG nenhum conteúdo prestacional. O teor do dispositivo é assaz claro ao determinar apenas que o domicílio é inviolável. Aqui o predicativo "inviolável" é de uma eloquência incontornável apta a espancar qualquer indício de conteúdo prestacional. Violação de direito individual em sentido estrito não ocorre por omissão de uma supostamente devida prestação estatal. O termo pressupõe uma atuação comissiva dos seus destinatários normativos. Não se confunde com o direito fundamental prestacional à moradia, por exemplo, tal qual expressamente garantido pelo art. 6º CFB.[437]

Não se cogita sequer algum conteúdo jurídico-objetivo que vá além da eficácia horizontal indireta do direito fundamental. Do fato de o mesmo bem jurídico ser protegido em regra também pela legislação penal não decorre nenhum reconhecimento de função derivada da dimensão objetiva, como, por exemplo, de um dever estatal de tutela. Tipificar ou não a violação do domicílio por particulares é decisão que faz parte da mais ampla discricionariedade do legislador penal.[438]

---

436 Cf. Schmidt (2019: 454).

437 Opinião defendida tanto quanto perceptível unanimemente. Cf., por exemplo: Classen (2018: 233 s.), Ipsen (2019: 78), Hufen (2018: 260), Kingreen e Poscher (2019: 282), Jarass (2011-b: 370), Michael e Morlok (2016: 199) e Münch e Mager (2018: 124).

438 Alguns autores veem, todavia, tal escolha baseada na margem discricionária do legislador penal como cumprimento de um dever estatal de proteção. Nesse sentido, por exemplo, cf. Classen (2018: 233 s.). Münch e Mager (2018: 124) tratam-no como "proteção" e "efeito horizontal jusprivado" e Hufen (2018: 260) fala em "funções objetivas de proteção".

B. Decisões do TCF

91. BVerfGE 32, 54 (*Betriebsbetretungsrecht*)

Reclamação Constitucional contra ato normativo

13.10.1971

MATÉRIA

Os Reclamantes, proprietários de uma empresa de limpeza expressa, impugnaram diretamente alguns dispositivos do Código Trabalhista de Ofícios (HwO) que permitiam ou fixavam o **direito de entrada de agentes públicos em suas dependências empresariais** (*Betriebsbetretungsrecht*) para a realização de fiscalizações. Segundo eles, os novos dispositivos promulgados atingiam-nos diretamente em alguns de seus direitos fundamentais: livre desenvolvimento da personalidade do Art. 2 I GG, da liberdade profissional do Art. 12 GG, além da inviolabilidade do domicílio do Art. 13 GG. No mais, alegavam violação do mandamento de igualdade do Art. 3 GG.

O TCF admitiu parcialmente a Reclamação Constitucional (somente contra o § 20 c.c. § 17 II HwO). Em relação aos §§ 18 III e 19 HwO, não a admitiu por entender que ainda eram necessários atos executórios perpetráveis pela Administração para a caracterização do prejuízo ao exercício do direito fundamental ("toque" na área de proteção – *Berührung des Schutzbereichs*).[439]

No mérito, o TCF julgou que somente o Art. 13 GG serviria como parâmetro de exame, uma vez que a área de proteção da liberdade profissional (Art. 12 GG) não teria sido sequer atingida. O Art. 2 I GG foi afastado como possível parâmetro por causa de seu caráter subsidiário. Uma violação do Art. 3 I GG não foi sequer cogitada. Em sede de conclusão, o TCF julgou a Reclamação Constitucional improcedente em face do Art. 13 GG e, consequentemente, confirmou a constitucionalidade dos dispositivos impugnados.

---

439 Cf. Magen (2005: 1190 s.) com análise e referências a julgados do TCF em que houve tais diferenciações quanto a arguições em que se demonstra o referido "toque" da área de proteção e outras que não. Sobre os pressupostos e condições processuais da admissão desse tipo de Reclamação Constitucional movida diretamente contra ato normativo que suscita um controle da constitucionalidade da norma impugnada direta e exclusivamente [Schlaich e Korioth (2018: 313)] no contexto do princípio da sua subsidiariedade, cf. Ruppert (2005: 1130 s.) e Sperlich (2005: 1150–1152). Sobre seus efeitos disciplinados no § 95 III 1 BVerfGG que são praticamente idênticos aos do controle abstrato, v. Stark (2005: 1331–1337).

EMENTAS

1. O conceito de "domicílio" do Art. 13 I GG deve ser interpretado em sentido amplo; ele abrange também as dependências do trabalho, empresa e comércio.

2. A interpretação dos conceitos "intervenções e limitações" no Art. 13 III GG deve levar em conta a necessidade diversa de proteção, por um lado, das dependências residenciais e, por outro, das dependências de trabalho, empresa e comércio.

Decisão [*Beschluss*] do Primeiro Senado de 13 de outubro de 1971

– 1 BvR 280/66 –

[...]

Dispositivo:

Indefere-se a Reclamação Constitucional.

RAZÕES

A. – I.

1. [...].

2. Aos dispositivos declarados aplicáveis pelo § 20 HwO às empresas similares à empresa manufatureira pertence o direito à informação e vistoria do § 17 HwO. O teor do dispositivo é o seguinte:

§ 17

(1) As pessoas registradas ou a serem registradas no desempenho [profissional] de um ofício [como artífices] são obrigadas a fornecer à Câmara de Ofícios a informação necessária ao registro no desempenho do ofício sobre o tipo e a extensão de sua empresa, sobre o número de empregados habilitados e não habilitados que trabalham e sobre os exames profissionais do proprietário e do gerente da empresa.

(2) Para o propósito indicado no parágrafo 1 [§ 17 I HwO], os encarregados da Câmara de Ofícios estão autorizados a adentrar nos terrenos e nas dependências comerciais das pessoas obrigadas a prestar as informações onde procederão a exames e vistorias. A pessoa obrigada a fornecer as informações deve permitir essas medidas. Neste ponto, fica restringido o direito fundamental à inviolabilidade do domicílio (Art. 13 *Grundgesetz*).

(3) [...].

II.

1. Os Reclamantes são proprietários de uma lavanderia expressa. Com a Reclamação Constitucional, voltam-se diretamente contra os dispositivos do Código Trabalhista dos Ofícios (HwO); requerem que se verifique que a inclusão das empresas de lavanderia expressa na organização do ofício pelos §§ 18 ao 20 HwO [...] viola seus direitos fundamentais decorrentes dos Art. 2, 3 e 12 GG e que o § 20 em conexão com o § 17 II HwO viola também o Art. 13 GG.

Os Reclamantes consideram a Reclamação Constitucional admitida porque teriam sido atingidos atual e diretamente pelos dispositivos impugnados; isso também valeria para o § 17 II HwO porque teriam de contar, em qualquer momento, com que encarregados da Câmara de Ofícios entrassem em suas oficinas, que as inspecionassem e as vistoriassem.

A Reclamação Constitucional seria também procedente: [...].

[...]

2. a) – b) [...].

B.

A Reclamação Constitucional é admitida somente em parte.

1. – 2. [...].

C.

Na extensão em que a Reclamação Constitucional é admitida, ela não é procedente.

I.

[...]

1. – 3. [...].

II.

Uma especial objeção dos Reclamantes volta-se contra o § 20 HwO quando nele se declara aplicável o § 17 II. Eles consideram uma violação do domicílio o fato de os incumbidos da Câmara de Manufatureiros receberem o direito de entrar em seus “imóveis e salas comerciais” a fim de lá realizarem “avaliações e vistorias”. O teor e o reconhecível propósito dos dispositivos levam a presumir que pretendem permitir apenas a entrada em dependências usadas para fins empresariais, mas não nas dependências de uso privado do proprietário da oficina. A alegação dos Reclamantes restaria, portanto, sem objeto se as dependências comerciais e empresariais não se subsumissem no conceito “domicílio” na acepção do Art. 13 da GG. Entretanto, esse ponto de vista, que também é defendido pelo Ministro da Justiça, não pode ser aceito pelo TCF.

1. O Art. 13 I GG define o âmbito de direito fundamental por ele protegido com uma fórmula há muito consolidada. Já a Constituição belga de 1831 trouxe, em seu Art. 10, esse direito fundamental mediante uma redação curta e marcante: *Le domicile est inviolable*. Sem alterações, ela passou a integrar a seção de direitos fundamentais da Constituição Imperial de *Frankfurt* de 1848/49 (§ 140) e o Art. 6 da Constituição Prussiana de 5 de dezembro de 1848/31 de janeiro de 1850. Na sequência, o Art. 115 da Constituição [da República] de *Weimar* determinou: O domicílio de todo alemão é seu lugar de liberdade e inviolável.

No âmbito da Constituição Prussiana, era opinião pacífica na jurisprudência e doutrina que o conceito "domicílio" teria de ser interpretado em sentido amplo e que compreenderia as salas comerciais (também de associações) (cf. as decisões do Superior Tribunal Administrativo Prussiano in PrOVG 1, 375; 27, 325; 49, 207 e no PrVerwBl. tomo 25 [1903/04], p. 795; no mais: Anschütz, Die Verfassungsurkunde für den Preußischen Staat, tomo I, 1912, anotação II 1 ao Art. 6).

A teoria do direito do Estado à época de *Weimar* seguiu muito majoritariamente esse entendimento (assim, por exemplo: Anschütz, Die Verfassung des Deutschen Reichs, 14. ed., 1933, explicação 1 ao Art. 115; Giese, Die Verfassung des Deutschen Reiches, 8. ed., 1931, anotação 1 ao Art. 115).

Na fase constituinte da *Grundgesetz*, partia-se, primeiro, na trilha do projeto de *Herrenchiemsee* (Art. 5), da redação do Art. 115 da Constituição Imperial [da República] de *Weimar*. Os redatores voltaram, contudo, à simples fórmula da Constituição Prussiana e da Constituição Imperial de *Frankfurt*. Uma mudança na interpretação tradicional do conceito de domicílio não foi intencionada (cf., sobretudo, as manifestações dos Deputados *Zinn* e *v. Mangoldt*, JbÖffR. 1, p. 139 e 181). A doutrina jurídico-constitucional adotou em larga medida essa interpretação e incluiu as salas comerciais na área de proteção do direito fundamental. No caso, enfatiza-se igualmente tanto a continuidade do desenvolvimento jurídico quanto o propósito protetivo da norma que deve assegurar o âmbito de desenvolvimento de personalidade individual do qual faria parte também o trabalho profissional livre de estorvos. Também se alude às dificuldades práticas que resultariam de uma interpretação restritiva do conceito de domicílio (cf., em detalhes, a obra de comentários à *Grundgesetz*: v. Mangoldt-Klein, 2. ed., tomo I, p. 401; Bonner Kommentar – Zweitbearbeitung [Dagtoglou] – n. à margem 21 ao Art. 13; Maunz-Dürig-Herzog, n. à margem 1 ao Art. 13; além de, por todos: Gentz, Die Unverletzlichkeit der Wohnung, 1968, p. 24 ss. com mais referências bibliográficas). Uma consulta [a fontes] das regras estrangeiras revela que, com uma mesma ou quase idêntica redação dos textos legais, domina a interpretação extensiva do conceito de domicílio (cf., por exemplo, em relação à Suíça: BGE 81 I, p. 119 ss.; em relação à Áustria, a Decisão da Corte Constitucional de 22 de novembro de 1932, n. 1486, de 14 de março de 1949, n. 1747, de 2 de julho de 1955, n. 2867 e de 16 de dezembro de 1965, n. 5182, assim como Ermacora, Handbuch der Grundfreiheiten und der Menschenrechte, 1963, p. 241; em relação à Itália: Enciclopedia del Diritto XIII [1964], p. 859 ss. e Faso, La Liberte di Domicilio, 1968, p. 34 ss.; em relação aos EUA a *Dissenting Opinion* do Justice Frankfurter em face da decisão Davis v. United States de 10 de junho de 1946 – 328 US 582, 596 s. – e a decisão See v. City of Seattle de 5 de junho de 1967 – 387 US 541 –).

2. Não existe ensejo para se desviar da interpretação extensiva do conceito de domicílio também quando se leva em consideração que, nas antigas regulamentações apresentadas ou, em parte, também em estrangeiras, foram reservadas ao legislador direitos de intervenção mais fortes do que daqueles do Art. 13 GG. Caso fossem atribuídas ao âmbito da esfera de liberdade do cidadão, como uma obviedade, as salas comerciais e empresarias em tempos de proteção de direito fundamental, em princípio, bem menos desenvolvida como uma obviedade, seria muito dificilmente compreensível e contrariaria a posição fundamental do constituinte de 1949 que tais espaços agora fossem, em geral, subtraídos da proteção do direito fundamental. A interpretação que se mantém inalterada até hoje, depois de mais de um século, consolidou-se como uma convicção jurídica geral e deu ao direito fundamental um alcance que poderia ser reduzido apenas se pudesse ser provado que motivos racionais inarredáveis exigiriam tal diminuição substancial e que a gênese ao menos não lhe representasse [como não representa] uma objeção. No entanto, conforme apresentado, ocorre o oposto. Não foi a formulação tradicional incorporada sem nenhuma alteração; as manifestações feitas para sua fundamentação que não foram impugnadas [no processo constituinte] demonstram claramente que com a fórmula tradicional também a interpretação tradicional deveria ser mantida. Tendo em vista a experiência histórica imediatamente anterior que mostrou a vulnerabilidade justamente desse âmbito da vida em face de intervenções do poder público, não se pode sem mais presumir que se devesse pensar em uma redução do direito fundamental. Somente uma interpretação extensiva corresponde ao princípio de que, em havendo dúvidas, deve ser escolhida aquela interpretação com a qual a força do efeito jurídico da norma jusfundamental desenvolva-se ao máximo (BVerfGE 6, 55 [72]. Esse princípio se inclui, além disso, de modo significativo, no rol de princípios que o TCF desenvolveu para a interpretação do direito fundamental da liberdade profissional. Quando lá o trabalho profissional é visto como uma parte substancial do desenvolvimento da personalidade e se lhe reconhece por isso, no quadro da configuração vital individual do titular, um nível hierárquico especialmente elevado [BVerfGE 7, 377 [397]; 13, 97 [104 s.]], então é com certeza procedente outorgar ao âmbito espacial, no qual esse trabalho normalmente é executado, uma proteção jurídica efetiva correspondente, em todo caso não [se deve] enfraquecer a proteção constitucional já existente desses espaços sem real necessidade. Nesse contexto, deve ser referido que também apenas com tal interpretação pode-se manter às pessoas jurídicas e associações a proteção desse direito fundamental como se faz em consonância com a opinião geral.

Diante disso, o teor do Art. 13 I GG não pode ser determinante. A roupagem linguística desse direito fundamental ficou desde sempre aquém da precisão jurídica em prol do *pathos* cerimonioso de uma fórmula curta marcante. Nesse contexto, "domicílio" deve ser entendido sempre no sentido de "esfera privada espacial".

3. A interpretação mais restritiva do conceito de domicílio, defendida pelo Ministro da Justiça, é visivelmente também determinada pela preocupação de que, ao se incluírem as dependências comerciais e empresariais na área de proteção do Art. 13 GG, muitos direitos tradicionais de entrada e de inspeção das autoridades administrativas no âmbito da fiscalização econômica, trabalhista e tributária não poderiam ser mantidos, porque eles não seriam mais abarcados pelo dispositivo de limitação do Art. 13 III GG. Ainda que fosse esse o caso, deveria [ao menos] parecer questionável determinar o campo de atuação do direito fundamental a partir da reserva de limite e assim argumentar: porque, em uma interpretação mais ampla, a concretização do limite causaria dificuldades práticas, dever-se-ia escolher a interpretação restritiva junto à qual os limites perderiam seu objeto. Pelo contrário, deve-se, primeiro, averiguar a substância material do direito fundamental; somente após isso, observando-se a presunção, por princípio, de liberdade e o princípio constitucional da proporcionalidade e da exigibilidade, é que devem ser fixadas as limitações do exercício do direito fundamental defensáveis em consonância ao [princípio do] Estado de direito. No mais, as dificuldades práticas temidas pelo Ministro da Justiça podem ser amplamente superadas mediante uma interpretação diferenciada conforme será ainda exposto.

4.a) A inclusão de dependências comerciais na área de proteção do Art. 13 GG significa, em primeiro lugar, que "buscas" também em tais dependências somente podem ser ordenadas em princípio pelo juiz (§ 17 II HwO). O Ministro da Justiça reconhece que existe, nesse ponto, em princípio, a mesma necessidade de proteção existente no caso das dependências residenciais e defende a tese de que, em face da proteção também de dependências industriais e empresariais contra buscas, há muito reconhecida em todas as democracias de Estado de direito, tal como na Alemanha, não se cogita uma limitação da necessidade em princípio da prévia ordem judicial. Essa conclusão não pode, porém, ser alcançada constitucionalmente com suficiente segurança em uma interpretação restritiva do conceito de domicílio.

Não se faz necessário aqui decidir em seus pormenores até que ponto o conceito constitucional da "busca" deve ser estendido (cf. para tanto: BVerfGE 28, 285). Com efeito, os direitos de entrada e de inspeção nas oficinas aqui em questão não são buscas.

b) A inviolabilidade *a priori* do domicílio é assegurada no Art. 13 III GG pelo fato de que "intervenções e limitações" que não sejam buscas somente poderão ser feitas sob observância de pressupostos muito certos, exatamente delineados. No caso dos domicílios em sentido estrito, essa rígida limitação das intervenções permitidas corresponde ao mandamento da observância incondicional da esfera privada do cidadão. Em verdade, até significa ir longe demais quando o Ministro Federal da Justiça aceita a tese de que os limites de reserva [legal] do Art. 13 III GG seriam "segundo seu objeto aplicáveis (apenas) a dependências domiciliares", pois tanto "ao combate de epidemias" como "à proteção de crianças e adolescentes em risco" (particularmente sob o aspecto da proteção do trabalho do menor) a entrada de autoridades competentes em dependências empresariais e de trabalho também pode ser oportuna e necessária. Porém, pode parecer realmente questionável se, em se introduzindo as dependências comerciais no âmbito normativo do Art. 13 III GG, o direito cedido em uma série de leis às autoridades administrativas de entrarem em dependências empresariais e lá procederem a inspeções e exames de diversos tipos tenha para tanto uma suficiente base constitucional. Em muitos casos, o propósito da "prevenção de perigos iminentes à segurança e ordem públicas" até justificam a intervenção, principalmente porque, na interpretação ampla dessa cláusula, a proteção indireta contra os perigos encontra-se em seu fundamento, tal como ocorreu na decisão do TCF de 13 de fevereiro de 1964 (BVerfGE 17, 232 [251 s.]). Todavia, na medida em que se dá às autoridades – a quem foram atribuídas as tarefas de fiscalização econômica, trabalhista e tributária – o direito de entrar em dependências empresariais e comerciais a fim de lá examinarem livros comerciais e documentos ou inspecionarem mercadorias e instalações no contexto do dever do empresário de prestar informações, uma base constitucional para essas medidas somente poderia ser conseguida segundo a interpretação tradicional por meio de uma expansão da área de aplicação [do limite constitucional à inviolabilidade do domicílio prevista no Art. 13 I GG] do Art. 13 III GG não mais defensável. Por outro lado, deve-se concordar com o Ministro [quando afirma] que tais direitos de entrar e inspecionar representam sob vários aspectos um instrumento imprescindível de controle da moderna inspeção econômica; seu significado para uma execução eficiente e uniforme da lei cresce mesmo com a penetração de elementos de diretrizes de direito público na gerência econômica de empresas privadas e com o seu correspondente aprimoramento e incremento da inspeção econômica em sentido amplo.

O Ministro Federal da Justiça parte do dado de que não era a intenção do Conselho Parlamentar [equivalente à Assembleia Nacional Constituinte, titular do poder constituinte originário], eliminar esses – seus conhecidos – direitos de entrar e inspecionar da Administração; ele sustenta que, na formulação do Art. 13 III GG, esses casos não teriam sido "reconhecidamente ponderados". Essa concepção também é defendida na literatura jurídica (cf. os comentários de Maunz/Dürig/Herzog, n. à margem 22 para o Art. 13; v. Mangoldt-Klein, 2. ed. vol. 1, p. 405 s. e Kern, in: Neumann/Nipperdey/Scheuner. Die Grundrechte. vol. II, p. 105 ss.). Assim, o legislador federal, como o Ministro destaca, desde a entrada em vigor da *Grundgesetz* sempre partiu do fato de que tais direitos de entrar e inspecionar não são excluídos pelo Art. 13 III GG. O Ministro recusa, sem dúvida com razão, apoiar essa vigência continuada no direito consuetudinário. Contra a tese da limitação do direito à liberdade pelo direito consuetudinário já existem dúvidas por princípio, tendo em vista [que] a regulamentação dos limites [fora] criada pelo constituinte de maneira respectiva e cuidadosamente adaptada à essência de cada um dos direitos fundamentais [não havendo espaço, portanto, para o direito consuetudinário]. A verificação correta de uma convicção jurídica geral de todos os participantes seria, além disso, quase impossível nessa área.

c) Tendo em vista essa situação, parece ordenada e permitida uma interpretação que parta do conceito de "intervenções e limitações" e que essa interpretação se processe de tal maneira a adequá-lo ao propósito de proteção do direito fundamental, a corresponder à vontade identificável do legislador, mas também a atentar às necessidades materiais da Administração do Estado moderno. Essa interpretação parte do dado de que – na inclusão *a priori* também das dependências comerciais e empresariais na área de proteção do Art. 13 GG, – de fato, a necessidade de proteção junto à totalidade das dependências a serem classificadas como "esfera privada espacial" varia de tamanho. Em relação às dependências comerciais e empresariais, tem-se, segundo sua fixação de propósito, uma maior abertura "para fora"; tais dependências são criadas para a realização de contatos sociais. Por essa razão, o proprietário as exclui, de certo modo, da esfera íntima privada à qual pertence [no todo, tão somente] o domicílio em sentido estrito. Coerentemente com a necessidade mais forte de se manterem afastadas perturbações da vida privada e da esfera espacial na qual ela se desenrola, tem-se que os conceitos "intervenções e limitações", tão logo refiram-se ao domicílio no sentido mais estrito, são interpretados rigorosamente. Isso significa que o direito de entrar e inspecionar da forma aqui disciplinada absolutamente não existe no caso de dependências residenciais. Com efeito, nesse caso o propósito de proteção do direito fundamental impõe-se plenamente a fim de assegurar-se o direito do indivíduo de "ser deixado em paz" (BVerfGE 27, 1 [6]). É o que vale também quando, nessas dependências, for, ao mesmo tempo, exercida uma atividade profissional ou comercial. Em dependências exclusivamente comerciais ou empresariais, diminui-se essa necessidade de proteção por causa do propósito a que se prestam segundo a própria vontade do proprietário. As atividades que o proprietário realiza nessas dependências têm efeitos necessariamente externos. Podem, por essa razão, atingir os interesses de outros e da coletividade. Assim, é correto que dentro de certos parâmetros as autoridades incumbidas da proteção desses interesses controlem tais atividades também no local e que possam entrar nessas dependências para esse fim. Esse procedimento vinculado a seu propósito não é, em verdade, uma perturbação da paz doméstica. Em regra, o proprietário da empresa não vai sentir a entrada dos agentes públicos nas dependências [da empresa] como uma intervenção em seu direito domiciliar. Sua resistência psicológica pode talvez se voltar contra a própria inspeção e exame que ele, por exemplo, poderá considerar desnecessários, incômodos e, por isso mesmo, dele inexigíveis; em geral, não poderá enxergar na simples entrada em dependências, as quais ele mesmo abriu ao público devido à definição do propósito delas, um prejuízo de sua esfera de direito fundamental.

Tendo em vista o caráter lacunoso da disciplina [constitucional], se se partir, como o fez o Ministro Federal da Justiça, de que o Art. 13 III GG "já de antemão" não deveria abranger os usuais direitos de entrada e inspeção em terrenos empresariais e dependências comerciais, então parece não infundada a tese de que também o Conselho Parlamentar partiu desse "imparcial" modo de observação. Deve ser deixado a critério do legislador examinar se em dado momento existirá um ensejo para expressar claramente essa vontade por meio de uma reformulação do texto constitucional.

5. Em se limitando racionalmente o círculo dos direitos de entrada e inspeção para dependências comerciais e empresariais, que aqui conforme exposto não devem ser mais qualificados como "intervenções e limitações", ou seja, sob a observância do Art. 2 I GG c.c. os princípios da proporcionalidade e da exigibilidade, conclui-se que devem ser exigidas as presenças, sobretudo, dos seguintes pressupostos:

a) uma norma legal especial deve autorizar a entrada nas dependências;

b) a entrada nas dependências e a realização das inspeções e vistorias devem servir a propósito permitido e ser necessárias ao seu alcance;

c) a lei deve deixar claramente reconhecível o propósito da entrada, o objeto e a extensão da inspeção e vistoria permitidos;

d) a entrada nas dependências e a realização da inspeção e vistoria somente são admissíveis nos períodos em que as dependências normalmente estiverem à disposição do seu uso comercial ou empresarial.

Se, sob esses pressupostos – da entrada nas dependências comerciais e empresariais por agentes públicos no âmbito de suas competências – não puder ser depreendido um prejuízo ao direito da inviolabilidade de domicílio, então não se exclui a possibilidade de a ação em si da Administração, a cuja realização serve a [referida] entrada nas dependências, poder ser impugnada a partir de outros aspectos constitucionais.

6. Apoiando-se nesses parâmetros, não há dúvidas quanto à constitucionalidade dos dispositivos aqui impugnados dos §§ 20, 17 II HwO. Eles servem a interesses legítimos da Administração e não oneram o proprietário da empresa de maneira dele inexigível. Suas dependências domiciliares particulares não foram atingidas.

Dr. *Müller*, Dr. *Stein*, *Ritterspach*, Dr. *Haager*, *Rupp-v. Brünneck*, Dr. *Brox*, Dr. *Simon*

92. BVerfGE 103, 142 (*Wohnungsdurchsuchung*)

Reclamação Constitucional contra Decisão Judicial

20.02.2001[440]

MATÉRIA

Objeto da Reclamação Constitucional decidida, neste caso de modo relativamente surpreendente, por *Urteil*[441] foram duas decisões judiciais penais de primeira e segunda instância. Ambas teriam violado no entender do Reclamante seu direito fundamental decorrente do Art. 13 I GG c.c. Art. 3 I GG. Nos termos da introdução ao comunicado à imprensa do TCF a respeito da presente *decisão*, com ela a Corte "tornou precisas as exigências constitucionais a ordens de **buscas no domicílio** (*Wohnungsdurchsuchungen*) com base em '*periculum in mora*' do Art. 13 II GG".[442]

Como policial, o Reclamante estava lotado em órgão de segurança que investigava um sujeito por suspeita de envolvimento em crimes relacionados ao comércio ilícito de drogas (a seguir: "**S**"). Ao ser interrogado, o investigado **S** disse que o Reclamante lhe teria dito, em um encontro casual ocorrido em 6 de março de 2000, que seu telefone estaria sendo monitorado. Por conta dessa informação, foi instaurado um procedimento investigativo contra o Reclamante por suspeita de suborno e violação de sigilo profissional. No dia 12 de abril, às 12h15, o Ministério Público requereu a oitiva judicial de **S** como testemunha que foi realizada no mesmo dia entre as 13h05 e 13h15. No dia 13 de abril pela manhã, foi ouvida a companheira vital de **S** também na

[440] Audiência pública realizada em 21.11.2000.

[441] Por se tratar de uma única Reclamação de pessoa física apenas contra Decisão Judicial e, destarte, porque a matéria não tangencia grandes questões macropolíticas que normalmente configuram os objetos de audiência e subsequente *Urteil*.

[442] BVerfG, Comunicado à Imprensa 24/2001, de 20.02.2001.

qualidade de testemunha. Subsequentemente, por volta das 11h00 "por razões de objetividade e neutralidade", outra autoridade policial assumiu o processamento dos trabalhos investigativos contra o Reclamante. Ao final da manhã, o promotor de justiça plantonista ordenou por telefone a busca no local de trabalho, domicílio e automóvel do Reclamante, além de uma revista pessoal por causa de um por ele afirmado *periculum in mora*. Conforme uma nota do policial responsável, o Reclamante era suspeito de ter violado o sigilo profissional. Não se poderia descartar uma hipótese de vantagem indevida ou suborno. Às 13h00, o escritório do Reclamante foi revistado; e, às 14h00, seu apartamento. A polícia apreendeu vários documentos e disquetes. O Reclamante apresentou imediatamente uma contestação (administrativa).

O juiz de instrução de primeira instância confirmou as buscas e apreensões por decisão de 30 de maio de 2000, "porque as medidas foram justificadas com base no estado atual das investigações, a fim de se assegurarem provas que poderiam ser importantes para uma investigação mais aprofundada". O Reclamante tinha sido previamente ouvido, mas seu pedido de vistas dos autos foi indeferido. Durante o processo do agravo perante o Tribunal Estadual, o Ministério Público verificou que os documentos e disquetes apreendidos não resultaram em nenhum elemento de prova. Ele devolveu-os. Após as vistas dos autos, o Reclamante aditou ao seu agravo que os pressupostos do *periculum in mora* não estiveram presentes. Também não teria restado claro com base em quais fatos o Ministério Público ordenou as buscas e quais provas deveriam ser encontradas por intermédio delas.

Por decisão de 19 de julho de 2000, o Tribunal Estadual julgou improcedente o agravo. O perigo na demora estaria presente quando não pudesse ser colhida uma decisão judicial anteriormente sem que o propósito da medida restasse ameaçado. Se esse seria ou não o caso, decidiria o investido da função pública segundo sua discricionariedade. No caso, haveria motivos para temer que qualquer demora pudesse facilitar a destruição de provas. Especialmente, poderiam ser "os dados eletronicamente arquivados incriminadores destruídos com um simples toque no botão de deletar".

Entre os fundamentos apresentados na Reclamação Constitucional, destaquem-se:

O juiz de primeira instância e o Tribunal Estadual não teriam reconhecido o significado constitucional junto à avaliação da natureza excepcional das ordens urgentes emitidas com base no *periculum in mora*.

O juiz de primeira instância não teria tratado da questão sobre se o Ministério Público tinha, no caso, competência para prolatar ordens urgentes. O Tribunal Estadual também se omitiu na análise da situação especial da ordem; portanto, sua decisão não pudera ser compreendida, restando arbitrária. Tanto o Ministério Público como o Juiz de Instrução já teriam tratado do caso no dia anterior à ordem de busca, nomeadamente durante a audiência judicial do acusado no processo penal por crime de drogas. O juiz de instrução teria podido, portanto, determinar a busca e apreensão imediatamente, a pedido do Ministério Público. Portanto, não poderiam ter desistido de uma ordem *judicial* de busca, satisfazendo-se com a alternativa ordem administrativa.

Foi aberta oportunidade de manifestação ao Ministério da Justiça do Estado de *Nordrhein-Westfalen*. Ele considerou a Reclamação Constitucional improcedente e fez referência a um relatório do Procurador-Geral de Justiça em *Kleve* sobre a oportunidade e organização do processo de investigação preliminar contra o Reclamante. Segundo ele, requerer antes uma decisão judicial poderia ter comprometido a busca pretendida.

O Presidente do Tribunal Federal encaminhou os pareceres dos Presidentes do seu Primeiro e do Terceiro Senado Criminal.

Segundo o parecer do primeiro, um uso eficaz do controle judicial pressupõe precauções organizacionais adequadas por parte das administrações judiciais e das presidências dos tribunais. A reserva judicial não deveria ser esvaziada porque eventualmente os juízes de instrução não podem ser contatados devido a outras funções judiciais ou porque estão impedidos de realizar um efetivo controle por outros motivos. *Periculum in mora* deveria ser interpretado de acordo com o parâmetro produzido na decisão BVerfGE 51, 97.[443] Haveria uma margem de apreciação a ser revisada judicialmente para se responder à questão sobre se o perigo era ou não iminente. Não bastaria uma revisão judicial limitada a verificar a presença de erros grosseiros, mensuráveis com base no parâmetro da vedação de arbítrio. Não bastaria ser apenas não arbitrária a assunção da tese do perigo na demora.[444]

---

[443] Cf. BVerfGE 51, 97 (111) – *Zwangsvollstreckung I* ("Execução Forçada I"). Tratava-se da refutação pelo TCF de que estaria presente *periculum in mora* junto à execução forçada de busca e penhora de bens por oficial de justiça diante da possibilidade de o executado ocultar objetos penhoráveis. Nesse entendimento, apenas o elemento surpresa garantiria a potencial satisfação do crédito. Mediante citação do *Reichsgericht*, decidiu que estaria presente *periculum in mora* no caso apenas "se o sucesso da busca restasse ameaçado como consequência do atraso que surgiria mediante a efetivação da ordem judicial". Em muitos casos, como naquele julgado pelo TCF em 1979, esse efeito deletério imediato não seria produzido com a simples busca de uma ordem judicial específica.

[444] Nesse sentido, em seus comentários à decisão em tela, Asbrock (2001: 294) impugna conclusivamente a práxis por órgão de persecução penal de assumir levianamente *periculum in mora* com o propósito de contornar a reserva judicial. Essa não deveria ser em regra aplicada apenas *a posteriori*, ou seja, a reserva não deve ser degradada a instância revisional de fato (potencialmente violador da Constituição) consumado. Por isso, o patamar mínimo da reserva judicial é sempre sensivelmente superior ao da singela vedação de arbítrio aplicável praticamente apenas no caso do exame de constitucionalidade de tratamentos desiguais definidos abstratamente pelo legislador em face do Art. 3 I GG, aferíveis quando

Por sua vez, o Terceiro Senado Penal sustentou que o *periculum in mora* apenas estaria presente se a obtenção prévia da ordem judicial pusesse, de fato, em risco o sucesso da busca por causa do atraso por ela provocado. Considera necessário submeter a assunção da tese do perigo iminente a uma revisão judicial abrangente, pelo menos no âmbito do § 105 I StGB. As autoridades investigadoras não teriam, nesse caso, margem discricionária. O controle não poderia se limitar a verificar um caráter objetivo e não arbitrário na opção pela medida, pois isso não seria mais compatível com o Art. 19 IV GG[445] e com o significado do direito fundamental do Art. 13 GG.

O esclarecimento judicial da grave intervenção nos direitos fundamentais seria, em grande parte, frustrado se a assunção da tese do perigo iminente e com ela da competência do Ministério Público para prolatar o mandado de busca pudesse ser censurada e suspensa judicialmente apenas na hipótese de o investigador ter vislumbrado a presença de seus pressupostos de *modo arbitrário*. As autoridades investigadoras não deveriam ter tal poder de minar a reserva judicial em sua função preventiva. Tendo em conta as rigorosas exigências da função limitadora das decisões judiciais de busca, ao menos no caso de ordens de busca não judiciais deveriam ser documentados tempestivamente nos autos da investigação os elementos da ação imputada ao investigado, a presença das condições fáticas do *periculum in mora* e as provas que devem ser conseguidas com a busca, a fim de que o juiz possa, posteriormente, rever sua licitude, em particular a questão do *periculum in mora* e a observância do princípio da proporcionalidade.

EMENTAS

1.a) O conceito "perigo na demora" [*periculum in mora*] no Art. 13 II GG deve ser interpretado restritivamente; a ordem judicial de busca é a regra; a não judicial, a exceção.

b) "Perigo na demora" precisa ser fundamentado com fatos relativos ao caso particular. Puras especulações, considerações hipotéticas ou baseadas solitariamente na experiência criminalística cotidiana e suposições independentes do caso não bastam.

2. Tribunais ou órgãos de persecução penal devem, na medida do possível, tomar precauções jurídicas e fáticas para que a competência do juiz prevista na Constituição permaneça garantida também [em face] do [elevado] volume dos casos cotidianos.

---

não houver suspeitas de discriminação por critérios vedados ou suspeitos, em suma, apenas para o caso de leis que incidam sobre o domínio econômico. Cf. Martins (2016: 221–223; 223 ss.) [**vol.1, Cap. 5**].

445 Sobre a dogmática do Art. 19 IV GG e principais decisões do TCF a respeito, v. Martins (2019-b: 175–205) [**vol.3, Cap. 15**].

3.a) Interpretação e aplicação do conceito "perigo na demora" sujeitam-se a um controle judicial irrestrito. Não obstante, os tribunais são obrigados a considerar a situação decisória especial dos órgãos não judiciais com seus limites situacionais das possibilidades de conhecimento.

b) Uma revisão judicial efetiva da tese do "perigo na demora" pressupõe que tanto a conclusão quanto os fundamentos da decisão sejam demonstrados em contexto temporal imediato à medida de busca nos autos do inquérito policial.

Decisão [*Urteil*] do Segundo Senado de 20 de fevereiro de 2001

Com base na audiência pública de 21 de novembro de 2000

– 2 BvR 1444/00 –

No processo das Reclamação Constitucional do Sr. W. [...] – contra a) a Decisão do Tribunal Estadual de *Kleve* de 19 de julho de 2000 – 1 Qs 84/00 –, b) a Decisão do Juízo de Primeira Instância *Rheinberg* de 30 de maio de 2000 – 4 Gs 83/2000 –.

Dispositivo:

1. As Decisões do Tribunal Estadual de *Kleve* de 19 de julho de 2000 – 1 Qs 84/00 – e do Juízo de Primeira Instância *Rheinberg* de 30 de maio de 2000 – 4 Gs 83/2000 – violam os direitos fundamentais do Reclamante decorrentes do Artigo 13, Parágrafo 1, Parágrafo 2 em conexão com o Artigo 19, Parágrafo 4 da *Grundgesetz*, na extensão em que verificaram a licitude da busca em seu domicílio. Ficam, nesse ponto, suspensas e a matéria será devolvida ao Juízo de Primeira Instância de *Rheinberg*. Em relação às demais arguições, não se admite a julgamento a Reclamação Constitucional.

2. O Estado *Nordrhein-Westfalen* deve ressarcir o Reclamante três quartos de suas custas necessárias.

RAZÕES

A. – I.

A Reclamação Constitucional relaciona-se com a busca em um domicílio por causa de perigo na demora.

1. – 3.a) – d), 4. [...].

II. – III.1. – 2.a) – b) [...]

B.

Na extensão em que as decisões impugnadas se refiram à busca no escritório e a corroboração da apreensão, não estão presentes os pressupostos da exceção (§ 93a II BVerfGG). Nesse ponto, a Reclamação Constitucional é inadmissível porque sua fundamentação não satisfaz as exigências decorrentes dos §§ 23 I 2, 92 BVerfGG.[446]

O Reclamante não demonstrou que a área de proteção de seu direito fundamental decorrente do Art. 13 I GG pudesse ser atingida pela busca em sua sala de trabalho.

Se o uso de salas de trabalho, que também podem ser subsumidas no conceito de domicílio (BVerfGE 32, 54 [68 ss.]), goza da proteção do Art. 13 I GG depende de se verificar se essas salas devem ser atribuídas à "esfera privada espacial" (BVerfGE 32, 54 [72]). A respeito, o Reclamante não apresentou nada. Na audiência pública, quando provocado, respondeu apenas que para ele relevante é, sobretudo, a busca [realizada] em sua residência.

O Reclamante não apresentou nada sobre em que medida a confirmação judicial de primeira instância da apreensão – que restou prejudicada após a devolução dos objetos – assim como a verificação pelo Tribunal Estadual, segundo a qual seria lícita a apreensão que durou cerca de seis semanas, poderiam ter violado seus direitos fundamentais.

C.

A Reclamação Constitucional é admitida a julgamento na extensão em que as decisões atacadas do juízo de primeira instância e do tribunal estadual tenham por objeto a busca no domicílio do Reclamante. Nesse ponto, a Reclamação Constitucional é admitida e procedente. As decisões impugnadas do juízo de primeira instância e do tribunal estadual violam os direitos fundamentais do Reclamante decorrentes do Art. 13 I, II c.c. o Art. 19 IV GG.

I.

1. O Art. 13 I GG determina a inviolabilidade do domicílio. Por ele, garante-se ao indivíduo, tendo em vista sua dignidade humana e no interesse de um desenvolvimento livre da personalidade, uma área vital elementar (BVerfGE 42, 212 [219]). Em seus espaços domiciliares, ele tem o direito de ser deixado em paz (BVerfGE 51, 97 [107]). Uma busca intervém intensamente nessa esfera vital protegida jusfundamentalmente (BVerfGE 51, 97 [107]; 96, 27 [40]). Corresponde à importância dessa intervenção e ao significado constitucional da proteção da esfera

---

[446] Cujos teores são "Eles [os pedidos] devem ser fundamentados; os meios de prova necessários devem ser indicados" (§ 23 I 2 BVerfGG); e "Na fundamentação da Reclamação Constitucional devem ser indicados o direito que teria sido violado e a ação ou a omissão do órgão ou da repartição pelas quais o Reclamante considera ter sido ferido [em seu direito fundamental]" (§ 92 BVerfGG). Em verdade, graças à jurisprudência do TCF, em colaboração com a literatura especializada, essa aparentemente comezinha obrigação de fundamentar adquiriu conotação de instituto jurídico-processual autônomo. Cf. Magen (2005: 1187). De fato, evoluiu para o dever de cumprimento de ônus argumentativo elevado cujo resultado deve ser uma "fundamentação substanciada". Cf. com vertical aprofundamento Magen, *ibid.*, p. 1187–1200 e, sobretudo, Schlaich e Korioth (2018: 168–283).

privada espacial que o Art. 13 II, 1. subperíodo GG reserve a ordem de uma busca, em princípio, ao juiz.

a) A reserva judicial objetiva um controle preventivo da medida por meio de uma instância independente e neutra (BVerfGE 57, 346 [355 s.]; 76, 83 [91]). A *Grundgesetz* parte do fato de que por causa de sua independência pessoal e material e sua estrita submissão à lei (Art. 97 GG) os juízes podem proteger no caso particular os direitos do atingido do melhor e mais seguro modo (BVerfGE 77, 1 [51]). No procedimento de investigação penal, que o Ministério Público conduz sob própria responsabilidade (§§ 158 ss. StPO), o juiz é – correspondentemente à separação entre órgão de acusação e tribunal no processo penal alemão – terceiro não envolvido, que age somente a pedido do Ministério Público (§ 162 StPO). No caso de medidas como a busca ou também de ordem de prisão que normalmente ocorrem sem uma oitiva prévia do atingido, deve sua interferência providenciar especialmente uma devida consideração dos interesses das pessoas atingidas (BVerfGE 9, 89 [97]).

O juiz deve avaliar as medidas intencionadas de modo autorresponsável. Ele deve tomar as providências para que os pressupostos da busca derivados da Constituição e do direito infraconstitucional sejam exatamente observados (BVerfGE 9, 89 [97]; 57, 346 [355 s.]). Como órgão de controle das repartições públicas de persecução penal, ele tem a obrigação de assegurar mediante formulação idônea da decisão de busca, na medida do possível e dele exigível, que a intervenção nos direitos fundamentais permaneça mensurável e controlável. A decisão de busca deve descrever a imputação acusatória, de tal modo a que sejam compostos os limites externos dentro dos quais a medida coercitiva deve ser aplicada. Ao mesmo tempo, isso coloca o atingido em uma posição de poder controlar a busca e opor-se desde o início a vários exageros no quadro de suas possibilidades jurídicas (BVerfGE 42, 212 [220 s.]). Como um todo, a reserva judicial serve a uma garantia fortalecida do direito fundamental do Art. 13 I GG (BVerfGE 57, 346 [355]).

b) O Art. 13 GG obriga os órgãos estatais a providenciarem que a reserva judicial como garantia do direito fundamental seja efetiva. Déficits de efetividade precisam ser combatidos tanto por tribunais – cada juiz da investigação, igualmente como os órgãos diretores competentes para a designação do juiz da investigação e a distribuição das causas (§ 21 e I 1 GVG) – quanto pelos órgãos de persecução penal. Ademais, os órgãos dos Estados-membros e da União responsáveis pela organização dos tribunais e pela posição jurídica dos juízes de investigação lá atuantes são obrigados pelo Art. 13 GG a criarem os pressupostos de um controle judicial preventivo que seja de fato efetivo. Na literatura jurídica especializada, reclama-se da tendência à aplicação excessiva e em parte abusiva da competência de urgência pelos órgãos de persecução penal, especialmente pela polícia (cf. por exemplo: Nelles, Kompetenzen und Ausnahmekompetenzen in der Strafprozessordnung, 1980, p. 247

s.; Schäfer in: Löwe – Rosenberg, StPO, 24. ed., § 98, n. à margem 35; Schnäbele in: Gefahr im Verzug, Tagung der Neuen Richtervereinigung, 1989, p. 12; Dubbers, *ibid.*, p. 36 s.; Werkentin, *ibid.*, p. 26) e questiona-se a deficiência do controle judicial. As deficiências são explicadas, entre outros, pelo fato de o juiz da investigação também por causa da composição insuficiente de recursos humanos dos juízos de primeira instância encontrar-se sob forte pressão temporal, a tal ponto de justamente nos processos volumosos não conseguirem conhecimento completo do estado da matéria dos autos e de, frequentemente, faltar-lhes o indispensável conhecimento técnico em âmbitos específicos (cf. por exemplo: Lilie, ZStW 111 [1999], p. 808, 817 s.; Asbrock, ZRP 1998, p. 17, 19; Geppert, DRiZ 1992, p. 405, 410; Müller, AnwBl. 1992, p. 349, 351; Weber, DRiZ 1991, p. 116, 117). Essas deficiências não podem ser superadas por meio do juiz respectivamente responsável apenas. Ele poderá cumprir sua obrigação lastreada constitucionalmente de reservar o tempo necessário à avaliação de um pedido de busca e de conseguir o conhecimento a respeito da matéria e o imprescindível conhecimento técnico apenas com uma correspondente distribuição de causas, um suficiente inventário material e de recursos humanos de seu tribunal, mediante possibilidades de formação e especialização, além de informação completa prestada pelos órgãos de persecução penal sobre o estado da matéria dos autos.

2. O Art. 13 II, 2. subperíodo GG prevê que buscas podem ser ordenadas, em havendo perigo na demora, também por outros órgãos previstos nas leis – no caso da busca processual penal conforme o § 105 I 1, 2. subperíodo StPO – pelo Ministério Público ou seus funcionários públicos auxiliares (§ 152 GVG).

a) Já o teor e a sistemática do Art. 13 II GG comprovam que a ordem de busca judicial deve ser a regra; e a não judicial, a exceção. Também da gênese do Art. 13 GG pode ser depreendido que as mães e pais da *Grundgesetz* queriam assegurar constitucionalmente a regra da competência do juiz. Ao contrário das normas mais abertas da Constituição da República de *Weimar*, que admitia exceções à inviolabilidade do domicílio com base em leis (Art. 115 WRV), e do projeto da Convenção Constitucional de *Herrenchiemsee*, segundo o qual buscas seriam admitidas nos casos previstos em lei (Art. 5), o Conselho Parlamentar não deixou a regulamentação da competência da ordem de buscas ao legislador, mas trouxe à Constituição a reserva judicial e o "perigo na demora" como pressupostos de uma ordem não judicial.

aa) Não por causa do caráter de exceção da ordem não judicial, mas precipuamente por causa da função de proteção garantista de direito fundamental, deve ser o "perigo na demora" interpretado restritivamente. À mesma conclusão leva o princípio segundo o qual deve se dar preferência àquela interpretação de uma norma de direito fundamental que desenvolva sua eficácia ao máximo (BVerfGE 51, 97 [110]). A aceitação do perigo na demora causa mesmo uma visível diminuição na proteção do direito fundamental do Art. 13 I GG.

Quando os órgãos de persecução ordenarem uma busca, cai por terra o controle preventivo mediante uma instância independente e neutra. Enquanto no caso de uma ordem judicial de busca é normalmente a polícia que inicialmente enseja o Ministério Público à realização da busca, depois o Ministério Público que requer nos termos do § 162 I 1 StPO uma ordem ao juízo, e o juiz da investigação finalmente avalia se os pressupostos da medida estão presentes, o controle da assunção do perigo na demora restringe-se a um exame pela polícia, no máximo complementarmente pelo Ministério Público. Polícia e Ministério Público não gozam, entretanto, de independência e deles também não se pode esperar – tendo em vista sua tarefa de investigar o caso em havendo suspeita do cometimento de crime (§§ 160 I, 2, 163 I StPO) –, como no caso de juízes, uma estrita neutralidade. No mais, falta à realização de uma busca por causa do perigo na demora o efeito limitador da – a ser feita em regra por escrito (BVerfGE 20, 162 [227]) – ordem judicial de busca. O controle mediante juiz independente e neutro limita-se então a uma função repressiva que não pode mais desfazer a intervenção já ocorrida.

bb) Certamente, não se pode deixar de lado na definição do conceito de "perigo na demora" o propósito da competência de urgência prevista na Constituição. Essa competência abre aos órgãos não judiciais a possibilidade de uma intervenção, desde que sem ela meios de prova estejam ameaçados. Perigo na demora deve ser, portanto, sempre aceito quando a consecução prévia da ordem judicial ameaçar o sucesso da busca (BVerfGE 51, 97 [111]). Na busca processual penal para se achar meios de prova (§§ 102, 2. Alt., 103 1, 2. Alt. StPO), a competência de urgência deve colocar os órgãos de persecução em condições de impedir a perda dos meios de prova.

Isso corresponde à garantia constitucional de uma administração da Justiça de Estado de direito que alcance, presente a segurança sustentável dos direitos do acusado, uma persecução penal efetiva (BVerfGE 77, 65 [76 s.]). Assim, os órgãos de persecução penal devem tomar a decisão sobre se, com base nas circunstâncias concretas do caso particular, deve-se considerar presente um perigo na demora de modo tão tempestivo a efetivamente poder enfrentar esse perigo.

b) Essa concepção da competência de urgência de órgãos de persecução penal tem como consequência que os próprios órgãos devem decidir sobre os pressupostos de sua competência. No caso do perigo na demora, i.e., por definição, inevitável, tem-se a necessidade de precauções jurídicas e fáticas especiais que assegurem que a competência do juiz lastreada constitucionalmente sempre reste garantida também na prática.

aa) Em geral, tanto os órgãos de persecução penal quanto também os juízes da investigação e a organização judiciária devem assegurar na medida do possível que também no volume dos casos cotidianos fique garantida a "distribuição dos pesos" (BVerfGE 95, 1 [15]) prevista na Constituição, nomeadamente a competência originária do juiz.

bb) Concretamente, para configurar perigo na demora não bastam puras especulações, considerações hipotéticas ou baseadas tão somente na experiência criminalística cotidiana e suposições independentes do caso concreto. Perigo na demora deve ser fundamentado com fatos que sejam relativos ao caso particular. A mera possibilidade de perda de meios de prova não basta. Perigo na demora pode surgir em sentido jurídico também quando os órgãos de persecução penal produzirem eles mesmos seus pressupostos fáticos. Eles não podem ficar esperando com o pedido ao juiz de investigação até que o perigo de uma perda de material probatório de fato se concretize, e, com isso, constitucionalmente perca-se a prevista regular competência do juiz. Nesse ponto termina sua discricionariedade de configurar o procedimento investigatório livremente de acordo com considerações criminalísticas e táticas (Kleinknecht/Meyer – Goßner, StPO, 44. ed., 1999, § 161, n. à margem 7, § 163, n. à margem 47).

Os órgãos de persecução penal têm de tentar regularmente conseguir uma ordem do juiz competente – funcional e em grau de instância – antes de iniciarem uma busca. Somente em situações de exceção, quando já a demora por causa de tal tentativa ameaçar o sucesso da busca, podem eles mesmos por causa de perigo na demora expedir a ordem sem que antes tenha se buscado [a obtenção de] uma decisão judicial. A admissão do perigo na demora não pode ser unicamente fundamentada com a referência abstrata de que uma decisão judicial normalmente não poderia ser conseguida em determinado horário ou dentro de determinado intervalo de tempo. A isso corresponde a obrigação constitucional de os tribunais assegurarem a acessibilidade de um juiz de investigação também mediante a instituição de um serviço rápido ou emergencial.

II.

1.a) O Art. 19 IV GG garante uma proteção judicial mais livre possível de lacunas contra a violação da esfera jurídica do indivíduo por meio de intervenções do poder público (BVerfGE 101, 106 [122 s.]; jurispr. pacífica). Ordens de busca pelos órgãos de persecução penal são atos do poder público no sentido dessa garantia. Isso vale também para as ordens do Ministério Público que, apesar de sua integração na Justiça (BVerfGE 9, 223 [228]), pertence ao Executivo (Kleinknecht/Meyer – Goßner, StPO, 44. ed., vor § 141 GVG, n. à margem 6).

Do direito do Art. 19 IV GG a um controle judicial efetivo segue em princípio a obrigação dos tribunais de revisar os atos do poder público em seus aspectos jurídicos e fáticos completamente; um vínculo dos tribunais às descobertas e avaliações feitas pelo Executivo não existe na *Grundgesetz*.

b) A obrigação à revisão completa tem limites. A revisão judicial não pode ir além do vínculo jurídico-material do Executivo (BVerfGE 88, 40 [56]); as próprias posições jurídicas protegidas não resultam do Art. 19 IV GG, mas estão nele pressupostas (BVerfGE 84, 34 [49]). O controle judicial termina, portanto, onde o direito material do Executivo exigir, de modo constitucionalmente inquestionável, decisões, sem que se disponibilize, para tanto, de programas decisórios suficientemente determinados (BVerfGE 88, 40 [61]). Portanto, o Art. 19 IV GG não se opõe de plano a margens discricionárias de configuração, avaliação e julgamento dos órgãos [que forem] abertas normativamente (BVerfGE 61, 82 [111]; 88, 40 [56]).

c) O Art. 13 I, II GG não abre a órgãos não judiciais tais margens discricionárias na interpretação e aplicação do conceito do "perigo na demora". Ao contrário, a *Grundgesetz* exige para a ordem de buscas um controle judicial irrestrito; na verificação do perigo na demora não se concede ao Executivo a autoridade da última palavra (Schmidt-Aßmann in: Maunz/Dürig/Herzog, Grundgesetz, Kommentar, Januar 1985, Art. 19 IV, n. à margem 188; Schulze-Fielitz in: Dreier, Grundgesetz, Kommentar, 1996, Art. 19 IV, n. à margem 97).

(1) O elemento típico-normativo "perigo na demora" determina no Art. 13 II GG a hipótese normativa de uma ordem por órgão não judicial; nesse ponto, exclui-se de plano a possibilidade de discricionariedade por parte dos órgãos. [...].

[...].

(2) Também da gênese do Art. 13 GG não se deriva nenhum indício para a margem discricionária executiva acompanhada de controle judicial apenas restrito.

[...].

(3) Somente o direito e a obrigação dos tribunais ao controle irrestrito da característica típica "perigo na demora" são compatíveis com o significado do direito fundamental do Art. 13 I GG para a proteção da esfera vital pessoal do indivíduo e a função garantidora de direito fundamental do Art. 13 II GG. Cada discricionariedade de órgãos não judiciais na verificação de perigo na demora ampliaria as possibilidades de um uso de sua competência emergencial e, portanto, enfraqueceria a proteção do direito fundamental. Ademais, tal margem discricionária implicaria uma autorização de última palavra sobre a [sobreposta à originária] competência do juiz porque com sua tese de perigo na demora eles não apenas afirmam a própria competência, mas, ao mesmo tempo, negam a competência do juiz. Uma autorização de tal tipo do Executivo não tem como ser derivada do Art. 13 II GG e não tem como ser compatibilizada com o significado do direito fundamental à inviolabilidade do domicílio.

(4) O propósito da competência emergencial de possibilitar ao Executivo ação rápida e conforme a situação não se contrapõe a um controle judicial irrestrito dessa ação. Os tribunais devem considerar aqui, como sempre, a especial situação da ordem por órgãos não judiciais na tese do perigo na demora, sem violar sua obrigação de revisão dessa ordem e sem ameaçar seu propósito.

No controle de uma ordem de busca dos órgãos de persecução penal devido a perigo na demora tem de se tomar ciência das condições fáticas da ação policial e do Ministério Público na situação da qual se trata, e de se processá-las. O juiz não pode – sem pressão do tempo e mediante consideração do desenvolvimento ulterior – colocar sua avaliação ulterior da situação no lugar da avaliação dos investigadores atuantes. Ao contrário, o campo de ação concreto dos investigadores – que o juiz, se o caso, deve esclarecer – deve ser o ponto de partida de seu exame. Ele deve levar em consideração sob quais condições os investigadores decidiram por uma busca com ou sem ordem judicial e em qual lapso temporal encontravam-se. Deve considerar quão grande era a pressão de ação e julgamento ou se existia tempo suficiente para conversas com colegas e superiores assim como entre a Polícia e o Ministério Público. Ele tem de, ademais, contemplar os limites situacionais das possibilidades de elucidação, sua possível incompletude e natureza transitória.

Sobre essa base deve o juiz compreender a avaliação da situação concreta feita pelos órgãos de persecução penal. Caso essa avaliação baseie-se em fatos relevantes – sendo ela conforme a situação tal qual teria se apresentado aos agentes titulares de função pública procedente ou em todo caso plausível –, então o juiz poderá usá-la como procedente para embasar sua decisão se não forem vislumbráveis indícios concretos de que a avaliação tomada não poderia ser harmonizada com aquela de um funcionário técnico que aja com lisura obrigacional.

2. Um controle total ordenado constitucionalmente da tese do "perigo na demora" na práxis é somente possível se não apenas a conclusão, mas também os fundamentos da decisão dos órgãos e de seu surgimento, forem reconhecíveis de modo confiável. Do Art. 19 IV GG resultam, assim, obrigações dirigidas aos órgãos de persecução penal de fundamentação e documentação, que fazem então possível uma efetiva proteção judicial [*a posteriori*] (cf. já: BVerfGE 61, 82 [110]; 69, 1 [49]).

a) – b) [...].

III.

Segundo esses parâmetros, as decisões impugnadas violam os direitos fundamentais do Reclamante decorrentes do Art. 13 I, II c.c. Art. 19 IV GG.

1. O juízo de primeira instância não examinou a questão do perigo na demora, ao contrário das premissas do Art. 13 I, II c.c. Art. 19 IV GG.

2.a) O Tribunal Estadual prosseguiu com essa violação constitucional. Ele até se ocupou da questão do perigo na demora, mas partiu da tese de que a verificação estivera na discricionariedade do Ministério Público que emitiu a ordem. Correspondentemente, não controlou a tese do perigo na demora como obrigatório em toda sua extensão, mas apenas sustentou que a desistência de uma ordem judicial não representaria um erro discricionário. Já essa restrição do parâmetro de exame viola os direitos fundamentais do Reclamante. A referência do tribunal, segundo a qual a destruição pelo Reclamante de dados sensíveis durante um lapso temporal de dois dias ("12/13.04.2000") não teria sido impossível, contorna o enfrentamento de circunstâncias concretas e o transcurso temporal dos acontecimentos. Isso não é o exame irrestrito da tese do perigo na demora exigido pelo Art. 13 I, II c.c. Art. 19 IV GG.

b) Além disso, o Tribunal Estadual não observou na interpretação do conceito "perigo na demora" as premissas constitucionais do Art. 13 I e II GG.

Ele ignorou que o perigo na demora precisa ser fundamentado com fatos e que então, em princípio, somente pode ser aceito pelos órgãos de persecução penal quando tiverem tentado antes obter, sem sucesso, uma decisão judicial, exceto se já o atraso causado pela tentativa conduzir ao perigo de perda de material probatório. "Perigo na demora" é elemento típico-normativo da norma infraconstitucional do § 105 I 1 StPO, a ser interpretada pelos tribunais instanciais e, ao mesmo tempo, um conceito jurídico-constitucional. Por isso, a interpretação judicial instancial sujeita-se à revisão completa pelo TCF. Isso não significa que o TCF tomaria ele mesmo a decisão novamente se no caso particular estivesse presente perigo na demora; senão se tornaria mais uma instância judicial. Mas ele deve examinar se a avaliação fática e jurídica dos tribunais assim como o tipo e volume de suas investigações foram compatíveis com o afetado direito fundamental do Art. 13 I GG. No caso, deve ser reconhecido aos tribunais instanciais certo quadro valorativo em relação ao julgamento dos fatos investigados e à avaliação dos elementos da matéria (cf. sobre o direito fundamental ao asilo: BVerfGE 76, 143 [162]).

Esse quadro o Tribunal Estadual extrapolou com a consideração de que não estaria presente uma dispensa consciente do juiz, porque seria previsível que o Reclamante interporia agravo e que, portanto, seria necessária uma decisão judicial posterior. O Art. 13 II proíbe como segurança procedimental do direito fundamental do Art. 13 I GG não apenas uma dispensa consciente do juiz por excelência, mas no caso normal ordena a decisão judicial prévia sobre a licitude de uma busca. A proteção preventiva de direito fundamental pela reserva judicial ordenada mediante um exame independente, neutro e autorresponsável, com consideração especial dos interesses dos atingidos não ouvidos devido a uma intervenção não pode ser garantida por meio de um controle judicial posterior.

c) Finalmente, o Tribunal Estadual também deixou de esclarecer a partir de quais razões o Ministério Público assumiu aqui o perigo na demora. Isso não pode ser depreendido, apesar de sua obrigação de documentação e fundamentação, nem dos autos da investigação nem de suas manifestações no processo judicial. No seu requerimento ao juízo, consta apenas que a busca e apreensão teriam ocorrido sem uma decisão judicial por causa do perigo na demora; também em seu parecer no processo da Reclamação sustentou após o relatório da imputação criminal tão somente que nessa situação teria havido perigo na demora.

3. As decisões atacadas baseiam-se em uma violação do Art. 13 I, II c.c. Art. 19 IV GG. Não se exclui a possibilidade de os tribunais, tivessem realizado uma revisão observadora do direito constitucional da ordem de busca devido ao perigo na demora de autoria do Ministério Público, chegariam à conclusão de que a ordem fora ilícita.

Isso vale independentemente da ausente documentação e fundamentação pelo Ministério Público no processo originário mesmo se se basear no relatório do diretor [procurador geral] do Ministério Público ao qual se refere o Ministério da Justiça do Estado-membro *Nordrhein-Westfalen* no processo da Reclamação Constitucional. Tendo em vista que, no dia anterior à busca, o juiz de investigação realizou a oitiva do acusado apenas 50 minutos depois do pedido no processo de investigação por crime de drogas, é bem possível que a consecução de uma decisão judicial tivesse custado igualmente pouco tempo, principalmente porque em razão dessa oitiva o juiz já estava familiarizado com a matéria dos autos de investigação contra o Reclamante. Além disso, o Ministério Público aqui não tentou suscitar uma decisão judicial sequer uma vez, de tal sorte que sua ordem [supostamente] legitimada no [na assunção da tese de] perigo na demora apenas poderia ser lícita se o atraso, como consequência de tal tentativa, tivesse ameaçado o sucesso da busca. Finalmente, além de meras suposições não são vislumbráveis fatos sobre os quais o perigo concreto pudesse ser fundamentado, [qual seja, o temor de que], em tempo muito exíguo aconteceria a destruição de meios de prova pelo Reclamante.

D.

As decisões do juízo e do Tribunal Estadual violam os direitos fundamentais do Reclamante decorrentes Art. 13 I, II c.c. Art. 19 IV GG, na extensão em que elas se relacionam com a busca em seu domicílio. Com esse alcance devem ser suspensas as decisões e os autos do processo devolvidos ao juízo de primeira instância (§ 95 I 1, II BVerfGG).

Correspondentemente à abrangência na qual o Reclamante foi bem-sucedido com sua Reclamação Constitucional, deve o Estado-membro *Nordrhein-Westfalen* em consonância ao § 34a II BVerfGG ressarcir o Reclamante três quartos de suas custas necessárias.

Limbach, Sommer, Jentsch, Hassemer, Broß, Osterloh, Di Fabio

93. BVerfGE 109, 279 (*Großer Lauschangriff*)

Reclamação Constitucional contra Ato Normativo

03.03.2004[447]

MATÉRIA

O crescimento vertiginoso da ameaça terrorista e do crime organizado no mundo contemporâneo, em especial na Europa ocidental, tem provocado uma revisão político-constitucional de garantias individuais cujos exercícios se opõem muitas vezes à garantia do bem coletivo "segurança".[448]

A proteção da segurança pública pode exigir, no caso concreto, o sacrifício de uma ou várias daquelas garantias e vice-versa. Um exemplo claro desse dado foi oferecido pelo presente julgado do TCF. Em 1998, foram inseridos significativos limites na *Grundgesetz* ao clássico direito fundamental à inviolabilidade do domicílio.

Como já explicado nas notas introdutórias ao presente capítulo, foram inseridos quatro parágrafos (Art. 13 III–VI GG) ao Art. 13 GG, que, como reservas legais e judiciais, consubstanciaram seus limites constitucionais. Principalmente pelo novo Art. 13 III GG, autorizou-se a utilização de meios técnicos de captação e transmissão sonora sem o conhecimento do morador, titular do direito fundamental à inviolabilidade do domicílio garantido pelo mantido Art. 13 I GG, a fim de tornar a investigação e persecução penal mais eficientes. Presentes várias condições amplamente referidas e examinadas na decisão original e aqui reproduzidas, a lei processual penal, que conforma a reserva legal do (novo) Art. 13 III GG, pode autorizar[449] o agente policial sob controle judicial a instalar imperceptíveis microfones ou a usar microfones externos idôneos a captar diálogos estabelecidos no interior do domicílio por suspeitos de certos crimes ou mesmo de outras pessoas que se encontrem em domicílio no qual presumivelmente se encontrem pessoas-alvos de investigação. Por isso, a presente decisão, mais precisamente a lei interventora que é objeto imediato do exame, foi alcunhada metaforicamente de **"grande ataque da escuta secreta"** (*großer Lauschangriff*).

Por sua vez, o novo Art. 13 IV GG estabeleceu outra reserva, já conformada pelo legislador processual alemão, em proveito do propósito da prevenção de iminentes perigos ou riscos à vida, à segurança pública e a outros bens jurídicos de suma

---

447 Audiência pública realizada em 01.07.2003.

448 Cf. uma ampla apresentação e discussão dessa decisão e suas consequências em Martins (2012: 314–343).

449 Cf., em geral, o retro discutido sob as **Notas Introdutórias, IV.1.1.2.**

importância. Essa autoriza a utilização não somente de equipamentos de captação e transmissão sonora como também de imagens (microcâmaras e tecnologia do infravermelho).

O novo Art. 13 V GG também autoriza com o propósito de proteger a vida de agentes de investigação infiltrados em organizações supostamente criminosas (agentes disfarçados) o uso de tais retransmissores junto a seus corpos. Trata-se, nesse caso, também de uma limitação ao direito fundamental à inviolabilidade do domicílio, quando as informações partirem de dentro do espaço físico considerado domicílio. Porém, como a duração da transmissão é limitada ao tempo de permanência do agente no local, tal intervenção vem sendo alcunhada de *kleiner Lauschangriff* (pequeno ataque de escuta secreta). A diferença desses dois últimos parágrafos em relação ao Art. 13 III GG está na possibilidade de sua utilização na prevenção, não constituindo instrumentos restritos à repressão criminal como no caso do Art. 13 III GG.[450]

Ao prescrever o dever do Governo Federal de compor um relatório anual, o novo Art. 13 VI GG traz uma regra organizacional a ser entregue à Câmara Federal, sobre a utilização desses meios técnicos.[451]

Finalmente, o novo Art. 13 VII GG corresponde ao antigo Art. 13 III GG e contém uma regra definidora de competências administrativo-governamentais para o combate de situações envolvendo grave risco à vida, catástrofes naturais, combate de epidemias etc.

A Decisão foi prolatada no julgamento conjunto de duas Reclamações Constitucionais movidas por sete pessoas[452] diretamente contra normas do Código de

---

[450] Nesse sentido, de modo expresso: Schmidt (2019: 452–453). Não obstante, essa quase identificação entre o conceito central no direito policial que é o combate a perigos (*Gefahrenabwehr*) que, embora traga em si etimologicamente falando um momento preventivo, uma vez que um perigo antecede logicamente um dano, não é considerado parte do "clássico combate a perigo". Esse concentra-se no perigo *concreto*. Por sua vez, medidas preventivas baseadas em perigo abstrato cabem, em primeira linha, aos órgãos de ordem pública. Além da "preparação de futuro combate a perigo", fala-se na nova tarefa do "combate preventivo de crimes" pautado na ideia de impedir a prática de crimes que corresponde a uma nova e polêmica seara iniciada em BVerfGE 65, 1 (Decisão do Censo) [= **Decisão II/# 4**) das intervenções informacionais cada vez mais ocorrentes. Cf. Pieroth *et al.* (2016: 81–84).

[451] Trata-se de um novo dispositivo cuja inserção no capítulo dos direitos fundamentais representa uma sistemática questionável. Constitui-se em uma "garantia passiva do direito", pois não limita diretamente a ação de quaisquer órgãos do Estado. Cf. Kühne (2018: 601).

[452] Entre elas encontrava-se a Sra. Dr. *Sabine Leutheusser-Schnarrenberger*, então membro da Câmara Federal pela bancada do Partido Democrático Liberal (FDP), ex-Ministra da Justiça sob o governo de *Helmut Kohl*, da coligação "preta-amarela" formada pelos partidos CDU/CSU e FDP. Por discordar da política de segurança pública do governo que compunha, pediu exoneração do cargo e ajuizou uma das duas Reclamações aqui decididas conjuntamente que foi consignada também pelos colegas de bancada *Gerhart Baum* e *Burkhard Hirsch*. Sobre o histórico da decisão, consequências e impactos na opinião

Processo Penal alemão (StPO) e (em parte, indiretamente) contra a própria Emenda Constitucional. O TCF admitiu as Reclamações Constitucionais por considerar presentes todas as condições e pressupostos processuais. No entanto, alguns Reclamantes perderam o prazo de 1 ano em relação a alguns dispositivos atacados.[453] Apesar disso, ainda que a Reclamação não tenha sido recebida em relação a essas normas, o TCF julgou o mérito, ou seja, a constitucionalidade delas, tendo em vista a interdependência temática entre elas e as demais apreciadas e, ainda que não declarado na decisão, devido ao parcial caráter processual objetivo da Reclamação Constitucional alemã.[454]

No mérito, o TCF julgou por maioria de 6 votos a 2 as Reclamações Constitucionais parcialmente procedentes.

O TCF julgou improcedente a alegação de inconstitucionalidade da Emenda Constitucional que criou os limites ao direito fundamental à inviolabilidade do domicílio e foi impugnada pelos Reclamantes em face do Art. 79 III GG.[455] Confirmou, em suma, a constitucionalidade da Emenda.

O TCF julgou procedente a alegação de inconstitucionalidade de parte dos dispositivos legais processuais penais promulgados a partir das reservas legais qualificadas (em si como discorrido no parágrafo anterior declaradas compatíveis com a *Grundgesetz*). Declarou-os inconstitucionais por terem violado os direitos fundamentais dos Reclamantes do Art. 13 I (inviolabilidade do domicílio) e do Art. 19 IV GG (garantia à via jurisdicional).

---

pública, v. a exposição monográfica organizada por Vormbaum (2005) e, como resultado de um simpósio de experts, quatro ensaios reunidos por Schaar (2004). Cf. também Kress (2009), publicação de uma tese de doutorado que se ocupou especificamente das consequências da decisão no processo penal em âmbito da instrução probatória diante do combate à criminalidade organizada internacional.

[453] Prazo que começa a correr com a entrada em vigor da lei impugnada. Cf. § 93 II BVerfGG.

[454] No dispositivo da decisão, o TCF limitou-se a verificar a incompatibilidade dos dispositivos da lei processual penal com a *Grundgesetz, "nach Maßgabe der Gründe"*, ou seja, "segundo determinação das razões" (cf. abaixo, nas razões da decisão, sob **C.IX**).

[455] Nele são apresentados os limites materiais ao poder constituinte derivado reformador. Seu teor é bastante determinado: "É inadmissível uma mudança dessa *Grundgesetz* por meio da qual a estruturação da federação em Estados-membros, a participação em princípio dos Estados-membros na legislação ou os princípios estabelecidos nos Artigos 1 e 20 sejam tangenciados". Os últimos princípios mencionados dos Art. 1 e 20 referem-se à dignidade humana (Art. 1 I GG); adesão aos direitos humanos protegidos internacionalmente (Art. 1 II GG); vínculo dos três poderes aos direitos fundamentais (Art. 1 III GG); e, finalmente, os princípios constitucionais democrático, do Estado federado, do Estado de direito, do Estado social e da separação de poderes (Art. 20 GG). Em comentários a esse dispositivo da *Grundgesetz* destacou-se seu papel de "cláusula de perenidade" e, por consequência, da sua própria imodificabilidade. De modo translúcido, o TCF atacou o que poderia representar uma "autoliberação" do constituinte em BVerfGE 84, 90 (120). Cf., por muitos, apenas Coelln (2013: 573–574).

Ao final, o Primeiro Senado do TCF determinou o prosseguimento da aplicação dos dispositivos declarados incompatíveis com a *Grundgesetz*, desde que observada, no caso concreto,[456] a dignidade humana e o princípio da proporcionalidade, até 30.06.2005, quando o legislador teria de promulgar uma lei derrogadora que atendesse às exigências constitucionais relativas aos direitos fundamentais violados. O TCF, ao não declarar a nulidade, optou pela variante da declaração de (mera) incompatibilidade com efeito *ex nunc*.

Como aludido, a decisão não foi unânime e as duas juízas divergentes (*Jaeger* e *Hohmann-Dennhardt*) fizeram uso de sua prerrogativa de optar pela publicação de seus votos.

Em seu voto divergente conjuntamente subscrito, as juízas consideraram a lei de emenda que inseriu o Art. 13 III GG (consequentemente, esse próprio novo dispositivo constitucional) incompatível com o Art. 79 III GG e nula.[457] Como a confirmação da constitucionalidade do Art. 13 III GG pela maioria no Senado foi feita sob o tópico **C.I**, por exatidão as juízas declararam que concordam com o discorrido entre **C.II** e **C.IX** apenas na extensão em que naqueles mencionados tópicos se declara a inconstitucionalidade do uso de meios técnicos de vigilância domiciliar para propósitos de persecução penal.

Fundamentaram sua opinião, basicamente, nas seguintes considerações.

Primeiro, concordaram com a maioria no Senado que enxerga a dignidade humana "lastreada" no Art. 13 I GG. Por causa das praticamente infinitas possibilidades abertas pelo avanço da técnica, "a residência privada serve ao indivíduo mais do que nunca como último refúgio onde a liberdade dos seus pensamentos pode se manifestar sem ser observada. É, portanto, como um lugar, um meio de salvaguardar a dignidade humana". Também concordaram que nem toda manifestação dentro do domicílio beneficia-se da proteção da dignidade. Como, porém, no que tange à separação do que deva se entender como âmbito íntimo – núcleo da personalidade, absolutamente protegido pela dignidade – existiriam apenas indícios. Somente *a posteriori* seria possível verificar se a manifestação captada e registrada goza ou não

---

456 O que mostra a clara divisão do controle de constitucionalidade feita pelo TCF: Primeiro, julga a compatibilidade (constitucionalidade) de norma, abstratamente considerada, com a *Grundgesetz* e, depois, a constitucionalidade de sua interpretação/aplicação. No presente caso, embora tenha verificado a inconstitucionalidade da norma em si (abstrata), o TCF vislumbrou a possibilidade de aplicação "ainda constitucional" (respeito à dignidade humana e proporcionalidade no caso concreto), mas somente até vencido o prazo fixado para o saneamento da inconstitucionalidade abstrata pelo legislador (constitucionalidade precária, portanto).

457 A declaração de nulidade com seus conhecidos efeitos *ex tunc* ocorre cada vez mais raramente na jurisprudência contemporânea do TCF, razão de ser digno de nota o "radicalismo" das duas juízas. Cf. os estudos e provas em Schlaich e Korioth (2018: 313 ss.).

de proteção. Mas justamente essa quebra o Art. 1 I GG visaria a bloquear sem ponderações relativizadoras. Por isso, a única forma de não se violar a dignidade na opinião delas é presumir que, pelo menos nas residências dos investigados com seus familiares, as manifestações fazem parte do núcleo intangível da personalidade.

Esse limite material decorrente do Art. 79 III a intervenções na inviolabilidade do domicílio teria sido ultrapassado pelo novo Art. 13 III GG. Apesar de suas muitas salvaguardas, por seu teor ele não garantiria que o núcleo intangível da personalidade restasse poupado.

Os debates que os parlamentares travaram em seu processo legislativo teriam revelado segundo elas que as intensas limitações que acabaram sendo inseridas na redação final não teriam sido tão resolutamente intencionadas. Foram levantadas dúvidas baseadas nas próprias restrições técnicas do instrumentário que colocariam em xeque sua efetividade. Direitos a não prestar testemunho de alguns profissionais e outras dificuldades técnico-jurídicas apresentadas por alguns membros do Parlamento poderiam fazer com que qualquer medida pudesse ser impugnada, o que enfraqueceria o sentido de tão custosa emenda constitucional. As proibições do uso de provas beneficiariam mais a elite criminosa, porquanto ela poderia melhor planejar suas condutas delitivas, do que a mediana dos titulares do direito. De fato, a proibição do uso de elementos de prova incide sobre momento ulterior à escuta e às gravações. Chegar-se-ia, desse modo, a uma proteção ineficiente de terceiros que entrassem em contato com pessoas de fato investigadas.

Por fim, discordaram da opinião da maioria no Senado de que o inserido Art. 13 III GG pudesse se tornar compatível com a Constituição mediante uma interpretação constitucional-sistemática ou conforme a Constituição.

Primeiro, uma emenda constitucional precisa ser avaliada quanto à sua compatibilidade material com os princípios dos Art. 1 e 20 GG antes da criação de uma concordância entre normas de direitos fundamentais já existentes. As juízas não o disseram nestes termos, mas se trata da diferença elementar entre o direito constitucional objetivo criado diretamente pelo constituinte originário e aquele adicionado pelo constituinte derivado. O Art. 79 III GG que impõe limites ao constituinte derivado deveria ser interpretado, em sua qualidade de norma excepcional, restritivamente, a fim de não se postergar ao intérprete privilegiado que é o TCF a determinação do escopo de uma emenda. Não obstante, o TCF teria contornado o efeito de bloqueio da dignidade humana ao criar, pela via da interpretação sistemática com o Art. 1 I GG, restrições não escritas ao Art. 13 III GG. "Mas, dessa maneira, o conteúdo de dignidade humana da proteção do domicílio [...] serve apenas como uma ajuda de interpretação para salvar uma emenda em si inconstitucional a tornar-se constitucional".

No mais, o Art. 79 III GG não objetivaria apenas assegurar que determinados *standards* sejam observados na ordem jurídica, "mas, antes de tudo, os princípios por ele arrolados na própria Constituição". O Art. 13 III GG teria o efeito de excepcionar proteção jusfundamental da residência privada e, na interpretação conjunta com o Art. 13 I GG, seria *lex specialis* a afastar a aplicabilidade do Art. 1 I GG. Desse modo, estar-se-ia criando uma aparência de limitação permitida de direito fundamental que não cumpriria o *standard* constitucional garantido no Art. 79 III GG. Faltaria suficiente taxatividade sobre o que a mudança constitucional de fato acarretou. Como resposta, a maioria no Senado procederia, no seu entendimento, a uma interpretação da Emenda a fim de restringi-la a ponto de deixá-la ainda compatível com o Art. 79 III GG, declarando, "para compensar", inconstitucionais as normas infraconstitucionais baseadas na autorização inserida. Assim, "não se pode consertar direito constitucional inconstitucional", pois o que teria ocorrido é a inserção na *Grundgesetz* de um fundamento para intervenções no conteúdo de dignidade humana de direitos fundamentais.

Não se poderia resolver a incompatibilidade com interpretação conforme a Constituição da Emenda apenas porque ela não derrogou direta ou expressamente os princípios protegidos. O Art. 79 III GG pretende excluir a inserção de mudanças que já apenas tocassem esses princípios. O alcance do Art. 79 III GG seria bem maior ao daquele considerado pela maioria no Senado, contrapondo-se já ao início de um processo de desconstrução das posições jusfundamentais constituídas que se baseiem nos princípios do Estado de direito ou da garantia da dignidade humana. Para se evitar o risco de tais desconstruções, as Emendas Constitucionais deveriam ser consideradas, primeiro, em sua literalidade, e então contrapostas aos princípios constitucionais absolutamente protegidos dos Art. 1 e 20 GG.

Ao final, fizeram referência ao voto divergente dos juízes *Geller*, *v. Schlabrendorff* e *Rupp* na Decisão do TCF de 1971,[458] no qual alertaram para os riscos do uso de aparato técnico em relação aos quais todos já estaríamos resignados. A quebra do tabu da vigilância implicaria uma imagem do humano não mais condizente com uma democracia liberal típica do Estado de direito.

EMENTAS

1. O Art. 13 III GG, na redação da Lei de Emenda da *Grundgesetz* (Art. 13) de 26 de março de 1998 (BGBl. I, p. 610), é compatível com o Art. 79 III GG.

2. À inviolabilidade da dignidade humana do Art. 1 I GG pertence o reconhecimento de um núcleo de conformação da vida privada que é absolutamente protegido. Nessa área não pode intervir a vigilância acústica do domicílio para o propósito da

[458] Cf. BVerfGE 30, 1 (*Abhörurteil*) [**=Decisão I/#1**.].

persecução penal (Art. 13 III GG). Nesse ponto, não se admite uma ponderação orientada pelo princípio da proporcionalidade entre a inviolabilidade do domicílio (Art. 13 I c.c. Art. 1 GG) e o interesse da persecução penal.

3. Nem toda vigilância acústica do domicílio viola o conteúdo da dignidade humana contido no Art. 13 I GG.

4. A ordem judicial para efetuar vigilância acústica do domicílio deve conter garantias da inviolabilidade da dignidade humana bem como respeitar o conjunto das exigências típico-normativas do Art. 13 III GG e as demais prescrições constitucionais.

5. Se a vigilância acústica do domicílio, fundada em tal autorização [constitucional], conduzir ao levantamento de informações provenientes do núcleo absolutamente protegido da conformação da vida privada, deverá ser interrompida e as anotações feitas, apagadas; qualquer utilização dessas informações não é permitida.

6. As normas do Código de Processo Penal para a realização da vigilância acústica do domicílio para fins de persecução penal não satisfazem totalmente as exigências constitucionais em relação à proteção da dignidade humana (Art. 1 I GG), o princípio da proporcionalidade abrangido pelo princípio do Estado de direito, a garantia de efetiva proteção jurisdicional (Art. 19 IV GG) e o direito à oitiva judicial (Art. 103 I GG).

Decisão [*Urteil*] do Primeiro Senado de 3 de março de 2004

– 1BvR 2378/98, 1 BvR 1084/99 –

No processo das Reclamações Constitucionais 1.a) do Sr. Dr. N., falecido em 5 de maio de 2001, prosseguida por sua herdeira, Sra. N. – [...] –; b) do Sr. S. – [...] – contra o Art. 13 III–VI GG, na redação dada pelo Art. 1, n. 1 da Lei de Emenda da *Grundgesetz* (Artigo 13) de 26 de março de 1998 (BGBl. I, p. 610), e contra o Art. 2, n. 2, alínea *a* e n. 5 da Lei para Aperfeiçoamento do Combate à Criminalidade Organizada de 4 de maio de 1998 (BGBl. I, p. 845) – 1 BvR 2378/98 –; 2.a) do Sr. Dr. H.; b) da Sra. L.; c) do Sr. B.; d) da Sra. H.; e) do Sr. H... – [...] – contra a) diretamente a Lei para Aperfeiçoamento do Combate à Criminalidade Organizada de 4 de maio de 1998 (BGBl. I, p. 845),[459] b) indiretamente contra a Lei de Emenda da *Grundgesetz* (Artigo 13) de 26 de março de 1998 (BGBl. I, p. 610) – 1 BvR 1084/99 –.

Dispositivo:

1. A Reclamação Constitucional do Reclamante 1a é prejudicada devido ao seu falecimento.

---

[459] Sobre os três primeiros reclamantes como usual designados apenas pela primeira letra do sobrenome, membros do parlamento, incluindo a ex-Ministra *Leutheusser-Schnarrenberger*, cf. as referências já trazidas na nota 452. Mesmo antes de prolatada a Decisão, os três engajaram-se em debates públicos e acadêmicos. Cf., por exemplo, Hirsch (2003: 195 ss.).

2. Nos termos das razões [da presente Decisão] são incompatíveis as normas do Código de Processo Penal na redação da Lei para Aperfeiçoamento do Combate à Criminalidade Organizada de 4 de maio de 1998 (Diário da Leis Federais I, Página 845) e na redação de leis subsequentes:

§ 100c Parágrafo 1 Número 3, § 100d Parágrafo 3, § 100d Parágrafo 5 Período 2 e § 100f Parágrafo 1 com o Artigo 13 Parágrafo 1, Artigo 2 Parágrafo 1 e Artigo 1 Parágrafo 1 da *Grundgesetz*,

– § 101 Parágrafo 1 Período 1 e 2, no mais, com o Artigo 19 Parágrafo 4 da *Grundgesetz*,

– § 101 Parágrafo 1 Período 3 com o Artigo 103 Parágrafo 1 da *Grundgesetz* e

– § 100d Parágrafo 4 Período 3 em conexão com o § 100b Parágrafo 6 com o Artigo 19 Parágrafo 4 da *Grundgesetz*.

3. De resto, são indeferidas as Reclamações Constitucionais dos Reclamantes 1b e 2.

4. A República Federal da Alemanha deve ressarcir os Reclamantes dois terços de suas custas necessárias.

RAZÕES

A.I.1. – 2.a) – b), II.1.a) – b), 2.a) – b), III.1.a) – b), 2.a) – b), 3. – 7., IV. [...]

B.

As Reclamações Constitucionais são, em sua maior parte, admitidas.

I. – III.1. – 2.a) – b) [...]

C.

As Reclamações Constitucionais são, na extensão de suas [respectivas] admissibilidades, parcialmente procedentes. A Emenda Constitucional ao Art. 13 III GG até atende às exigências do Art. 79 GG. Porém, os dispositivos impugnados do Código de Processo Penal não são totalmente compatíveis com a *Grundgesetz*.

O Art. 13 III GG introduzido por Emenda Constitucional, é constitucional.

1. O Art. 13 III GG permite uma limitação do direito fundamental à inviolabilidade de domicílio previsto no Art. 13 I GG. Esse direito fundamental outorga ao indivíduo um espaço vital elementar, assegurando-lhe o direito de lá não ser molestado [direito de "ser deixado em paz"] (cf. BVerfGE 32, 54 [75]; 42, 212 [219]; 51, 97 [110]). O Art. 13 I GG protege a esfera privada espacial, principalmente na figura de um direito de resistência à intervenção estatal (cf. BVerfGE 7, 230 [238]; 65, 1 [40]). A norma contém a proibição, por princípio dirigida ao titular de poder público, de adentrar e permanecer no domicílio contra a vontade de seu titular (cf. BVerfGE 76, 83 [89 s.])

assim como de instalar e usar aparelhos de escuta no interior do domicílio (cf. BVerfGE 65, 1 [40]).

Quando da criação da *Grundgesetz*, o direito fundamental do Art. 13 I GG servia, originariamente, à proteção do morador contra a presença física indesejada de representante do poder público. Desde então surgiram novas possibilidades de periclitação do direito fundamental que se somaram àquela [tradicional]. Os atuais avanços tecnológicos permitem a penetração na esfera domiciliar também de outra maneira. O propósito de proteção da norma fundamental restaria prejudicado se a proteção contra a vigilância do domicílio por meio de instrumentos técnicos, mesmo que sejam instalados fora do domicílio, não fosse abrangida pelo Art. 13 I GG. O Art. 13 III GG estabelece, assim, uma limitação constitutiva do direito fundamental do Art. 13 I GG.

2. O Art. 13 III GG foi instituído de maneira legítima do ponto de vista formal.

O Art. 13 III GG foi introduzido na *Grundgesetz* pela Lei de Emenda à *Grundgesetz* de 26 de março de 1998 que complementou expressamente o texto constitucional (cf. Art. 79 I GG). A Lei de Emenda Constitucional foi promulgada com a devida maioria de dois terços da Câmara Federal (*Bundestag*) e do Conselho Federal (*Bundesrat*), em conformidade com o Art. 79 II GG.

3. O legislador titular do poder constituinte derivado observou também os limites jurídico-materiais estabelecidos na *Grundgesetz* para alterações constitucionais.

a) O Art. 79 III GG proíbe alterações constitucionais pelas quais sejam atingidos os princípios estabelecidos nos Art. 1 e 20 GG. A eles pertence a ordem de observância e proteção da dignidade humana (Art. 1 I GG), mas também o reconhecimento da inviolabilidade e indisponibilidade dos direitos humanos como fundamento de qualquer comunidade humana, da paz e da justiça (Art. 1 II GG). Em combinação com a referência do Art. 1 III GG aos direitos fundamentais subsequentes, suas outorgas [derivadas dos Art. 1 e 20 GG] foram por princípio retiradas do [poder do] legislador de restringi-las, uma vez que são irrenunciáveis para a manutenção de uma ordem firmada em consonância com o Art. 1 I e II GG (cf. BVerfGE 84, 90 [121]).

Da mesma forma, devem ser observados os elementos fundamentais dos princípios do Estado de direito e do Estado social expressos no Art. 20 I e III GG.

O Art. 79 III GG é uma norma de exceção a ser interpretada restritivamente, o que não impede o titular do poder constituinte derivado de modificar as fixações de direito positivo desses princípios por razões racionais (cf. BVerfGE 84, 90 [120 s.]; 94, 49 [102 s.]). O TCF deve respeitar o direito do titular do poder constituinte derivado de modificar, limitar ou até revogar alguns direitos fundamentais, desde que não sejam atingidos os princípios estabelecidos nos Art. 1 e 20 GG. Modificações das determinações de direito positivo desses princípios decorrentes de razões racionais não são vedadas ao constituinte (cf. BVerfGE 94, 49 [103 s.]). Aquilo que no âmbito de alguns direitos fundamentais pertence ao conteúdo da garantia do Art. 1 I GG deve ser definido autonomamente por interpretação da respectiva norma de direito fundamental.

Alterações constitucionais não devem ser medidas pela garantia do conteúdo essencial do Art. 19 II GG. Essa garantia vincula o legislador comum, mas não o legislador titular do poder constituinte derivado. Uma afetação do conteúdo essencial na acepção do Art. 19 II GG pode, no caso concreto, até influenciar, concomitantemente, o conteúdo de dignidade humana protegido pelo Art. 79 III GG. Não obstante, o conteúdo essencial não pode ser equiparado ao conteúdo da dignidade humana. Uma possível congruência, no caso concreto, não modifica em nada o fato de que o parâmetro para uma modificação constitucional limitante de um direito fundamental é tão somente o conteúdo [específico] relativo à dignidade humana de um direito fundamental protegido pelo Art. 79 III GG.

b) O Art. 13 III GG é compatível com a garantia da dignidade humana do Art. 1 I GG. O parâmetro da dignidade humana deve ser concretizado mais detalhadamente com vistas à situação específica na qual se pode chegar em caso de conflito. A vigilância acústica de dependências domiciliares para fins de persecução penal em geral não viola o conteúdo de dignidade humana do Art. 13 I GG e Art. 2 I c.c. Art. 1 I GG. Porém, o tipo e o modo da realização da vigilância acústica domiciliar podem levar a uma situação na qual a dignidade humana restará violada. Para que isso seja evitado, o Art. 13 III GG expressamente especifica as providências jurídicas a serem tomadas; somam-se a elas outros pré-requisitos construídos por interpretação constitucional. A autorização constitucional para a introdução da vigilância acústica domiciliar contida no Art. 13 III GG não fere, por isso, o Art. 79 III GG, pois a indispensável regulamentação legal pode e precisa garantir que a dignidade humana, no caso concreto, não será violada. A autorização do Art. 13 III GG somente abrange a promulgação de normas que o garantam.

aa) A dignidade humana é princípio constitutivo básico e o mais elevado valor constitucional (cf. BVerfGE 6, 32 [36]; 45, 187 [227]; 72, 105 [115]). O conteúdo de garantia desse conceito, que é baseado em valorações, necessita ser concretizado. Isso acontece, na jurisprudência, com a observância do caso concreto, atentando-se para o respectivo âmbito de vida no contexto da regulamentação e com a formação de grupos de casos e exemplos de regulamentações (em relação ao Art. 100 BV [Constituição do Estado de *Bayern*], cf., por exemplo, a decisão do Tribunal Constitucional Estadual de *Bayern*, publicada em BayVB1. 1982, p. 47 [50]). Nesses casos, o conceito da dignidade humana é frequentemente descrito a partir do processo de sua violação (cf. BVerfGE 1, 97 [104]; 27, 1 [6]; 30, 1 [25]; 72, 105 [115 ss.]). Partindo-se das experiências da época do nacional-socialismo, encontravam-se, antes de tudo, no centro de suas ponderações, ocorrências como abuso, perseguição e discriminação. Trata-se principalmente, como o TCF formulou, em uma de suas primeiras decisões, da proteção "contra humilhação, estigmatização, perseguição, banimento etc." (cf. BVerfGE 1, 97 [104]). Mais tarde, a garantia da dignidade humana passou a ser parâmetro em face de novas ameaças de violação, tais como, nos anos 1980, diante do abuso no levantamento e na utilização de dados (cf. BVerfGE 65, 1). No contexto do tratamento [revisão reparadora] das injustiças praticadas na República Democrática Alemã, a violação de princípios humanistas, entre outros, sob o prisma do levantamento e da transmissão de informações, passou a ser objeto da jurisprudência (cf. BVerfGE 93, 213 [243]). Atualmente, principalmente as questões que versam sobre a identidade pessoal e a integridade psíquico-social norteiam as discussões sobre o conteúdo da dignidade humana.

(1) O TCF enfatizou, repetidamente, que não é compatível com a dignidade da pessoa tomá-la como mero objeto do poder público (cf. BVerfGE 30, 1 [25 s. e 39 ss.]; 96, 375 [399]). Assim, não pode um criminoso ser tratado com violação de sua pretensão à valorização e ao respeito e, destarte, transformado em mero objeto do combate à criminalidade e da execução penal (cf. BVerfGE 45, 187 [228]; 72, 105 [116]).

No entanto, ao desempenho da fórmula do objeto são impostos limites (cf. BVerfGE 30, 1 [25]). Não raramente, a pessoa é mero objeto não apenas das condições e do desenvolvimento sociais, mas também do Direito ao qual se submete. Não restará já violada a dignidade humana pelo fato de alguém tornar-se destinatário de medidas da persecução penal, mas, com certeza, quando a qualidade de sujeito do atingido for posta em xeque pelo tipo das medidas adotadas. Esse é o caso quando o tratamento pelo poder público deixar de considerar o valor inerente a cada ser humano. Tais medidas também não podem ser adotadas para atender aos interesses da efetividade da Justiça penal e da busca da verdade.

Nesse contexto, um procedimento sigiloso do Estado ainda não viola, em si, o absolutamente protegido direito ao respeito. Se alguém for feito objeto de observação, isso não implica necessariamente uma inobservância de seu valor como pessoa. Junto às observações, porém, deve ser preservado um núcleo inviolável da conformação da vida privada (sobre sua garantia, cf. BVerfGE 6, 32 [41]; 27, 1 [6]; 32, 373 [378 s.]; 34, 238 [245]; 80, 367 [373]). Se o Estado nele penetrar, isso violará a liberdade que foi atribuída a toda pessoa de desenvolvimento em seus assuntos personalíssimos. Nem mesmo interesses preponderantes da coletividade podem justificar uma intervenção nesse núcleo absolutamente protegido da conformação da vida privada (cf. BVerfGE 34, 238 [245]).

(2) A proteção da dignidade humana também é concretizada no direito fundamental do Art. 13 I GG. A inviolabilidade do domicílio está intimamente relacionada com a dignidade humana e, ao mesmo tempo, está correlacionada ao mandamento constitucional da observância incondicional de uma esfera do cidadão em face de um exclusivamente privado – um "personalíssimo" – desenvolvimento. Ao indivíduo deve ser garantido o direito de ser deixado em paz, principalmente em suas dependências domiciliares (cf. BVerfGE 75, 318 [328]; vide também: BVerfGE 51, 97 [110]).

Do desenvolvimento da personalidade no núcleo da conformação privada da vida faz parte a possibilidade de expressar processos internos como sensações e sentimentos bem como pensamentos, pontos de vista e experiências de natureza personalíssima, sem temer que órgãos estatais vigiem tais expressões. A proteção compreende também expressões de sentimentos, expressões de experiências inconscientes e formas de expressão da sexualidade. A possibilidade do correspondente desenvolvimento pressupõe que o indivíduo disponha de um espaço livre, adequado para tanto. A comunicação confidencial também necessita de um substrato espacial, em todo caso naquelas hipóteses em que o ordenamento jurídico prevê uma proteção especial em prol da conformação personalíssima da vida na qual os cidadãos confiam. Esse é normalmente o domicílio privado, que pode ser fechado a outrem. Se o indivíduo dispuser de tal espaço, poderá ficar a sós consigo e desenvolver-se livremente segundo os preceitos estabelecidos por ele mesmo. O domicílio privado é, como "último refúgio", um meio de preservação da dignidade humana. Ainda que isso não requeira uma proteção absoluta dos cômodos do domicílio privado, mas, com certeza, a absoluta proteção do comportamento dentro desses cômodos, desde que ele represente desenvolvimento individual no núcleo da conformação da vida privada.

(3) Essa proteção não pode ser enfraquecida por sua ponderação baseada no princípio da proporcionalidade com os interesses da persecução penal (cf. BVerfGE 34, 238 [245]; cf. também: BVerfGE 75, 369 [380]; 93, 266 [293]). Em verdade, sempre existirão formas especialmente graves de criminalidade e correspondentes situações de suspeita que fazem parecer a muitos a efetividade da administração da justiça penal, em sua qualidade de interesse relativo ao bem-estar coletivo, como sendo mais importante do que a proteção da dignidade humana do acusado. Tal valoração [hierarquização de valores e interesse] é, no entanto, defesa ao Estado por força do Art. 1 I e do Art. 79 III GG.

bb) A vigilância acústica domiciliar para fins da persecução penal viola, então, a dignidade humana quando o núcleo da conformação da vida privada não for respeitado.

A subsunção de uma situação fática sob o núcleo intocável depende da constatação de se ela, segundo seu conteúdo, tem caráter personalíssimo, ou seja, também de como e com que intensidade ela por si tangencia a esfera de outrem ou os interesses da coletividade (cf. BVerfGE 80, 367 [374]). Determinantes são as peculiaridades de cada fato (cf. BVerfGE 34, 238 [248]; 80, 367 [374]). Decisivo é saber se está presente uma situação na qual, com base em indícios concretos ou tipicamente e não havendo fundamentos fáticos contrários, o núcleo intocável da conformação da vida privada é atingido no caso concreto, como, por exemplo, no processo da observação de expressões dos sentimentos mais íntimos ou de formas de expressão da sexualidade.

cc) A autorização para a introdução da vigilância acústica domiciliar no Art. 13 III GG não viola o Art. 79 III c.c. Art. 1 I GG porque ela possibilita tão somente regulamentações legais e medidas administrativas naquelas baseadas que respeitem esses limites. Limitações da autorização constitucional encontram-se, primeiro, no Art. 13 III GG. No mais, resultam de outras normas constitucionais sob a égide de uma interpretação constitucional sistemática. Na extensão em que elementos do princípio da proporcionalidade tornaram-se relevantes, eles não colocam em xeque o caráter absoluto da proteção da dignidade humana. O princípio da proporcionalidade deve ser, ao contrário, aplicado como outra restrição [à atuação estatal] apenas quando uma medida de escuta não violar a dignidade humana. Entretanto, correspondentes restrições da autorização da vigilância domiciliar acústica objetivam também excluir o risco de se ferir o conteúdo de dignidade humana do Art. 13 III GG na execução das medidas.

(1) O Art. 13 III GG disciplina os pressupostos materiais e formais da juridicidade da intervenção. A vigilância acústica é apenas permitida segundo o Art. 13 III 1 GG para a persecução de crimes definidos em lei como especialmente graves, quando uma suspeita for fundamentada mediante fatos determinados (cf. BTDrucks. 13/8650, p. 4 ss.). O constituinte derivado deve ter em foco especialmente crimes que sejam cometidos tipicamente por bandos organizados, especialmente por infratores [investigados] que façam parte da assim chamada criminalidade organizada (cf. BTDrucks. 13/8650, p. 4; 13/9660, p. 3). O esclarecimento de tais crimes em regra não se esgota com a possibilidade de oferecimento de denúncia, a condenação e a execução da pena. Caso seja alcançado o objetivo perseguido pelo constituinte derivado documentado nos materiais legislativos de entrar no seio de tal criminalidade organizada e possibilitar o desbaratamento de suas estruturas, existe a chance de isso servir, ao mesmo tempo, indiretamente à prevenção de outros crimes.

No mais, o Art. 13 III GG exige que o exame dos fatos não seja por outro modo desproporcionalmente dificultado ou impossibilitado. Dessa maneira, esclarece-se no próprio texto constitucional que a medida de escuta [ambiental, espacial] é uma intervenção especialmente grave no direito fundamental à proteção do domicílio, *ultima ratio* da persecução penal. A vigilância de um domicílio apenas vem à pauta se e enquanto o acusado presumivelmente estiver nele.

O constituinte derivado assegurou, complementar e jurídico-processualmente, a observância dos pressupostos jurídico-constitucionais por meio da exigência de um mandado judicial da medida de vigilância. No caso, prescreveu que a ordem deve ser em princípio prolatada por órgão judicial composto por três juízes e que seja aprazada.

(2) No Art. 13 III GG não foram descritos expressamente todos os limites que decorrem do mandamento de proteção absoluta do núcleo intocável da conformação da vida privada para a realização da vigilância acústica domiciliar com o propósito da persecução penal. Outros limites resultam – como ocorre junto a todas as normas de direito fundamental – de outros dispositivos constitucionais.

O constituinte derivado não é igualmente impedido, ao proceder a modificações em normas de direito fundamental, de normatizar novamente todas as regras jurídico-constitucionais [que são] de qualquer modo determinantes. O reexame com base no parâmetro do Art. 79 III GG submete-se ao Art. 13 III GG em conexão com tais outros pressupostos constitucionais.

(a) Os limites ao direito fundamental inserido por Emenda Constitucional devem ser assim interpretados sistematicamente com apoio em outras normas de direito fundamental, especialmente no Art. 1 I GG e mediante aplicação do princípio da proporcionalidade (cf. BVerfGE 30, 1 [20 s.]). Os limites da interpretação do direito constitucional valem também para uma norma criada por meio de Emenda Constitucional quando a uma norma clara, segundo seu teor e sentido, for dado um sentido oposto, que fundamentalmente inova o conteúdo normativo da norma a ser interpretada ou que ignora seu objetivo normativo em um ponto substancial (cf. BVerfGE 11, 77 [84 s.]; 33, 52 [69]; 54, 277 [299]; 82, 1 [11 ss.]).

(b) Não existe no presente caso fundamento para a tese da extrapolação desses limites. Isso porque o Art. 13 III GG autoriza tão somente uma configuração legal que leve suficientemente em consideração os limites à intervenção exigidos pelo Art. 1 I GG. De modo complementar, deve-se se valer do princípio da proporcionalidade. Tal interpretação não está em contradição com a vontade do constituinte derivado.

Até existiram nas discussões do Processo da Emenda Constitucional controvérsias concernentes às exigências jurídicas a serem criadas para uma vigilância domiciliar acústica, mas esforços por modificações da redação final do Art. 13 III GG não foram bem-sucedidos. Nisso manifestou-se a vontade do constituinte derivado de excluir outras concretizações por meio de outras normas constitucionais. Nesse sentido, chamou-se expressamente a atenção no relatório da Comissão de Justiça da Câmara

Federal sobre a Proposta de Emenda Constitucional ao Art. 13 GG para o fato de a vigilância domiciliar eletrônica estar, desde o início, fora de cogitação quando um fato se subsumir no âmbito nuclear intocável de configuração vital privada. Ilustrativamente foram nomeados aqui o diálogo de aconselhamento espiritual e o diálogo estritamente pessoal com os familiares mais próximos. Acrescentado foi que o princípio da proporcionalidade deveria ser aplicado quando o âmbito nuclear protegido não fosse absolutamente atingido. Para esse caso, indicou-se outra condição, [qual seja,] a de manipular os pressupostos de admissibilidade da intervenção de modo tão mais rigoroso, quanto mais intensa mostrar-se a vigilância no caso particular (cf. BTDrucks. 13/9660, p. 4). Essas considerações revelam que também o constituinte derivado partiu da necessidade de uma interpretação restritiva especialmente orientada pela dignidade humana do Art. 13 III GG. Ele considerou que essa exigência, mesmo sem mais precauções expressas, foi cumprida pelo Art. 13 III GG que é, de todo modo, muito detalhado.

A recusa de pedidos de introdução de mais limitações no Art. 13 III GG, especialmente de direitos de recusa a prestar testemunho, não significou que por isso fosse desrespeitada a função de parâmetro da garantia da dignidade humana no quadro de uma norma constitucional emendada. Declarações nesse sentido não podem ser encontradas nem mesmo nas atas das discussões parlamentares. A função de parâmetro de outras normas constitucionais ao lado do Art. 13 III GG foi, pelo contrário, expressamente destacada, assim, por exemplo, pelo Deputado *Schily*, quando sustentou que, para a decisão sobre se uma medida de vigilância acústica possa ocorrer, o Art. 1 GG teria de ser observado; isso poderia levar à conclusão de que aquela medida desde o início não poderia ter acontecido (cf. Membro da Câmara Federal Schily, 214. Sessão da 13. Legislatura da Câmara Federal de 16 de janeiro de 1998, Relatório Estenográfico, vol. 191, p. 19549). De resto, o Deputado também mencionou que no Art. 13 III GG não precisariam estar sedimentadas as garantias constitucionais que valem de todo modo (cf. Membro da Câmara Federal Schily, 197. Sessão da 13. Legislatura da Câmara Federal de 9 de outubro de 1997, Relatório Estenográfico, vol. 189, p. 17694).

(c) O Art. 13 III GG deve ser entendido de tal sorte a que sua configuração legal [infraconstitucional] tenha de excluir o levantamento de informações por meio de vigilância acústica naqueles âmbitos nos quais a medida de investigação penetre no âmbito intocável da configuração vital privada protegido pelo Art. 13 I em conexão com o Art. 1 I e Art. 2 I GG.

dd) Indispensáveis são, destarte, regulamentações legais que assegurem, em observância ao princípio da clareza normativa, que o tipo e o modo da vigilância acústica domiciliar não conduzam a uma violação da dignidade humana. A vigilância não poderá ser *ab initio* realizada naquelas situações nas quais existam elementos que indiquem que a dignidade humana será violada pela medida. Se, de resto, a vigilância acústica do domicílio conduzir inesperadamente ao levantamento de informações absolutamente protegidas, terá de ser interrompida e as anotações feitas, apagadas; qualquer utilização de dados assim levantados absolutamente protegidos no âmbito da persecução penal não é permitida.

(1) Medidas para a proteção da dignidade humana não são exigidas somente em situações nas quais o indivíduo esteja só consigo, mas também quando se comunica com terceiros (cf. BVerfGE 6, 389 [433]; 35, 202 [220]). Também no âmbito nuclear de sua personalidade o ser humano realiza-se como pessoa necessariamente em relações sociais (cf. BVerfGE 80, 367 [374]). Por isso, a classificação de um fato ao âmbito intocável da configuração vital privada ou – desde que ele não seja atingido – ao âmbito social que sob determinados pressupostos está sujeito ao acesso estatal não pode depender da existência por excelência de um significado ou relação social; decisivo é, ao contrário, definir qual o tipo e quão intensos eles são no caso concreto (cf. BVerfGE 80, 367 [374]).

(2) Conversas que contenham dados sobre delitos cometidos não pertencem, segundo seu conteúdo, ao núcleo intocável da conformação da vida privada (cf. BVerfGE 80, 367 [375]). Não obstante, disso não se deduz que qualquer conexão entre a suspeita de crime cometido e as declarações do acusado seja suficiente para a afirmação da presença de uma relação social. Registros escritos ou declarações no diálogo que, por exemplo, reproduzam exclusivamente impressões internas e sentimentos e que não contenham referências a crimes concretos, não adquirem uma [conotação de] relação pública somente porque podem [em tese] revelar as causas ou os motivos de um comportamento criminoso. Por sua vez, uma relação social suficiente existe junto a declarações que se relacionem diretamente com um crime concreto. [...].

(3) Uma escuta da palavra não pública dita em residências não deve ocorrer a fim de se evitarem intervenções no núcleo da conformação da vida privada, quando alguém se encontrar só na residência ou exclusivamente com pessoas com as quais tenha uma relação de confiança especial, relação essa que toque o núcleo [em pauta], como, por exemplo, familiares ou demais pessoas muito íntimas, e quando não existirem elementos concretos que apontem que os conteúdos dos esperados diálogos possam indicar uma concreta relação com delitos.

É verdade que nem todos os diálogos que um particular mantém com seus conhecidos mais próximos no domicílio pertencem ao âmbito nuclear da configuração vital privada. Há, contudo, uma presunção disso no interesse da efetividade da proteção da dignidade humana. Medidas de escuta são defesas quando for provável que com elas serão atingidos diálogos absolutamente protegidos.

(4) Para a classificação de dada situação fática, o conteúdo da conversa é determinante.

Certeza sobre a correlação ao âmbito do estritamente pessoal ou ao âmbito social pode ser conseguida normalmente apenas após o levantamento da informação. A proteção do âmbito nuclear de configuração vital privada exige que antes das medidas de vigilância domiciliar acústica estejam presentes elementos fáticos de apoio, a partir dos quais se possa deduzir, pelo menos de modo típico, que o diálogo não tenha por objeto o âmbito do estritamente pessoal. A medida investigativa não pode ocorrer quando a escuta da palavra não publicamente dita, provavelmente conduzir a uma violação do âmbito nuclear.

Os órgãos de persecução penal devem, assim, observar desde o início de uma medida, no quadro de um prognóstico por eles realizado, possíveis indicadores de ações relevantes do ponto de vista do âmbito nuclear. Isso também é possível na prática.

(a) Os primeiros elementos para a avaliação da situação podem resultar do tipo das dependências a serem vigiadas.

(α) Assim, as conversas tidas em dependências empresariais e escritórios têm tipicamente um caráter comercial e com isso uma relação social (cf. BVerfGE 34, 238 [248]). [...].

(β) Uma presunção de conversas provenientes do núcleo inviolável existe no caso de dependências nas quais se reserva tipicamente, ou no caso concreto, a função de área de refúgio da conformação privada da vida. [...].

(b) Também há de se considerar que a probabilidade de se penetrar no núcleo da personalidade por meio de medidas de vigilância aumenta ou diminui a depender de quem se encontra na residência a ser vigiada.

Um ponto importante de referência para a [verificação da] relevância em termos de dignidade humana do conteúdo de diálogo é a presença de pessoas da mais pessoal confiança. O indivíduo constitui sua personalidade em primeira linha no intercâmbio com outros, ou seja, na comunicação. Casamento e família têm nesse ponto um significado especial para a comunicação no âmbito mais pessoal, justamente também em âmbito íntimo. Assim, uma possível comunicação tematicamente sem limite na confiança matrimonial baseia-se na expectativa que seu objeto não será conhecido por externos. Nada diferente vale para diálogos com outros familiares próximos, por exemplo, com irmãos e parentes em linha direta, especialmente se conviverem. Ao lado do Art. 13 I GG, deve ser considerado aqui também o Art. 6 I e II GG.[460]

A proteção do âmbito nuclear da configuração vital privada abrange também a comunicação com outras pessoas da confiança especial (cf. BVerfGE 90, 255 [260]). Seu círculo corresponde apenas parcialmente aos legitimados nos §§ 52 e 53 StPO à recusa de prestar testemunho. As proibições de escuta resultantes do âmbito nuclear da configuração vital privada não são idênticas àquelas existentes para a proteção da relação de confiança entre os lá mencionados parentes e acusados. Preferencialmente, deve ser levada em consideração, ao contrário, a situação de coerção da testemunha que se submete a uma obrigação de verdade e que tenha de temer causar danos a um parente. O direito de recusar a prestar testemunho conecta-se, no mais, com o critério formal da relação de parentesco e não com uma relação especial de confiança, como aquela que pode existir especialmente em relação a amigos pessoalmente próximos. O § 53 StPO protege segundo seu princípio elementar a relação de confiança entre a testemunha e o acusado. Não obstante, também essa proteção não existe em todos os casos do § 53 StPO em prol da dignidade humana do acusado e seus interlocutores. Esse entendimento está correto, todavia, no caso do diálogo de orientação espiritual com um clérigo. Assim, a proteção da confissão ou das conversas com caráter de confissão pertence ao conteúdo jurídico-constitucional relativo à dignidade humana do exercício da religião no sentido do Art. 4 I e II GG. Também à conversa com o defensor penal atribui-se a função relevante à proteção da dignidade humana de poder influenciar no sentido de o acusado não se tornar mero objeto no processo penal. Consultas médicas podem ser, no caso particular, classificadas como pertencentes ao âmbito nuclear da configuração vital privada (cf. BVerfGE 32, 373 [379]). Por sua vez, os direitos de recusa a prestar testemunho dos membros da imprensa e dos parlamentares não têm nenhuma relação direta com o âmbito nuclear da configuração vital privada. Eles são protegidos por causa da capacidade funcional das instituições, mas não por causa da proteção da personalidade.

(5) Uma escuta de domicílios privados tem de ser limitada, mesmo quando for em princípio permitida, a situações de diálogo que provavelmente contenham conteúdos relevantes ao processo penal. Em caso afirmativo, deve-se garantir mediante idôneas investigações preliminares que se deixe intocada a proteção do âmbito nuclear da configuração vital privada, que a vigilância domiciliar acústica permaneça restrita a acontecimentos na casa que sejam relevantes do ponto de vista jurídico-processual. Não se pode, por exemplo, intervir no absoluto âmbito nuclear da configuração vital

---

460 Parágrafos do Art. 6 GG que tutelam, respectivamente, os direitos fundamentais ao casamento e à família e ao poder parental (especialmente à educação dos filhos). Cf. Martins (2019-b: 5–34).

privada para então verificar se o levantamento da informação se relaciona a esse âmbito.

Uma vigilância temporal e espacial "24 horas" já será normalmente inadmissível porque a grande probabilidade é que diálogos altamente pessoais sejam ouvidos. A dignidade humana também é violada quando uma vigilância estender-se por um lapso temporal longo e for de tal sorte abrangente que todos os movimentos e declarações vitais do atingido possam ser registrados quase sem lacunas e usados como base de um perfil de personalidade (sobre esse risco: cf. BVerfGE 65, 1 [42 s.]).

(6) Desde que não esteja presente uma proibição da execução de vigilância domiciliar acústica devido a fortes indícios externos de provavelmente serem atingidos diálogos absolutamente protegidos, podem ser as conversas do acusado escutadas com vistas a verificar-se se contêm informações que possam ser utilizadas no processo penal. Uma imprescindível primeira "olhada" para a avaliação do conteúdo da conversa não é, atendidos esses pressupostos, constitucionalmente questionável em face do aspecto da proteção da dignidade humana. Contudo, uma discrição maior possível deve ser garantida por meio de medidas adequadas (cf. BVerfGE 80, 367 [375, 381]). Assim, a proteção do Art. 1 I GG pode tornar imprescindível que, no momento da escuta de um domicílio privado, desista-se da gravação automática dos diálogos escutados para restar possível interromper, em qualquer momento, a medida investigativa.

Se no quadro de uma vigilância domiciliar acústica ocorrer uma situação que tenha de ser classificada como pertencente ao âmbito nuclear da configuração vital privada, a vigilância tem de ser interrompida. A despeito disso, gravações já feitas precisam ser apagadas. A entrega e o uso das informações [assim] obtidas são proibidos. O Art. 13 III GG tem de ser interpretado no sentido de que, no caso de gravações dessa natureza, deve haver proibições de uso de prova (sobre o lastreamento constitucional de tais mandamentos cf. BVerfGE 44, 353 [383 s.]; cf. também: BVerfGE 34, 238 [245 ss.]).

c) O Art. 13 III GG também não viola princípios inerentes à natureza do Estado de direito. [...].

[...].

II.

A autorização legal para proceder à vigilância acústica domiciliar no § 100c I, n°. 3, II e III StPO e a regulamentação da proibição do levantamento e da utilização de provas no § 100d III StPO não observam suficientemente as exigências tanto do Art. 13 I e III GG quanto do Art. 2 I c.c. Art. 1 I GG, tendo em vista a proteção da área intocável da conformação da vida privada, a serem feitas à configuração do catálogo de crimes [sujeitos às medidas de intervenção] e, no mais, à observância do princípio da proporcionalidade. Esses dispositivos são apenas parcialmente compatíveis com a *Grundgesetz*.

1. Parâmetros para o exame de constitucionalidade das autorizações da vigilância acústica domiciliar contidas no Código de Processo Penal [StPO] são, sobretudo, o Art. 13 I e III GG e ao lado dele o Art. 2 I c.c. Art. 1 I GG. Pelas medidas possibilitadas pelas normas podem ser, todavia, atingidos também outros direitos fundamentais, como, principalmente, o Art. 4 I e II bem como o Art. 6 I e II GG.

a) O direito geral da personalidade derivado do Art. 2 I c.c. Art. 1 I GG não é, entretanto, aplicado ao lado do Art. 13 I GG quando se têm de examinar intervenções na esfera privada espacial do morador.

O Art. 13 I GG contém uma garantia especial de proteção da esfera privada espacial contra a vigilância acústica estatal, o que até aqui afasta a [aplicabilidade da] norma geral (cf. BVerfGE 100, 3131 [358] para o [caso similar do] Art. 10 GG). Por causa dessa ampla área de proteção do Art. 13 GG, a especialidade atua não somente em face da vigilância estatal propriamente dita, mas é também estendida aos necessários atos preparatórios e aos processos de manipulação de informações e dados que seguem ao levantamento e à utilização das informações conseguidas (cf. BVerfGE 100, 313 [359]).

Com o direito de não ser molestado na residência e com o direito à própria palavra falada dentro da residência, o Art. 13 I GG protege justamente a parte da esfera privada que normalmente é garantida pelo direito geral de personalidade [do Art. 2 I GG]. Esse direito complementa, como direito de liberdade inominado, os direitos de liberdade especiais que igualmente protegem elementos constituintes da personalidade (cf. BVerfGE 54, 148 [153 s.]) somente nos casos em que esses últimos não ofereçam proteção.

b) A proteção do direito geral de personalidade do Art. 2 I c.c. Art. 1 I GG servirá, ao contrário, de parâmetro quando for afirmado por aquelas [outras] pessoas atingidas pela vigilância domiciliar que não puderem se valer do Art. 13 I GG. Titular do direito fundamental do Art. 13 I GG é todo possuidor ou morador de uma residência, independentemente de quais relações jurídicas disciplinem a utilização da moradia. Esse direito fundamental estende-se a todos os moradores de uma residência, no caso de serem vários, e, no caso de famílias, portanto, a todos os seus membros. Medidas de vigilância domiciliar podem afetar não apenas os moradores, mas igualmente aqueles que se encontrem por acaso na moradia [objeto da medida de vigilância]. Essas pessoas até não foram atingidas em seu direito fundamental do Art. 13 I GG, mas em seu direito geral de personalidade. A proteção derivada do Art. 2 I c.c. Art. 1 I GG não pode, entretanto, ir além da proteção derivada do Art. 13 I GG.

c) Finalmente, a proteção da esfera privada espacial e o direito geral de personalidade podem ser em alguns casos complementados por outras garantias de direito fundamental. Com efeito, a conversa entre cônjuges em sua própria residência não é somente protegida pelo Art. 13 I GG, mas também, complementarmente, pelo Art. 6 I GG [proteção do casamento]. Também em relação à comunicação com portadores de segredos profissionais podem vir à pauta, ao lado da proteção da esfera privada espacial, direitos fundamentais que – como o do Art. 4 GG, no que concerne ao diálogo com um religioso – sejam destinados às especiais necessidades de proteção dos interlocutores.

2. A autorização legal impugnada de escuta e registro de conversas domiciliares possibilita intervenções nos direitos fundamentais do Art. 13 I e no Art. 2 I c.c. Art. 1 I GG.

a) Uma intervenção no direito fundamental à inviolabilidade do domicílio reside tanto na penetração física na moradia e na instalação de meios técnicos nos cômodos protegidos quanto na escuta daquilo que ocorre em seus interiores com o auxílio de meios acústicos (veja o retro apresentado: **C.I.1**). Essa intervenção é continuada com a gravação e a utilização das informações obtidas e e sua entrega a outras repartições públicas.

Toda forma de vigilância acústica ou visual domiciliar representa uma intervenção, pouco importando se a intervenção é feita com emprego de meios técnicos instalados nos ambientes protegidos ou fora do domicílio, tais como, por exemplo, a utilização de microfones direcionados (cf. Tribunal Constitucional do Estado-Livre de *Sachsen*, LVerfGE 4, 303 [383]). Isso apenas vale, porém, quando a vigilância externa captar aquele [determinado] ocorrido dentro do domicílio que escape à percepção natural de quem está fora do âmbito espacial protegido.[461] A percepção da comunicação dada no domicílio e audível fora dele sem auxílio de meios técnicos também pode atingir sua privacidade dela. Mas tais expressões da vida não participam da proteção de direito fundamental do Art. 13 GG porque o atingido não se vale da esfera privada espacial para sua proteção quando ele mesmo possibilitar a percepção da comunicação de fora da residência.

b) A vigilância acústica domiciliar intervém, além disso, no direito geral de personalidade quando forem atingidas pessoas que se encontrarem por acaso dentro

[461] Assim, por exemplo, ocorre com o levantamento e registro de uma informação obtida a partir de uma conversa na qual os interlocutores falem alto tão nitidamente que seja perceptível do lado de fora do domicílio e sem a ajuda de meios técnicos. Desse modo, ela não representa uma intervenção na área de proteção do Art. 13 I GG, mas eventual e tão somente na área de proteção do direito fundamental do Art. 2 I GG em sua acepção do direito à própria palavra (aspecto do direito geral de personalidade).

de uma moradia submetida à medida de vigilância e que não puderem se valer do direito fundamental mais específico do Art. 13 I GG (cf. retro apresentado: **C.II.1.b**).

3. A autorização judicial para a realização da vigilância acústica domiciliar para fins de persecução penal é apenas parcialmente constitucional.

a) Os dispositivos legais devem estabelecer procedimentos suficientes para que não ocorram intervenções no núcleo absolutamente protegido da conformação privada da vida e, com isso, para que a dignidade humana seja preservada. Se essa proibição for desrespeitada, ou se uma medida intervier, inesperadamente, no núcleo absolutamente protegido da conformação da vida privada, tal medida deverá, então, ser interrompida, providenciando-se que por intermédio [da fixação] de obrigações de destruição de dados e de vedações de uso [das informações então obtidas] não haja mais consequências. O § 100d III StPO não atende de modo suficiente essas exigências.

aa) O legislador não concretizou na lei as proibições de vigilância e levantamento de dados ordenadas constitucionalmente de maneira suficiente diante do núcleo da conformação da vida privada.

(1) O Art. 13 III GG autoriza exclusivamente a edição de regras legais que garantam que a vigilância domiciliar acústica deixe intocado o âmbito nuclear da configuração vital privada (veja retro: **C.I.3.b)cc**)). Desse modo, as regras legais precisam proibir a escuta e a gravação da palavra falada não pública quando existirem indicadores de que, destarte, seriam atingidos diálogos absolutamente protegidos.

Os limites do intocável âmbito nuclear da configuração vital privada foram anteriormente descritos (**C.I.3.b)dd**)). A demanda de proteção de espaços depende de seu uso concreto. As exigências direcionadas à juridicidade da vigilância domiciliar acústica são tão mais rigorosas quanto maior for a probabilidade de que com ela sejam atingidos diálogos com conteúdo altamente pessoal (cf. também o relatório da Comissão Jurídica da Câmara Federal, BTDrucks. 13/9660, p. 4). Tal probabilidade está presente tipicamente na escuta de diálogos com membros mais próximos da família, com outras pessoas muito próximas de confiança e com alguns titulares de sigilo profissional. No caso desse círculo de pessoas, medidas de vigilância apenas podem ser usadas se houver indicadores concretos de que os conteúdos dos diálogos entre o acusado e essas pessoas não demandam uma proteção absoluta, especialmente no caso de participação na ação delituosa das pessoas envolvidas na conversa. Uma suspeita concreta de tais conteúdos de diálogo deve existir já no momento [da edição] do mandado. Ela não pode ser fundamentada apenas [*a posteriori*] mediante a vigilância domiciliar acústica.

(2) As assim constitucionalmente obrigatórias limitações legais da autorização estão apenas parcialmente contidas no § 100d III StPO. Na norma até se leva em consideração geral que a vigilância domiciliar acústica não pode ser estabelecida se um fato tiver de ser classificado como pertinente ao âmbito nuclear da configuração vital privada. Porém, o § 100d III StPO concretiza esses limites constitucionais de modo insuficiente.

(a) Que conversas entre o acusado e os titulares de sigilo profissional segundo o § 53 StPO submetem-se constitucionalmente a uma proibição da vigilância, isso foi levado em consideração no § 100d III 1 StPO mediante uma completa proibição de levantamento. Se foi ordenado constitucionalmente que todos os titulares de sigilo profissional segundo o § 53 StPO são beneficiários de uma proibição absoluta de vigilância, isso não carece ser aqui decidido. Em todo caso, à luz da proteção constitucional de relações especiais de confiança, o legislador não está impedido de criar vedações de meios de prova complementares.

(b) O § 100d III StPO não garante, ao contrário, que uma vigilância permaneça vedada pelo menos quando o acusado se encontrar no domicílio somente com membros mais próximos da família ou com outras pessoas da sua mais estrita confiança e não existirem indícios de sua [respectiva] participação na ação [delituosa investigada].

De acordo com o § 100d III 3 StPO, não está prevista em face dos legitimados à recusa de prestar testemunho segundo o § 52 StPO, dos quais fazem parte especialmente os membros mais próximos da família, uma proibição geral de vigilância, mas apenas uma proibição de uso judicial de meios de prova segundo o critério derivado do princípio da proporcionalidade. Em face de conversas com pessoas muito próximas que não fazem parte do círculo de legitimados à recusa de prestar testemunho, o § 100d III StPO não contém, absolutamente, restrições.

Também não se garante de modo suficiente mediante o § 100d III 2 StPO uma proibição de vigilância para conversas com as pessoas mais próximas. Nesse sentido, a vigilância domiciliar acústica é até inadmissível quando se esperar que todos os reconhecimentos a serem [potencialmente] obtidos a partir da medida sujeitarem-se a uma proibição de uso [no processo]. Tais vedações de uso podem derivar não apenas do § 100d III 3 StPO em face dos legitimados à recusa de prestar testemunho, senão diretamente dos direitos fundamentais, especialmente no caso de uma afetação do âmbito nuclear da configuração vital privada (cf. Nack, in: Karlsruher Kommentar zur Strafprozessordnung, 5. ed., 2003, § 100c n. à margem 24; Rudolphi/Wolter, Systematischer Kommentar zur Strafprozessordnung, § 100d n. à margem 38, atualizado até abril de 2001). Não obstante, a regra não tem por finalidade nem segundo a intenção legislativa objetiva nem segundo seu teor firmar uma proibição de vigilância em situações nas quais exista uma probabilidade de que com as medidas de escuta sejam atingidos diálogos absolutamente protegidos. Com ela deveria ser tão somente esclarecido o princípio válido também para outras medidas investigativas, segundo o qual uma medida que possa conduzir à obtenção somente de reconhecimentos não utilizáveis já não é adequada a alcançar o objetivo perseguido com a medida processual penal da obtenção de informações utilizáveis [no processo] (cf. Relatório da Comissão Jurídica da Câmara Federal, BTDrucks. 13/9661, p. 7).

No mais, uma proibição de vigilância existe segundo o teor expresso da norma apenas quando todas as informações se submeterem a uma proibição de uso. Mas, na prática, isso também nunca poderá ser admitido no caso da vigilância do acusado que se encontre no domicílio somente com os membros mais próximos da família e pessoas de confiança. Em uma interpretação estrita, o § 100d III 2 StPO levaria à conclusão [equivocada] de que uma proibição de vigilância esteja presente em todo caso muito excepcionalmente porque os diálogos, por conta da situação de quantidades sobrepostas, em regra são marcados por terem conteúdos variados. Não satisfaz as exigências jurídico-constitucionais que o legislador preveja a inadmissibilidade da vigilância domiciliar acústica apenas para o caso de todas as informações submeterem-se a uma proibição de uso. Uma interpretação restritiva que leve a uma conclusão satisfatória jurídico-constitucionalmente, não é possível por conta do claro teor ("todas as informações").

bb) O legislador não estabeleceu no § 100d I StPO procedimentos suficientes para que a vigilância seja interrompida quando inesperadamente estiver presente uma situação que pertença ao núcleo da conformação da vida privada. Em tais casos, o prosseguimento da vigilância é ilícito.

cc) Falta, igualmente, suficiente regulamentação que leve à vedação do uso de dados [já levantados] quando sua obtenção tenha sido feita em violação ao núcleo da conformação da vida privada e que, nesse caso, garanta a destruição dos dados já obtidos.

(1) A *Grundgesetz* impõe exigências ao legislador nos dois sentidos [do uso e da destruição de dados já levantados – cf. **cc**)].

(a) A Constituição exige regras a fixar que os dados que provenham do âmbito nuclear da configuração vital privada não possam ser usados.

O risco vinculado à vigilância domiciliar acústica da intervenção no âmbito nuclear da configuração vital privada apenas pode ser aceito constitucionalmente se existirem precauções que evitem consequências decorrentes de danos que ocorram excepcionalmente. Deve ser assegurado que as informações obtidas por meio da intervenção não sejam de modo algum usadas em outros processos investigativos ou contextos.

Carece-se de uma completa proibição de uso, primeiro, no caso em que os órgãos de persecução penal executam a vigilância domiciliar acústica extrapolando a autorização, por exemplo, apesar de haver uma probabilidade de que com ela sejam atingidos diálogos absolutamente protegidos. As informações obtidas no interregno da existência da proibição de levantamento não podem ser usadas, em seu todo e a despeito de seu conteúdo, no processo penal. Isso vale não apenas em face de seu uso como meio de prova no processo principal, mas também na extensão em que venham à pauta como pistas para investigações em outros contextos.

Uma proibição de uso existe igualmente quando, segundo o contexto, não se possa partir de uma proibição de levantamento, porém, no decurso da execução da vigilância domiciliar acústica apareça uma situação que conduza à escuta de conversas estritamente pessoais. Na práxis, aparecem reiteradamente casos nos quais não existem suficientes indícios que levem ao esclarecimento da questão se devem ser ou não esperadas conversas absolutamente protegidas dentro do domicílio. Indubitavelmente, também não se pode julgar a suspeita da participação delitiva de um membro mais próximo da família que se encontre no domicílio. Não poderá haver prognósticos seguros dos órgãos de persecução penal nas situações em que classificações claras segundo o ambiente social do acusado, apesar de correspondentes esforços – algo como mediante observação prévia –, não forem possíveis. Se se trata de conversas com possíveis comparsas, não se pode verificar sempre de plano. Por isso, em complementação à proibição de levantamento de provas uma proibição do seu uso é indispensável a uma proteção abrangente do âmbito nuclear. Dados de ações que tangenciam o âmbito intocável da configuração vital privada submetem-se por força constitucional a uma proibição absoluta de uso e não podem nem ser usados no processo principal nem representar elementos para outras investigações (cf. BVerfGE 44, 353 [383 s.]).

(b) Quando forem levantadas informações provenientes do âmbito nuclear da configuração vital privada, elas têm de ser incontinenti apagadas. O mandamento de proteção judicial efetiva segundo o Art. 19 IV GG não se opõe a isso. Nesse ponto, é decisivo saber que cada futura manutenção de dados altamente pessoais que não poderiam [sequer] ter sido levantados implica risco de um aprofundamento da violação da personalidade. Também no quadro de uma proteção judicial *a posteriori* poderia tão somente ser verificado que a escuta e o registro das informações deletadas eram ilícitas e que existe [para tais casos] uma obrigação à destruição dos dados. Esse interesse é, todavia, de modo jurídico-constitucional suficientemente satisfeito com um apagamento imediato se seu fundamento for a verificação pelo órgão de que o registro fora ilícito. Não satisfatório permanece apenas um possível interesse dos atingidos ao conhecimento completo sobre quais conteúdos de conversa foram conhecidos pelos órgãos de persecução penal. Esse interesse não tem, contudo, o condão de justificar os riscos de mais violações de direitos fundamentais ligados à guarda [dos referidos dados].

A serem apagadas são tanto a fita original quanto uma cópia eventualmente feita no interregno. Os órgãos de persecução penal têm em face do Art. 19 IV GG a obrigação de manter documentado que se chegou à gravação de conteúdos absolutamente protegidos e que, por causa disso, as gravações com aqueles relacionadas foram totalmente apagadas.

(2) O legislador criou apenas parcialmente uma regulamentação cumpridora dessas exigências constitucionais.

(a) O § 100d III 1 StPO pode ser de tal sorte interpretado a que, nos termos do § 53 StPO, uma proibição de uso estará presente sempre que os diálogos com titulares de sigilo profissional forem escutados mediante violação da vedação legal e gravado (cf. por exemplo: Bludovsky, Rechtliche Probleme bei der Beweiserhebung und Beweisverwertung im Zusammenhang mit dem Lauschangriff nach § 100c I, n. 3 StPO, 2002, p. 331). Por sua vez, em face de outros fatos faltam vedações absolutas de uso. Ao contrário, o legislador não é mais limitado a destacar o papel do princípio da proporcionalidade para o uso de diálogos protegidos com o direito à recusa de prestar testemunho nos termos dos §§ 52 e 53a StPO.

(b) A observância de vedações existentes por força constitucional carece, no mais, de uma segurança processual complementar. Também essa falta.

A proteção do âmbito nuclear da configuração vital privada será suficientemente garantida diante da possibilidade em regra ausente de proteção judicial requerida pelo próprio atingido [...] não somente quando não couber exclusivamente aos órgãos de persecução penal julgar a legitimidade do uso das informações por eles obtidas no processo principal ou até como início de investigação em outros processos, mas também quando a respeito decidir um órgão independente que leve em consideração também os interesses dos atingidos.

O § 100d III 5 StPO não prescreve tal segurança processual de modo suficiente. Segundo essa norma, decide o tribunal do feito em procedimento preparatório sobre a legitimidade do uso das informações obtidas. A regra relaciona-se, contudo, segundo a fundamentação da Comissão de Justiça da Câmara Federal (cf. BTDrucks. 13/9661, p. 7) e segundo sua posição sistemática, somente àquelas medidas junto às quais forem escutados diálogos de acusados com pessoas que tenham um direito de recusa a prestar testemunho. A norma tem, portanto, um âmbito limitado de aplicação.

Falta, sobretudo, uma regra clara sobre quem deve requerer essa decisão e que determine existir uma obrigação de acionar o tribunal. Normalmente, os atingidos pela vigilância domiciliar acústica ainda não tomaram conhecimento da medida, não podendo, destarte, tornar-se proativos. Se uma decisão judicial será conseguida nos termos do § 100d III 5 StPO, fica na responsabilidade dos órgãos de persecução penal. Nem para o tribunal do feito nem para os órgãos de persecução penal prevê o § 100d III 5 StPO por seu teor uma obrigação *ex officio* de se provocar uma decisão sobre a legitimidade do uso no processo cautelar.

A observância das vedações de uso não pode ser garantida com base nessa norma. Para se provocar um estado de coisas compatível com a Constituição carece-se de uma regra segundo a qual um uso de informações que sejam obtidas por meio da vigilância domiciliar acústica seria tão somente admitido caso sua legitimidade fosse antes avaliada por órgão independente, como, por exemplo, o tribunal mencionado no § 100d III 5 StPO.

(c) O mandamento do apagamento de dados levantados que provenham do âmbito nuclear da configuração vital privada não é disciplinado pelo § 100d I 2 em conexão com o § 100b VI StPO. Essas normas têm como objeto apenas a eliminação dos dados obtidos licitamente, quando não forem mais necessários à persecução penal (veja a seguir: **C.VIII**). A falta de um mandamento do apagamento incontinenti de dados relevantes ao âmbito nuclear conduz, de acordo com a conclusão da audiência, a graves incertezas na lida com os dados. Na sequência ocorre especialmente uma guarda frequentemente longa de gravações originais. O caráter lacunoso da regra ameaça a proteção de direito fundamental.

(d) As regulamentações legais não são, no presente contexto, dispensáveis porque a vedação de uso e o mandamento de apagamento devem ser derivados [diretamente] da Constituição. O legislador tem uma margem discricionária junto à tarefa de cumprir os pressupostos constitucionais, de tal sorte que os tribunais devem respeitar seu poder de configuração. As lacunas que permanecerem – se em geral for o caso – devem ser, pelo menos parcialmente, fechadas sob a égide de uma aplicação analógica do § 100d III e VI StPO ou mediante uma correspondente interpretação conforme a Constituição. Ou seja, permanece necessária uma maior atuação legiferante.

b) Quando a vigilância acústica domiciliar não atingir o núcleo absolutamente protegido da conformação da vida privada, a sua constitucionalidade pressupõe [ainda] a observância do princípio da proporcionalidade, o qual, em parte, é mais bem especificado no Art. 13 III GG. As decisões impugnadas não atendem plenamente essas exigências. Com efeito, elas até têm um propósito legítimo (**aa**), e são adequadas ao seu cumprimento (**bb**) e necessárias (**cc**). A limitação da utilização da vigilância acústica domiciliar aos casos de crimes especialmente graves, prevista no Art. 13 III GG, foi observada, contudo, apenas parcialmente pelo legislador no § 100c

I, n. 3 StPO (**dd**). No mais, a autorização legal não revela, em sendo interpretada restritivamente, quaisquer problemas constitucionais (**ee**).

aa) A impugnada autorização da vigilância acústica domiciliar tem um propósito legítimo do ponto de vista constitucional.

Com a autorização, o legislador persegue, paralelamente ao propósito geral de esclarecimento de delitos graves, especialmente o alcance do objetivo de melhorar o instrumentário jurídico para o combate à criminalidade organizada. Segundo a fundamentação do Projeto-lei ["exposição de motivos"], a vigilância acústica domiciliar deve possibilitar a penetração no interior das respectivas organizações criminosas e o esclarecimento de suas estruturas (cf. BTDrucks. 13/8651, p. 1, 9). Uma ampliação do instrumentário pela vigilância acústica domiciliar foi considerada como inabdicável para tanto, sobretudo, para o fim da investigação e condução dos principais responsáveis, organizadores, financiadores e mentores (cf. BTDrucks. 13/8651, p. 9 s., 12 s.). Não obstante, a lei não se restringe, segundo sua área de aplicação, a casos da criminalidade organizada.

O TCF salientou várias vezes as inegáveis necessidades de uma persecução penal e de combate ao crime eficazes, enfatizou o interesse público na elucidação mais completa possível da verdade no processo penal – para a prisão de criminosos e para a desoneração de inocentes – e caracterizou o efetivo esclarecimento de crimes graves como uma tarefa primordial de uma coletividade própria do Estado de direito (cf. BVerfGE 77, 65 [76]; 80, 367 [375]; 100, 313 [389]; 107, 299 [316]).

bb) A vigilância acústica domiciliar com base no § 100c I, n. 3 StPO é também em princípio adequada à persecução dos crimes arrolados nesse dispositivo.

Uma lei é adequada ao cumprimento do [seu] propósito quando com sua ajuda o êxito almejado puder ser [considerado como] fomentado. Cabe ao legislador uma margem de ação [discricionária] no julgamento da adequação do meio [de intervenção] escolhido bem como junto ao prognóstico e na avaliação dos perigos que ameaçam a coletividade (cf. BVerfGE 77, 84 [106]; 90, 145 [173]). No caso concreto, a prerrogativa de avaliação do legislador é influenciada pela peculiaridade da situação fática em questão, pelas possibilidades de formação de uma conclusão segura e pela importância dos bens jurídicos em jogo (cf. BVerfGE 50, 290 [332 s.]; 88, 203 [262]; 90, 145 [173]).

(1) Não existem fundadas dúvidas constitucionais quanto à adequação em tese da vigilância acústica domiciliar para fins da investigação de delitos penais.

Isso é confirmado pelos relatórios anuais e pelo relatório resumido de experiências do Governo Federal sobre os efeitos da vigilância acústica domiciliar. Nos anos relatados de 1998 a 2001, foram empregados meios de escuta em 78 domicílios em um total de 70 processos. Em 41 do total de 70 casos, as constatações auferidas resultantes da medida não foram importantes para o processo de investigação. Um quadro semelhante ocorreu no ano de 2001. Nesse interregno relatado, foram dadas ordens para o emprego da vigilância acústica domiciliar em 17 casos. Em nove deles, e, com isso, novamente em mais da metade de todos os casos, as medidas acústicas foram irrelevantes para o processo de investigação.

Como razões para a parcimônia no uso da vigilância acústica domiciliar verificadas até aqui são apresentados os elevados custos financeiros e com pessoal e problemas envolvidos na realização técnica da medida. Em alguns casos, não se chegou a informações relevantes ao processo porque as medidas já haviam fracassado tecnicamente [ocorrência de falhas técnicas dos instrumentos ou do sistema de implementação]. Além disso, o Governo Federal aponta o fato de que principalmente a colocação dos necessários meios técnicos no domicílio do acusado ou de terceiros mostrou-se difícil (cf. BTDrucks. 14/8155, p. 7 e 13). Por outro lado, não resta claro se correspondentes medidas contrárias dos acusados teriam frustrado em extensão considerável o êxito da vigilância acústica domiciliar.

Às medidas de investigação irrelevantes se contrapõe, todavia, uma série de vigilâncias domiciliares que, segundo informações de vários órgãos da Administração judiciária estadual, trouxeram à tona informações decididamente importantes para o processo penal. Isso ocorreu principalmente nos casos em que o acusado se comportou de modo extremamente conspirativo e camuflado também em conversas telefônicas. Em tais casos, a avaliação da vigilância acústica domiciliar teria essencialmente levado ao almejado êxito. Também os especialistas ouvidos pelo Senado, o Procurador-geral da República Dr. *Thiel*, os Professores Dr. *Pfeiffer* e Dr. *Kerner* bem como o Livre Docente Dr. *Kinzig* partem da premissa de que a vigilância acústica domiciliar pode contribuir como método investigativo camuflado para o esclarecimento dos crimes perseguidos por intermédio dela.

Se uma medida de persecução penal tem êxito pelo menos parcial, ela não fere o mandamento da adequação.

(2) No entanto, o legislador persegue com a autorização de intervenção também o propósito especial de penetrar nas estruturas e no âmbito interno da criminalidade organizada. Esse propósito sempre foi mencionado no decorrer da gênese do Art. 13 III GG e na gênese das autorizações do Código de Processo Penal, como sendo a justificativa decisiva, ainda que não exclusiva, das medidas de vigilância. O desmantelamento das estruturas da criminalidade organizada deve contribuir para sua aniquilação e, com isso, também impedir o cometimento de outros crimes. A isso, o legislador associa o dado enfatizado por muitos criminologistas sob influência dos especialistas ouvidos de que a repressão e a prevenção estão intimamente ligadas no combate à criminalidade organizada. A medida intensamente interventora em direitos fundamentais da vigilância acústica domiciliar justifica-se diretamente pelo fato de ajudar a cumprir o propósito, além da repressão, também de prevenção em um âmbito de criminalidade considerado especialmente perigoso, por meio da visão em suas estruturas ["intramuros"] e de seu desmantelamento.

(a) O fenômeno da criminalidade organizada é, no entanto, de difícil descrição, tanto é que hodiernamente somente são possíveis definições limitadas de como pode ser alcançado o especial objetivo almejado pelo legislador.

Já [de início] a definição do conceito da criminalidade organizada é difícil. Na discussão pública, a definição conceitual segue normalmente o grupo de trabalho comum da Conferência dos Ministros do Interior e da Justiça.[462] Segundo ela, entende-se por criminalidade organizada "a prática planejada, determinada pela ambição de lucro e poder, de crimes que, isoladamente ou em sua totalidade, sejam bastante relevantes, quando mais de dois agentes trabalham conjuntamente por período longo ou indeterminado, com divisão de tarefas e utilização de estruturas empresariais ou semelhantes, sob emprego de violência ou outros meios adequados de intimidação, ou com a tomada de influência na política, mídia, Administração Pública, Justiça ou economia" (MinBl. NW 1990, p. 1721). Essa definição mostra que como criminalidade organizada não deve ser entendido um tipo penal delimitável ou a soma de tipos penais isolados, mas uma complexa forma de apresentação de comportamentos delinquentes.

À indeterminação da definição somam-se incertezas quanto ao tamanho e às formas de incidência da criminalidade organizada existente na Alemanha. O fenômeno foi esclarecido do ponto de vista criminológico de maneira somente parcial, apesar dos vários estudos, principalmente do Instituto de Criminalística do Departamento Federal de Criminalística [*Bundeskriminalamt* – BKA]. Em sua mais nova pesquisa sobre a criminalidade organizada na Alemanha, até hoje a mais abrangente, ainda que não representativa, o Livre Docente Dr. *Kinzig*, ouvido como especialista pelo Senado [do TCF], chega a uma conclusão cética (mais sobre isso: Kinzig. Die rechtliche Bewältigung von Erscheinungsformen organisierter Kriminalität, 2003). Ele não pôde encontrar em suas pesquisas um potencial de ameaça nitidamente mais elevado em relação aos campos tradicionais da criminalidade nos casos por ele analisados, encontrando-os no máximo isoladamente. Como diferenças em relação a casos de criminalidade habitual, ele menciona: a prática de assim chamados delitos sem vítimas, uma grande participação de estrangeiros e a

462 Em ambos os casos, trata-se de ministros no plano estadual, equivalentes aos secretários do primeiro escalão da Administração pública estadual no Brasil. O chefe do Executivo estadual é o *Ministerpräsident*, literalmente: "Ministro-Presidente".

internacionalidade dos atos praticados. Juntar-se-iam a isso certa distribuição e periodicidade dos trabalhos, além da observância de planejamento nas ações, profissionalismo e conspiração.

(b) Se, com isso, existem [ou não] estruturas para cujo descobrimento a vigilância acústica domiciliar possa contribuir de maneira especial na qualidade de meio da persecução penal, não se pode determinar hoje conclusivamente. Os Estados-membros partem, no entanto, unânimes, dos pareceres coletados pelo Governo Federal e apresentados ao tribunal [TCF] de que a medida de investigação, na prática, é em princípio não somente adequada a esclarecer delitos no âmbito da criminalidade organizada, mas também a possibilitar penetrar-se em suas estruturas organizacionais.

Não se pode impugnar constitucionalmente que o legislador tenha partido de tal estimativa. A insegurança remanescente torna necessário observar o desenvolvimento e examinar constantemente se o instrumento investigatório é realmente adequado também a alcançar o especial objetivo com ele suficientemente perseguido (em face do reexame de regulamentações legais, cf. BVerfGE 33, 171 [189 s.]; 37, 104 [118]; 88, 203 [310]).

O legislador já tomou providências para tanto. Um (re)exame constante já é assegurado principalmente pela obrigatoriedade fixada no Art. 13 VI GG c.c. § 100e StPO da apresentação de relatórios. Além disso, o Governo Federal encomendou uma pesquisa de situação jurídica sobre os efeitos da vigilância acústica domiciliar para uma instrução complementar da Câmara Federal, que deverá estar concluída em maio de 2004.

cc) A lei impugnada também é necessária ao alcance de seu propósito. Um meio igualmente eficaz, mas que seja menos ofensivo aos direitos fundamentais, não existe (**1**). No mais, o legislador assegurou suficientemente a preservação da necessidade da vigilância acústica domiciliar por meio de pré-requisitos normativos endereçados ao tipo normativo da intervenção (**2**).

(1) Não se tem ciência de medidas investigatórias que sejam [a um só tempo] em geral menos onerosas e igualmente adequadas ao alcance do mesmo propósito de esclarecimento.

Também no julgamento da necessidade ao alcance dos objetivos almejados do meio escolhido cabe ao legislador uma margem de avaliação [discricionariedade] cuja utilização pode ser controlada somente de maneira limitada pelo TCF (cf. BVerGE 90, 145 [173]). Na avaliação do legislador, não existem alternativas à vigilância acústica domiciliar que sejam menos onerosas aos direitos fundamentais. Métodos investigatórios tradicionais, incluindo a escuta telefônica, não bastariam normalmente para introduzir junto a bandos organizados que se apartam quase que completamente do mundo externo medidas investigatórias no núcleo da criminalidade organizada. Da crescente ameaça ao cidadão e ao Estado decorre a premente necessidade de, além das medidas de persecução penal convencionais, permitir-se a utilização de meios técnicos para a escuta domiciliar (cf. BTDrucks. 13/8650, p. 4 e 13/8651, p. 9, 10 e 13). Essa avaliação não pode ser, pelo menos no estágio atual do conhecimento sobre as formas da criminalidade organizada, impugnada constitucionalmente.

O propósito de esclarecimento depende da situação investigatória concreta, de tal sorte que somente se pode avaliar com segurança se existe uma alternativa menos onerosa no caso concreto. Assim, o emprego de um investigador disfarçado não poderá ser, então, considerado uma medida igualmente adequada e menos onerosa, em todo caso quando se tratar de investigações em um campo conspirativo e isolado da criminalidade organizada com suas lideranças étnicas homogêneas. A escuta telefônica também não terá sempre o mesmo sucesso, porque com ela podem ser ouvidas apenas conversas tidas ao telefone. No caso de diálogos decisivos da cúpula da organização, isso, todavia, frequentemente não ocorre. Também a observação de pessoas não é meio igualmente adequado. Com ela se pode até descobrir os contatos sociais do acusado, mas não se obtém nenhum conhecimento sobre os conteúdos da sua comunicação.

(2) Além disso, o legislador introduziu medidas jurídicas assecuratórias para que a vigilância acústica domiciliar seja utilizada tão somente como último meio.

Já o Art. 13 III GG determina que a vigilância acústica domiciliar somente poderá ser utilizada se de outra maneira a investigação dos fatos restar desproporcionalmente difícil ou sem perspectivas. Essa disciplina subsidiária foi inserida no § 100c I, n. 3 StPO. Portanto, a vigilância acústica domiciliar é admitida apenas como último meio da persecução penal.

(a) O Art. 13 III GG permite a vigilância acústica domiciliar quando a investigação dos fatos se mostrar, feita de outra maneira, desproporcionalmente difícil. O elemento do tipo "desproporcionalmente difícil" delimita o esforço investigatório que seria presumivelmente necessário caso as autoridades da persecução penal desistissem no caso concreto da vigilância acústica domiciliar, tomando no lugar dela outras medidas investigatórias. O Código de Processo Penal conhece, nas cláusulas de subsidiariedade até aqui existentes para competências processuais de intervenção, os conceitos "difícil" e "substancialmente difícil". A dificuldade desproporcional contém, em face desses elementos do tipo normativo, mais uma gradação e expressa uma hierarquia na qual a vigilância acústica domiciliar aparece somente como último meio permitido (cf. BTDrucks. 13/8650, p. 5). O pensamento da *ultima ratio* pressupõe a falta de perspectiva de outras medidas investigatórias, sendo determinante também para o prognóstico da dificuldade. O legislador titular do poder constituinte derivado intentou ponderar, de modo especial, as necessidades tático-investigatórias com o significado do ônus infligido ao bem jurídico. Dificuldades no trabalho de investigação devem ser aceitas até o [alcance do] grau da desproporcionalidade, antes que se possa recorrer ao meio da vigilância acústica domiciliar.

(b) A vigilância acústica domiciliar também é, em face do elemento típico normativo da falta de perspectiva na concorrência com outras medidas investigatórias, o último meio [permitido] da persecução penal.

Não obstante, ao lado da escuta e registro da palavra não pública falada no domicílio, a escuta telefônica, a escuta perpetrada fora do domicílio e a utilização do investigador disfarçado também serão somente permitidas legalmente se a investigação dos fatos feita de outro modo não tiver perspectivas de sucesso. Em uma interpretação literal, surgiria dessa maneira uma referência circular entre aquelas normas que contivessem a falta de perspectiva de outras medidas investigatórias como elementos típico-normativos de subsidiariedade. Isso não corresponderia ao sentido da regulamentação.

Constitucionalmente, a vigilância acústica domiciliar é inferior a todas a outras medidas investigatórias. Ela deve ser aplicada tão somente nos casos em que outras medidas investigatórias tiverem fracassado. A intenção do legislador titular do poder constituinte derivado de por causa da gravidade da intervenção e amparado na cláusula de subsidiariedade escolhida conformar a vigilância acústica domiciliar como *ultima ratio* na persecução penal relaciona-se, nesse mister, não somente com o elemento típico-normativo da dificuldade desproporcional, mas também, do mesmo modo, com o elemento típico-normativo da falta de perspectiva [do uso de meio alternativo]. O legislador titular do poder constituinte derivado inseriu a cláusula da subsidiariedade diretamente no Art. 13 III GG, conferindo-lhe, assim, um caráter constitucional e, com isso, um peso especial diante de outras cláusulas de subsidiariedade das leis ordinárias.

dd) Na extensão em que a vigilância acústica domiciliar não atingir o absolutamente protegido núcleo da conformação da vida privada, o constituinte derivado elencou, concretizando o princípio da proporcionalidade no Art. 13 III GG, requisitos especiais à juridicidade da medida. Contudo, o catálogo de crimes do § 100c I, n. 3 StPO não atende a esses requisitos constitucionais já que ele não se restringe a graves crimes na acepção do Art. 13 III GG.

O constituinte derivado limitou a autorização contida no Art. 13 III GG, no sentido de que a suspeita deve recair sobre um crime especificamente fixado pela lei. Na sequência, a autorização do § 100c I, n. 3 StPO foi limitada a um assim chamado catálogo de crimes. O legislador até reconheceu, o que pode ser depreendido dos materiais legislativos [projetos de lei, atas de suas discussões parlamentares nas diversas comissões legislativas etc. correspondentes aos objetos da interpretação genética] (cf. BTDrucks. 13/8650, p. 3; 13/8651, p. 13; 13/9642, p. 4; 13/9661, p. 6), a necessidade de que a grave intervenção no direito fundamental do Art. 13 III GG somente é justificada nos casos de crimes especialmente graves, mas não a colocou em prática de maneira correta. Do catálogo de crimes do § 100c I, n. 3 StPO não se pode depreender quais critérios foram usados para a escolha dos variados tipos de crimes e delitos lá listados. As normas [de direito material] referidas servem à proteção dos mais diversos bens jurídicos e os crimes [elencados] têm os mais diversos conteúdos de antijuridicidade. Também não se pode sempre deduzir uma especial gravidade do crime a partir do respectivo alcance da pena. Listados foram crimes para os quais foram previstas penas de multa ou penas restritivas da liberdade a partir de três meses como pena mínima e outros com pena máxima de até três anos, mas também com prisão perpétua. Esse catálogo de crimes atende apenas parcialmente a exigência constitucional da limitação da vigilância acústica domiciliar na persecução de crimes especialmente graves.

(1) Determinante para a gravidade da antijuridicidade tipificada é a importância do bem jurídico violado e outros elementos definidos no tipo normativo, em existindo, também em uma norma qualificadora e as consequências do delito. Esses elementos já solitariamente têm de fundamentar a gravidade especial, nitidamente acima da média, do respectivo tipo penal.

(a) O conceito constitucional do crime especialmente grave não pode ser equiparado à definição processual penal da infração de significado relevante. No Código de Processo Penal há, ao lado da vigilância acústica domiciliar, outras medidas de intervenção que pressupõem certa importância da ação [crime] a ser esclarecida. Assim, a impressão digital (§ 81g), a busca policial sistemática (*Rasterfahndung*) (§ 98a), a informação sobre dados de ligações da telecomunicação (§ 100g) e o emprego de um investigador disfarçado (§ 110a) são permitidos somente se a infração a ser investigada representar um crime de maior relevância. Tal crime deve, no mínimo, fazer parte da criminalidade média, perturbar sensivelmente a paz pública e ser apto a afetar consideravelmente o sentimento da segurança jurídica da população (cf. BVerfGE 103, 21 [34]; 107, 299 [322]).

"Os crimes especialmente graves" pressupostos no Art. 13 III GG têm de nitidamente extrapolar o âmbito da criminalidade média. Não corresponderia ao sentido e propósito do Art. 13 III GG submeter a vigilância acústica domiciliar somente a pressupostos que sejam previstos para medidas de investigação com menor grau de intervenção. Enquanto no emprego de um investigador disfarçado a obtenção de informações – ainda que baseada em artifício enganoso – ocorre com a aquiescência do investigado, a vigilância acústica domiciliar processa-se sem seu conhecimento. A informação sobre dados de ligações telefônicas até constitui uma considerável intervenção no sigilo das telecomunicações (cf. BVerfGE 107, 299 [318]); não conduz, porém, ao conhecimento de conteúdos de conversas e, por isso, tem uma proximidade menor ao núcleo da conformação da vida privada. Segundo a avaliação do constituinte derivado, a vigilância acústica domiciliar representa, no espectro das medidas processuais penais, uma intervenção especialmente grave nos direitos fundamentais que, por isso, também com vistas à gravidade do crime a ser investigado, está vinculada a pressupostos de intervenção particularmente rigorosos.

(b) Com isso, o legislador não está limitado à escolha de tipos penais que podem ser classificados como crimes na acepção do § 12 StPO. Quisesse o constituinte derivado orientar-se pela classificação dos delitos penais em crimes e contravenções, teria certamente formulado o Art. 13 III GG de maneira correspondente [a esse desiderato]. Também a inclusão de tipos normativos de contravenção no catálogo de crimes do dispositivo impugnado é permitida nos termos do Art. 13 III GG, desde que os tipos normativos [infraconstitucionais] preencham o requisito normativo constitucional do crime especialmente grave.

(c) Na escolha dos delitos a serem considerados, o legislador não ficou restrito pelo Art. 13 III GG àqueles crimes que representam formas típicas da criminalidade organizada ou que foram, no caso particular, praticados nesse campo. O combate à criminalidade organizada até foi e é o motivo e ensejo da modificação do Art. 13 GG. Isso não teve como consequência, porém, no parágrafo 3 [Art. 3 III GG], uma limitação do catálogo de crimes aos delitos próprios exclusivamente da criminalidade organizada.

Por outro lado, não podem ser considerados crimes especialmente graves tão somente por serem típicos da criminalidade organizada. No âmbito da criminalidade organizada são cometidos tanto crimes graves quanto também leves. As exigências do Art. 13 III GG não poderão ser consideradas atendidas apenas porque um delito ocorre no campo da criminalidade organizada se essa forma de prática delituosa não encontrar respaldo no tipo penal, fundamentando a particularmente grave antijuridicidade da ação.

(d) O Art. 13 III GG exige que os delitos do catálogo enumerados já sejam como tais bastante graves e não apenas em um caso isolado. Se já a possível grave antijuridicidade de um delito for considerada no caso isolado como suficiente para sua inserção no catálogo de crimes, o elemento do tipo normativo do crime especialmente grave do Art. 13 III GG terá sua função de limitar a intervenção subtraída, porque, em última instância, praticamente todo delito tipificado no Código Penal pode ser, no caso concreto, particularmente grave e, com isso, poderia ser inserido [*ad hoc*] no catálogo de crimes. Por essa interpretação do Art. 13 III GG, a configuração desse catálogo seria aleatória e, sobretudo, também aleatoriamente ampliável.

(e) A intervenção pela vigilância acústica domiciliar na interpretação restritiva do § 100c I, n. 3 StPO tem como premissa que a suspeita de um crime do catálogo, tida como abstratamente grave, também seja grave no caso concreto (cf., em relação ao § 100g StPO, BVerfGE 107, 299 [322]). Com efeito, a intervenção no direito fundamental domiciliar tem de, no caso particular, ser justificada tendo em vista a violação [concreta] do bem jurídico provocada pelo crime.

Um ponto de referência para a gravidade são as consequências do delito para os bens jurídicos atingidos. Em determinados crimes – como o homicídio qualificado e o homicídio simples – a gravidade suficiente também no caso concreto já se encontra indicada no bem jurídico violado. Em outras, faz-se necessária a constatação autônoma [uma constatação da gravidade feita à parte, independente da natureza do bem jurídico violado]. No caso concreto, a gravidade especial do delito pode ser fundamentada principalmente com sua ligação fática com outros crimes do catálogo ou com a verificação da colaboração de seus autores com outros infratores. Essa situação ocorre no caso de uma complexa empreitada criminosa, que conte com uma divisão de tarefas eventualmente distribuídas entre vários agentes e que atinja vários bens jurídicos, divisão essa considerada típica da criminalidade organizada no entendimento do constituinte derivado. Para os crimes igualmente elencados de traição da paz, traição da pátria e determinados delitos de periclitação do Estado democrático de direito pode valer o mesmo. Fica visível que o legislador pensou nesses complexos de delitos, especialmente pelo fato de que ele – o que mostram os materiais legislativos [objetos da interpretação genética] – esperou com o instrumentário do Art. 13 III GG poder chegar também aos principais responsáveis, organizadores, financiadores e mentores (cf. BTDrucks. 13/8651, p. 9). A gravidade do crime pode relacionar-se em verdade apenas com a ação respectivamente praticada, mas não com ações esperadas somente no futuro. Nesse ponto, porém, o conteúdo de antijuridicidade de todo o complexo delituoso pode ter um efeito retroativo na avaliação do ato [a ser considerado, então] como grave.

(2) O legislador não limitou a normatização dos delitos catalogados a crimes que, abstratamente considerados, sejam especialmente graves na acepção do Art. 13 III GG. Até a medida em que isso não ocorreu, o § 100c I, n. 3 StPO não satisfaz o [as exigências do] Art. 13 III GG. Conforme os § 78, 2 [2. período], § 82 I BVerfGG, os quais devem ser aplicados no processo da Reclamação Constitucional (cf. BVerfGE 18, 288 [300]), subordinam-se ao exame também as alterações legais ocorridas após o ajuizamento da Reclamação Constitucional.

(a) Da margem entre as penas mínima e máxima previstas da norma penal deriva-se se o delito foi classificado pelo legislador como especialmente grave. O catálogo de crimes do § 100c I, n. 3 StPO abrange, ao lado de tipos normativos definidores de crime e de contravenção, também outros cujas margens entre as penas mínima e máxima previstas não expressam um conteúdo de antijuridicidade acima da média. As penas mínimas vão desde multas a penas restritivas de liberdade de três ou de seis meses, até aquelas de um ano, dois, três, cinco ou dez anos. As penas máximas também variam de três, cinco, dez anos até a prisão perpétua.

O legislador dispõe de uma margem discricionária na determinação do conteúdo de antijuridicidade de um delito e na decisão sobre quais crimes deverão servir de ensejo para uma vigilância acústica domiciliar. Relativamente ao Art. 13 III GG, tem de se tratar, em abstrato, de um crime especialmente grave. Para tanto, a margem entre as penas mínima e máxima fornece um ponto de referência decisivo. Parte-se de uma gravidade especial de crime na acepção do Art. 13 III GG somente se o legislador em todo caso previr pena máxima superior a cinco anos de reclusão. Segundo a sistemática legislativa, fixa-se, nos tipos normativos com uma medida penal superior [pena básica] que vá além dos cinco anos de reclusão, ao mesmo tempo, uma pena máxima fixada de dez anos ou mais de reclusão. Essa pena máxima é reservada àqueles delitos que impliquem uma antijuridicidade especialmente grave, extrapolando, com isso, nitidamente, o âmbito da criminalidade média.

(b) Com a aplicação desse parâmetro, a referência do § 100c I, n. 3 StPO àqueles tipos penais que, identificados por sua previsão de pena, enquadrarem-se, no máximo, na área da criminalidade média, revela-se inconstitucional. De tais fazem parte, na versão atual do § 100c I, n. 3, "*a*" StPO: os preparativos para a falsificação de cartões bancários com função de garantia de matrizes de cheques da União Europeia (§ 152b V c.c. § 149 I StGB); a preparação de um rapto (§ 234a III StGB); a lavagem de dinheiro, o encobrimento de valores patrimoniais ilegalmente adquiridos (§ 261 I, II StGB); a corrupção (§ 332 I, também c.c. III StGB); o suborno (§ 334 StGB). No § 100c I, n. 3, "b" StPO são atingidos [as seguintes normas penais materiais com seus respectivos tipos]: o § 51 (com exceção da qualificadora do parágrafo 2 – § 51 II) bem como o § 52 I, n. 1, 2 "c" e "d", VI da Lei de Armas; o § 34 I–III da Lei do Comércio Exterior; o § 19 I e III, n. 1 e o § 22a I e III da Lei do Controle de Armas Bélicas. No § 100c I, n. 3 "c" StPO, estão compreendidos: o § 30 da Lei de Entorpecentes c.c. o § 129 StGB. No § 100c I, n. 3 "d" StPO, não atendem as exigências: a incitação à guerra (§ 80a StGB); a violação de uma proibição de associação (§ 85 StGB); as atividades de agente para fins de sabotagem (§ 87 StGB); a sabotagem contra a Constituição (§ 88 StGB); a revelação de segredos de Estado (§ 95 I StGB); a espionagem de segredos de Estado (§ 96 II StGB); as atividades de agente lesa-pátria (§ 98 I 1 StGB); as atividades de agente de serviços secretos (§ 99 I StGB); a falsificação lesa-pátria (§ 100 I e II

StGB). Finalmente, não condizem com as exigências no § 100c I, n. 3 "e" StPO: a formação de associação criminosa em um caso especialmente grave (§ 129 IV c.c. I StGB); o apoio a uma associação terrorista (§ 129a III e V 1, 2. subperíodo e [período] 2, também respectivamente c.c. o § 129b I StGB).

Inconstitucionais também eram a referência, no § 100c I, n. 3 "a" ao § 152a V c.c. § 149 I StGB e a referência feita no § 100c I, n. 3 "b" StPO ao § 52a da Lei de Armas, na redação da Lei para Modificação do Direito de Armas de 31 de maio de 1978 (BGBl. I, p. 641), com exceção da qualificadora segundo o parágrafo 2 [§ 100c II StPO] bem como ao § 53 I 1, n. 1 e 2, 2 [Período 2] da Lei de Armas, na redação da Lei para Modificação da Lei de Armas de 4 de março de 1976 (BGBl. I, p. 417). Isso vale também para a referência do § 100c I, n. 3 "b" StPO ao § 22a I e III da Lei de Controle de Armas Bélicas, na redação da Lei para Modificação do Direito de Armas de 31 de maio de 1978 (BGBl. I, p. 641; à época: § 16). Igualmente inconstitucionais eram as referências do § 100c I, n. 3 "e" StPO ao § 129a III StGB, na redação da Sexta Lei de Reforma do Direito Penal de 26 de janeiro de 1998 (BGBl. I, p. 164) e ao § 129a III StGB na redação vigente até 27 de dezembro de 2003 da Lei de Introdução do Código Penal Internacional de 26 de junho de 2002 (BGBl. I, p. 2254).

Desde que esteja prevista uma pena máxima superior a cinco anos, a referência ao catálogo de crimes corresponde às prescrições constitucionais. Não há objeções constitucionais a serem feitas contra referências a tipos normativos qualificadores que prevejam uma pena máxima superior a cinco anos mediante pressupostos normativos específicos, mais bem definidos em um tipo qualificador com pelo menos um exemplo de regra, como, por ilustração, [ocorre com] o § 261 IV StGB ou o § 51 II da Lei de Armas. Se o tipo penal fundamental satisfizer as exigências, então não sairá do catálogo quando, em casos menos graves não detalhadamente estabelecidos pelo legislador, tiver sido prevista uma pena máxima menor do que cinco anos de reclusão.

ee) A autorização legal corresponde, no mais, pelo menos em se a interpretando restritivamente, às exigências do Art. 13 III GG e ao princípio da proporcionalidade em sentido estrito.

(1) Na relação de tensão entre a obrigação do Estado de garantir uma administração da Justiça penal conforme o Estado de direito e o interesse do acusado e dos terceiros atingidos na proteção de seus direitos constitucionalmente outorgados, é, primeiro, tarefa do legislador alcançar um equilíbrio abstrato entre os interesses opostos. Além disso, os tribunais devem, quando da interpretação e aplicação de normas restritivas de direitos fundamentais, preocupar-se com a adequação[463] das decisões concretas

463 Na acepção da proporcionalidade em sentido estrito ou da ponderação entre as vantagens e desvantagens da intervenção para ambos os bens jurídicos envolvidos na "situação de tensão constitucional": os próprios direitos fundamentais e seu(s) limite(s).

por eles tomadas. Isso vale, igualmente, para os órgãos executores de medidas de vigilância. Nesse [último] caso, o princípio da proporcionalidade é também determinante, na medida em que o Art. 13 III GG não previu expressamente pressupostos para a conformação da competência de intervenção processual penal impugnada e para sua aplicação no caso concreto.

(2) O § 100c I, n. 3 StPO não pode ser, segundo esses princípios – independentemente do catálogo de crimes a ele ligado –, impugnado constitucionalmente em uma interpretação restritiva.

(a) O grau de suspeição fixado no § 100c I, n. 3 StPO não revela problemas constitucionais.

Segundo o § 100c I, n. 3 StPO é admitida uma vigilância domiciliar acústica quando "determinados fatos [fundamentarem] a suspeita" do cometimento de um crime especialmente grave. A norma impugnada reitera com mesmo teor a formulação do Art. 13 III GG, de tal sorte que nesse ponto a compatibilidade da lei com o limite constitucional previsto ao direito fundamental não suscita dúvidas. A suspeita fundada em determinados fatos até se submete a exigências mais elevadas do que a mera suspeita inicial. Porém, não alcança desde já o status de uma suspeita de crime "bastante" ou, sobretudo, "urgente" que outras normas do Código de Processo Penal preveem. O § 100c I, n. 3 StPO exige uma situação de suspeita concreta. Aqui não basta a mera presença de indícios. Devem estar, pelo contrário, presentes fatores com certo grau de densidade como base fática da suspeita (cf. BVerfGE 100, 313 [395]). Apenas vêm à tela fatos já apurados e que sejam citados no pedido e na ordem para a respectiva avaliação. Como a vigilância domiciliar acústica direciona-se somente contra o acusado e apenas pode ser aplicada como último meio da persecução penal, precisa haver, com base em reconhecimentos já presentes, uma probabilidade elevada do cometimento de um crime especialmente grave [tal qual previsto no] do catálogo.

(b) Uma elevação no nível de suspeição contido no § 100c I, n. 3 StPO não é ordenada por razões de proporcionalidade. [...].

[...].

(3) O § 100c I, n. 3 StPO é compatível com o Art. 13 III GG e com o princípio da proporcionalidade na medida em que paralelamente à investigação dos fatos também permite a investigação do paradeiro do "infrator".

O Art. 13 III GG menciona como objetivo da busca somente a investigação dos fatos. Além disso, ele autoriza somente a vigilância de residências nas quais o acusado presumivelmente se encontre. Assim, a vigilância acústica domiciliar apenas pode ser direcionada contra o acusado e não contra outras pessoas. Isso pressupõe que se saiba, ou, pelo menos, se possa presumir que o acusado se encontre na residência. No entanto, a medida pode objetivar também a obtenção de informações sobre o paradeiro permanente do infrator, desde que isso se mostre necessário à investigação do caso. Além disso, ela pode ser cogitada na investigação do paradeiro de comparsas. Na fundamentação da Proposta de Emenda Constitucional, o constituinte derivado vê a descoberta do paradeiro de comparsas como parte da investigação do caso e, portanto, como objetivo de descoberta lícito de uma vigilância acústica domiciliar para fins de persecução penal (cf. BTDrucks. 13/8650, p. 5 e 13/8651, p. 13).

(4) Em uma interpretação restritiva do dispositivo impugnado do § 100c I, n. 3, II, 4 e 5 e III StPO, pode-se afirmar também que terceiros insuspeitos são atingidos pela vigilância acústica domiciliar apenas com uma intensidade que se encontra em uma relação adequada [razoável, equilibrada] em face dos interesses gerais de uma efetiva persecução penal perseguidos pela medida investigatória. Uma vigilância de terceiros, porém, é vedada – como sempre – desde o início se a comunicação versar sobre o núcleo da conformação da vida privada. Isso não será o caso se o suspeito se encontrar em residência conspirativa alugada de terceiro. Ao contrário, o núcleo será atingido se o acusado procurar a residência de um amigo ou membro da família somente passageiramente ou como visita.

(a) Para a razoabilidade [proporcionalidade em sentido estrito] de uma medida limitadora de direitos fundamentais, a intensidade da intervenção é codeterminante. Por isso, é importante esclarecer quantas pessoas e em que intensidade estarão expostas ao ônus, e se essas pessoas deram aqui motivo para tal (cf. BVerfGE 100, 313 [376]). O peso do ônus dependerá do fato de as pessoas permanecerem [ou não] anônimas, de quais circunstâncias e conteúdos da comunicação forem abrangidos pela medida e quais prejuízos ameacem os titulares de direitos fundamentais ou sejam por eles temidos não sem motivos a partir da medida de vigilância (cf. BVerfGE 100, 313 [376]; 107, 299 [320]). Também faz diferença se as medidas investigatórias serão executadas em uma residência particular ou em dependências empresariais e comerciais, e se e em que número terceiros insuspeitos serão co-atingidos.

(α) A vigilância domiciliar acústica é uma intervenção em direito fundamental especialmente grave. Durante sua execução podem ser atingidas em larga medida pessoas que não têm nenhuma relação com a ação denunciada e que não ensejaram a intervenção por meio de seu comportamento, mas que tenham ligação com o agente [acusado], ou que se encontrem no mesmo domicílio.

Terceiros atingidos nesse sentido são pessoas que não são elas próprias objetos da medida. Faz parte desse grupo os interlocutores do acusado, outras pessoas que se encontrem transitoriamente em seu domicílio ou que nele morem, e não por último também aqueles que forem atingidos por medidas de vigilância em dependências de escritório e comerciais. Além do acusado, são atingidas pessoas cujos domicílios tornem-se objetos de uma vigilância por causa da localização presumida do acusado. Também nesse ponto são atingidos aqueles que estejam no domicílio vigiado em algum momento durante a execução da medida. Caso seja compreendida a comunicação de insuspeitos, a vigilância domiciliar acústica traz para eles o risco de se tornar objeto de investigações estatais que se soma ao risco geral de ficar sujeito a uma suspeita infundada (cf. BVerfGE 107, 299 [321]).

Em muitos casos, a execução da vigilância domiciliar acústica está de fato ligada à afetação de insuspeitos. É o que revela a participação dos atingidos não acusados na totalidade de medidas previstas no § 100c I, n. 3 StPO. Segundo o Relatório Anual do Governo Federal, resulta em média uma participação de quase 50%. Todavia, aqui deve ser considerado que como atingidos não são designados apenas os acusados e as pessoas que sejam possuidoras do bem jurídico domicílio. Nos dados estatísticos não aparecem as pessoas que, por coincidência, estejam no domicílio vigiado (cf. BTDrucks. 14/8155, p. 8). Seu número pode ser significativo, todavia, também no caso da vigilância de um domicílio privado [*stricto sensu*, residencial]. Por isso, a parte dos não acusados que são atingidos pela medida provavelmente seja muito maior do que a estatística revela.

Ao lado do número elevado de atingidos insuspeitos, principalmente o conteúdo e a quantidade da comunicação ouvida no quadro de uma vigilância domiciliar acústica revelam a especial intensidade da intervenção. Objeto da vigilância pode se tornar a completa comunicação do dia-a-dia que ocorra dentro de um interregno de vigilância. Por isso, é provavelmente grande a parte dos diálogos vigiados cujo conteúdo não revele relevância jurídico-penal.

(β) A vigilância secreta da palavra oral não pública em domicílios atinge não apenas o indivíduo, mas pode ter efeitos sobre a comunicação de toda a sociedade. Da possibilidade da vigilância domiciliar acústica podem partir efeitos intimidatórios aos quais são expostos especialmente também os insuspeitos porque também podem ser atingidos pela medida investigativa em qualquer tempo sem que saibam. Somente o receio de uma vigilância pode, no entanto, provocar o enviesamento na comunicação. O Art. 13 GG protege o indivíduo de intervenções estatais na esfera privada espacial e, desse modo, garante, em seu conteúdo jurídico-objetivo, a confiabilidade da comunicação também em seu significado social global. As medidas constitucional e legalmente criadas para a proteção do titular de direito fundamental individual também favorece a confiança da coletividade na práxis de vigilância que poupe direitos fundamentais (cf. BVerfGE 107, 299 [328]).

(γ) Na extensão em que o Art. 13 III GG exige apenas a presumida presença do acusado no domicílio vigiado, ele formula uma exigência mínima à probabilidade de que o acusado esteja no domicílio. Considerando-se a profundidade da intervenção, a proporcionalidade *stricto sensu* da vigilância domiciliar acústica permanecerá garantida apenas se a medida de vigilância for *ab initio*, exclusivamente, orientada aos diálogos do acusado, porque somente assim se pode conceber que os diálogos revelem uma suficiente conexão com o crime perseguido. Ao mesmo tempo, significa que a vigilância domiciliar acústica é admitida exclusivamente em casos de presença atual do acusado, ainda que, somente presumida, no domicílio vigiado. Isso vai também ao encontro da proteção de terceiros insuspeitos.

(b) Os dispositivos legais atendem a essas exigências constitucionais relativas à limitação das intervenções contra terceiros insuspeitos.

(α) O § 100c I, n. 3 StPO faz uma delimitação da escuta e gravação da palavra falada não pública do acusado. Embora não se possa dele derivar que palavras de outras pessoas estejam sob proibição de escuta, porque a medida de investigação por causa da inevitável participação de terceiros nos diálogos do acusado não poderia ser então mais executada, a formulação expressa, ao mesmo tempo, que também no domicílio do acusado é permitida somente a gravação de diálogos junto aos quais o próprio acusado seja partícipe.

(β) O § 100c II 5 StPO restringe de modo adequado a possibilidade de incluir na vigilância um domicílio de não acusado.

O § 100c II 5 StPO permite a escuta de domicílios de não acusados somente "quando com base em determinados fatos seja possível presumir que o acusado nele se encontra, que a medida em domicílios apenas do acusado não levará ao esclarecimento dos fatos e que isso, de outro modo, seria desproporcionalmente difícil ou impossível". Segundo o teor dessa regra, necessita-se, primeiro, de uma suspeita concretizada de que o acusado esteja, no momento da execução da medida, no domicílio de outra pessoa. Se esse é o caso, isso deve ser descoberto por meio de outras medidas, como a observação. Suposições que não se baseiem em indícios concretos da presença do acusado em domicílio do terceiro não bastam, assim, para a aplicação da medida.

Que, no mais, se exija a presença atual do acusado enquanto durar a medida, isso decorre diretamente do § 100c I, n. 3 StPO, uma vez que aqui podem ser gravadas apenas as conversas do acusado. Essa exigência resta clara também no § 100c II 1 StPO segundo o qual a medida prevista no parágrafo 1 pode ter como alvo somente o acusado. Não existe aqui uma exceção, como aquela prevista para as medidas do § 100c I, n. 1 e 2 StPO (cf. BTDrucks. 13/8651, p. 13). Por isso, a restrição ao acusado vale também para a vigilância do domicílio de outras pessoas segundo o § 100c II 5 StPO.

Somente mediante a presença atual do acusado no domicílio de terceiro insuspeito ainda não se alcança a [verificação da presença da] adequação da medida em domicílios de terceiros. Ao lado da – no § 100c II 5 StPO – prescrita subsidiariedade de uma vigilância em domicílios de não acusados, precisa existir uma probabilidade suficiente de que podem ser conseguidas informações relevantes processualmente falando. Isso exige indícios fáticos de que o acusado vá proceder a conversas relevantes processualmente e em outros processos utilizáveis nas dependências físicas vigiadas. Não bastam meras suposições e uma vigilância "até nos últimos detalhes" baseada somente na esperança de se chegar a informações.

(γ) Por causa da grande intensidade da intervenção de direito fundamental para terceiros insuspeitos, as ordenadas restrições em prol da salvaguarda da adequação relacionam-se não somente aos domicílios de terceiros. Elas valem também para o caso paradigmático da vigilância do domicílio do acusado prevista no § 100c II 4 StPO, na extensão em que nele se encontrem terceiros insuspeitos permanente ou transitoriamente.

(δ) No mais, o legislador procedeu a uma restrição que assegura a adequação da autorização legal por meio do § 100c III StPO. Ainda que segundo esse dispositivo medidas possam ser executadas também no caso de terceiros serem inevitavelmente atingidos, *a contrario sensu* dele decorre, todavia, que a vigilância domiciliar acústica não é admissível quando implicar uma afetação evitável.

Terceiros, no sentido do § 100c II, III StPO, são todas as pessoas que não sejam alvo da medida. Uma vez que pessoa-alvo de uma vigilância domiciliar acústica segundo a expressa regra do § 100c I, n. 3, II 1 StPO possa ser exclusivamente o acusado, fazem parte dos terceiros no sentido do § 100c IIII StPO todos os demais atingidos, independentemente de se verificar se se encontram no domicílio do acusado ou no domicílio vigiado de terceiro. No § 100c III StPO entram, assim, igualmente, tanto os membros da família do acusado quanto pessoas que se encontrem coincidentemente no domicílio. As exigências que devem ser feitas à inevitabilidade da afetação de terceiros dependem fundamentalmente dos dados fáticos e das possibilidades da exclusão de terceiros no caso particular.

III.

A conformação legal da reserva judicial no § 100d II e IV 1 e 2 StPO não viola os direitos fundamentais afirmados pelos Reclamantes.

1. – 2.a)aa) – bb), b), 3. – 4. [...].

IV.1.a) – c)aa) – bb)(1) – (2), d), 2.a)aa) – bb), b), V. – VI.1. – 2., VII.1. – 2.a) – b)aa) – bb)(1) – (2), 3., VIII. [...]

IX.

Na extensão em que os dispositivos do Código de Processo Penal forem incompatíveis com a *Grundgesetz*, o legislador está obrigado a restabelecer um estado jurídico de constitucionalidade, o mais tardar, até o dia 30 de junho de 2005.

Até essa data, as normas impugnadas deverão ser aplicadas mediante observância da proteção da dignidade humana e do princípio da proporcionalidade. [...].

D.

A decisão sobre o ressarcimento das custas baseia-se no § 34a II e III BVerfGG.

Papier, Jaeger, Haas, Hömig, Steiner, Hohmann-Dennhardt, Hoffmann-Riem e *Bryde*

Voto discordante das Juízas *Jaeger* e *Hohmann-Dennhardt* na decisão (*Urteil*) do Primeiro Senado de 3 de março de 2004[464]

– 1 BvR 2378/98, 1 BvR 1084/99 –

I.1. – 2., II.1. – 2., III.1.a) – c), 2. [...]

Jaeger, Hohmann-Dennhardt

[464] Cf. o resumo e breve análise desse voto sob a epígrafe "matéria".

Bibliografia

ALEMANN, Florian von; SCHEFFCZYK, Fabian. Aktuelle Fragen der Gestaltungsfreiheit von Versammlungen. *Juristische Arbeitsblätter – JA*. vol. 2013, p. 407–412.

ALEXY, Robert. Grundrechte als subjektive Rechte und als objektive Normen. *Der Staat*. vol. 29, p. 73–107, 1990.

ASBROCK, Bernd. "Gefahr im Verzug" für den Richtervorbehalt bei Wohnungsdurchsuchungen? Neue Justiz – NJ. vol. 2001, p. 293–294.

BAER, Susanne. Zum "Recht auf Heimat" – Art. 11 GG und Umsiedlungen zugunsten des Braunkohletagebaus. *Neue Zeitschrift für Verwaltungsrecht – NVwZ*. vol. 1997, p. 27–34, 1997.

BALDUS, Christian. Erwiderung: Das private Hausrecht: Ein Phantom. *Juristenzeitung – JZ*. vol. 2016, p. 449–453.

BEAUCAMP, Guy. Konflikte um die Koranverteilung. *Juristische Arbeitsblätter – JA*. vol. 2017, p. 121–127.

BENDA, Ernst; KLEIN, Eckart. *Verfassungsprozessrecht*: ein Lehr- und Handbuch. 2. ed. Heidelberg: Müller, 2001.

BERKEMANN, Jörg. § 92 [Einstweilige Anordnung]. in: UMBACH, Dieter C.; CLEMENS, Thomas; DOLLINGER, Franz-Wilhelm (org.). *Bundesverfassungsgerichtsgesetz*. Mitarbeiterkommentar und Handbuch. 2. ed. Heidelberg: Müller, 2005, p. 527–600.

BOCK, Michael. § 112 TKG Automatisiertes Auskunftsverfahren. in: GEPPERT, Martin *et al.* (org.). *Beck'scher Kommentar zum TKG*. 3. ed. 2006, p. 1834–1851.

BÖCKENFÖRDE, Ernst-Wolfgang. Grundrechtstheorie und Grundrechtsinterpretation. in: BÖCKENFÖRDE, Ernst-Wolfgang. *Recht, Staat, Freiheit*. Frankfurt am Main: Suhrkamp, 1976.

BREDT, Stephan. Gemietete Demonstranten und Fuckparade. *Neue Zeitschrift für Verwaltungsrecht – NVwZ*. vol. 2007, p. 1358–1362.

BÜNNINGMANN, Kathrin. Polizeifestigkeit im Versammlungsrecht. *Juristische Schulung – JuS*. vol. 2016, p. 695–698, 2016.

CLASSEN, Claus Dieter. *Staatsrecht II*. Grundrechte. München: Beck, 2018.

COELLN, Christian von. Artikel 8 GG. in: GRÖPL, Christoph; WINDTHORST, Kay; COELLN, Christian von. *Grundgesetz* (org.). Studienkommentar. München: Beck, 2013-a, p. 165–172.

COELLN, Christian von. Artikel 11 GG. in: GRÖPL, Christoph; WINDTHORST, Kay; COELLN, Christian von. *Grundgesetz* (org.). Studienkommentar. München: Beck, 2013-b, p. 191–194.

DALBY, Jakob. Das neue Auskunftsverfahren nach § 113 TKG – Zeitdruck macht Gesetze. *Computer und Recht – CR*. vol. 2013. p. 361–369, 2013.

DEUTSCHER BUNDESTAG. Zum Versammlungsrecht von Ausländer. Sachstand. *Deutscher Bundestag*. Wissenschaftliche Dienste. WD 3 – 3000 – 302/18, 23.08.2018 [https://www.bundestag.de/resource/blob/573410/f29bbbe26976b23f666f0ddb2608e9be/WD-3-302-18-pdf-data.pdf, acesso em 31.01.2020], 2018.

DIE TAGESZEITUNG. Stopp von Garzweiler II abgelehnt. Urteil zu Braunkohletagebau. *Die Tageszeitung – taz*. ed. de 17.12.2013.

DIMOULIS, Dimitri; MARTINS, Leonardo. *Teoria geral dos direitos fundamentais*. 7. ed. revista, atualizada e ampliada. São Paulo: Revista dos Tribunais – Thomson Reuters, 2020.

DROEGE, Michael. Anfängerhausarbeit – Öffentliches Recht: Militärische Beobachtung freier Versammlungen – „Tornados im Tiefflug". *Juristische Schulung – JuS*. v. 2008, p. 135–140.

EIFERT, Martin. Das Netzwerkdurchsetzungsgesetz und Plattformregulierung. in: EIFERT, Martin. *Netzwerkrecht*. Die Zukunft des NetzDG und seine Folgen für die Netzwerkkommunikation. Baden-Baden: Nomos, 2018, p. 9–44.

ENDERS, Christoph; *et al*. *Musterentwurf eines Versammlungsgesetzes (ME VersG)*. Gesetztext mit Begründungen. München: Beck, 2011.

EPPING, Volker. *Grundrechte*. 8. ed. Berlin: Springer, 2019.

FLEURY, Roland. *Verfassungsprozessrecht*. 6. ed. Neuwied *et al*.: Luchterhand, 2004.

FRANKFURTER ALLGEMEINE ZEITUNG. Karlsruhe stärkt Recht auf informationelle Selbstbestimmung. Weitergabe von Passwörtern teilweise verfassungswidrig. *Frankfurter Allgemeine Zeitung – FAZ*. ed. de 24.02.2012.

FRENZ, Walter. Braunkohlentagebau und Verfassungsrecht. *Neue Zeitschrift für Verwaltungsrecht – NVwZ*. vol. 2014, p. 194–198, 2014.

FRIEDRICHS, Lutz. Versammlungsinfrastrukturen: An den Grenzen des Versammlungsrechts. *Die Öffentliche Verwaltung – DÖV*. vol. 2019, p. 55–64.

FÜHRING, Thorsten. Zu den Möglichkeiten der Verhinderung von Skinheadkonzerten. *Neue Zeitschrift für Verwaltungsrecht – NVwZ*. v. 2001. p. 157–161.

GERICKE, Julian. 30 Jahre Brokdorf-Beschluss – Versammlungsrecht quo vadis? *Die Öffentliche Verwaltung – DÖV*. vol. 2016, p. 948–955.

GÖTZ, Volkmar; GEIS, Max-Emanuel. *Allgemeines Polizei- und Ordnungsrecht*. 16. ed. München: Beck, 2017.

GRIMM, Dieter; KIRCHHOF, Paul *et al*. *Entscheidungen des Bundesverfassungsgerichts*: Studienauswahl. vol. 1. Tübingen: Mohr Siebeck, 1993.

GRIMM, Dieter. Die Meinungsfreiheit in der Rechtsprechung des Bundesverfassungsgerichts. *Neue Juristische Wochenschrift – NJW*, p. 1697–1705, 1995.

GUSY, Christoph. *Polizei- und Ordnungsrecht*. 9. ed. Tübingen: Mohr Siebeck, 2014.

GUSY, Christoph. *Polizei- und Ordnungsrecht*. 10. ed. Tübingen: Mohr Siebeck, 2017.

GUSY, Christoph. Artikel 10 GG. in: MANGOLDT, Hermann. von.; KLEIN, Friedrich.; STARCK, Christian (org.). *Das Bonner Grundgesetz*. Kommentar. 7. ed. München: Beck, 2018, p. 1047–1099.

HARTMANN, Moritz. Protestcamps als Versammlungen iSv Art. 8 I GG. *Neue Zeitschrift für Verwaltungsrecht – NVwZ*. vol. 2018, p. 200–206.

HECKMANN, Dirk. Versammlungsrecht und Überlassungsverbot. *Juristische Schulung – JuS*. vol. 2001, p. 675–682.

HEINRICH, Manfred. Die Delikte gegen den öffentlichen Frieden und die öffentliche Ordnung im Lichte des Medienstrafrechts – Teil 2: §§ 130 und 130a StGB. Zeitschrift für das Juristische Studium – ZJS. vol. 2017, p. 625–640.

HENNEKE, Doris. § 30 [Entscheidung, Verkündung, Sondervotum]. in: UMBACH, Dieter C.; CLEMENS, Thomas; DOLLINGER, Franz-Wilhelm (org.). *Bundesverfassungsgerichtsgesetz*. Mitarbeiterkommentar und Handbuch. 2. ed. Heidelberg: Müller, 2005, p. 484–491.

HERMANNS, Casper D. Grundfragen des Rechts der Versammlungsfreiheit. *Juristische Arbeitsblätter – JA*. vol. 2001, p. 79–85.

HERMES, Georg. Artikel 13 GG. in: DREIER, Horst (org.). *Grundgesetz-Kommentar*. vol. 1. 3. ed. Mohr Siebeck: Tübingen, 2013-b, p. 1337–1391.

HERMES, Georg. Artikel 10 GG. in: DREIER, Horst (org.). *Grundgesetz-Kommentar*. vol. 1. 3. ed. Mohr Siebeck: Tübingen, 2013-a, p. 1150–1204.

HILLGRUBER, Christian; GOOS, Christoph. *Verfassungsprozessrecht*. Heidelberg: Müller, 2004.

HIRSCH, Burkhard. Über Wanzen – Bemerkungen zum Großen Lauschangriff. in: LEOPOLD, Nils; SCHIEK, Sebastian (org.). *Innere Sicherheit als Gefahr*. Berlin: Humanistische Union e.V., 2003, p. 195–203.

HÖFLING, Wolfram; KROHNE, Gesine. Versammlungsrecht in Bewegung. *Juristische Arbeitsblätter – JA*. vol. 2012, p. 734–740.

HÖFLING, Wolfram. Artikel 8 GG. in: SACHS, Michael (org.). *Grundgesetz-Kommentar*. 8. ed. München: Beck, 2018, p. 432–456.

HUFEN, Friedehelm. Der Menschenwürdegehalt der Wohnungsfreiheit. Überlegungen zum Kernbereich persönlicher Lebensgestaltung nach dem Urteil des BVerfG vom 03.03.2004. In: SCHAAR, Peter (org.). *Folgerungen aus dem Urteil des Bundesverfassungsgerichts zur akustischen Wohnraumüberwachung*: Staatliche

Eingriffsbefugnisse auf dem Prüfstand? Bonn: Der Bundesbeauftragte für den Datenschutz, 2004, p. 29–34.

HUFEN, Friedehelm. *Staatsrecht II*. Grundrechte. 7. ed. München: Beck, 2018.

HUSTER, Stefan. *Die ethische Neutralität des Staates*: eine liberale Interpretation der Verfassung. Tübingen: Mohr Siebeck, 2002.

IPSEN, Jörn. *Staatsrecht II*. Grundrechte. 22. ed. München: Vahlen, 2019.

ISENSEE, Josef. Die staatsrechtliche Stellung der Ausländer in der Bundesrepublik Deutschland. *Veröffentlichungen der Vereinigung der deutschen Staatsrechtslehrer*, n. 32, p. 49–106, 1974.

JAHN, Ralf. Der missglückte Parteitag. *Juristische Schulung – JuS*. 2001, p. 172–178.

JARASS, Hans D. Artikel 8 GG. in: JARASS, Hans D.; PIEROTH, Bodo. *Grundgesetz für die Bundesrepublik Deutschland*: Kommentar. 12. ed. München: Beck, 2011-a. p. 274–283.

JARASS, Hans D. Artikel 13 GG. in: JARASS, Hans D.; PIEROTH, Bodo. *Grundgesetz für die Bundesrepublik Deutschland*: Kommentar. 12. ed. München: Beck, 2011-b. p. 364–380.

JARASS, Hans D. Artikel 18 GG. in: JARASS, Hans D.; PIEROTH, Bodo. *Grundgesetz für die Bundesrepublik Deutschland*: Kommentar. 12. ed. München: Beck, 2011-c. p. 454–456.

JARASS, Hans D. Artikel 20 GG. in: JARASS, Hans D.; PIEROTH, Bodo. *Grundgesetz für die Bundesrepublik Deutschland*: Kommentar. 12. ed. München: Beck, 2011-d. p. 485–539.

KAHL, Wolfgang. Der praktische Fall – Öffentliches Recht – "Kurz entschlossener Protest". *Juristische Schulung – JuS*. vol. 2000, p. 1090–1095.

KERSTEN, Jens. Anonymität in der liberalen Demokratie. *Juristische Schulung – JuS*. vol. 2017, p. 193–203.

KINGREEN, Thorsten; POSCHER, Ralf. *Grundrechte.* Staatsrecht II. 35. ed., Heidelberg: Müller, 2019.

KLOEPFER, Michael. Öffentliche Meinung, Massenmedien. In: ISENSEE, Josef; KIRCHHOF, Paul (org.). *Handbuch des Staatsrechts der Bundesrepublik Deutschland*. v. IV. 3. ed. München: Müller, 2015. p. 389–424.

KLOEPFER, Michael. Versammlungsfreiheit. In: ISENSEE, Josef; KIRCHHOF, Paul (org.). *Handbuch des Staatsrechts der Bundesrepublik Deutschland*. v. IV. 3. ed. München: Müller, 2015. p. 977–1032.

KLUTH, Winfried. *Grundrechte*. Inklusive Recht der Verfassungsbeschwerde und Fallbearbeitungen. 4. ed. Halle an der Saale: Universitätsverlag Halle-Wittenberg, 2017.

KNIESEL, Michael. Die Versammlungs- und Demonstrationsfreiheit. Aktuelle höchstrichterliche Rechtsprechung zu Art. 8 GG. *Neue Juristische Wochenschrift – NJW*. vol. 1996, p. 2606–2612.

KNIESEL, Michael. Versammlungs- und Demonstrationsfreiheit. *Neue Juristische Wochenschrift – NJW*. vol. 2000, p. 2857–2865.

KNIESEL, Michael. DIETEL, Alfred; GINTZEL, Kurt; KNIESEL, Michael. *Versammlungsgesetze*: Kommentierung des Versammlungsgesetzes des Bundes und der Versammlungsgesetze der Länder. 18. ed. Köln: Carl Heymanns, 2019.

KNIESEL, Michael; POSCHER, Ralf. Versammlungsrecht. in: LISKEN, Hans; DENNINGER, Erhard (org.). *Handbuch des Polizeirechts*. 4. ed. München: Beck, 2007. p. 1009–1110.

KRAMER, Urs; BAYER, Melanie; FIEBIG, Verena; FREUDENREICH, Katrin. Die Zweistufentheorie im Verwaltungsrecht oder: Die immer noch bedeutsame Frage nach dem Ob und Wie. *Juristische Arbeitsblätter – JA*. vol. 2011, p. 810–819.

KREMPL, Stefan. Wer tanzt, demonstriert nicht: Bundesverfassungsgericht erkennt weder die Loveparade noch die alternative Fuckparade als Demonstration an. Telepolis, 13.07.2001. ttps://www.heise.de/tp/features/Wer-tanzt-demonstriert-nicht-3451603.html (acesso em 23.02.2020)

KRESS, Sarah. Der "Große Lauschangriff" als Mittel internationaler Verbrechensbekämpfung: zur Verwertbarkeit im Ausland gewonnener Beweise, Hamburg: Kovač, 2009.

KÜHNE, Jörg-Detlef. Artikel 13 GG. in: SACHS, Michael (org.). *Grundgesetz Kommentar*. 3. ed. München: Beck, 2003, p. 592–607.

KÜHNE, Jörg-Detlef. Artikel 13 GG. in: SACHS, Michael (org.). *Grundgesetz Kommentar*. 8. ed. München: Beck, 2018, p. 588–602.

LEGAL TRIBUNE ONLINE. Verbot des Vertriebes anonymer Prepaid-Handykarten: Pirat Breyer reicht Beschwerde beim EGMR ein. *Legal Tribune Online – LTO*. ed. de 15.08.2012, *https://www.lto.de/persistent/a_id/6839/* (acesso em 31.01.2020).

LINDNER, Josef F. Konfrontationsschutz als negative Komponente der Freiheitsrechte - eine neue grundrechtsdogmatische Argumentationsfigur? *Neue Zeitschrift für Verwaltungsrecht – NVwZ*. vol. 2002, p. 37–39.

LOEWENSTEIN, Karl. Militant Democracy and Fundamental Rights. *American Political Science Review*. vol. 31, p. 417–433 e 638–658, 1937.

MAGEN, Stefan. § 92 [Bezeichnungs- und Begründungslasten]. in: UMBACH, Dieter C.; CLEMENS, Thomas; DOLLINGER, Franz-Wilhelm (org.). *Bundesverfassungsgerichtsgesetz*. Mitarbeiterkommentar und Handbuch. 2. ed. Heidelberg: Müller, 2005, p. 1183–1203.

MANN, Thomas; FONTANA, Sina. Entwicklungslinien des Polizeirechts im 21. Jahrhundert. *Juristische Arbeitsblätter – JA*. vol. 2013, p. 734–741.

MANSSEN, Gerrit. Staatsrecht II: Grundrechte. 16. ed. München: Beck, 2019.

MARTINS, Leonardo. *Liberdade e Estado constitucional:* leitura jurídico-dogmática de uma complexa relação a partir da teoria liberal dos direitos fundamentais. São Paulo: Atlas, 2012.

MARTINS, Leonardo. *Tribunal Constitucional Federal alemão*: decisões anotadas sobre direitos fundamentais. vol. 1: Dignidade humana, livre desenvolvimento da personalidade, direito fundamental à vida e à integridade física, igualdade. São Paulo: Konrad-Adenauer-Stiftung, 2016.

MARTINS, Leonardo. Direito fundamental à liberdade de reunião e controle de constitucionalidade de leis penais e de sua interpretação e aplicação: contribuição para o direito de reunião como sub-ramo autônomo do direito administrativo. *Espaço Jurídico Journal of Law – EJJL*. vol. 18 n. 2, p. 433–490, maio/ago. 2017.

MARTINS, Leonardo. Direito fundamental à inviolabilidade do domicílio. in: CANOTILHO, J.J. Gomes *et al.* (org.). *Comentário à Constituição do Brasil*. 2 ed. São Paulo: Saraiva, 2018-a, p. 303-311.

MARTINS, Leonardo. Comentário ao art. 5º, §1º CF (aplicação imediata das normas definidoras dos direitos fundamentais). in: Editora Forense (org.). *Comentários à Constituição Federal*. Rio de Janeiro: Forense, 2018-b, p. 337–342.

MARTINS, Leonardo. *Direito processual constitucional alemão*. 2. ed. revista, atualizada e ampliada. Indaiatuba: Foco, 2018-c.

MARTINS, Leonardo. *Tribunal Constitucional Federal alemão*: Decisões anotadas sobre direitos fundamentais. vol. 2: Liberdade de consciência e crença; liberdades de expressão e de comunicação social; liberdades artística e científica. São Paulo: Konrad-Adenauer-Stiftung, 2018-d.

MARTINS, Leonardo. "Questões constitucionais" na ordem processual constitucional brasileira entre sua "repercussão geral" e a tutela de direitos fundamentais individuais. *Espaço Jurídico Journal of Law – EJJL*. vol. 20 n. 1, p. 21–72, jan./jun. 2019-a.

MARTINS, Leonardo. *Tribunal Constitucional Federal alemão*. Decisões anotadas sobre direitos fundamentais. Direitos fundamentais ao casamento e à família; liberdades de associação; garantias constitucionais processuais. São Paulo: Marcial Pons, v. III, 2019-b.

MARTINS, Leonardo. Interpretação e controle judicial de violações da Lei de Proteção de Dados e de sua constitucionalidade: possibilidades normativas e limites de um novo ramo jurídico-objetivo. *Revista de Direito Civil Contemporâneo – RDCC*. v. 21 n. 6, p. 57–116, 2019-c.

MARTINS, Leonardo. Liberdade de crença entre o princípio constitucional do pluralismo, *status libertatis* e mandatos legislativos constitucionais em prol da proteção de comunidades religiosas tradicionais vulneráveis: O caso das Baianas Evangélicas do Acarajé". Artigo em fase de finalização, 2020.

MARTINS, Leonardo; DANTAS, Diogo C. L. Crucifixos em repartições públicas: do exame de constitucionalidade de uma prática administrativa baseada na tradição. *Revista Espaço Jurídico Journal of Law – EJJL*. vol. 17, p. 885–912, 2016.

MARXSEN, Chistian; LEHNERS, Jakob. Öffentliches Recht: Versammlungsrecht – Camp in Gipfelnähe. *Juristische Schulung – JuS*. vol. 2018, p. 701–707.

MEINICKE, Dirk. Anmerkung zum Beschluss des BVerfG vom 24.01.2012, Az.: 1 BvR 1299/05 (Speicherung und Verwendung von TK-Daten). *MultiMedia und Recht – MMR*. vol. 2012 n. 6, p. 410–417.

MICHAEL, Lothar; MORLOK, Martin. *Grundrechte*. 6. ed. Baden-Baden: Nomos, 2017.

MÖLLERS, Martin H. W. *Polizei und Grundrechte*. Ein Lehrbuch zu den Menschenrechten in der polizeilichen Praxis. 3. ed. Verlag für Polizeiwissenschaft: Frankfurt, 2015.

MUCKEL, Stefan. Gegendemonstration durch bloße Anwesenheit – „Gesicht zeigen". *Juristische Arbeitsblätter – JA*. vol. 2011, p. 555–556.

MUCKEL, Stefan. Untersagung einer Versammlung auf der Bundesfernstraße. *Juristische Arbeitsblätter – JA*. vol. 2014, p. 315–316.

MUCKEL, Stefan. Versammlung auf privatem Betriebsgelände. *Juristische Arbeitsblätter – JA*. vol. 2016, p. 75–76.

MÜNCH, Ingo von; MAGER, Ute. *Staatsrecht II*. Grundrechte. 7. ed. Stuttgart: Kohlhammer, 2018.

NESKOVIC, Wolfgang; UHLIG, Daniel. Übersichtsaufnahmen von Versammlungen. *Neue Zeitschrift für Verwaltungsrecht – NVwZ*. vol. 2014, p. 335–340.

NEUMANN, Conrad. Flashmobs, Smartmobs, Massenpartys – Die rechtliche Beurteilung moderner Kommunikationsmittel. *Neue Zeitschrift für Verwaltungsrecht – NVwZ*. vol. 2011, p. 1171–1177.

NIPPERDEY, Hans Carl. *Kontrahierungszwang und diktierter Vertrag*. Jena: Fischer, 1920.

NOLTE, Georg. Hate Speech, Fake News, das "Netzwerkdurchsetzungsgesetz" und Vielfaltsicherung durch Suchmaschinen. *Zeitschrift für Urheber- und Medienrecht – ZUM*. vol. 2017, p. 552–565.

PAGENKOPF, Martin. Artikel 10 GG. in: SACHS, Michael (org.). *Grundgesetz-Kommentar*. 8. ed. München: Beck, 2018-a, p. 492–514.

PAGENKOPF, Martin. Artikel 11 GG. in: SACHS, Michael (org.). *Grundgesetz-Kommentar*. 8. ed. München: Beck, 2018-b, p. 514–525.

PAPIER, Hans-Jürgen; KRÖNKE, Christoph. *Grundkurs Öffentliches Recht 2*. Grundrechte. Heidelberg: Müller, 2012.

PESTALOZZA, Christian. *Verfassungsprozessrecht:* Die Verfassungsgerichtsbarkeit des Bundes und der Länder. 3. ed. München: Beck, 1991.

PETERSEN, Niels. Deutsches und Europäisches Verfassungsrecht II: Grundrechte und Grundfreiheiten. München: Beck, 2019-a.

PETERSEN, Christian K. Wie viel Kommerz verträgt der „enge" Versammlungsbegriff? Überlegungen und Anmerkungen anlässlich der Entscheidung des VG Meiningen vom 3. Juli 2017. *Die Öffentliche Verwaltung – DÖV*. vol. 2019-b, p. 131–140.

PIEROTH, Bodo. Artikel 21 GG. in: JARASS, Hans D.; PIEROTH, Bodo. *Grundgesetz für die Bundesrepublik Deutschland*: Kommentar. 12. ed. München: Beck, 2011. p. 546–564.

PIEROTH, Bodo; SCHLINK, Bernhard. KINGREEN, Thorsten; POSCHER, Ralf. *Grundrechte*. Staatsrecht II. 29. ed. Heidelberg: Müller, 2013.

PIEROTH, Bodo *et al. Polizei- und Ordnungsrecht*. Mit Versammlungsrecht. 9. ed. München: Beck, 2016.

PÖTTERS, Stephan; WERKMEINSTER, Christoph. Konflikt zwischen Freiheit und Sicherheit im Zeitalter des Internets. *JURA – Juristische Ausbildung*. vol. 35 n. 1, p. 5–12, 2013.

PRANTL, Heribert. Nur ab und zu ein wackliges Stoppschild. Karlsruher Urteil zu Nutzerdaten. *Süddeutsche Zeitung – SZ* de 24.02.2012.

RATH, Christian. Kein Recht auf anonyme Telefonate. Beschluss des Verfassungsgerichts. *Die Tageszeitung – taz*. ed. de 24.02.2012.

ROCHOW, Moritz. Verfassungsgericht erschafft grundrechtlichen Schutz gegen Entvölkerung! *Bucerius Law Journal – BCL*. vol. 2014, p. 43–45, 2014.

ROGGAN, Fredrik. Der Einsatz von Video-Drohnen bei Versammlungen. *Neue Zeitschrift für Verwaltungsrecht – NVwZ*. vol. 2011, p. 590–595.

ROX, Barbara. Schutz religiöser Gefühle im freiheitlichen Verfassungsstaat? Tübingen: Mohr Siebeck, 2012.

RUPPERT, Stefan. § 90 I [Aktive Legitimation, Teil A]. in: UMBACH, Dieter C.; CLEMENS, Thomas; DOLLINGER, Franz-Wilhelm (org.). *Bundesverfassungsgerichtsgesetz*. Mitarbeiterkommentar und Handbuch. 2. ed. Heidelberg: Müller, 2005, p. 1119–1141.

SACHS, Michael. *Verfassungsprozessrecht*. 3. ed. Tübingen: Mohr Siebeck, 2010.

SACHS, Michael. Grundrechte: Versammlungs- und Meinungsäußerungsfreiheit. *Juristische Schulung – JuS*. vol. 2011, p. 665–668.

SACHS, Michael. *Verfassungsrecht II*. Grundrechte. 3. ed. Berlin: Springer, 2017.

SCHAAR, Peter (org.). *Folgerungen aus dem Urteil des Bundesverfassungsgerichts zur akustischen Wohnraumüberwachung*: Staatliche Eingriffsbefugnisse auf dem Prüfstand? Bonn: Der Bundesbeauftragte für den Datenschutz, 2004.

SCHILDHEUER, Frank. *Grundrechte*. 4. ed. Frankfurt: Jura Intensiv Verlag, 2015.

SCHLAICH, Klaus; KORIOTH, Stefan. *Das Bundesverfassungsgericht:* Stellung, Verfahren, Entscheidungen. 11. ed. München: Beck, 2018.

SCHLINK, Bernhard. *Abwägung im Verfassungsrecht*. Duncker & Humblot: Berlin, 1976.

SCHLINK, Bernhard. Freiheit durch Eingriffsabwehr – Zur Rekonstruktion der klassischen Grundrechtsfunktion. *Europäische Grundrechte-Zeitschrift – EuGRZ*. vol. 1984, p. 457–468, 1984.

SCHLINK, Bernhard. Liberdade mediante resistência à intervenção estatal. Reconstrução da função clássica dos direitos fundamentais (tradução e resumo de Leonardo Martins do original alemão em Schlink, 1984). *Revista de Direito Civil Contemporâneo – RDCC*. vol. 4 n. 11, p. 261–297, 2017.

SCHLUCKEBIER, Wilhelm. § 240 [Nötigung]. in: SCHLUCKEBIER, Wilhelm *et al* (org.). *Strafgesetzbuch*: Kommentar. 2. ed. Köln: Carl Heymanns Verlag, 2014, p. 1465–1472.

SCHMIDT, Rolf. *Grundrechte*. Sowie Grundzüge der Verfassungsbeschwerde. 15. ed. Grasberg bei Bremen: Rolf Schmidt, 2013.

SCHMIDT, Rolf. *Grundrechte*. Sowie Grundzüge der Verfassungsbeschwerde. 24. ed. Grasberg bei Bremen: Rolf Schmidt, 2019.

SCHNABEL, Christoph. Anmerkung zum Beschluss des BVerfG vom 24.01.2012, Az.: 1 BvR 1299/05 (Auskunftsverfahren verfassungsgemäß). *Computer und Recht – CR*. vol. 2012 n. 4, p. 245–255.

SCHULENBURG, Sebastian. Der "Bierdosen-Flashmob für die Freiheit": Zu Versammlungen auf Grundstücken im Eigentum Privater. *Die Öffentliche Verwaltung – DÖV*. vol. 2016 n. 2, p. 55–65, 2016.

SCHULZ, Wolfgang. Bemerkenswerte Eile Das NetzDG gefährdet die Kommunikationsfreiheiten. *Evangelischer Pressedienst – epd medien.* n. 19/17 de 12.05.2017.

SCHULZ, Wolfgang. *Regulating Intermediaries to Protect Privacy Online* – the Case of the German NetzDG. Berlin: Humboldt-Institut für Internet und Gesellschaft, 2018.

SCHULZ, Wolfgang; DANKERT, Kevin. *Die Macht der Informationsintermediären*. Erscheinungsformen, Strukturen und Regulierungsoptionen. Bonn: Friedrich Ebert Stiftung – FES, 2016.

SCHULZE, Götz. Das private Hausrecht. *Juristenzeitung – JZ*. vol. 2015, p. 381–391.

SCHULZE, Götz. Schlusswort – Zu Christian Baldus. *Juristenzeitung – JZ*. vol. 2016, p. 453–455.

SCHULZE-FIELITZ, Helmuth. Artikel 8 GG. in: DREIER, Horst (org.). *Grundgesetz-Kommentar*. vol. 1. 3. ed. Mohr Siebeck: Tübingen, 2013, p. 1022–1077.

SCHWABE, Winfried. *Staatsrecht II*. Grundrechte. Materielles Recht & Klausurenlehre Musterlösungen im Gutachtenstil. 3. ed. Boorberg: Stuttgart, 2016.

SINN, Arndt. § 193 (Wahrnehmung berechtigter Interessen). in: SCHLUCKEBIER, Wilhelm *et al*. (org.). *Strafgesetzbuch*: Kommentar. Köln: Carl Heymanns Verlag, 2011, p. 1248–1254.

SMETS, Christoph. Staatsgleiche Grundrechtsbindung Privater aus Funktionsnachfolge? – Zur Aufhebung eines Hausverbots für eine Versammlung auf privatem Grund. *Neue Zeitschrift für Verwaltungsrecht – NVwZ*. vol. 2016, p. 35–38, 2016.

SÖLLNER, Sebastian. Friedliche Demonstrationen dürfen von der Polizei nicht gefilmt werden. *Deutsches Verwaltungsblatt – DVBl*. vol. 2010, p. 1245–1250.

SPERRLICH, Peter. § 90 II [Aktive Legitimation, Teil B]. in: UMBACH, Dieter C.; CLEMENS, Thomas; DOLLINGER, Franz-Wilhelm (org.). *Bundesverfassungsgerichtsgesetz*. Mitarbeiterkommentar und Handbuch. 2. ed. Heidelberg: Müller, 2005, p. 1141–1161.

SPIEGEL ONLINE. Verfassungsrichter schränken Datennutzung durch Ermittler ein. Urteil in Karlsruhe. *Spiegel Online*. ed. de 24.02.2012.

STARK, Philipp. § 95 [Entscheidung]. in: UMBACH, Dieter C.; CLEMENS, Thomas; DOLLINGER, Franz-Wilhelm (org.). *Bundesverfassungsgerichtsgesetz*. Mitarbeiterkommentar und Handbuch. 2. ed. Heidelberg: Müller, 2005, p. 1309–1338.

THIEL, Markus. *Polizei- und Ordnungsrecht*. 3. ed. Baden-Baden: Nomos, 2016.

TSCHENTSCHER, Axel. Versammlungsfreiheit und Eventkultur – Unterhaltungsveranstaltungen im Schutzbereich des Art. 8 I GG. *Neue Zeitschrift für Verwaltungsrecht – NVwZ*. vol. 2001, p. 1243–1236.

VORMBAUM, Thomas (org.). *Der Große Lauschangriff vor dem Bundesverfassungsgericht*. Verfahren, Nachspiel und Presse-Echo. Münster: Lit, 2005.

WIEDUWILT, Hendrik. Im Freiheitsvakuum. Gesetz gegen Hetze im Internet. *Frankfurter Allgemeine Zeitung – FAZ*. Ed. de 30.06.2017. [https://www.faz.net/-gqm-8zbyp], 2017.

WINDTHORST, Kay. Artikel 10 GG. in: GRÖPL, Christoph; WINDTHORST, Kay; COELLN, Christian von. *Grundgesetz* (org.). Studienkommentar. München: Beck, 2013-a, p. 179–191.

WINDTHORST, Kay. Artikel 13 GG. in: GRÖPL, Christoph; WINDTHORST, Kay; COELLN, Christian von. *Grundgesetz* (org.). Studienkommentar. München: Beck, 2013-b, p. 214–224.

WOLLENSCHLÄGER, Ferdinand. Artikel 11 GG. in: DREIER, Horst (org.). *Grundgesetz-Kommentar*. vol. 1. 3. ed. Mohr Siebeck: Tübingen, 2013, p. 1205–1240.

Como Citar Esta Obra ou Partes Dela:

I. *Referência geral*

MARTINS, Leonardo. *Tribunal Constitucional Federal alemão:* decisões anotadas sobre direitos fundamentais. v. 4: Liberdade de reunião, sigilo da comunicação, liberdade de locomoção, inviolabilidade do domicílio. São Paulo: Fundação Konrad Adenauer e Marcial Pons, 2020.

II. *Referências específicas*

1. às decisões do TCF alemão (sob as epígrafes das Decisões # 80–93, exceto os textos com fundo sombreado, eventuais inserções entre colchetes no corpo do texto e todas as notas de rodapé):

Exemplo de citação de excertos das decisões traduzidas:

TRIBUNAL CONSTITUCIONAL FEDERAL ALEMÃO. BVerfGE 143, 161 (*Karfreitag*). In: MARTINS, Leonardo. *Tribunal Constitucional Federal alemão:* decisões anotadas sobre direitos fundamentais. v. 4: Liberdade de reunião, sigilo da comunicação, liberdade de locomoção, inviolabilidade do domicílio. São Paulo: Fundação Konrad Adenauer e Marcial Pons, 2020, Decisão # 86., p. 138–148.

2. à introdução (exemplo 1), às notas introdutórias aos quatro capítulos [20–23] (exemplo 2) ou às sínteses das matérias (exemplo 3: sob a epígrafe "MATÉRIA" – texto sombreado e respectivas notas de rodapé), além de notas de rodapé que acompanham os excertos das decisões (exemplo 4):

Exemplo 1:

MARTINS, Leonardo. Introdução ao volume 4: Da ampla proteção do núcleo espacial da personalidade individual à comunicação interindividual e coletiva. In: MARTINS, Leonardo. *Tribunal Constitucional Federal alemão:* decisões anotadas sobre direitos fundamentais. v. 4: Liberdade de reunião, sigilo da comunicação, liberdade de locomoção, inviolabilidade do domicílio. São Paulo: Fundação Konrad Adenauer e Marcial Pons, 2020, p. 1–7.

Exemplo 2:

MARTINS, Leonardo. Liberdade de reunião (Art. 8 GG). Notas introdutórias. In: MARTINS, Leonardo. *Tribunal Constitucional Federal alemão:* decisões anotadas sobre direitos fundamentais. v. 4: Liberdade de reunião, sigilo da comunicação, liberdade de locomoção, inviolabilidade do domicílio. São Paulo: Fundação Konrad Adenauer e Marcial Pons, 2020, p. 9–51.

Exemplo 3:

MARTINS, Leonardo. Decisão # 86. BVerfGE 143, 161 (*Karfreitag*). Matéria. In: MARTINS, Leonardo. *Tribunal Constitucional Federal alemão:* decisões anotadas sobre direitos fundamentais. v. 4: Liberdade de reunião, sigilo da comunicação, liberdade de locomoção, inviolabilidade do domicílio. São Paulo: Fundação Konrad Adenauer e Marcial Pons, 2020, p. 131–138.

Exemplo 4:

MARTINS, Leonardo. Decisão # 93. BVerfGE 109, 279 (*Großer Lauschangriff*). In: MARTINS, Leonardo. *Tribunal Constitucional Federal alemão:* decisões anotadas sobre direitos fundamentais. v. 4: Liberdade de reunião, sigilo da comunicação, liberdade de locomoção, inviolabilidade do domicílio. São Paulo: Fundação Konrad Adenauer e Marcial Pons, 2020, p. 320, nota de rodapé 461.